Robert Schläpfer
Jürg Gutzwiller
Beat Schmid

Das Spannungsfeld zwischen Mundart und Standardsprache in der deutschen Schweiz

Meinem verehrten Freund

Eduard Strübin

dem ich so viel verdanke

Itingen, den 15. Februar 1992

Robert Schläpfer

Pädagogische Rekrutenprüfungen
Examens pédagogiques des recrues
Esami pedagogici delle reclute

Wissenschaftliche Reihe
Série scientifique
Serie scientifica
Band/Volume 12

Robert Schläpfer
Jürg Gutzwiller
Beat Schmid

Das Spannungsfeld zwischen Mundart und Standardsprache in der deutschen Schweiz

Spracheinstellungen junger Deutsch- und Welschschweizer

Eine Auswertung
der Pädagogischen Rekrutenprüfungen 1985

Sauerländer

Die Deutsche Bibliothek – CIP-Einheitsaufnahme

Schläpfer, Robert:
Das Spannungsfeld zwischen Mundart und Standardsprache in der deutschen Schweiz: Spracheinstellungen junger Deutsch- und Welschschweizer; eine Auswertung der Pädagogischen Rekrutenprüfungen 1985 / Robert Schläpfer; Jürg Gutzwiller; Beat Schmid. – Aarau; Frankfurt am Main: Sauerländer, 1991
(Pädagogische Rekrutenprüfungen; Bd. 12)
ISBN 3-7941-3511-3
NE: Gutzwiller, Jürg:; Schmid, Beat:; GT

Robert Schläpfer / Jürg Gutzwiller / Beat Schmid

Das Spannungsfeld zwischen Mundart und Standardsprache in der deutschen Schweiz – Rekrutenprüfungen 1985
Pädagogische Rekrutenprüfungen, Band 12

Verlag Sauerländer, Aarau und Frankfurt am Main

Printed in Switzerland

ISBN 3-7941-3511-3
Bestellnummer 08 03511

INHALTSVERZEICHNIS

ZUM GELEIT

Seit es Rekrutenprüfungen gibt, also seit Mitte des letzten Jahrhunderts, haben sich die Experten immer wieder für die sprachliche Ausdrucksfähigkeit der Zwanzigjährigen interessiert. Die Prüfungen mit Brief und Aufsatz gehören der Vergangenheit an. Die Frage nach der Sprachkompetenz aber ist im Zusammenhang mit der sogenannten Mundartwelle der Deutschschweizer aktueller denn je.

Erstmals stellten sich die PRP nun in den Dienst von Sprachwissenschaftern. Dem Projektleiter Prof. Dr. Robert Schläpfer von der Universität Basel und seinen Kollegen ist es zu verdanken, dass die Rekruten erstmals einen Fragebogen in vier Sprachen ausgeteilt erhielten. Und ebenfalls zum erstenmal ist ein PRP-Projekt - unvorhergesehen - zwischen zwei einschlägige Vorhaben des Schweizerischen Nationalfonds zur Förderung der wissenschaftlichen Forschung geraten. Dies und eine Erkrankung des Projektleiters haben zu einer gewissen Verzögerung der vorliegenden Publikation geführt; anderseits fanden die Ergebnisse der Befragungen von 1985 und 1986 nicht nur in der PRP-Reihe sondern erfreulicherweise auch in weiteren wissenschaftlichen Publikationen Verwendung.

Dem Leser liegen eine detaillierte Auswertung der Deutschschweizer-Antworten sowie wichtige Aspekte aus welscher Sicht vor. Bereits im Jahresbericht 1988 referierte Bruno Pedretti über Aussagen, die die italienischsprechenden Rekruten gemacht hatten. Im nächsten Jahresbericht ist Platz für einen Kommentar zu den Antworten der Rätoromanen reserviert.

Ich danke dem Projektleiter, Herrn Professor Robert Schläpfer, und seinen Mitautoren sowie den übrigen Mitarbeiterinnen und Mitarbeitern für das gute Zusammenspiel in allen Phasen des Projekts und hoffe, die vorliegende Auswertung werde dazu beitragen, die Diskussion über Mundart und Standardsprache zu versachlichen und über die Sprachgrenzen hinaus Verständnis für die besondere Lage der Deutschschweizer zu wecken.

PAEDAGOGISCHE REKRUTENPRUEFUNGEN
Der Oberexperte:

Peter Regli

PREAMBULE

Depuis que les examens pédagogiques des recrues existent, soit le milieu du siècle passé, les experts ont, à réitérées reprises, manifesté leur intérêt à propos de la capacité qu'ont les jeunes de vingt ans à s'exprimer dans leur langue. Les examens, au programme desquels figuraient l'établissement d'une lettre et la rédaction d'une composition, appartiennent au passé. Toutefois, la question des compétences linguistiques revêt toujours plus un caractère actuel, si l'on prend en compte la vogue du dialecte chez les Suisses alémaniques.

Pour la première fois, les EPR ont mis l'institution à la disposition de linguistes. Nous exprimons notre plus vive gratitude à l'auteur du projet, le Professeur et Docteur Robert Schläpfer de l'Université de Bâle et à ses collègues. Ils ont fait en sorte que, pour la première fois, nos recrues aient à leur disposition une enquête préparée en quatre langues. De même, et pour la première fois, un projet EPR - fait imprévu - se situe entre deux démarches allant dans la même direction et émanant du Fonds national suisse de la recherche scientifique. Cet élément et le fait que l'auteur du projet soit tombé malade ont entraîné un certain retard à la présente publication. D'autre part, les résultats des enquêtes de 1985 et de 1986 méritaient de figurer, non seulement dans les volumes de la série EPR, mais encore, et nous pouvons nous en réjouir, dans d'autres publications scientifiques.

Le lecteur pourra trouver un dépouillement détaillé des réponses des Suisses alémaniques, de même que des données importantes concernant les Romands. Dans le rapport de 1988 déjà, M. Bruno Pedretti donnait une image des déclarations qu'avaient faites les recrues de langue italienne. Dans le rapport de l'an prochain une place est d'ores et déjà prévue pour un commentaire des réponses apportées par les Romanches.

Je remercie l'auteur du projet, Monsieur le Professeur Robert Schläpfer, ses coauteurs, ainsi que tous les autres collaborateurs et collaboratrices de leur engagement au cours de toutes les phases d'élaboration du projet. J'espère que les résultats présentés ici contribueront à rendre objectif tout débat à propos du dialecte et de la langue officielle et à éveiller, au-delà des limites linguistiques, de la compréhension à l'égard de la situation particulière des Suisses alémaniques.

EXAMENS PEDAGOGIQUES DES RECRUES
L'expert en chef

Peter Regli

PREAMBOLO

Da quando gli esami pedagogici delle reclute esistono, cioè dalla metà del secolo scorso, gli esperti hanno manifestato a più riprese il loro interesse a proposito della capacità dei giovani ventenni di esprimersi nella loro lingua. Gli esami, che prevedevano la redazione di una lettera e di un componimento, appartengono ormai al passato. Tuttavia la questione delle competenze linguistiche è sempre più d'attualità, soprattutto se si considera la fortuna del dialetto nella Svizzera tedesca.

Per la prima volta gli EPR hanno messo a disposizione dei linguisti le loro strutture. Esprimiamo la nostra gratitudine all'autore del progetto, il professore e dottore Robert Schläpfer dell'Università di Basilea e ai suoi collaboratori. Hanno fatto in modo che le nostre reclute avessero a disposizione, per la prima volta, un'inchiesta preparata nelle quattro lingue nazionali.

Pure per la prima volta, un progetto EPR si situa - fatto imprevisto - fra due studi promossi dal Fondo nazionale svizzero per la ricerca scientifica che vanno nella stessa direzione. Questo nuovo elemento e la malattia dell'autore del progetto hanno causato un certo ritardo di questa pubblicazione. D'altra parte i risultati delle inchieste del 1985 e del 1986 meritavano di figurare non solo nella serie dei volumi EPR, ma pure, e ce ne rallegriamo, in altre pubblicazioni scientifiche.

Il lettore potrà trovare un ampio ventaglio delle risposte delle reclute di lingua tedesca, come pure dati importanti su quelle dei Romandi. Nel rapporto del 1988 il Signor Bruno Pedretti dava già una visione delle opinioni in merito delle reclute di lingua italiana. Nel rapporto dell'anno prossimo è già prevista una parte per i commenti alle risposte dei Romanci.

Ringrazio il professore Robert Schläpfer, autore del progetto, così come i suoi collaboratori e le sue collaboratrici dell'impegno profuso durante tutte le fasi di elaborazione della ricerca. Spero che i risultati di questo rapporto contribuiscano a rendere oggettivo ogni dibattito intorno al dialetto e alla lingua ufficiale e a suscitare, al di là delle frontiere linguistiche, comprensione verso la situazione particolare della Svizzera tedesca.

ESAMI PEDAGOGICI DELLE RECLUTE
L'esperto capo

Peter Regli

VORWORT

Kernstück dieser Untersuchung über das Spannungsfeld zwischen Mundart und Standardsprache in der deutschen Schweiz ist die Arbeit von Jürg Gutzwiller, die von ihm als Dissertation der Philosophisch-Historischen Fakultät der Universität Basel eingereicht worden und von ihr auf Antrag des Unterzeichneten (Referent) und Prof. Dr. Martin Stern (Korreferent) im Frühjahr 1990 angenommen worden ist. Mit ihrer Thematik ist aber diese Arbeit nicht ein Einzelwerk; sie gehört vielmehr als wesentlicher Beitrag in den weiteren Zusammenhang einer grösseren wissenschaftlichen Untersuchung über die "Sprachen in der Schweiz", die im Rahmen des Nationalen Forschungsprogramms 21 ("Kulturelle Vielfalt und nationale Identität") unter Mitarbeit von Bernhard Cathomas (Lia Rumantscha), Urs Dürmüller (Englisches Seminar der Universität Bern), Federico Spiess (Vocabolario dei dialetti della Svizzera Italiana) und Ernest Weibel (Institut de Sociologie, Université de Neuchâtel) unter der Leitung des Unterzeichneten durchgeführt wurde und in deren Rahmen auch die Pädagogischen Rekrutenprüfungen 1985 einzuordnen sind. In denselben Kreis gehört auch das gewichtige Kapitel von Beat Schmid über die "Welsche Perspektive". Die zusammenfassende Schlusspublikation "Sprachen in der Schweiz", zu der die Arbeiten von Jürg Gutzwiller und Beat Schmid ganz wesentliche Ergänzungen bilden, wird anfangs 1992 vorliegen.

Das Spannungsfeld zwischen Mundart und Standardsprache scheint auf den ersten Blick ein ganz spezifisch deutschschweizerisches Problem zu sein. Das ist es einerseits auch ohne Zweifel; anderseits ist aber nicht zu verkennen, dass die Einsicht in die sprachlichen Probleme, in denen die junge Generation der Deutschschweizer drinsteckt, für die Romands, die Südschweizer und die Rätoromanen nicht nur von Interesse, sondern auch von ganz grundsätzlicher Bedeutung ist: Sie kann wesentlich dazu beitragen, dass die Minderheiten, die ja immer in einer mehr oder minder bewussten Abwehrhaltung gegen die Dominanz der Mehrheit stehen, bewusster sehen, dass eben manches, was nach aussen als Affront wirkt - so etwa der unbekümmerte oder rücksichtslose Mundartgebrauch von Deutschschweizern im Umgang mit Anderssprachigen - seine tieferen Ursachen in der eigenen deutschschweizerischen Unsicherheit hat. Aus dieser Sicht kann die vorliegende Darstellung der Sprachsituation in der deutschen Schweiz nicht nur in der Deutschschweiz selber Spannungen sichtbar und durchschaubar machen, sondern auch über alle Sprachgrenzen hinweg Verständnis wecken - Verständnis der Minderheiten für die Probleme der Mehrheit.

Diese ganz ausserordentlich aufschlussreiche Untersuchung wäre nicht denkbar gewesen ohne die grosszügige und uneigennützige Hilfeleistung und Beratung durch eine ganze Reihe von verschiedenen Fachleuten. Aus der langen Liste seien nur einige besonders hervorgehoben: Dr. Paul Schmid, Vorsteher des Rechenzentrums der Universität Basel, Eduard Perret vom Amt für Informatik des Kantons Basel-Stadt, Hans Bickel vom Forschungsprojekt "Sprachen in der Schweiz". Danken möchten wir aber auch Dr. W. Lustenberger, der die Publikation im Auftrag der Eidgenössischen Kommission für die Pädagogischen Rekrutenprüfungen mit Umsicht und Geduld begleitet hat, und Dr. Z. Clivio für die Übersetzungen ins Französische und Italienische.

R. Schläpfer

Robert Schläpfer

AVANT-PROPOS

La présente analyse du champ d'interactions entre dialecte et langue écrite en Suisse alémanique se base essentiellement sur l'étude de Jürg Gutzwiller, qui fut présentée comme thèse de doctorat à la Faculté des lettres de l'Université de Bâle et acceptée sur la proposition du soussigné et du professeur Martin Stern (2e rapporteur) au printemps 1990.

Or, par le choix de son thème, cette étude n'est pas une oeuvre isolée; elle entre plutôt comme contribution significative dans le cadre plus vaste d'une étude scientifique plus étendue sur "Langues en Suisse", réalisée dans le cadre du Programme national de recherche 21 ("Variété culturelle et identité nationale"), avec la collaboration de Bernhard Cathomas (Lia Rumantscha), Urs Dürmüller (Séminaire anglais de l'Université de Berne), Federico Spiess (Vocabolario dei dialetti della Svizzera italiana) et Ernest Weibel (Institut de sociologie à l'Université de Lausanne). Cette série d'études, parmi lesquelles il faut ranger également les Examens pédagogiques des recrues de 1985, a été effectuée sous la direction du soussigné, professeur de dialectologie à l'Université de Bâle. Fait partie du même cercle thématique l'important chapitre de Beat Schmid intitulé "Welsche Perspektive" ("Perspective romande").

La parution de l'ouvrage final "Langues en Suisse", auquel J. Gutzwiller et B. Schmid apportent des données complémentaires précieuses, est prévue pour le début de 1992.

Le champ d'interactions entre dialecte et langue écrite, à première vue, semble être un problème spécifique du suisse alémanique. D'une part, il l'est, indubitablement; d'autre part, on ne pourra nier que, pour les Romands, Tessinois et Romanches, le fait de prendre connaissance des problèmes linguistiques qui tourmentent la nouvelle génération des Suisses alémaniques, est un sujet brûlant qui relève même d'une question plus complexe: Si elles connaissent les problèmes des autres, les minorités qui, souvent sans en être conscientes, gardent une attitude de défense vis-à-vis de la majorité dominante, pourront mieux comprendre que ce qui apparaît souvent comme un affront délibéré (p. ex. l'usage irréfléchi du dialecte suisse alémanique avec des interlocuteurs de lange étrangère), a des origines plus profondes chez le Suisse alémanique. Celui-ci manque tout simplement d'assurance et ressent des difficultés à s'exprimer en allemand officiel.

De ce point de vue, le tableau de la situation linguistique en Suisse alémanique que nous allons présenter, ne vise pas seulement à mettre en lumière les tensions psychologiques qui existent chez les Suisses alémaniques, mais aussi à éveiller - au-delà de toute frontière linguistique - l'intérêt des minorités pour les problèmes de la majorité afin qu'elles puissent mieux comprendre et avoir plus d'indulgence envers cette majorité.

Toutes ces enquêtes et analyses si instructives n'auraient pas pu être réalisées sans l'aide et les conseils désintéressés de toute un série de spécialistes auxquels nous adressons ici nos remerciements; qu'il nous soit permis d'en relever quelques-uns en particulier: M. Paul Schmid, directeur du Centre d'arithmétique à l'Université de Bâle, M. Eduard Perret du Département de l'informatique du canton de Bâle-Ville, M. Hans Bickel, membre du projet de recherche "Langues en Suisse"; nous remercions également M. W. Lustenberger, membre de la Commission pour les Examens pédagogiques des recrues, qui, avec circonspection et patience, a supervisé la publication, ainsi que M. Z. Clivio qui s'est chargé de la traduction en français et en italien.

R. Schläpfer

Robert Schläpfer

PREFAZIONE

Il presente studio sul campo d'interazioni fra dialetto e lingua scritta nella Svizzera tedesca, si fonda in sostanza su un lavoro di Jürg Gutzwiller, che fu presentato come tesi di laurea alla Facoltà delle lettere all'Università di Basilea e accettato su proposta dello sottoscritto (relatore) e del professor Martin Stern (correlatore) nella primavera del 1990.

Colla sua tematica però, questo lavoro non è un'opera singola, è invece un contributo essenziale a una indagine scientifica più vasta sulle "Lingue in Svizzera" che fu realizzata nell'ambito del Programma nazionale di ricerca 21 ("Varietà culturali e identità nazionale") con la collaborazione di Bernhard Cathomas (Lia Rumantscha), Urs Dürmüller (Seminario inglese dell'Università di Berna), Federico Spiess (Vocabolario dei dialetti della Svizzera italiana) e Ernest Weibel (Istituto di sociologia, Università di Neuchâtel). Questa serie di studi, dei quali fanno parte anche gli Esami pedagogici delle reclute 1985, è stata eseguita sotto la direzione del sottoscritto, dialettologo all'Università di Basilea. Fa parte dello stesso cerchio tematico l'importante capitolo di Beat Schmid, intitolato "Welsche Perspektiven". La pubblicazione conclusiva "Lingue in Svizzera" alla quale i lavori di J. Gutzwiller e B. Schmid apportano importanti dati supplementari, è prevista per l'inizio del 1992.

Il campo d'interazioni fra dialetto e lingua standard, a prima vista, sembra un problema specificamente svizzero tedesco. Da una parte lo è, senza dubbio; dall'altra, non si può negare che prender conoscenza dei problemi con cui si dibattono i giovani svizzeri tedeschi, non è soltanto interessante per gli svizzeri francesi, italiani e romanci, ma è di una importanza essenziale: Se vengono a conoscere i problemi degli altri, le minoranze che - spesso senza accorgersene - hanno un atteggiamento di difesa contro la maggioranza dominante, potranno meglio capire quel comportamento scontroso, risentito come affronto (p. es. l'uso incurante o irrispettoso del dialetto tedesco con interlocutori di lingua straniera), il quale ha le sue profonde radici nella propria incertezza dello svizzero tedesco. Da questo punto di vista il quadro della situazione linguistica nella Svizzera tedesca che presenteremo in seguito, non soltanto può aiutare a percepire le tensioni nella Svizzera tedesca, ma può anche, al di sopra delle frontiere linguistiche, destare nella minoranza interesse e comprensione per i problemi della maggioranza.

Tutto questo lavoro così istruttivo non sarebbe stato possibile senza l'aiuto e il consiglio disinteressato di tutta una serie di vari specialisti ai quali rivolgiamo il nostro ringraziamento; dalla lunga lista rileviamo in particolare Paul Schmid, direttore del Centro di aritmetica dell'Università di Basilea, Eduard Perret dell'Ufficio d'informatica del canton Basilea Città, Hans Bickel del progetto "Lingue in Svizzera". Ringraziamo ugualmente il signor W. Lustenberger, membro della Commissione federale per gli Esami pedagogici delle reclute, il quale, con molta circospezione e pazienza, ha sorvegliato la pubblicazione, come anche il signor Z. Clivio che ha curato la traduzione italiana e francese.

Robert Schläpfer

EINLEITENDE BEMERKUNGEN ZUM SPANNUNGSFELD ZWISCHEN MUNDART UND STANDARDSPRACHE, ZU SPRACH-KOMPETENZ UND SPRACHZERFALL

REMARQUES PRELIMINAIRES

OSSERVAZIONI PRELIMINARI

Robert Schläpfer

EINLEITENDE BEMERKUNGEN

Die vorliegende Untersuchung *Jürg Gutzwillers* - mit dem ergänzenden Abschnitt von *Beat Schmid* - ist ein gewichtiger Beitrag zur Auswertung der gesamtschweizerischen schriftlichen Pädagogischen Rekrutenprüfungen 1985 und der ergänzenden mündlichen Befragungen der Rekruten von 1986 im Waffenplatzkreis IV (Aarau, Brugg, Bremgarten, Liestal). Diese Rekrutenprüfungen ihrerseits sind Teil

- eines Nationalfonds-Forschungsprojekts "Mundart und Hochsprache in der deutschen Schweiz als Problem der Schule und der Kulturpolitik in der viersprachigen Schweiz" (1982-1985);
- des Projekts "Sprachen in der Schweiz" im Rahmen des Nationalen Forschungsprogramms Nr. 21 "Kulturelle Vielfalt und nationale Identität" (1987-1989).[1]

Die gewichtige Arbeit Gutzwillers hat den nicht hoch genug einzuschätzenden Vorzug, dass sie auf Grund ihrer Materialien mit den Aussagen, den Meinungen und Überlegungen aller sozialen Schichten einer jüngeren (männlichen) Generation rechnen kann, im Gegensatz zu vielen - wohl den meisten anderen - Untersuchungen zu früherem und heutigem Sprachverhalten in der deutschen Schweiz, die sich zumeist auf bestimmte soziale Gruppen beschränken. Das dürfen wir nicht aus den Augen verlieren, wenn wir im folgenden versuchen, einleitend in knappen Zügen die Entwicklung des Spannungsfelds zwischen Mundart und Standardsprache in der deutschen Schweiz nachzuzeichnen und zurückzublicken auf Sprachentwicklung und "Sprachzerfall": Dass wir dabei Gefahr laufen, uns nur auf eine bestimmte Bildungsschicht als Sprachträger zu beziehen und damit in einem viel engeren Rahmen zu bleiben, als das bei Gutzwiller der Fall ist. Rückblick und Ausblick seien aber gleichwohl versucht.

Ein entscheidender Wandel in der Sprachsituation der deutschen Schweiz hat sich seit dem Ausgang des 16. Jahrhunderts angebahnt. In einem langwierigen Prozess vollzog sich der Übergang der deutschschweizerischen Städte von den alten regionalen Kanzlei- und Urkundensprachen zur rasch sich entwickelnden neuhochdeutschen Schriftsprache. Dieser Prozess verlief ganz unterschiedlich: Während er in der Innerschweiz, wo man sich hartnäckig gegen die konfessionell belastete "Luthersprache" wehrte, gegen zwei Jahrhunderte in Anspruch nahm, gingen die nordschweizerischen Städte wie Basel, Schaffhau-

1 Vgl. Schläpfer (1991). Die abschliessende umfangreiche Publikation "Sprachen in der Schweiz" wird anfangs 1992 vorliegen.

sen, aber auch St. Gallen und Zürich sehr rasch zur neuen Gemeinsprache über, die aber immer noch vor allem *Schriftsprache* war. Parallel zur Übernahme des Standarddeutschen verlief die Abwertung des Dialekts. Heute noch gebräuchliche Bezeichnungen wie "Puuretüütsch" oder im Wallis "Schlächttytsch" für die Mundart, im Gegensatz zu "Güettytsch" für die Standardsprache gehen auf diese Entwicklung zurück. Nicht anders auf höherer Ebene: Für seine "ausdrücklich für das Volk bestimmten 'Schweizerlieder'" schloss *Lavater* 1766 "die grundsätzliche Verwendung der Mundart als 'schlechterdings unanständig'" aus.[2] Noch deutlicher wird 1785 der Berner Patrizier *Karl Friedrich von Bonstetten*: Die Mundart, eine "kleine Winkelsprache", sei überhaupt keine Sprache, denn "eine Sprache, die nicht schreibbar ist, ist auch keiner Vervollkommnung fähig". Und er verweist auf das Beispiel des Waadtlandes: "Eine allgemeine Aufklärung hat nach und nach den Gebrauch der Französischen Sprache allenthalben in der Waadt eingeführt; und nun bleibt das Patois, was es seyn sollte, eine Pöbelsprache". Die schweizerdeutschen Dialekte erschienen ihm "unrein", die Sprache der Zürcherinnen "schrecklich".[3] Und noch in der ersten Hälfte des 19. Jahrhunderts lässt der Schwabe *Ludwig Seeger*, der von 1837 bis 1848 als Privatdozent in Bern wirkte, in seiner Übersetzung der "Lysistrate" des Aristophanes die Spartaner Berndeutsch reden, um zu charakterisieren, dass sie ein grobes, ungehobeltes Volk seien, im Gegensatz zu den Athenern, die bei ihm hochdeutsch sprechen.[4]

Seeger ist noch ein später Vertreter der "Korruptionstheorie, einer Auffassung der Mundart, die darin ein verderbtes und verkommenes Deutsch, ein Hindernis auf dem Weg zu einer reinen und edlen Schriftsprache erblickte".[5] Die Romantik hatte inzwischen eine ganz neue Sicht gebracht: Sie sah in der Mundart, insbesondere in den deutschschweizerischen Mundarten das Unmittelbare, das Ursprüngliche, die Nähe zu den "reinen Quellen" der Sprache. Gleichzeitig kommt nun aber ein neues Moment auf: Die wirtschaftliche und industrielle Entwicklung des 19. Jahrhunderts, die wachsende Mobilität der Bevölkerung schienen die Mundarten in ihrem Grundbestand zu gefährden. Eindrücklicher Ausdruck dieser Sorge ist *Friedrich Staubs* Aufruf von 1862 zur Gründung eines Schweizerdeutschen Wörterbuchs, das wenigstens für alle Zeiten festhalten solle, was im lebendigen Gebrauch vom Untergang bedroht sei. Um die Jahrhundertwende scheint sich die pessimistische Prognose tatsächlich zu bestätigen:

---

2 Studer (1954), S. 197.
3 Zit. nach Trümpy (1955), S. 108f.
4 Vgl. Aristophanes (1968).
5 Schwarzenbach (1969), S. 18.

> "Ausgeprägte Mundarten sind Verkehrshemmnisse. Sie sind Wonne des Linguisten, sie sind dem Patrioten teuer, sie sind Wahrzeichen des nationalen Lebens wie die Trachten; sie werden schwinden wie diese. Der moderne Verkehr nivelliert mit dem Kleid auch die Sprache, langsamer zwar, aber unaufhaltsam ... In absehbarer Zeit wird die Verkehrssprache in Städten wie Basel und Zürich hochdeutsch sein."

Das ist 1901 die Meinung des Zürcher Romanisten *Heinrich Morf*.[6] Und 1909 erklärt *Albert Bachmann*, berufenster Kenner der schweizerdeutschen Mundarten, "es sei zwar für die unmittelbare Zukunft kein Umbruch zu erwarten, eine allmähliche Umformung des Schweizerdeutschen zu einer neuhochdeutschen Umgangssprache aber nicht zu vermeiden".[7]
Von diesen Feststellungen - im Nachhinein könnte man auch von Behauptungen reden - lässt sich nun mühelos ein Bogen zu den Sprachverhältnissen in der deutschen Schweiz in den letzten drei Jahrzehnten, also seit den sechziger Jahren schlagen. Zuerst einmal lässt sich feststellen, dass der so bestimmt vorausgesagte Untergang der Mundart nicht eingetreten ist. Der Hauptgrund ist ein politischer - er konnte nicht vorausgesehen werden: Der nationalsozialistische Machtanspruch im Deutschland des Dritten Reiches führte zu einer Selbstbesinnung der Schweiz, insbesondere der Deutschschweiz. Zur Besinnung auf die politische, kulturelle und auch sprachliche Eigenart unter dem Schlagwort der "Geistigen Landesverteidigung". Symbol dafür ist der 1939 gegründete "Bund Schwyzertütsch" (seit 1990 "Verein Schweizerdeutsch"), der sich zum Ziel setzte,

> "beiden Formen der deutschen Sprache [Mundart und Schriftsprache] ihren gerechten und gemässen Anteil zu sichern, insbesondere die Mundart in ihrer Vielfalt und Lebenskraft zu erhalten, zu pflegen, zu fördern".[8]

Entscheidendes geschah dann aber seit den sechziger Jahren mit einer eigentlichen "Mundartwelle" - besser spräche man von einem Vormarsch oder von einem Aufbruch der Mundart, aus dem alltäglichen Gebrauch heraus in zahl-

---

6 Zit. nach Schwarzenbach (1969), S. 125.
7 Schwarzenbach (1969), S. 128.
8 Mundartpflege (1963), S. 2.

reiche offizielle Bereiche hinein: in der Schule auf allen Stufen von der Volksschule bis zur Hochschule, in der Kirche, im Militär, und vor allem auch in den elektronischen Medien. Bemerkenswert ist es auch, wie Plakattexte, Ferienkarten und besonders von jungen Leuten auch Briefe und Tagebücher im Dialekt geschrieben werden. Die Gründe für dieses Durchsetzungsvermögen der Mundart dürften recht vielschichtiger Art und von ganz unterschiedlichem Gewicht sein: Sie führen von einer weltweiten Tendenz zum Regionalismus über ein - zumindest seit der Reichsgründung von 1871 - "gebrochenes Verhältnis" der Deutschschweizer zu der als fremd empfundenen gesprochenen deutschen Standardsprache und ein damit verbundenes Unterlegenheitsgefühl bis hin zu negativen Schulerfahrungen mit der Normsprache und der Ablehnung aller Normen.

So muss es nicht erstaunen, dass die Rekruten, insbesondere jene mit geringerer Schulbildung, ganz eindeutig für noch mehr Mundart in der Schule plädieren. Das ist im Grunde sehr verständlich. Und man wird sich wohl ernsthaft fragen müssen, ob nicht Sicherheit und Kompetenz in einer Variante der Muttersprache, z.B. in der Mundart, letztlich weiterführe als Ungeborgenheit und Unsicherheit in der einen und der anderen. Wer von innen her mit einiger Festigkeit über eine Sprache oder Sprachform verfügt, erwirbt - wenn er sie wirklich braucht! - mit grösserer Selbstverständlichkeit eine andere, als wer sprachlich nirgends ganz zu Haus ist. Umgekehrt ist die Behauptung, mit der "Mundartwelle" entstehe "aber auch die Gefahr einer geistigen Isolierung der deutschen Schweiz gegenüber den anderen deutschsprachigen Ländern" schwerlich zu belegen.[9]

Auf der anderen Seite beklagt der Bericht "*Zustand und Zukunft der viersprachigen Schweiz*" einen "Wandel im Sprachverhalten grosser Teile der Bevölkerung", der sich zeigt

> "in der zunehmenden Abkehr von einer inhaltlich und formal noch von humanistischen Bildungswerten geprägten Kultursprache und in einer vermehrten Hinwendung zu einer rein funktional bestimmten, inhaltlich und ästhetisch verarmten Kommunikationssprache. Im Extremfall führt dieser Wandel zu einem weitgehenden Verlust der aktiven, vor allem schriftlichen Sprachbeherrschung. Schon heute dürfte bei weiten Teilen der Bevölkerung der schriftliche Gebrauch der Sprache im beruflichen wie zunehmend auch im

---

9 Zustand und Zukunft der viersprachigen Schweiz (1989), S. VII.

> privaten Alltag auf ein problematisches Minimum geschrumpft sein."[10]

Da muss man sich ernsthaft fragen, ob der Verlust "humanistischer Bildungswerte" und "ästhetischer" Elemente in einer Sprache, in der wir uns miteinander verständigen, in der wir miteinander reden und aufeinander hören wollen, dermassen schwer wiegen.

Und der "Verlust der aktiven, vor allem schriftlichen Sprachbeherrschung": Er dürfte nicht leicht zu belegen sein. Insgesamt müssen wir die Behauptungen, die Standardkompetenz - mündlich und schriftlich - der Deutschschweizer nehme kontinuierlich ab, mit grösstem Vorbehalt aufnehmen. Viel mehr als blosse Behauptungen sind das tatsächlich nicht, weil sie schwerlich belegt werden können. Man hat um die letzte Jahrhundertwende ein anderes Deutsch gesprochen und geschrieben als heute, aber die Sicherheit im Gebrauch des Hochdeutschen dürfte damals im allgemeinen kaum grösser gewesen sein - war beachtenswert bei einer ganz kleinen Bildungselite, die aber auch heute noch Deutsch kann. Anderseits ist nicht zu bezweifeln, dass in jüngster Zeit das Hören und Verstehen - durch Vermittlung der elektronischen Medien - und auch das Lesen - vor allem der Zeitungen - in breiten Kreisen erheblich zugenommen hat.

Und wenn der Bericht über "Zustand und Zukunft der viersprachigen Schweiz" behauptet, es sei

> "bei Mittelschülern und jüngeren Hochschulabsolventen [zum Glück offenbar nur bei jüngeren!] eine schwindende Sprachkompetenz feststellbar, die durch eine scheinbare, dank raschen ersten Erfolgserlebnissen gewonnene Ausdrucksfähigkeit im Englischen teilweise überdeckt wird"[11],

so weist das auf ein Sprachproblem hin, das wir in nächster Zeit stärker beachten müssen: auf die Bedeutung des Englischen als sprachgrenzüberschreitender Kommunikationssprache - als lingua franca. Schon vor Jahren hat *André Chevallaz* wiederholt, was vor ihm ein Genfer Geisteswissenschafter und Parlamentarier ausgesprochen hat: dass in absehbarer Zeit das Englische am ehesten die alle Sprachgebiete der Schweiz überdachende Kommunikationsform sein könnte. Tatsächlich ist heute das Englische in den technischen Wissenschaften, in den Naturwissenschaften - in Medizin, Biologie, Chemie - und in

10 Zustand und Zukunft der viersprachigen Schweiz (1989), S. 294.
11 Zustand und Zukunft der viersprachigen Schweiz (1989), S. 295.

der Wirtschaft die alle Grenzen überschreitende Wissenschafts- und Wirtschaftssprache. Aber auch die Pädagogischen Rekrutenprüfungen 1985 und mit ihnen Befragungen an den Berner Gymnasien haben ergeben, dass das Englische zumindest in der deutschen und in der französischen Schweiz die Sprache ist, die Maturanden, junge Arbeiter und Kaufleute als erste Fremdsprache lernen möchten. In der italienischen und rätoromanischen Schweiz haben bei den Rekruten noch das Französische bzw. das Deutsche einen knappen Vorsprung.

So erscheint es denn nicht als völlig unrealistische Theorie, wenn der italienische Sprachwissenschafter *Raffaele Simone* im Englischen die Sprache der Zukunft sieht:

> "Was Ideologen in Frankreich oder in Deutschland nicht wahrhaben wollen und noch weniger die Propagandisten von Minderheitssprachen, die einen Rückfall in den Provinzialismus riskieren, das ist für den italienischen Realisten Simone keine Frage mehr: Das Englische ist im Begriff, den Wettlauf der Sprachen weltweit zu gewinnen.
>
> Ist das etwas Gutes oder etwas Schlechtes? Als Wissenschafter beschränkt Simone sich darauf, darzustellen, welche Alternativen er sieht, und die glücklichere ist die einer neuen Universalsprache, die er noch einmal mit dem Latein der späten Kaiserzeit vergleicht: Alle sprachen es schlecht, aber alle verstanden sich.
>
> Aber wenn alle sich verstehen, kommt es dann noch auf die Sprache an, in der sie es tun?"[12]

12 Stammerjohann (1990).

REMARQUES PRELIMINAIRES

L'analyse suivante de *Jürg Gutzwiller* - complétée par un passage de *Beat Schmid* - est une contribution précieuse à l'évaluation des résultats des Examens pédagogiques des recrues 1985, effectués dans toute la Suisse, et à celle des enquêtes (orales) menées en 1986 auprès des recrues dans l'arrondissement IV comprenant les places d'armes d'Aarau, Brugg, Bremgarten, Liestal. Ces examens pédagogiques font partie

1° d'un projet de recherche du Fonds national, intitulé "Dialecte et langue écrite en Suisse alémanique comme problème de l'école et de la politique culturelle dans la Suisse quadrilingue" (1982-1985);

2° du projet "Langues en Suisse" dans le cadre du Programme national de recherche 21 "Variété culturelle et identité nationale" (1987-1989).[1]

L'importante étude de Gutzwiller a le mérite incontestable de se fonder sur les énoncés, opinions et raisonnements de jeunes gens (surtout de sexe masculin) de toutes les couches sociales - cela à la différence de la plupart des études au sujet du comportement linguistique présent et passé en Suisse alémanique, lesquelles, en général, se limitent à des groupes sociaux bien déterminés.

Dans le texte qui suit nous tenterons de démontrer brièvement, à titre d'introduction, les remous des interactions entre dialecte et langue officielle ("Hochsprache") et de jeter un coup d'oeil sur l'évolution de la langue et sur sa "dégradation" ("Sprachzerfall"). Mais nous devons nous rendre compte du risque qu'il y a à se rapporter à une couche sociale bien délimitée et beaucoup plus restreinte que chez Gutzwiller. Nous essayerons néanmoins de jeter un regard vers le passé et d'ouvrir une perspective d'avenir.

En ce qui concerne la situation linguistique en Suisse alémanique, c'est vers la fin du 16e siècle que s'est dessiné un changement décisif. A travers un processus laborieux et compliqué, l'ancienne langue régionale des chancelleries - comme en témoignent les documents juridiques et administratifs de l'époque - s'est transformée en une nouvelle langue écrite officielle, le haut allemand moderne, qui se développa assez rapidement par la suite.

Ce processus a toutefois des aspects très divers selon les régions: En Suisse centrale, on se refusait obstinément à adopter une langue qui rappelait par trop l'influence luthérienne, de sorte que, dans ces cantons, le passage à la

1 Cf. Schläpfer (1991).
La parution de l'étude conclusive et bien documentée est prévue pour le début de 1992.

nouvelle langue officielle demanda près de deux siècles. Par contre, les villes alémaniques du Nord, telles que Bâle, Schaffhouse ainsi que St-Gall et Zurich, adoptèrent très vite la nouvelle langue commune, qui, cependant, restait avant tout *langue écrite*.

A mesure que l'allemand standardisé était accepté, le dialecte se dégradait. De nos jours encore, des expressions vivantes comme "Puuretüütsch" (= allemand des paysans) ou en Valais "Schlächttytsch" (= mauvais allemand) - par opposition à "Güettytsch" pour la langue officielle - rappellent cette évolution linguistique. Il en était de même à un niveau supérieur: Pour ses "Schweizerlieder" de 1776 - expressément destinés aux gens du peuple -, *Lavater* excluait l'emploi généralisé du dialecte comme "schlechterdings unanständig" (= nettement impoli).[2] Encore plus explicite: le patricien bernois *Karl Friedrich von Bonstetten* pour qui le dialecte, "kleine Winkelsprache" (= langue des bas quartiers), n'était même pas une langue, car "eine Sprache, die nicht schreibbar ist, ist auch keiner Vervollkommnung fähig" (= une langue qui ne s'écrit pas, ne se prête à aucun perfectionnement). Et il renvoie à l'exemple du pays de Vaud: "Eine allgemeine Aufklärung hat nach und nach den Gebrauch der Französischen Sprache allenthalben in der Waadt eingeführt; und nun bleibt das Patois, was es seyn sollte, eine Pöbelsprache."[3] Les dialectes alémaniques lui paraissaient 'impurs', la langue des Zurichoises 'affreuse'.[4] Et encore dans la première moitié du 19e siècle le Souabe *Ludwig Seeger* - de 1837 à 1848 privatdocent à Berne - traduisant "Lysistrate" d'Aristophane, fait parler le dialecte bernois aux Spartiates pour les caractériser comme peuple rude et grossier, en les opposant aux Athéniens qui, chez lui, parlent l'allemand écrit.[5]

Seeger est un représentant attardé de la "Korruptionstheorie, einer Auffassung der Mundart, die darin ein verderbtes und verkommenes Deutsch, ein Hindernis auf dem Weg zu einer reinen und edlen Schriftsprache erblickte".[6] Entre-temps, les romantiques étaient arrivés à une vue toute différente: Ils voyaient dans les dialectes - surtout dans ceux de la Suisse alémanique - l'immédiat, le spontané, l'original qui les situaient à proximité des 'sources pures' de la langue.

---

2 Studer (1954), p. 197.
3 "Une instruction générale a introduit peu à peu l'usage de la langue française au pays de Vaud; et voilà que le patois reste ce qu'il devait être, une langue de la populace."
4 Cit. d'après Trümpy (1955), p. 108/109.
5 Cf. Aristophanes (1968).
6 Schwarzenbach (1969), p. 18.
"La théorie de la corruption, conception du dialecte qui y voyait un allemand corrompu et dépravé faisant obstacle au développement d'une langue écrite pure et noble."

En même temps apparaissait un facteur nouveau: L'essor économique et industriel du 19e siècle, parallèlement à la mobilité croissante de la population, semblait compromettre les bases mêmes des dialectes. C'est bien cette préoccupation qui a inspiré l'appel de *Friedrich Staub* en 1862 à fonder un dictionnaire des dialectes suisses alémaniques qui devrait au moins conserver pour la postérité ce qu'il croyait en voie de se perdre dans l'usage quotidien. En effet, autour de 1900, ce prognostic pessimiste semble se vérifier:

> "Ausgeprägte Mundarten sind Verkehrshemmnisse. Sie sind Wonne des Linguisten, sie sind dem Patrioten teuer, sie sind Wahrzeichen des nationalen Lebens wie die Trachten; sie werden schwinden wie diese. Der moderne Verkehr nivelliert mit dem Kleid auch die Sprache, langsamer zwar, aber unaufhaltsam ... In absehbarer Zeit wird die Verkehrssprache in Städten wie Basel und Zürich hochdeutsch sein."

Voilà, en 1901, l'opinion du romaniste zurichois *Heinrich Morf*.[7] Et en 1909 *Albert Bachmann*, l'éminent spécialiste des dialectes suisses alémaniques, déclara "es sei zwar für die unmittelbare Zukunft kein Umbruch zu erwarten, eine allmähliche Umformung des Schweizerdeutschen zu einer neuhochdeutschen Umgangssprache aber nicht zu vermeiden".[8]

Ces constatations - après coup on parlerait plutôt d'assertions - permettent d'en venir sans trop de difficultés à la situation linguistique en Suisse alémanique des trois décennies passées, donc depuis les années 60. D'abord il faut retenir que la décadence du dialecte, annoncée avec tant d'assurance, n'est pas advenue. La raison principale en est politique - elle ne pouvait être prévue: L'arrivée au pouvoir des nazis en Allemagne et l'expansionisme du IIIe Reich a eu pour conséquence une véritable prise de conscience dans notre pays, surtout en Suisse alémanique. Sous le slogan de 'Défense spirituelle' on

7 Cit. d'après Schwarzenbach (1969), p. 125.
"Des dialectes marqués sont des empêchements à la libre communication. Délices des linguistes, chers aux patriotes, ils sont les emblèmes de la vie nationale comme les costumes traditionnels et ils disparaîtront comme ceux-ci. La communication moderne nivelle le costume ainsi que la langue, plus lentement, il est vrai, mais inéluctablement ... Dans un avenir peu éloigné, la langue de communication dans les villes, telles que Bâle et Zurich, sera l'allemand standardisé."

8 Schwarzenbach (1969), p. 128.
"... que, dans l'avenir immédiat, on ne devrait pas s'attendre à un changement brusque mais que, néanmoins, une transformation du suisse alémanique en une langue de communication conforme au haut allemand moderne ne pouvait être empêchée."

se rendait compte des particularités politiques, culturelles et aussi linguistiques. Symbole en est le "Bund Schwyzertütsch", fondé en 1939 (depuis 1990 nommé "Verein Schweizerdeutsch") qui s'assignait comme but

> "beiden Formen der deutschen Sprache (Mundart und Schriftsprache) ihren gerechten und gemässen Anteil zu sichern, insbesondere die Mundart in ihrer Vielfalt und Lebenskraft zu erhalten, zu pflegen, zu fördern".[9]

Mais c'est depuis les année 60 que s'est amorcé un phénomène décisif, une véritable "Mundartwelle" (= vague dialectale) - mieux vaudrait parler d'une avancée, d'un essor du dialecte qui, de simple langue de la vie quotidienne, a envahi de nombreux domaines officiels: On s'en sert à tous les degrés de l'école, de la primaire à l'université, à l'église, dans l'armée et surtout dans les media électroniques. A noter aussi que des textes de publicité et de cartes postales sont rédigés en dialecte - les jeunes écrivent même des lettres et des journaux intimes en suisse alémanique.

Les raisons de cette vitalité du dialecte sont probablement bien hétérogènes et de poids inégal: Elles s'expliquent, en partie, par la tendance universelle vers le régionalisme mais aussi - sûrement à partir de la fondation du IIe Reich en 1871 - par l'attitude réservée et même ambiguë du Suisse alémanique envers l'allemand standardisé ressenti comme étranger, ce qui suscite en lui des sentiments d'infériorité; enfin par les expériences négatives que tout un chacun fait à l'école avec la langue normative et par le réflexe de rejet de toute norme.

Ne nous étonnons donc pas si nous entendons les recrues - en premier lieu, ceux dont la formation scolaire est modeste - plaider pour davantage de dialecte à l'école. On les comprend facilement. Et il faudra effectivement se demander si l'assurance personnelle et la compétence dans une seule variante de la langue maternelle, p. ex. dans le dialecte, ne mène pas plus loin, en fin de compte, que de se sentir dépaysé et peu sûr dans l'une et l'autre. Celui qui connaît intimement une langue ou une forme de langue et la maîtrise sans trop de difficultés, n'aura pas de mal - s'il en a vraiment besoin - à acquérir une nouvelle langue; et avec plus d'aisance que celui qui ne se sent à l'aise ni dans l'une ni dans l'autre.

---

9 Mundartpflege (1963), p. 2.
"... assurer aux deux formes de la langue allemande (dialecte et langue écrite) la juste part qui leur revient, en particulier maintenir, cultiver et favoriser le dialecte dans sa diversité et vitalité".

D'ailleurs, quant à l'affirmation que la "Mundartwelle" amène "aber auch die Gefahr einer geistigen Isolierung der deutschen Schweiz gegenüber den andern deutschsprachigen Ländern", il sera difficile de trouver les témoignages à l'appui.[10]

Un autre aspect des problèmes linguistiques en Suisse est relevé par le rapport "*Zustand und Zukunft der viersprachigen Schweiz*" qui déplore un changement des habitudes linguistiques dans une grande partie de la population, ce qui se manifeste

> "in der zunehmenden Abkehr von einer inhaltlich und formal noch von humanistischen Bildungswerten geprägten Kultursprache und in einer vermehrten Hinwendung zu einer rein funktional bestimmten, inhaltlich und ästhetisch verarmten Kommunikationssprache. Im Extremfall führt dieser Wandel zu einem weitgehenden Verlust der aktiven, vor allem schriftlichen Sprachbeherrschung. Schon heute dürfte bei weiten Teilen der Bevölkerung der schriftliche Gebrauch der Sprache im beruflichen wie zunehmend auch im privaten Alltag auf ein problematisches Minimum geschrumpft sein."[11]

En présence de ces transformations il faut bel et bien se demander si la perte de 'valeurs humanistes' et d'éléments 'esthétiques' pèse si lourd dans la langue dans laquelle nous communiquons, prétendons nous parler et nous écouter les uns les autres. Et quant à la dégradation de la compétence active, surtout pour l'écrit, elle ne sera guère facile à démontrer. En fait, c'est avec les plus grandes réserves qu'il faut accueillir les voix qui prétendent que la compétence moyenne - dans la langue parlée et écrite - des Suisses alémaniques ne cesse de diminuer. Ce ne sont au fond que des assertions qui ne se basent sur

10 Zustand und Zukunft der viersprachigen Schweiz (1989), p. VII.
"... également le risque d'un isolement spirituel de la Suisse alémanique à l'égard des autres pays de langue allemande."

11 Zustand und Zukunft der viersprachigen Schweiz (1989), p. 294.
"... par une attitude qui rejette de plus en plus le contenu et le style de la langue culturelle, tout imprégnée encore de valeurs humanistes, pour se tourner davantage vers une langue de communication purement fonctionnelle, appauvrie en sa substance et en ses aspects esthétiques. A l'extrême, cette transformation mènera à une perte quasi totale de la compétence linguistique, surtout en ce qui concerne la langue écrite. On peut présumer que, déjà, à l'heure actuelle, l'usage de la langue écrite s'est probablement réduit à un minimum alarmant dans le domaine professionnel et va diminuer également dans le privé pour une large partie de la population."

aucune enquête sérieuse. Il est vrai qu'autour de 1900 on parlait et écrivait un autre allemand que de nos jours, mais on peut douter qu'en général les connaissances de l'allemand officiel aient été meilleures à cette époque-là; elles étaient considérables pour une élite cultivée peu nombreuse qui continue toujours à maîtriser cette langue. Par contre, il ne fait pas de doute que dans ces derniers temps - par l'intermédiaire des médias électroniques - la faculté auditive et la compréhension ainsi que la lecture - surtout des journaux - se sont sensiblement améliorées un peu partout dans la population.

Et si le rapport sur "Zustand und Zukunft der viersprachigen Schweiz" soutient que

> "bei Mittelschülern und jüngeren Hochschulabsolventen [zum Glück offenbar nur bei jüngeren!] <sei> eine schwindende Sprachkompetenz feststellbar, die durch eine scheinbare, dank raschen ersten Erfolgserlebnissen gewonnene Ausdrucksfähigkeit im Englischen teilweise überdeckt wird",[12]

cela révèle un problème de langue qu'il faudra prendre plus en considération dans un avenir prochain, c'est-à-dire l'importance de l'anglais comme langue de communication qui franchit toutes frontières, sorte de nouvelle 'lingua franca'. *André Chevallaz* n'a-t-il pas répété, il y a des années déjà, ce qu'un homme de lettres et parlementaire genevois avait exprimé avant lui, à savoir que, dans un temps prochain, l'anglais pourrait être la forme de communication qui coifferait les différentes régions linguistiques en Suisse. En fait, l'anglais est aujourd'hui, par-dessus les frontières, la langue des sciences techniques, des sciences naturelles - médecine, biologie, chimie - et des sciences économiques.

Cette tendance se dégage aussi des résultats des Examens pédagogiques des recrues 1985 et lors de quelques enquêtes dans des lycées bernois: L'anglais, du moins en Suisse alémanique et en Suisse romande, est la langue qu'aimeraient apprendre lycéens, jeunes ouvriers et employés de commerce comme première langue étrangère; parmi les recrues de la Suisse italienne et

---

12 Zustand und Zukunft der viersprachigen Schweiz (1989), p. 295.
"... chez les lycéens et chez les jeunes universitaires (par bonheur seulement chez les jeunes, à ce qu'il paraît!) on peut constater un recul de la compétence linguistique qui, en partie, est recouverte par une apparente facilité d'expression en anglais, vite acquise grâce aux succès faciles du début".

romanche, le français, respectivement l'allemand, ont encore un légère avance sur l'anglais.

Il n'apparaît donc pas tout à fait chimérique que le philologue italien *Raffaele Simone* considère l'anglais comme la langue de l'avenir:

> "Was Ideologen in Frankreich oder in Deutschland nicht wahrhaben wollen und noch weniger die Propagandisten von Minderheitssprachen, die einen Rückfall in den Provinzialismus riskieren, das ist für den italienischen Realisten Simone keine Frage mehr: Das Englische ist im Begriff, den Wettlauf der Sprachen weltweit zu gewinnen.
>
> Ist das etwas Gutes oder etwas Schlechtes? Als Wissenschafter beschränkt Simone sich darauf, darzustellen, welche Alternativen er sieht, und die glücklichere ist die einer neuen Universalsprache, die er noch einmal mit dem Latein der späten Kaiserzeit vergleicht: Alle sprachen es schlecht, aber alle verstanden sich.
>
> Aber wenn alle sich verstehen, kommt es dann noch auf die Sprache an, in der sie es tun?"[13]

13 Stammerjohann (1990).
"Ce que refusent d'admettre les idéologues en France ou en Allemagne et encore plus les militants propagandistes des langues de minorité, qui risquent de retomber dans l'isolationnisme provincial, est désormais hors de discussion pour le réaliste italien Simone: L'anglais est en passe de l'emporter dans la course des langues à la prédominance universelle.
Est-ce un bien ou un mal? Comme scientifique Simone se limite à nous présenter les alternatives qu'il envisage, et la meilleure est celle d'une nouvelle langue universelle qu'il compare encore une fois au latin du Bas-Empire: Tous le parlaient mal, mais tous se comprenaient.
Or, si tous se comprennent, qu'importe dans quelle langue ils communiquent?"

OSSERVAZIONI PRELIMINARI

La seguente analisi di *Jürg Gutzwiller* - col capitolo completivo di *Beat Schmid* - è un contributo prezioso alla valutazione degli Esami pedagogici delle reclute 1985, svoltisi in tutta la Svizzera, come anche delle inchieste orali presso le reclute del 1986 nel circondario IV colle piazze d'armi di Aarau, Brugg, Bremgarten, Liestal. Questi esami pedagogici per conto loro fanno parte

- d'un progetto del Fondo nazionale di ricerca "Mundart und Hochsprache in der deutschen Schweiz als Problem der Schule und der Kulturpolitik in der viersprachigen Schweiz" (1982-1985);
- del progetto "Lingue in Svizzera" nell'ambito del Programma nazionale di ricerca 21 "Varietà culturale e identità nazionale" (1987-1989).[1]

Il lavoro importante di Gutzwiller ha il merito incontestabile di fondarsi su opinioni, giudizi e ragionamenti di giovani (maschili) appartenenti a tutti gli strati sociali, a differenza di molti altri studi - magari la maggioranza - sul comportamento linguistico presente e nel passato nella Svizzera tedesca, i quali si limitano per lo più a gruppi sociali ben determinati. Questo fatto non va perso d'occhio se in seguito tenteremo - a modo di breve introduzione - di dimostrare lo svolgimento delle varie interazioni fra dialetto e lingua standard nella Svizzera tedesca e di ricordare l'evoluzione e la 'decadenza' linguistica: Riferendoci ai parlanti di uno strato sociale delimitato, rischiamo di rimanere in un quadro molto più ristretto di quello di Gutzwiller. Nonostante ciò, proveremo di dare uno sguardo retrospettivo e di aprire una prospettiva nel futuro.

Nella situazione linguistica della Svizzera tedesca, un cambiamento decisivo prese inizio già dalla fine del secolo XVI. Attraverso un processo lungo e complicato, la vecchia lingua regionale delle cancellerie si trasformò - come ne testimoniano i documenti giuridici e amministrativi dell'epoca - in una nuova lingua scritta ufficiale, l'alto tedesco moderno che si sviluppò assai rapidamente. Questo processo tuttavia ha aspetti molto diversi nelle varie regioni: Nella Svizzera centrale dove ci si rifiutava di accettare una lingua che ricordava anche troppo l'influsso luterano, il passaggio alla nuova lingua ufficiale domandò press'a poco due secoli. Invece le città svizzere del Nord, come Basilea, Sciaffusa, San Gallo e Zurigo, adottarono molto presto la nuova lingua, la quale però veniva usata anzitutto come *lingua scritta*.

1 Cf. Schläpfer (1991).
La pubblicazione dello studio conclusivo è previsto per la primavera del 1992.

Secondo che l'alto tedesco veniva adottato, il dialetto s'inviliva. Ancor oggi delle espressioni come "Puuretüütsch" (= tedesco dei contadini) o nel Vallese "Schlächttytsch" (= brutto tedesco) - all'opposto di "Güettytsch" per la lingua ufficiale - ricordano quello sviluppo linguistico. Lo stesso accadeva a un livello superiore: Per i suoi "Schweizerlieder" del 1776 - esplicitamente destinati alla gente del popolo - *Lavater* escludeva l'uso generalizzato del dialetto come "schlechterdings unanständig" (= assolutamente sgarbato).[2] Più esplicito ancora il patrizio bernese *Karl Friedrich von Bonstetten* per cui il dialetto, "kleine Winkelsprache" (= lingua dei vicolucci), non era nemmeno una lingua perché "eine Sprache, die nicht schreibbar ist, ist auch keiner Vervollkommnung fähig" (= una lingua che non si scrive non si presta a nessun perfezionamento). E rimanda all'esempio del paese di Vaud: "Eine allgemeine Aufklärung hat nach und nach den Gebrauch der Französischen Sprache allenthalben in der Waadt eingeführt; und nun bleibt das Patois, was es seyn sollte, eine Pöbelsprache."[3] I dialetti svizzero tedeschi gli apparivano 'impuri', il parlare delle zurighese 'orribile'.[4] E perfino nella prima metà del secolo XIX lo svevo *Ludwig Seeger* - dal 1837 al 1848 libero docente all'Università di Berna - traducendo "Lisistrata" di Aristofane fa parlare il dialetto bernese agli spartani per caratterizzarli come popolo rude e grossolano, opponendoli così agli ateniensi che da lui parlano l'alto tedesco.[5]

Seeger è un tardo rappresentante della "Korruptionstheorie, einer Auffassung der Mundart, die darin ein verderbtes und verkommenes Deutsch, ein Hindernis auf dem Weg zu einer reinen und edlen Schriftsprache erblickte".[6] Intanto il romanticismo era giunto a una vista tutta diversa: Vedeva nei dialetti - anzitutto in quelli della Svizzera tedesca - lo spontaneo, l'originale, il che li collocava presso le 'fonti pure' della lingua.

Allo stesso tempo appare un elemento nuovo: Lo sviluppo economico e industriale del secolo XIX, la mobilità sempre più grande della popolazione parevano compromettere i fondamenti stessi dei dialetti. E' proprio questa preoccupazione che ispirò *Friedrich Staub* nel 1862 a lanciare il suo appello per la fondazione di un dizionario dei dialetti svizzero tedeschi, il quale doveva almeno conservare per la posterità quello che Staub credeva sul punto di

---

2 Studer (1954), p. 197.

3 "Una istruzione generale a poco a poco ha introdotto la lingua francese nel paese di Vaud; ed ecco che il vernacolo rimane quel che dovrebbe essere, una lingua della plebe."

4 Cit. in Trümpy (1955), p. 108/109.

5 Cf. Aristophanes (1968).

6 Schwarzenbach (1969), p. 18.
".. teoria della corruzione del dialetto, la quale ci vede un tedesco corrotto e degenerato che fa ostacolo allo sviluppo di una lingua scritta pura e nobile."

perdersi nell'uso quotidiano. Infatti, intorno al 1900 la sua prognosi pessimistica pareva verificarsi:

> "Ausgeprägte Mundarten sind Verkehrshemmnisse. Sie sind Wonne des Linguisten, sie sind dem Patrioten teuer, sie sind Wahrzeichen des nationalen Lebens wie die Trachten; sie werden schwinden wie diese. Der moderne Verkehr nivelliert mit dem Kleid auch die Sprache, langsamer zwar, aber unaufhaltsam ... In absehbarer Zeit wird die Verkehrssprache in Städten wie Basel und Zürich hochdeutsch sein."

Ecco l'opinione del romanista zurighese *Heinrich Morf* nel 1091.[7] E nel 1909 *Albert Bachmann*, l'eminente specialista dei dialetti svizzero tedeschi, dichiara "es sei zwar für die unmittelbare Zukunft kein Umbruch zu erwarten, eine allmähliche Umformung des Schweizerdeutschen zu einer neuhochdeutschen Umgangssprache aber nicht zu vermeiden".[8]

Queste constatazioni - a posteriori andrebbero qualificate da gratuite - ci conducono opportunamente a parlare della situazione linguistica nella Svizzera tedesca durante i tre ultimi decenni, cioè dagli anni 60 in poi. Prima va ritenuto che la decadenza del dialetto annunciata con tanta certezza, non è avvenuta. La ragione principale ne è politica - non era da prevedere: L'arrivo al potere dei nazionalsocialisti in Germania e l'espansionismo del Terzo Reich hanno portato il nostro paese a prendere coscienza di sé, anzitutto nella Svizzera tedesca. Sotto lo slogan della "Difesa spirituale" ci si è reso conto delle particolarità politiche, culturali e anche linguistiche. Simbolo ne è la "Bund Schwyzertütsch", fondata nel 1939 (dal 1990 chiamata "Verein Schweizerdeutsch"), la quale si proponeva per scopo

> "beiden Formen der deutschen Sprache (Mundart und Schriftsprache) ihren gerechten und gemässen Anteil zu sichern, insbesondere die

7 Cit. in Schwarzenbach (1969), p. 125.
"Dialetti marcati sono impedimenti alla libera comunicazione. Delizie dei linguisti, cari al patriota, sono gli emblemi della vita nazionale come i costumi tradizionali e scompariranno come questi. La comunicazione moderna livella la lingua come anche il costume, più lentamente, è vero, ma irresistibilmente. In un futuro poco lontano la lingua di comunicazione in città come Basilea e Zurigo sarà l'alto tedesco."

8 Schwarzenbach (1969), p. 128.

> Mundart in ihrer Vielfalt und Lebenskraft zu erhalten, zu pflegen, zu fördern".[9]

Un fenomeno decisivo è avvenuto poi a partire degli anni 60, cioè una vera "Mundartwelle" - meglio sarebbe parlare di una avanzata, uno slancio del dialetto, il quale da semplice lingua della vita quotidiana ha invaso molti settori ufficiali: A tutti i livelli della scuola, dall'elementare all'università, nella chiesa, nell'esercito e anzitutto nei media elettronici; da notare anche che testi di pubblicità, di cartoline e, specie dai giovani, perfino lettere e diari vengono scritti in dialetto. Le ragioni per questa vitalità del dialetto sono probabilmente molto eterogenee e di peso inuguale: In parte coincidono colle tendenze universali verso il regionalismo ma sono anche dovute - al più tardi dopo la fondazione del Secondo Reich nel 1871 - all'atteggiamento riservato e perfino ambiguo dello svizzero tedesco verso l'alto tedesco, risentito come straniero, e che suscita in lui sentimenti d'inferiorità; e finalmente si spiegano colle esperienze negative che ognuno fa a scuola con la lingua normativa e coll'avversione per ogni norma.

Non stupiamoci dunque se sentiamo le reclute - soprattutto se hanno una formazione scolastica modesta - parlare decisamente per un maggior uso del dialetto in scuola. E chi non lo capisce: Infatti, c'è da chiedersi se la sicurezza personale e la competenza in una sola variante della lingua materna, p. es. nel dialetto, in fin dei conti non porti più lontano che sentirsi spaesati e malsicuri nell'una e nell'altra variante. Chi conosce intimamente una lingua o una forma di lingua e sa maneggiarla, non avrà troppe difficoltà - se proprio ne ha bisogno - di acquisire una nuova lingua con più agevolezza di uno che non si sente a casa in nessuna delle due.

Inoltre sarà difficile provare che la "Mundartwelle" apporti "... auch die Gefahr einer geistigen Isolierung der deutschen Schweiz gegenüber den andern deutschsprachigen Ländern".[10]

"... che nel futuro immediato, non c'è da aspettarsi un cambio brusco, ma che, tuttavia, una lenta trasformazione dello svizzero tedesco in una lingua di comunicazione conforme all'alto tedesco moderno è inevitabile."

9 Mundartpflege (1963), p. 2.
"... di assicurare a tutt'e due le forme della lingua tedesca (dialetto e lingua scritta) la giusta parte che gli spetta, in particolare mantenere, coltivare e promuovere il dialetto nella sua diversità e vitalità."

10 Zustand und Zukunft der viersprachigen Schweiz (1989), p. VII.
"... anche il rischio di un isolamento spirituale della Svizzera tedesca rispetto agli altri paesi di lingua tedesca."

Dall'altra parte, il rapporto "*Zustand und Zukunft der viersprachigen Schweiz*" deplora un mutamento nelle abitudini linguistiche in una grande parte della popolazione, il quale si manifesta

> "in der zunehmenden Abkehr von einer inhaltlich und formal noch von humanistischen Bildungswerten geprägten Kultursprache und in einer vermehrten Hinwendung zu einer rein funktional bestimmten, inhaltlich und ästhetisch verarmten Kommunikationssprache. Im Extremfall führt dieser Wandel zu einem weitgehenden Verlust der aktiven, vor allem schriftlichen Sprachbeherrschung. Schon heute dürfte bei weiten Teilen der Bevölkerung der schriftliche Gebrauch der Sprache im beruflichen wie zunehmend auch im privaten Alltag auf ein problematisches Minimum geschrumpft sein."[11]

Di fronte a una tale situazione bisogna proprio domandarsi se la perdita di 'valori umanistici' e di elementi 'estetici' valgano tanto nella lingua in cui comunichiamo, ci parliamo, ci ascoltiamo. E in quanto alla perdita della competenza attiva, specie nello scritto, non sarà facile trovarne la prova. Tutto sommato, affermazioni del genere vanno considerate con le massime riserve perchè non si basano su nessuna inchiesta seria. Così appare addirittura gratuito asserire che la competenza linguistica degli svizzeri tedeschi vada diminuendo di continuo. E' vero che intorno al 1900 si parlava e si scriveva un altro tedesco che ai nostri giorni, ma non c'è nessun indizio che permetta di supporre che le capacità nel parlare il buon tedesco fossero maggiori a quell'epoca - erano notevoli in un gruppo di persone colte assai ristretto, che possiede tuttora la maestria di quella lingua. D'altra parte non c'è dubbio che in questi ultimi tempi le facoltà auditive e la comprensione - per mezzo dei media elettronici - come anche la lettura, specie del giornale, siano progredite un po' in tutte le classi della popolazione.

---

11 Zustand und Zukunft der viersprachigen Schweiz (1989), p. 294.
"... in un distacco crescente da una lingua culturale, impregnata tuttora da valori umanistici tradizionali, per volgersi sempre di più verso una lingua di comunicazione strettamente funzionale, vuotata dalla sua sostanza ed esteticamente impoverita. All'estremo questo cambiamento conduce a una perdita quasi totale della competenza attiva, specie nello scritto. Si presume che già oggi in una larga parte della popolazione, l'uso della lingua scritta nel campo professionale sia ridotto a un minimo inquietante, e vada ugualmente diminuendo nell'uso privato."

Ora, se il rapporto sullo "Zustand und Zukunft der viersprachigen Schweiz" sostiene che

> "bei Mittelschülern und jüngeren Hochschulabsolventen [zum Glück offenbar nur bei jüngeren!] <sei> eine schwindende Sprachkompetenz feststellbar, die durch eine scheinbare, dank raschen ersten Erfolgserlebnissen gewonnene Ausdrucksfähigkeit im Englischen teilweise überdeckt wird",[12]

questa affermazione solleva un problema linguistico che va considerato più attentamente nei prossimi tempi, cioè l'importanza dell'inglese come lingua di comunicazione che supera tutte le frontiere, una specie di nuova 'lingua franca'. Già anni fa *André Chevallaz* ha ripetuto quel che prima di lui aveva espresso uno scienziato e parlamentario ginevrino: che in un futuro prossimo l'inglese potrebbe essere quella forma di comunicazione che possibilmente congiungerebbe le diverse regioni linguistiche della Svizzera. Infatti, l'inglese è diventato oggi la lingua delle scienze tecniche e delle scienze naturali - medicina, biologia, chimica - come anche delle scienze economiche.

Ma anche gli Esami pedagogici per le reclute del 1985, come altre inchieste fatte in licei bernesi, hanno provato che l'inglese, almeno nella Svizzera tedesca e francese, è quella lingua che liceali, giovani operai e impiegati commerciali preferirebbero imparare come prima lingua straniera. Fra le reclute della Svizzera italiana e romancia, il francese, respettivamente il tedesco, hanno ancora un piccolo vantaggio sull'inglese. Così non appare del tutto chimerico se il linguista italiano *Raffaele Simone* vede l'inglese come lingua del futuro:

> "Was Ideologen in Frankreich oder in Deutschland nicht wahrhaben wollen und noch weniger die Propagandisten von Minderheitssprachen, die einen Rückfall in den Provinzialismus riskieren, das ist für den italienischen Realisten Simone keine Frage mehr: Das Englische ist

12 Zustand und Zukunft der viersprachigen Schweiz (1989), p. 295.
"... presso liceali, universitari e giovani laureati (per fortuna riguarda soltanto i giovani, a quel che pare!) si può constatare una diminuzione della competenza linguistica la quale, in parte, vien ricoperta da una apparente facilità d'espressione in inglese, il quale all'inizio permette dei facili progressi."

im Begriff, den Wettlauf der Sprachen weltweit zu gewinnen.

Ist das etwas Gutes oder etwas Schlechtes? Als Wissenschafter beschränkt Simone sich darauf, darzustellen, welche Alternativen er sieht, und die glücklichere ist die einer neuen Universalsprache, die er noch einmal mit dem Latein der späten Kaiserzeit vergleicht: Alle sprachen es schlecht, aber alle verstanden sich.

Aber wenn alle sich verstehen, kommt es dann noch auf die Sprache an, in der sie es tun?"[13]

13 Stammerjohann (1990).
"Quello che gli ideologi in Francia e in Germania non vogliono ammettere, e ancor meno i propagandisti militanti per le lingue delle minoranze che rischiano di ricadere nell'isolazionismo provinciale, è oramai fuori di discussione per il realista Simone: L'inglese sta per vincere la corsa delle lingue per il predominio universale.
E' un bene o un male? Da scientifico Simone si limita a presentarci le alternative che intravvede, e la migliore è quella di una nuova lingua universale, la quale viene paragonata una volta di più al latino del Basso Impero: Tutti lo parlavano male, ma tutti si capivano.
Ora, se tutti si capiscono, che importa la lingua che usano?"

IDENTITÄT VERSUS KOMMUNIKATION. JUNGE DEUTSCHSCHWEIZER ZWISCHEN DIALEKT UND STANDARDSPRACHE

Jürg Gutzwiller

EINFÜHRUNG

Das Verhältnis von Mundart und Standardsprache in der deutschen Schweiz ist seit Jahrzehnten ein ausserordentlich beliebtes Thema der öffentlichen Diskussion; dies vor allem deshalb, weil dieses Verhältnis durch Instabilität geprägt und ständigen Veränderungen qualitativer und quantitativer Art ausgesetzt ist. Gerade in den letzten Jahren hat der Vormarsch der Mundart, der empirisch allerdings nur schwer nachweisbar ist, zumindest von denjenigen Bevölkerungsteilen, die sich zu diesem Thema öffentlich zu Wort melden, aber sehr stark empfunden wird, zu einer Intensivierung der Debatte geführt.[1] Dabei haben sich Fragen nach den Auswirkungen dieser sprachlichen Entwicklung auf das kulturelle Leben der deutschen Schweiz und auf das Zusammenleben der verschiedenen Sprachgemeinschaften in der Schweiz immer mehr zu Kernpunkten der Auseinandersetzung entwickelt.

Das Einfliessen der Sprachenfrage in die aktuellen bildungs- und tagespolitischen Themen hat nicht unbedingt zu einer sachlichen Annäherung an die Problematik geführt. Sehr oft wurde und wird auf einer sehr emotionalen, mit Behauptungen und Stereotypen durchsetzten Ebene diskutiert. Dies ist allerdings sehr verständlich, wenn man um den grossen Aufwand weiss, den sachliche repräsentative Erhebungen im sprachlichen Bereich bedingen.

Es war deshalb sehr zu begrüssen, dass der Schweizerische Nationalfonds zur Förderung der wissenschaftlichen Forschung sich entschloss, ein dreijähriges Forschungsprojekt (1982-1985) zum Thema "Mundart und Standardsprache in der deutschen Schweiz als Problem der Schule und der Kulturpolitik in der viersprachigen Schweiz" zu finanzieren.[2] Dies sollte eine mehr wissenschaftlich und sachlich orientierte Annäherung an dieses vor allem auch in den Medien vielbeachtete Thema ermöglichen. Während sich in Zürich Horst Sitta und Peter Sieber hauptsächlich um die sprachliche Situation in der Schule kümmerten, beschäftigte sich in Basel Robert Schläpfer mit seinen Mitarbeitern mit allen anderen Bereichen des Sprachgebrauchs.

Mit der sich 1985 dem Deutschen Seminar der Universität Basel bietenden Gelegenheit, die Pädagogische Rekrutenprüfung mit in dieses Projekt einzubeziehen, tat sich eine Möglichkeit auf, zu einem repräsentativen, aussage-

1 Im Sprachspiegel wurde das Verhältnis von Mundart und Standardsprache 1984 sogar als "Tagesgespräch" bezeichnet [vgl. Villiger (1984), S. 3].

2 Vgl. zur Entstehungsgeschichte dieses Forschungsprojektes und zum Einbezug der Pädagogischen Rekrutenprüfung: Bichsel (1986). Unter dem Titel "Sprachen in der Schweiz" wurden diese Arbeiten von 1987-1989 in einem erweiterten Rahmen innerhalb des Nationalen Forschungsprogramms 21 (Kulturelle Vielfalt und nationale Identität) weitergeführt.

kräftigen Datenmaterial zu kommen. Um dem Anspruch der Pädagogischen Rekrutenprüfung gerecht zu werden, entschlossen sich Robert Schläpfer und seine Mitarbeiter, das ursprünglich nur auf das Verhältnis Mundart - Standardsprache beschränkte Untersuchungsgebiet auszuweiten. Neben diesem immer noch zentralen Thema sollten auch andere Bereiche, wie etwa das Verhältnis der einzelnen Sprachregionen der Schweiz zueinander, der Fremdspracherwerb und vieles mehr in der Untersuchung berücksichtigt werden. Vor allem dieser Erweiterung ist es zu verdanken, dass heute eine Fülle von Daten vorliegt, die Auskunft über die verschiedensten Aspekte der Sprachsituation in der Schweiz geben kann. Gerade deshalb ist es kaum mehr möglich, in *einer* Untersuchung alle Teilbereiche auszuleuchten. Beschränkung tut not, um eine gewisse notwendige Tiefe im gewählten Untersuchungsbereich zu erlangen. Dies fällt um so leichter, als verschiedene Personen mit der Auswertung beauftragt wurden. Die wichtigsten Erkenntnisse dieser Forschungsarbeiten, die verstärkt auch die besonderen Probleme der sprachlichen Minderheiten der Schweiz berücksichtigen, werden unter dem Titel 'Sprachen in der Schweiz' anfangs 1992 veröffentlicht.

Dieser Hintergrund soll verdeutlichen, warum sich diese Arbeit ganz auf das Thema Mundart und Standardsprache in der deutschen Schweiz konzentriert. Die vielfältigen Informationen zum Thema Sprache, die in den Ergebnissen der Erhebung enthalten sind, wären wohl in dieser Form kaum in ansprechendem Masse ausführlich zu verarbeiten. Das Wissen um die Behandlung dieser Fragen an anderer Stelle lässt eine Beschränkung auf ein Teilgebiet um so sinnvoller erscheinen.

Aber selbst in diesem eingegrenzten Untersuchungsgebiet gilt es, wenn, wie in dieser Arbeit beabsichtigt, ein möglichst weit gefasster Überblick gewonnen werden will, eine Selektion aus der grossen Informationsfülle vorzunehmen.

Ziel dieser Arbeit ist es, die aus der Analyse der Daten der Pädagogischen Rekrutenprüfung gewonnenen Erkenntnisse über die Aussagen der jungen Deutschschweizer zum eigenen Sprachverhalten in bezug auf die Mundart und die Standardsprache zu vermitteln und deren Einstellungen aufzuzeigen. Die vielseitigen Aspekte dieses Sprachverhaltens, die der Fragebogen gut zum Ausdruck bringt, sollen möglichst breit in dieser Arbeit berücksichtigt werden. Dafür muss auf eine allzu feingliedrige Ursachenforschung, die ohnehin besser in kleinen Spezialarbeiten vorgenommen werden kann, verzichtet werden.

Im weiteren ist es aber auch ein Anliegen dieser Arbeit, das methodische Vorgehen darzulegen. Damit soll ein Beitrag zur Festigung des Wissens über statistische Auswertungen in der Linguistik geleistet werden. Dem aus diesem Grund dem eigentlichen Auswertungsteil vorangestellten, recht grossen methodischen Teil ist auch ein in die Sprachsituation der deutschen Schweiz einführender Abschnitt eingegliedert, der den Hintergrund, auf dem der Fragebogen entstanden ist, aufzeigen soll.

1 DIE ERHEBUNG

1.1 DIE PÄDAGOGISCHE REKRUTENPRÜFUNG (PRP)

Die Pädagogische Rekrutenprüfung ist eine Einrichtung mit langer Tradition.[1] Bereits im Jahre 1854 wurde im Kanton Solothurn erstmals eine Prüfung für Rekruten eingeführt mit dem Ziel, Auskunft über die Leistungen der Schule zu gewinnen. Zu dieser Zeit lagen sowohl das Schulwesen auf der elementaren Ebene wie auch das Militärwesen im Aufgabenbereich der Kantone. Anhand dieser Prüfung wollte sich der Kanton, der die Oberaufsicht über das Schulwesen hatte, einen Überblick verschaffen, wie die einzelnen Gemeinden, die eigentlichen Träger der Ausbildung, ihrer Verantwortung gerecht wurden. Die Idee wurde bald von allen anderen Kantonen aufgenommen und umgesetzt. Die Kenntnisse in den Fächern Lesen, Diktat, Aufsatz und Rechnen, zuweilen auch in Geographie und staatsbürgerlichem Wissen, wurden überprüft. Bei ungenügenden Leistungen musste man in der Kaserne Abend- oder Strafschulen besuchen, was dazu führte, dass viele Gemeinden die angehenden Rekruten in eigenen Abendschulen auf die Prüfungen vorbereiteten, um sie vor einem schlechten Abschneiden zu bewahren. Als direkte Folge der kantonalen Rekrutenprüfungen entstanden so Fortbildungsschulen in den Gemeinden, die den Jungbürgern das vom Kanton implizit durch den Prüfungsstoff vorgegebene Minimalwissen vermitteln sollten.

Als am 19. Februar 1875 die neue Militärorganisation in Kraft gesetzt wurde, ging die Oberhoheit über die Armee an den Bund über. Nur wenig später erliess das Eidgenössische Militärdepartement die erste Verfügung über die Pädagogischen Rekrutenprüfungen, die deutlich machte, dass diese nun auf gesamtschweizerischer Ebene durchgeführt werden sollten. Diesmal war es der Bund, der die Qualität der von den Kantonen in eigener Verantwortung durchgeführten Schulausbildung der unteren Stufen überprüfen wollte.[2]

1 Zur Geschichte der Pädagogischen Rekrutenprüfung vgl. folgende Publikationen:
- Bulletin des Schweizerischen Arbeitskreises Militär und Sozialwissenschaften (SAMS-Informationen) 3/Heft 1 (1979), darin vor allem Hasenböhler, Robert: Die Entwicklung der pädagogischen Rekrutenprüfungen, S. 6-14.
- Bericht über die pädagogischen Rekrutenprüfungen 1973: Die Rekrutenprüfungen 1854-1974. Bern 1974.
- Wetter, Ernst: Schweizer Militär Lexikon. Fakten, Daten, Zahlen 1984/85. Frauenfeld 1985.

2 Tatsächlich stützte sich der Bund bei seiner Verordnung vom 13. April 1875 nicht auf Militärrecht, sondern auf den Artikel 27 der Bundesverfassung von 1874 ab, der von den

Zu Beginn des Ersten Weltkrieges wurden die Prüfungen vorerst aufgehoben. Dies nicht nur als Reaktion auf den nun nötigen Aktivdienst, sondern auch auf die immer stärker werdende Kritik. Zwar waren es noch immer diese Prüfungen, die mit ein Grund dafür waren, dass Fortbildungsschulen von den Kantonen gefördert wurden, auf der anderen Seite dienten diese Schulen oft nur als direkte Vorbereitungskurse auf die Rekrutenprüfungen, die aber zu sehr auf das Überprüfen von Fakten angelegt waren, um in diesen Schulen die Anstrengungen in Richtung einer echten qualitativen Ausbildung zu lenken.

Nach zahlreichen Versuchen und Testläufen wurden die Rekrutenprüfungen erst im Jahre 1941, auf Anregung der Schweizerischen Erziehungsdirektorenkonferenz, wieder definitiv eingeführt. Das neue Konzept, das bis auf kleinere Änderungen bis 1973 Gültigkeit hatte, sollte Auskunft geben über die geistige Verfassung der Zwanzigjährigen und über deren staatsbürgerliche Kenntnisse. Man erhoffte sich dadurch auch eine positive Auswirkung auf den staatsbürgerlichen Unterricht aller Schulstufen. Nicht mehr Faktenwissen stand nun im Vordergrund:

> "Bei der Beurteilung des Rekruten fallen Denkfähigkeit und geistige Beweglichkeit mehr in Betracht als Gedächtniswissen."[3]

Die Prüfung bestand nun aus einem schriftlichen und einem mündlichen Teil. In 90 Minuten hatten die Rekruten einen Aufsatz und einen Brief zu schreiben. Vorgängig mussten sie einen Lebenslauf abfassen. Eine mündliche Prüfung von 35 Minuten in Gruppen von höchstens sechs Rekruten mit Fragen zu den Themen Staats-, Verfassungs- und Wirtschaftskunde sowie Geographie und Geschichte sollten das Bild abrunden. Auf diese Art konnte ein guter Überblick über den Wissensstand und die Denkfähigkeit der Rekruten gewonnen werden. Noch immer wurden die Arbeiten benotet, allerdings kam diesen Bewertungen, insbesondere was die Konsequenzen für die mit ungenügenden Leistungen aufwartenden Rekruten betraf, nicht mehr die frühere Bedeutung zu.

Längerandauernde Diskussionen über das bestehende Konzept der Prüfungen führten anfangs der siebziger Jahre zu einer Neugestaltung. Der Zweck wurde nun klar definiert und auf die geänderten Informationsbedürfnisse ausgerichtet:

Kantonen verlangte, dass sie für genügend Primarunterricht zu sorgen hatten [vgl. Hasenböhler (1979), S. 7].

3 Eidgenössisches Militärdepartement (1953), S. 4.

"Die Pädagogischen Rekrutenprüfungen:

- geben Aufschluss über den Stand der Information und der Ausbildung der dienstpflichtigen männlichen Jugend, insbesondere im staatsbürgerlichen Bereich
- dienen der Grundlagenforschung für das schweizerische Erziehungs- und Unterrichtswesen
- tragen mit statistischem Material zur Schulplanung und -koordination bei
- dienen der Meinungsforschung und geben gleichzeitig Gelegenheit zu repräsentativer Vernehmlassung der Rekruten."[4]

Diese Zweckbestimmung ermöglichte neue Formen der Erhebungstechnik und eine Ausrichtung auf bestimmte Themen. Damit wurde gleichzeitig der eigentliche Prüfungscharakter aufgegeben und ein wertvolles Instrument geschaffen, das es wissenschaftlichen Institutionen in der Schweiz möglich macht, in ihren Forschungsgebieten umfangreiches Datenmaterial zu erheben. Je nach Thema kann die Befragung gesamtschweizerisch oder nur kreisweise durchgeführt werden.

Nichts geändert wurde am Ablauf der Prüfungen, die nach wie vor als dienstliche Verrichtung gelten und deshalb obligatorisch sind.[5] Die schriftliche Prüfung dauert 90 Minuten und besteht nun meistens aus dem Ausfüllen eines Fragebogens. Auch die mündliche Prüfung wurde beibehalten. Neben den schon früher vorgegebenen Themen Geschichte, Geographie, Staats- und Wirtschaftskunde ist es jetzt aber auch möglich, Fragen im Zusammenhang mit dem Thema der schriftlichen Erhebung zu stellen, um so ergänzende Informationen gewinnen zu können.

Die Verantwortung für die Organisation der Prüfung liegt weiterhin beim Oberexperten, der dem Eidgenössischen Militärdepartement untersteht. Ihm zur Seite stehen ein Prüfungsstab und nebenamtliche Kreis- und Prüfungsexperten, die sich fast ausschliesslich aus Lehrerkreisen rekrutieren. Für die Durchführung der Prüfung bei den Einheiten sind die Prüfungsexperten verantwortlich. Jährlich wird ein Bericht über die Pädagogische Rekrutenprüfung erstellt, der bei der Eidgenössischen Drucksachen- und Materialzentrale in

4 Eidgenössisches Militärdepartement (1974), S. 1.
5 Marti (1989), S. 142, und Eidgenössisches Militärdepartement (1974), S. 1ff.

Bern bezogen werden kann. Die Resultate der von Universitätsinstituten gesamtschweizerisch durchgeführten Erhebungen werden in der Wissenschaftlichen Reihe beim Verlag Sauerländer in Aarau publiziert.[6]

Die Pädagogische Rekrutenprüfung hat als Instrument der Durchführung von wissenschaftlichen Befragungen gewisse Stärken und Schwächen.[7] Als Nachteile sind sicherlich die enge Begrenzung der Population, die erfasst werden kann, und die besondere Situation der Befragten zu erwähnen. Diese zeichnet sich dadurch aus, dass sie sich vom normalen Alltag der Probanden doch erheblich unterscheidet. Das soziale Umfeld, in dem eine Befragung stattfindet, kann einen Einfluss auf die Einstellung eines Probanden zur Erhebung und damit mittelbar auf die Antworten haben. Solche sozial bedingten Äusserungen können dazu führen, dass nicht die eigene Meinung wiedergegeben wird, sondern diejenige, von der man annimmt, dass sie von der Umwelt erwartet wird.[8] Dies kann in der Rekrutenschule mit ihrer ausgeprägten hierarchischen Struktur zu einer verstärkt positiven, aber auch negativen Einstellung zur Befragung führen. Allerdings darf ein solcher Einfluss nicht überbewertet werden. Einerseits sind diese Mechanismen, insbesondere bei mündlichen Erhebungen, auch in anderen Befragungen wirksam, andererseits zeigen die Ergebnisse immer wieder, dass die Rekruten die Prüfungen durchaus ernst nehmen. So wird auch kaum von der Möglichkeit, die sich durch die Anonymität der heutigen Fragebogen ergibt, Gebrauch gemacht, dem aufgrund des Obligatoriums bestehenden Zwang zur Teilnahme am Test durch Nichtbeantwortung vieler Fragen entgegenzuwirken.[9] Wichtig ist sicherlich eine gute Information über Sinn und Zweck der Rekrutenprüfung, sowohl durch die zivilen Experten wie auch durch die militärischen Kader. Die Motivation, den Fragebogen seriös auszufüllen, mag auch darin begründet sein, dass für viele der Prüfungstag eine willkommene und erholsame Abwechslung im militärischen Alltag bietet.

Den oben aufgeführten Nachteilen steht ein ganzer Katalog von Vorteilen gegenüber, welche die Pädagogische Rekrutenprüfung zu einem interessanten und wichtigen Instrument der empirischen Sozialforschung machen.

---

6 Vgl. die Liste auf der Innenseite des Umschlagblattes dieser Ausgabe.

7 Vgl. Bichsel (1986), S. 7.

8 Man spricht hier in der Forschung vom Motiv der sozialen Wünschbarkeit [vgl. Holm (1975/2), S. 82ff.].

9 So mussten in der zweitausend Rekruten umfassenden Zufalls-Stichprobe von 1985 nur insgesamt 11 (0,6%) Fragebogen ausgeschieden werden, die entweder nachlässig oder offensichtlich mit Absicht falsch ausgefüllt wurden. Dabei lag, zum Teil wenigstens, bei einigen dieser Fragebogen der Verdacht nahe, dass die intellektuelle Überforderung der Probanden bei dem mangelhaften Ausfüllen eine Rolle gespielt hat.

- Die Durchführung der Prüfung wird durch eine gut eingespielte und erfahrene Organisation vorgenommen.
- Eine bestimmte Population kann nahezu vollständig und lückenlos erfasst werden.
- Innerhalb dieser Population sind alle Landesteile, Berufe und sozialen Schichten repräsentativ vertreten.
- Der Fragebogen kann sehr ausführlich sein, es können deshalb auch Befragungen zu grösseren und komplexeren Themen in einem befriedigenden Ausmasse durchgeführt werden.

1.2 DIE PÄDAGOGISCHE REKRUTENPRÜFUNG 1985 (PRP 85)

Die Pädagogische Rekrutenprüfung 1985 wurde als gesamtschweizerische Erhebung durchgeführt. Das offizielle Thema lautete: Sprachen in der Schweiz. Insgesamt kamen aus den Winter- und Sommerrekrutenschulen des Jahres 1985 33'826 Fragebogen zur Auswertung zurück. Nach Sprachen aufgeteilt ergibt sich folgende Tabelle:

deutsch	25'884
französisch	6'581
italienisch	1'283
rätoromanisch	78.

1986 wurde die schriftliche Erhebung ergänzt durch eine, auf den Waffenplatzkreis IV[10] beschränkte, mündliche Befragung, die in einigen Themenkreisen eine Vertiefung der Erkenntnisse ermöglichen sollte.[11]

Die wissenschaftliche Leitung des ganzen Projektes lag bei Robert Schläpfer vom Deutschen Seminar der Universität Basel. Verantwortlich für die Durchführung der Prüfung war der Oberexperte, Peter Regli.

Für die Auswertung der Daten konnte auf die Infrastruktur und das Wissen des Amtes für Informatik des Kantons Basel-Stadt und des Universitätsrechenzentrums der Universität Basel zurückgegriffen werden.

10 Dem Waffenplatzkreis IV gehören folgende Waffenplätze an: Aarau, Brugg, Bremgarten, Liestal.

11 Vgl. Bickel (1987).

1.3 DER FRAGEBOGEN[12]

Die Gewinnung von Daten mit Hilfe eines Fragebogens zählt zu den indirekten Methoden der sozialwissenschaftlichen Erhebungsverfahren. Mit einer Befragung, unabhängig davon, ob sie mündlich oder schriftlich erfolgt, können keine Angaben über tatsächliches soziales Verhalten gewonnen werden, wie dies durch Beobachtungen zumindest in beschränktem Masse möglich ist. Mit dem Mittel der Befragung erhält man nur Angaben über menschliches Verbalverhalten, nicht aber über soziales Verhalten.[13]

> "Befragungen geben uns also nicht unmittelbar Aufschluss darüber, wie Menschen wirklich handeln, fühlen oder denken, sondern sie vermitteln uns sprachliche Informationen über diese Vorgänge. Die dermassen erhobenen Informationen sind notwendigerweise subjektiv gefärbt."[14]

Das Verhalten kommt also nur über den Umweg der Reflexion und den damit bewusst oder unbewusst verbundenen Bewertungsvorgang zum Forscher. Eine Tatsache, die es bei der Auswertung immer zu berücksichtigen gilt, auch wenn in anonymen Befragungen immer mit aufrichtigeren Antworten gerechnet werden darf als bei mündlichen Erhebungen.[15]

Der Fragebogen für die PRP 85 wurde von Robert Schläpfer und seinen Mitarbeitern Erika Schumacher und Reinhard Bichsel entworfen. Diesem Team zur Seite standen eine Anzahl kompetenter Fachleute, die sich vor allem auch um die Erarbeitung der Fragen für die französisch- und italienischsprachigen sowie den rätoromanischen Fragebogen kümmerten.[16]

Der 1985 bei den Prüfungen verwendete Fragebogen ist das Ergebnis einer langen Entwicklung. Immer wieder wurden neue Erkenntnisse, die aufgrund

---

12 Zum Aufbau des Fragebogens vgl. Bichsel (1986), S. 10ff.
13 Vgl. Münch (1971), S. 57.
14 Atteslander (1975), S. 86.
15 Antwortverzerrend können sich vor allem die sogenannten Effekte (Milde-Effekt, Extremenscheu-Effekt usw.) und das Moment der sozialen Wünschbarkeit auswirken [vgl. Petermann (1980/2), S. 18, und Holm (1975/2), S. 82ff.].
16 Folgende Herren stellten sich für die Mitarbeit am Fragebogen zur Verfügung:
- Bernard Cathomas, Sekretär der Lia Rumantscha (Rätoromanisch)
- Urs Dürmüller, Universität Bern (Englisch in der Schweiz)
- Ottavio Lurati, Universität Basel (Italienische Schweiz)
- Ernest Weibel, Universität Neuenburg (Französische Schweiz).

Ihre Berichte zu den spezifischen Problemen der jeweiligen Sprachregion, die sie vertreten, und zu den speziellen, sich daraus ergebenden Fragestellungen finden sich in Bichsel (1986), S. 13-47.

von Gesprächen mit Fachleuten oder aus den 1984 in den Frühjahrsrekrutenschulen von Liestal und Airolo bzw. in den Sommerrekrutenschulen von Andermatt und Colombier durchgeführten Prätests gewonnen wurden, berücksichtigt und der Fragebogen entsprechend geändert.

Die definitive Form des Fragebogens[17] ist in zwei Teile gegliedert. Im ersten Teil, der maschinell eingelesen werden kann, werden 13 demographische Fragen gestellt, die zur Bildung von Kategorien wie Bildungsstand, Beruf/Tätigkeit, Wohnort oder Muttersprache verwendet werden können und die als mögliche Ursachen für Sprachverhalten für die Auswertung besonders wichtig sind. Der zweite Teil enthält insgesamt 95 Fragen. Neben Fragen zum Fremdspracherwerb und zum sozialen Hintergrund bilden hier Fragen zum Sprachverhalten und Einstellungsfragen das Schwergewicht. Der deutsche Fragebogen diente als Grundlage für die Versionen in den anderen drei Landessprachen. Von Anfang an war klar, dass ein Teil der Fragen, im deutschsprachigen Bogen sind es die Fragen 78 - 107, dafür verwendet werden sollte, den spezifischen Problemen der jeweiligen Sprachregion gerecht zu werden. Das Schwergewichtsthema, das für die deutsche Schweiz ausgewählt wurde und das sich hier als zentrales Problem der Sprachenfrage erweist - das Verhältnis von Mundart und Standardsprache -, stellt sich so in der französischen Schweiz nicht, da hier die Dialekte kaum mehr eine Rolle spielen.

Die Anordnung der Fragen im Fragebogen erfolgte bewusst nicht konsequent nach thematischen Gesichtspunkten, um bei der Beantwortung möglichst keine Langeweile aufkommen zu lassen.[18]

Im ersten wie im zweiten Teil kann aus Vorgaben eine Antwort ausgewählt und angekreuzt werden. Es wird also hauptsächlich mit dem Multiple-choice-Verfahren gearbeitet. Bei der Mehrzahl der Fragen ist nur eine Antwort zugelassen. Nur in einigen wenigen Fällen sind Mehrfachantworten erwünscht, d.h. alle zutreffenden Felder sind anzukreuzen. Sogenannte offene Fragen, also solche, bei denen die Antwortmöglichkeiten nicht vorgegeben sind, sind nur ganz wenige aufgenommen worden. Die Problematik ihrer Auswertung, vor allem bei Erhebungen dieses Umfanges, ist doch sehr gross. Ganz am Schluss gibt es die Möglichkeit, Bemerkungen zum Fragebogen zu machen, von der allerdings nur wenige Rekruten Gebrauch machten. Einige der Fragen sind in verschiedene Teilfragen, die im folgenden Items genannt werden, aufgegliedert.

---

17 Vgl. den Anhang.

18 Für die Auswertung werden die Fragen dann allerdings nach inhaltlichen Kriterien gruppiert, wobei die Zuordnung nicht immer ganz eindeutig ist.

2 DIE AUSWERTUNG

Die Auswertungen wurden beim Amt für Informatik des Kantons Basel-Stadt und beim Universitätsrechenzentrum der Universität Basel vorgenommen. Die Daten des ersten Teils aller 33'826 eingegangenen Fragebogen wurden im Rechenzentrum des Eidgenössischen Militärdepartements maschinell eingelesen und gespeichert. Die Antworten zum zweiten Teil des Fragebogens wurden von Hand codiert. Erfasst wurden bei den deutsch- und französischsprachigen Fragebogen allerdings nur die Daten der Stichproben, bei den italienischsprachigen und rätoromanischen diejenigen aller eingegangen Bogen.

2.1 DIE HILFSMITTEL

Als Hilfsmittel wurden im Softwarebereich zwei sich in ihren Möglichkeiten ergänzende Statistikprogrammpakete verwendet. Diese Programmsysteme, die aus einer Vielzahl von einzelnen Programmen zusammengesetzt sind, bieten dem Benutzer ein integriertes System, mit dem alle für die Datenverarbeitung nötigen Schritte vorgenommen werden können. Neben dem Beschreiben, Speichern und Modifizieren von Daten können sie zur Analyse umfangreicher Datensätze eingesetzt werden, da sie die Anwendung unterschiedlichster statistischer Prozeduren zulassen. Die Durchführung von Auswertungen ist ohne Kenntnisse von Programmiersprachen dank einfachen, an die natürliche Sprache angelehnten Kommandosprachen auch für den EDV-Laien mit der nötigen Unterstützung rasch lernbar. Komplizierte statistische Auswertungen können schnell und problemlos durchgeführt werden, ohne dass die mathematische Herleitung der Prüfgrössen bekannt sein muss. Dies entbindet allerdings den Anwender dieser Datenanalysesysteme nicht von der Verantwortung, sich mit der Theorie der Statistik auseinanderzusetzen und zu überprüfen, ob der Einsatz eines statistischen Tests sinnvoll ist und ob die vorhandenen Daten die für diesen Test nötigen strukturellen Voraussetzungen aufweisen.[1]

1 Vgl. zu den Vor- und Nachteilen von Programmsystemen gegenüber (Einzweck-)Programmen: Küffner/Wittenberg (1985), S. 4ff.

2.1.1 SPSS^{X}

Das wohl weltweit am weitesten verbreitete Statistikprogrammpaket ist das "Statistical Package for the Social Sciences", abgekürzt: SPSS, das 1970 erstmals erschienen ist.[2] Dieses Programmpaket war von allem Anfang an auf die speziellen Bedürfnisse von Sozialwissenschaftlern ausgerichtet worden, dies in bezug auf die in das System aufgenommenen Tests und Prüfgrössen, aber auch im Hinblick auf eine bewusst angestrebte Einfachheit in der Handhabung. Es ist allerdings festzuhalten, und dies gilt auch für das unten beschriebene BMDP, dass diese Programme, über ihre spezielle Ausrichtung auf ein bestimmtes Gebiet aus dem Bereiche der Wissenschaft hinaus, viele statistische Prozeduren aufweisen, die ganz generell überall dort, wo empirisch gearbeitet wird, eingesetzt werden können.

SPSS wurde seit seiner Inbetriebnahme mehrfach überarbeitet. Die Version X wurde 1983 herausgegeben und unterscheidet sich erheblich von den früheren Ausgaben. So wurden neue Möglichkeiten zur Datenanalyse aufgenommen, und die Rechenzeit bei den meisten Operationen wurde verkürzt.

2.1.2 BMDP

BMDP steht für "Biomedical Computer Programs P-Series".[3] Die erste Version dieses Datenanalysesystems wurde 1975 herausgegeben, baute allerdings auf dem schon 1963 erschienenen BMD, Biomedical Computer Program, auf. Wie der Name schon andeutet, stammt BMDP aus dem Bereich der medizinisch-biologischen Forschung. Es enthält heute aber alle auch für die Sozialwissenschaften wichtigen statistischen Analyseverfahren.

2.2 DIE STATISTISCHEN VERFAHREN

Die Analyse eines in einer Untersuchung erhobenen Datensatzes wird normalerweise in mehreren, immer komplexer werdenden Schritten durchgeführt. In einem ersten Arbeitsgang werden die Daten in einer eindimensionalen Auswertung aufgelistet. Dadurch erhält man einen Überblick über die Verteilung der Ausprägungen eines bestimmten Merkmals.

2 Für weiterführende Literatur zum SPSS vgl. Küffner/Wittenberg (1985), S. 6-8.
3 Für weiterführende Literatur zum BMDP vgl. Küffner/Wittenberg (1985), S. 8-9.

Aufbauend auf die Erkenntnisse dieser ersten Häufigkeitsauszählung können dann zwei- oder mehrdimensionale Auszählungen durchgeführt werden. Ziel dieser Analysen, aus denen zwei- oder mehrdimensionale Kreuztabellen resultieren, ist es, Aussagen über Beziehungen und Zusammenhänge zwischen zwei oder mehr Variablen zu erhalten. Als Hilfsmittel aus der Statistik werden hier Signifikanztests und Korrelations- bzw. Kontingenzkoeffizienten eingesetzt.

Der nächsthöhere Auswertungsschritt ist der Übergang zu multivariaten Auswertungsverfahren, die allerdings eher selten verwendet werden, da sie hohe Anforderungen an die Struktur des Datenmaterials stellen.

Die nachfolgenden Erläuterungen zu den in der vorliegenden Arbeit verwendeten statistischen Verfahren beschränken sich weitgehend auf die für das Verständnis der Aussagekraft und für die Interpretation der Ergebnisse notwendigen Angaben. Auf die mathematische Herleitung der Prüfgrössen wird bewusst verzichtet. Es muss hier auf die zahlreiche, leicht zugängliche Literatur zur Statistik verwiesen werden.[4]

2.2.1 Stichproben

Da Erhebungen meist nur mit grossem finanziellem und zeitlichem Aufwand durchgeführt werden können und die Codierung, also die Aufbereitung der Daten, und das Einlesen in den Computer ebenfalls viel Zeit in Anspruch nehmen, arbeitet man in der Statistik fast immer mit Stichproben. Man unterscheidet dabei zwischen Zufallsstichproben und systematischen Stichproben.[5] Bei beiden Verfahren ist das Ziel, ein möglichst exaktes Abbild der zu untersuchenden Grundgesamtheit zu gewinnen; die Stichprobe soll also repräsentativ sein, damit von ihr auf die Gesamtheit geschlossen werden kann. Während heute in der Sozialforschung, insbesondere in der kommerziellen Markt- und Meinungsforschung, aus den bereits erwähnten Kosten- und Zeitgründen die Probanden stichprobenweise zuerst aus einer Grundgesamtheit ausgewählt werden und nur sie dann tatsächlich befragt werden, hat sich bei der Rekrutenprüfung ein anderes Vorgehen aufgedrängt. Angesichts der bestehenden, gut ausgebauten Organisationsstruktur wäre es aufwendiger gewesen,

4 Zur grossen Zahl der in die Statistik einführenden Werke gehören etwa:
- Bartel, Hans: Statistik für Psychologen, Pädagogen und Sozialwissenschaftler. Bd. I. 4. Aufl. Stuttgart/New York 1983, Bd. II. 2. Aufl. Stuttgart/New York 1976.
- Bortz, Jürgen: Lehrbuch der Statistik. Für Sozialwissenschaftler. Berlin/Heidelberg/New York/Tokio. 2. Aufl. 1985.
- Yamane, Taro: Statistik. Ein einführendes Lehrbuch. Übersetzt von Hans-Jürgen Zubrod. 2 Bde. 3. Aufl. Frankfurt am Main 1981.

aus der Gesamtheit der Rekruten eine Stichprobe zu ziehen und nur diese zu befragen, als alle Rekruten den Fragebogen ausfüllen zu lassen. Allerdings wäre es nicht sehr sinnvoll gewesen, für die Auswertung alle Daten zu codieren. Nur die maschinell lesbaren Daten des ersten Teils wurden für alle Rekruten aufgenommen. Für die Auswertung wurde eine einfache Zufallsstichprobe gezogen. Bei diesem Auswahlverfahren hat jede Einheit der Grundgesamtheit die gleiche Chance bzw. Wahrscheinlichkeit, gezogen zu werden.

Von den ursprünglich 2000 zufällig aus der Gesamtheit der Rekruten deutscher Muttersprache ausgewählten Fragebogen wurden nach einer ersten Durchsicht 18 (0,9%) von der Auswertung ausgeschlossen, so dass die effektive Stichprobe 1982 Probanden umfasst.[6] Da die Sozialdaten des ersten Teils des Fragebogens für alle Rekruten aufgenommen wurden, lassen sich für diesen Bereich Vergleiche zwischen der Stichprobe und der Gesamtheit der Rekruten anstellen. Die Resultate zeigen, dass die Qualität der Stichprobe ausgezeichnet ist; so beträgt etwa die durchschnittliche Abweichung zwischen der Grundgesamtheit und der Stichprobe aller Variablen der Fragen 1 - 12 nur 0,35%.

2.2.2 Signifikanztests

Mit Hilfe von Signifikanztests versucht man, Hypothesen zu überprüfen; Hypothesen, die für die Grundgesamtheit formuliert werden, die nun anhand der Zufallsstichprobe bestätigt oder widerlegt werden sollen.[7] Weil sich aber auch korrekt gezogene Zufallsstichproben infolge von Schwankungen von der Grundgesamtheit unterscheiden können, sind auf letztere bezogene Aussagen, die aufgrund der Ergebnisse solcher Tests gemacht werden, immer mit einem gewissen Risiko behaftet. Aufgabe der Statistik ist es, dieses Risiko zu quantifizieren, es messbar zu machen und die Wahrscheinlichkeit einer Fehlaussage zu bestimmen.

Ausgegangen wird also von einer die Grundgesamtheit betreffenden Hypothese, die dann mittels eines geeigneten Tests überprüft wird. Diese statistische Ueberprüfung hat zum Ziel,

---

5 Vgl. dazu: Atteslander (1985), S. 245ff.

6 Folgende Gründe waren für die Ausscheidung der 18 Fragebogen massgebend:
- 11 Fragebogen waren mangelhaft bzw. absichtlich falsch - nach dem sogenannten "Gartenhagprinzip" wurden mit den Kreuzen Muster gezeichnet - ausgefüllt worden,
- 4 Fragebogen konnten nicht innert nützlicher Frist aufgefunden werden,
- 3 Fragebogen waren von Südschweizern italienischer Muttersprache ausgefüllt worden.

7 Zur Formulierung von Hypothesen vgl. Bortz (1985), S. 141ff.

> *"zu erkunden, mit welcher Wahrscheinlichkeit man sich irren würde, wenn man die zu überprüfende Hypothese aufgrund der erhobenen Daten für richtig hält."*[8]

Die zu überprüfende Hypothese entspricht der sogenannten Alternativ- bzw. Gegenhypothese (H_1) und beinhaltet eine neue, innovative Aussage, die bisherigen Erkenntnissen widerspricht.

> "Die zentrale Aufgabe der Wissenschaft besteht darin zu überprüfen, ob die Realität durch neue, hypothetisch formulierte Alternativen besser erklärt werden kann als durch Theorien, die bisher zur Erklärung herangezogen wurden."[9]

Der Alternativhypothese wird die Nullhypothese (H_0) gegenübergestellt. Sie wird komplementär zur Alternativhypothese formuliert, besagt also, dass der in dieser festgehaltene Sachverhalt nicht zutrifft. Basis für die eigentliche Prüfung ist die Nullhypothese, sie wird getestet, und vom Resultat hängt es ab, ob die Alternativhypothese akzeptiert werden kann oder nicht.

Die Hypothesen können nie mit letzter Sicherheit angenommen bzw. abgelehnt werden. Formuliert man zum Beispiel eine Hypothese so, dass sie nicht nur für die Stichprobe Gültigkeit besitzen soll, sondern auch für die ihr zugrunde liegende Gesamtheit, kann es vorkommen, dass man aufgrund der Resultate der Stichprobe die Nullhypothese verwirft, obwohl diese eigentlich für die Gesamtheit zutreffen würde. Es geht also in den Signifikanztests darum zu berechnen, mit welcher Wahrscheinlichkeit die Alternativ- bzw. Gegenhypothese fälschlicherweise abgelehnt wird; folglich also um die Berechnung der Irrtumswahrscheinlichkeit (p). In den Sozialwissenschaften hat sich eingebürgert, eine Hypothese als bestätigt anzusehen, wenn die Irrtumswahrscheinlichkeit kleiner als 1% oder kleiner als 5% ist.

> *"Ein Ergebnis wird dann als nicht signifikant bezeichnet, wenn wir uns mit der Behauptung, die Alternativhypothese sei richtig, mit einer Wahrscheinlichkeit von mehr als 1% (5%) irren. In diesem Falle gilt die Hypothese als falsifiziert."*[10]

---

8 Bortz (1985), S. 18.
9 Bortz (1985), S. 142.
10 Bortz (1985), S. 19.

> *"Ein signifikantes Ergebnis liegt vor, wenn das empirische Ergebnis mit der Nullhypothese praktisch nicht (bzw. nur mit einer Wahrscheinlichkeit von weniger als 5% oder 1%) zu vereinbaren ist. In diesem Fall wird die Nullhypothese verworfen und die Alternativhypothese akzeptiert."*[11]

Dabei ist es in der Verantwortung des Forschers festzulegen, auf welchem der beiden Niveaus (1% oder 5%) er seine Entscheidungen absichern will. Man spricht in diesem Zusammenhang vom Festlegen des Signifikanzniveaus (α).

Diesen Konventionen folgend wird in dieser Arbeit das Signifikanzniveau auf 5% festgelegt, wobei die Ergebnisse als signifikant bezeichnet werden, wenn $1\% < p \leq 5\%$, und als hochsignifikant, wenn $0 \leq p \leq 1\%$.

Es bestehen also bei statistischen Auswertungen gewisse Risiken, Fehler zu begehen, die man tabellarisch wie folgt darstellen kann:[12]

H_0	abgelehnt	beibehalten
richtig	α-Fehler	richtige Entscheidung
falsch	richtige Entscheidung	ß-Fehler

Ein α-Fehler - auch Fehler 1. Art genannt - tritt also immer dann ein, wenn die Nullhypothese verworfen wird, obwohl sie eigentlich richtig wäre. In obigem Beispiel würde man also die Nullhypothese aufgrund der Ergebnisse der Stichprobe zugunsten der Alternativhypothese aufgeben, obwohl sie für die Grundgesamtheit zutreffen würde. Die Wahrscheinlichkeit, dass man einen solchen Fehler begeht, wird mit Hilfe des Signifikanztests ermittelt. Würde, umgekehrt, aufgrund des Stichprobenergebnisses die Nullhypothese beibehalten, obwohl sie für die Grundgesamtheit nicht zutrifft, dann handelte es sich um einen ß-Fehler, auch Fehler 2. Art genannt.

Der α-Fehler steht meist im Zentrum des Interesses von Forschern. Ihm wird oft mehr Bedeutung zugemessen:

> "Wenn man für das Beta-Risiko einen höheren Wert zulässt, als für das Alpha-Risiko, entspricht das der Auffassung, dass man einen weniger

11 Bortz (1985), S. 21.

> schwerwiegenden Fehler begeht, wenn man einen vorhandenen Effekt nicht aufzeigt (Beta-Fehler), als wenn man einen nicht vorhandenen Effekt proklamiert (Alpha-Fehler)."[13]

α- und ß-Fehler verhalten sich gegenläufig: Je geringer man das Signifikanzniveau, also die Wahrscheinlichkeit, einen α-Fehler zu begehen, ansetzt, desto mehr muss man damit rechnen, dass man einen ß-Fehler begeht. Das Signifikanzniveau (α) darf deshalb nicht beliebig klein angesetzt werden. In dieser Untersuchung gelten folglich Ergebnisse dann als signifikant, wenn sie auf dem 5%-Niveau abgesichert sind, wobei der Beta-Fehler 20% (ß=0,2) nicht überschreiten soll.[14]

In der vorliegenden Untersuchung wurde zur Überprüfung der Signifikanz eines Zusammenhangs zwischen einzelnen Variablen der Chi-Quadrat-Test verwendet. Geprüft wurde immer die Hypothese, dass zwischen den betreffenden Variablen kein Zusammenhang besteht.

Der Chi-Quadrat-Test arbeitet mit folgender Prüfgrösse:

$$X^2 = \Sigma \frac{(o_i - e_i)^2}{e_i}$$

wobei o_i die beobachtete, e_i die erwartete Häufigkeit darstellt. Der errechnete Wert kann in Chi-Quadrat-Tabellen[15] überprüft werden. Ist dieser Wert grösser als der für die Anzahl Freiheitsgrade[16] und für das gewählte Signifikanzniveau festgehaltene tabellarische Wert, so kann man sagen, dass der Zusammenhang wahrscheinlich nicht dem Zufall zuzuschreiben und folglich signifikant ist. Der Chi-Quadrat-Test ist sehr vielseitig einsetzbar und wird in der Statistik häufig angewandt. Er ist allerdings nicht völlig problemlos, da für

---

12 Vgl. Bartel (1976), S. 66, und Bortz (1985), S. 145.

13 Stelzl (1982), S. 21. Stelzl führt hier allerdings auch ein Beispiel an, das aufzeigt, dass auch aus einem ß-Fehler schwerwiegende Konsequenzen resultieren können.

14 "Wenn im folgenden bei der Frage nach dem erforderlichen Stichprobenumfang das Alpha-Risiko auf α=0.05 oder α=0.01 und das Beta-Risiko auf ß=0.20 festgelegt wird, so ist das nicht etwa als allgemein verbindliche Norm zu betrachten, sondern nur als eine in der Regel vernünftige Festsetzung." [Stelzl (1982), S. 21].

15 Vgl. zum Beispiel die Tabelle E in Büning/Trenkler (1978), S. 362.

16 Die Freiheitsgrade werden wie folgt berechnet:
$df = (k-1)\ (l-1)$
wobei k für die Anzahl der Spalten und l für die Anzahl der Zeilen einer Kontingenztafel stehen.

seine Verwendung einige Voraussetzungen erfüllt sein müssen, über deren Ausprägungen in der Forschung allerdings Uneinigkeit herrscht.[17]

Über die Stärke eines festgestellten Zusammenhangs kann der Chi-Quadrat-Test keine Aussagen machen. Diese Aufgaben übernehmen in der Statistik die Korrelations- und Kontingenzkoeffizienten. In dieser Untersuchung wird mit dem Kontingenzkoeffizienten C von Pearson gearbeitet. Dieser ist wie folgt definiert:

$$C = \sqrt{\frac{X^2}{X^2 + n}}$$

wobei n die Anzahl der beobachteten Häufigkeiten bedeutet. C kann also theoretisch Werte zwischen 0 und +1 annehmen, praktisch jedoch erreicht C den Idealwert +1 nie, da im Nenner durch die Summe von Chi-Quadrat plus Stichprobenumfang dividiert wird. Dies hat auch zur Folge, dass die Masszahl bedeutend geringer sein kann als der wirkliche Zusammenhang. Die Richtlinien, die Willimczik für die Interpretation des Kontingenzkoeffizienten angibt,[18] können folglich nur mit äusserster Vorsicht beigezogen werden. C darf deshalb nicht ohne Berücksichtigung der inhaltlichen Fragestellung interpretiert werden.

Da C auf die Werte des Chi-Quadrat-Tests zurückgreift, wird seine Grösse auch durch die Anzahl der Felder einer Kontingenztafel bestimmt. Um die errechneten Kontingenzkoeffizienten besser miteinander vergleichen zu kön-

17 Die nachfolgende Auswertung hält sich an die Voraussetzungen für die Durchführung des Chi-Quadrat-Tests, wie sie bei Bortz (1985), S. 208, katalogartig zusammengestellt sind: "1. Die einzelnen Beobachtungen müssen voneinander unabhängig sein [...].
2. Die Merkmalskategorien müssen so geartet sein, dass jede Beobachtungseinheit eindeutig einer Merkmalskategorie oder einer Kombination von Merkmalskategorien zugeordnet werden kann.
3. Bezüglich der Grösse der Erwartungswerte erweisen sich die X^2-Techniken als relativ robust [...]. Dessen ungeachtet ist - zumal bei asymmetrischen Randverteilungen - darauf zu achten, dass der Anteil der Erwartungshäufigkeiten, die kleiner als 5 sind, 20% nicht überschreiten."
Weitere, zum Teil differierende Angaben zu den Anwendungsvoraussetzungen finden sich bei Bartel (1976), S. 71, und bei Büning/Trenkler (1978), S. 239.

18 Willimczik (1975), S. 137.
Willimczik gibt für Korrelationskoeffizienten folgende Richtwerte an:

$\lvert r\rvert = 0$	kein Zusammenhang
$0 < \lvert r\rvert \leq 0{,}4$	niedriger Zusammenhang
$0{,}4 < \lvert r\rvert \leq 0{,}7$	mittlerer Zusammenhang
$0{,}7 < \lvert r\rvert < 1{,}0$	hoher Zusammenhang
$\lvert r\rvert = 1$	vollständiger Zusammenhang

Auf S. 183 verweist Willimczik auf diese Richtwerte und benützt sie für die Interpretation von C. Er macht allerdings darauf aufmerksam, "dass eine sinnvolle Interpretation von C nur im inhaltlichen Kontext möglich ist".

nen, wird eine Korrekturformel verwendet, die C unabhängig macht von der Anzahl der Felder:

$$C_{korr} = \frac{C}{C_{max}} \qquad \text{wobei} \quad C_{max} = \sqrt{\frac{k-1}{k}}$$

Dabei bedeutet k in einer quadratischen Kontingenztafel die Anzahl der Zeilen bzw. Spalten, in einer rechteckigen Tafel die kleinere der Klassenzahlen.[19]

Mit Hilfe des Chi-Quadrat-Tests und der Korrelations- bzw. Kontingenzkoeffizienten können Entscheide über Gleich- oder Gegenläufigkeit und über die Stärke der Ausprägungen getroffen werden, nicht aber über Kausalität. Es kann also nur festgestellt werden, ob ein gewisser Zusammenhang zwischen verschiedenen Variablen wahrscheinlich nicht zufällig ist und, falls dies zutrifft, ob es sich um einen starken oder schwachen Zusammenhang handelt. Aussagen über Kausalitäten müssen durch den Forscher aus dem inhaltlichen Bereich genommen werden, können also mit diesen Methoden nicht statistisch belegt werden.

Anhand des Kontingenzkoeffizienten C, des Signifikanzniveaus α und der Anzahl der Freiheitsgrade kann überprüft werden, wie gross der Stichprobenumfang für den Chi-Quadrat-Test sein muss, um das Beta-Risiko auf dem 20%-Niveau zu halten.[20] Die für die Auswertung der Deutschschweizer Fragebogen verwendete Stichprobe ist zahlenmässig so gross, dass das gewählte Beta-Risiko nicht überschritten werden muss.

2.2.3 Multivariate Analyseverfahren

Es gibt eine ganze Reihe von statistischen Verfahren,[21] die eingesetzt werden können, um die gegenseitigen Beziehungen zwischen mehreren Variablen zu untersuchen. Diese Verfahren können allerdings nicht beliebig angewandt werden. Ihr Einsatz bei der Analyse von Daten hängt einerseits von der Fragestellung, andererseits von der vorliegenden Datenstruktur, genaugenommen von der Qualität der Daten, ab, die vor allem bedingt wird durch die Art und Weise der Messung. Messen bedeutet hier,

19 Vgl. Bartel (1983), S. 105.
20 Vgl. dazu die Tabelle bei Stelzl (1982), S. 33.
21 Vgl. den Überblick über die Anwendungsbereiche multivariater Verfahren bei Schuchard-Ficher (1980), S. 7. Es finden sich dort auch praktische Fragestellungen zu den einzelnen Tests.

> "dass Eigenschaften von Objekten nach bestimmten Regeln in Zahlen ausgedrückt werden".[22]

Es liegt dabei an der Beschaffenheit dieser Eigenschaften, wie gut man sie messen kann. So kann etwa die Körpergrösse eines Menschen sehr gut in Zahlen ausgedrückt werden, während die Messung von Einstellungen weitaus problematischer ist. Abhängig von der Qualität der numerischen Abbildung unterscheidet man vier verschiedene Mess- bzw. Skalenniveaus:

Nominalskala

Bei der Nominalskala hat die Zuordnung der Zahlen eine rein klassifikatorische bzw. namengeberische Bedeutung. Die Zuordnung ist arbiträr, d.h. es ist völlig bedeutungslos, welche Zahl welcher Eigenschaft zugeordnet wird. Die Zahlen können als Hilfen zur Vereinfachung beim Erstellen von Häufigkeitstabellen eingesetzt werden.
Beispiel: männlich = 1, weiblich = 0

Ordinalskala

Bei der Ordinalskala kommt der Zuordnung der Zahlen noch eine weitere Funktion zu: die des Ordnens, also der Bildung einer Rangreihenfolge. Es ist damit nicht mehr völlig bedeutungslos, welche Zahlen den Eigenschaften zugeordnet werden. Ordinalskalen können unter anderem zur Schätzung von Mittelwerten eingesetzt werden.

Beispiel: durchschnittlich = 1, gut = 2, sehr gut = 3

Intervallskala

Bei Intervallskalen sind zusätzlich zur festgelegten Rangordnung auch die Abstände zwischen den einzelnen Skalenwerten genau definiert. Damit ist die Beliebigkeit der Zuordnung aufgehoben, und es können Additionen und Subtraktionen durchgeführt werden.
Beispiel: Temperatur, Kalenderzeit

22 Schuchard (1980), S. 3. Diese Übertragung eines empirischen in ein numerisches Relativ ist nötig, um die Ergebnisse einer Befragung sinnvoll auswerten zu können.

Ratioskala

Die Ratioskala zeichnet sich durch einen unveränderlichen Nullpunkt aus. Deshalb sind alle vier Rechenoperationen durchführbar.

Beispiel: Lebensalter, Gewicht

Die vier Skalenniveaus stehen in einer kumulativen Hierarchie,[23] d.h. dass ein Skalenniveau auch alle Eigenschaften der untergeordneten Skalenniveaus enthält, wobei die Ratioskala an der Spitze dieser Hierarchie steht.[24]

Gerade die multivariaten Analyseverfahren stellen hohe Anforderungen an das Skalenniveau der auszuwertenden Daten, dem deshalb grosse Bedeutung zukommt. Mit nominal- und ordinalskalierten Daten lassen sich solche Tests nicht durchführen, die Analyse dieser Daten unterliegt also gewissen Einschränkungen.

Es stellt sich in den Sozialwissenschaften nun ganz allgemein das Problem der Festlegung des Skalenniveaus. Nicht immer sind Daten so einfach einer Skala zuzuordnen, wie in den oben aufgeführten Beispielen. Die Frage, welches Skalenniveau sozialwissenschaftliche Daten in der Regel aufweisen können, ist umstritten, weil sie oft zwischen zwei Skalenniveaus fallen und zwar genau in den Grenzbereich zwischen den parametrischen und den metrischen Skalen:

> *"Sozialwissenschaftliche Messungen sind somit im allgemeinen besser als reine ordinale Messungen, aber schlechter als Messungen auf Intervallskalen."*[25]

Die Zuordnung zu dem wegen der besseren Auswertungsmöglichkeiten eigentlich erwünschten Intervallskalenniveau lässt sich deshalb nicht mit Bestimmtheit vornehmen, weil nicht überprüft werden kann, ob die Abstände zwischen den einzelnen Skalenwerten tatsächlich von gleicher Ausprägung sind. So lange dieser Beweis nicht erbracht werden kann, handelt es sich strenggenommen um Ordinalskalen. In der Praxis hat sich eingebürgert, den Entscheid über die Einstufung dem Untersucher zu überlassen,[26] wenn vermutet werden kann, dass das Niveau der vorliegenden Daten zwischen Or-

---

23 Vgl. Küffner/Wittenberg (1985), S. 36.

24 Zur Vervollständigung dieser Angaben sei hier noch erwähnt, dass man auch die Unterteilung in parametrische (Nominal- und Ordinalskala) und metrische (Intervall- und Ratioskala) Skalen häufig gebraucht.

25 Bortz (1985), S. 32. Bortz äussert sich S. 31ff. ausführlich zum Problem der Skaleneinstufung von sozialwissenschaftlichen Daten.

26 Vgl. Bortz (1985), S. 32, und Küffner/Wittenberg (1985), S. 37.

dinal- und Intervallskala liegt.[27] Es soll also nicht konsequent auf statistische Verfahren verzichtet werden, die höhere Ansprüche an das Skalenniveau stellen. Als möglicher Korrekturfaktor können die Ergebnisse beigezogen werden:

> "Lassen sich die Ergebnisse hingegen problemlos in einen breiteren, theoretischen Kontext eingliedern, besteht keine Veranlassung, am Intervallskalencharakter der Daten zu zweifeln."[28]

In jedem Falle muss allerdings darauf verzichtet werden, eine nachträgliche Transformation auf ein höheres Skalenniveau vorzunehmen.[29]

Im Fragebogen der PRP 85 hat es nur wenige Fragen, die in die Zone zwischen dem ordinalen und dem intervallskalierten Messniveau fallen. Viele Fragen, deren Antwortvorgaben in einer Rangreihenfolge festgelegt sind, als Beispiel wäre hier etwa die Frage[30] nach der Sympathie für Leute in anderen Landesteilen und Ländern aufzuführen, enthalten unbestimmte Antwortvorgaben wie 'Ich weiss nicht', die weder in eine Rangreihenfolge eingeordnet werden können, noch einfach ignoriert werden dürfen.[31] Eine Ratingskala wurde nur einmal, in Frage 62, eingesetzt, bei der auf einer vorgegebenen Skala die Beziehungen zwischen den einzelnen Sprachregionen der Schweiz bewertet werden mussten.[32] Man kann deshalb klar festhalten, dass mit diesem Fragebogen nur Daten auf dem nominalen bzw. auf dem ordinalen Messniveau erhoben wurden. Eine Beschränkung in den Auswertungsverfahren auf uni- und bivariate Analysen schien deshalb unumgänglich, obwohl das Interesse, die Beziehungen unterschiedlicher Aspekte, wie etwa zwischen

---

27 Ein Beispiel, wie man zu solchen Daten kommt, führt Schuchard (1980), S. 5, an: "Oftmals werden - auch in dem vorliegenden Buch - Skalen benutzt, von denen man lediglich annimmt, sie seien intervallskaliert. Dies ist z.B. der Fall bei Ratingskalen: Eine Auskunftsperson ordnet einer Eigenschaft eines Objektes einen Zahlenwert auf einer Skala von 1 bis 5 (oder einer kürzeren oder längeren Skala) zu."
Küffner/Wittenberg (1985), S. 37, bezeichnen den Versuch, Ordinalskalen unter der Annahme, dass eine Aequidistanz zwischen Variablenausprägungen wie 'sehr häufig / häufig / selten / sehr selten' bestehe, wie eine Intervallskala zu behandeln, zwar als "mathematisch-statistischen «Holzweg»", wissen aber auch, dass dieser Weg für Analysezwecke oft eingeschlagen wird.

28 Bortz (1985), S. 34.

29 Vgl. Bortz (1985), S. 31.
Der umgekehrte Vorgang ist, allerdings unter Inkaufnahme des damit verbundenen Informationsverlustes, jederzeit möglich.

30 Frage 64. Es gibt folgende Antwortvorgaben: 'sympathisch' / 'eher sympathisch' / 'eher unsympathisch' / 'unsympathisch' / 'ich weiss nicht'.

31 Vgl. zur Problematik dieser Antwortkategorien Zeisel (1968), S. 40ff.

Sprachverhalten und Einstellungen zu Sprachträgern, mit Hilfe von multivariaten Verfahren zu untersuchen, gross war. Allerdings zeigten sich im Verlaufe der Auseinandersetzung mit dieser Problematik auch mögliche Auswege, die noch näher erläutert werden sollen.

2.2.3.1 Die Faktorenanalyse[33]

Bei der Erforschung von Sprachverhalten gilt es zu berücksichtigen, wie in den Sozialwissenschaften allgemein, dass für die Erklärung eines bestimmten Verhaltens immer eine Reihe von möglichen, untereinander in komplexer Art verbundenen Einflussgrössen (Variablen) beigezogen werden muss. Je grösser die Anzahl dieser Variablen ist, desto wahrscheinlicher wird die Möglichkeit, dass in der Erklärung eines bestimmten Sachverhalts eine gewisse Redundanz besteht. Die Faktorenanalyse wird nun

> "- neben der Überprüfung theoretischer Hypothesen - vor allem dazu verwandt, eine Vielzahl von metrischen Variablen daraufhin zu untersuchen, ob sie sich zu möglichst wenigen und inhaltlich sinnvoll interpretierbaren Variablenbündeln (Faktoren) zusammenfassen lassen, die auf bestimmten Gemeinsamkeiten dieser (Unter-) Menge von Variablen beruhen".[34]

Die Faktorenanalyse soll also zur Entdeckung von voneinander unabhängigen Erklärungsvariablen führen, wobei diese Erklärungsvariablen (Faktoren), abgeleitet aus einer Menge von Variablen, hypothetischer Natur sind. Sie sind nicht messbar, stehen "hinter" den beobachteten Grössen. Die Resultate der

32 Frage 62 ist im Fragebogen folgendermassen formuliert: Beurteilen Sie die Beziehungen zwischen den einzelnen Sprachregionen der Schweiz mit einer Zahl von 6 bis 1. 6 bedeutet 'sehr gut', 1 bedeutet 'sehr schlecht'.

33 Zur Einführung in die Faktorenanalyse vgl. etwa:
- Ueberla, Karl: Faktorenanalyse. Eine systematische Einführung für Psychologen, Mediziner, Wirtschafts- und Sozialwissenschaftler. Heidelberg 1968.
- Weber, Erna: Einführung in die Faktorenanalyse. Stuttgart 1974.
- Revenstorf, Dirk: Lehrbuch der Faktorenanalyse. Stuttgart 1976.

Besonders auf die computergestützte Anwendung der Faktorenanalyse ausgerichtete Bücher:
- Flury, Bernhard und Hans Riedwyl: Angewandte multivariate Statistik. Computergestützte Analyse mehrdimensionaler Daten. Stuttgart/New York 1983.
- Schuchard-Ficher C. u.a.: Multivariate Analysemethoden. Eine anwendungsorientierte Einführung. Berlin/Heidelberg/New York 1980.

34 Küffner/Wittenberg (1985), S. 63.

Faktorenanalyse haben deshalb nur vorläufigen Charakter, es werden neue Hypothesen entwickelt, die ihrerseits wieder überprüft werden müssen.

Die Faktorenanalyse besteht aus mehreren, nacheinander ablaufenden Prozeduren. Bei jedem dieser einzelnen Schritte muss der Forscher entscheiden zwischen verschiedenen möglichen Verfahren bzw. Kriterien, die ihm zur Auswahl vorliegen. Diese Auswahlmöglichkeiten, die einen subjektiven Eingriff des Forschers in den Ablauf nötig machen, werden auch in den beiden Programmpaketen SPSS^x und BMDP, die beide Programme für die Faktorenanalyse beinhalten, angeboten.[35]

Die Faktorenanalyse bietet keinerlei Hilfe zur inhaltlichen Erklärung der gefundenen Faktoren an. Für die Interpretation der Faktoren muss letztlich auf die auf dem theoretischen Vorwissen basierende Intuition des Forschers zurückgegriffen werden. Er muss herausfinden, welche möglichen Gemeinsamkeiten die auf einem Faktor hochladenden Variablen haben, bevor er versuchen kann, die Faktoren mit Begriffen zu belegen, die dann diese Gemeinsamkeit hinreichend umschreiben. Die so zustandegekommenen Einsichten können für die Auswertung benützt und allenfalls mit neuen Experimenten überprüft werden.

2.2.3.2 Die Faktorenanalyse mit binären Daten

Die klassische Faktorenanalyse verlangt, dass das ihr zugrunde gelegte Datenmaterial metrisch, also zumindest intervallskaliert ist. Eine weitere, die sogenannte Bool'sche Faktorenanalyse, die im BMDP angeboten wird,[36] arbeitet hingegen mit binären Daten. Dies schien ein Ausweg, auch mit den Daten der PRP 85 multivariate Auswertungen durchzuführen, mit dem Ziel, die in diesem grossen Datensatz kaum zu vermeidende Redundanz abzubauen und die wesentlichen Einflussgrössen für das Sprachverhalten und die Spracheinstellungen der jungen Schweizer zu finden.

Bei der Bool'schen Faktorenanalyse nehmen die Ladungen nur die Werte 1 oder 0 an. Dominante Variablen laden auf dem jeweiligen Faktor mit 1. Im Gegensatz zur klassischen Faktorenanalyse, bei der versucht wird, mit Hilfe der Rotation eine Einfachstruktur zu erreichen, d.h. angestrebt wird, dass eine Variable nur auf einem Faktor eine hohe Ladung annimmt, kann bei der Bool'schen eine Variable auf mehreren Faktoren dominant sein und folglich die Ladung 1 haben. Es stellte sich aber bald heraus, dass die Interpretation

35 Zum Ablauf der Faktorenanalyse vgl. Küffner/Wittenberg (1985), S. 63, und Bauer (1984), S. 202ff.

36 Programm 8M.

der Ergebnisse der Versuche mit der Bool'schen Faktorenanalyse im Sinne der Fragestellung dieser Untersuchung kaum zu leisten war.

Ein weiteres Experiment war erfolgversprechender. Es lag nahe, auch Versuche mit der herkömmlichen Faktorenanalyse auf binäre Daten abzustützen. Die erzielten Ergebnisse zeigten einen Ansatz auf, wie mit sozialwissenschaftlichen Daten multivariate Auswertungen durchgeführt werden können. Es muss natürlich wegen der Reduktion auf zwei Merkmalsausprägungen pro Variable auf die ursprüngliche Vielfalt der Information verzichtet werden, allerdings kann diese ja immer noch Gegenstand der Untersuchung im uni- bzw. bivariaten Bereich sein. Es ergab sich zum Beispiel, dass Fragen mit gleicher und ähnlicher Thematik, trotz geänderter Variablenzusammenstellungen, in verschiedenen Tests immer wieder gemeinsam auf dem gleichen Faktor eine hohe Ladung aufwiesen.[37]

Die sehr aufwendigen und zeitintensiven Tests mit der Bool'schen und der klassischen Faktorenanalyse mussten allerdings ohne konkrete, für diese Arbeit verwertbare Resultate abgebrochen werden. Ausschlaggebend dafür war die Struktur der Daten, die nur in wenigen Fällen eine eindeutige Dichotomisierung zuliess. Die nachträgliche Reduktion auf zwei Merkmalsausprägungen liess sich bei der Mehrheit der Variablen nicht unproblematisch durchführen, sei dies wegen der ungeraden Anzahl der Antwortvorgaben, wegen der Möglichkeit, mehrere Antworten anzukreuzen, oder wegen der 'Ich weiss nicht'-Antworten, die sich keiner Kategorie zuordnen liessen.

Die Versuche insgesamt haben das Problem multivariater Anwendungsverfahren bei sozialwissenschaftlichen Daten aufgezeigt. Ein erfolgreicher Einsatz solcher Verfahren kann nur dann stattfinden, wenn die Anforderungen, welche diese Tests an das Datenmaterial stellen, bereits beim Aufbau des Erhebungsinstruments berücksichtigt werden. Die klassische Faktorenanalyse mit binären Daten durchzuführen, ist, trotz des damit verbundenen Verzichts auf Information, sicher eine gute Möglichkeit, die es verdient, weiter überprüft zu werden. Die Voraussetzung muss allerdings gegeben sein, wenn die Daten nicht bereits in binärer Form vorliegen, diese Dichotomisierung nachträglich erstellen zu können, was wiederum bei der Aufstellung eines Fragebogens von Anfang an berücksichtigt werden muss.

---

37 Als Beispiel sind hier etwa die Fragen 95 und 96.7 zu erwähnen, bei denen danach gefragt wird, ob es dem Probanden eine Rolle spielt, bzw. ob es ihm gleichgültig ist, in welcher Sprachvariante (Mundart oder Standardsprache) eine Sendung am Radio oder Fernsehen ausgestrahlt wird.

3 MUNDART UND STANDARDSPRACHE IN DER DEUTSCHEN SCHWEIZ

> "[...], Studer sprach plötzlich hochdeutsch, aber diesmal war es nicht irgendein Ärger, der ihn den heimatlichen Dialekt vergessen liess, es war eher das Fieber, [...]."[1]

Das Schwergewicht dieser Arbeit liegt auf der Auswertung all jener Fragen aus dem deutschsprachigen Fragebogen der PRP 85, welche in irgendeiner Form die Mundart oder die Standardsprache zum Gegenstand haben. Als Einführung zum, man darf wohl im Hinblick auf die riesige Flut von Zeitungsartikeln sagen, in der Öffentlichkeit arg strapazierten Thema der Sprachsituation in der deutschen Schweiz sollen diese Situation kurz beschrieben und die wichtigsten Argumente der öffentlichen Diskussion erwähnt werden.[2] Die Ausführungen sollen die Grundlage bilden, auf die bei der Auswertung der Daten zurückgegriffen werden kann. Gleichzeitig können sie aber auch den Hintergrund aufzeigen, auf dem der Fragebogen entstanden ist.

3.1 BEGRIFFE AUS DER SPRACHWISSENSCHAFT

Die Definition von Begriffen war[3] und ist ein zentrales Problem der Linguistik. Abgrenzungen von Begriffen wie 'Dialekt', 'Mundart', 'Hochsprache' und 'Schriftsprache' sind schwierig und äusserst umstritten,[4] allgemeine Definitionen sind nahezu unmöglich.[5]

---

1 Glauser (1984), S. 160.

2 Es muss hier auf den ausgezeichneten Überblick von Horst Sitta und Peter Sieber hingewiesen werden, die es verstanden haben, die heutige Sprachsituation kurz, prägnant und äusserst aktuell zu charakterisieren:
Sieber, Peter und Horst Sitta: Mundart und Standardsprache als Problem der Schule. Aarau/Frankfurt am Main/Salzburg 1986. Vgl. vor allem Teil 1: Merkmale der Situation. 1. Zur Sprachsituation der Deutschschweiz, S. 15-34.

3 Vgl. Löffler (1980/1), S. 1:
"So stellt sich die einfache Frage nach der Definition des Begriffes Mundart und Dialekt gleich zu Beginn als eines der Probleme, wenn nicht gar als eines der Hauptprobleme der Mundartforschung heraus."

4 Eine gute Übersicht über die Definitionsproblematik und über die verschiedenen Abgrenzungskriterien von Mundart bzw. Dialekt und Hochsprache bietet noch immer das 1. Kapitel bei Löffler (1980/1).

5 Vgl. Löffler (1980/2), S. 453:

Im Fragebogen kommen folgende Ausdrücke vor: Dialekt, Schweizerdeutsch und Hochdeutsch. Diese Begriffe werden dem Probanden nicht erklärt, es wird von der Annahme ausgegangen, dass ein intersubjektiver Konsens darüber besteht, was diese Wörter beinhalten. Ein Voranstellen von wissenschaftlichen Definitionen hätte wohl kaum zur Klärung beigetragen, da diese nicht nur an sich problematisch sind, sondern weil die Übernahme der von den Fragebogen-Verfassern vorgegebenen Definitionen durch die Versuchspersonen kaum gewährleistet gewesen wäre. Auf eine Definition und eine klare Abgrenzung dieser Begriffe darf deshalb hier verzichtet werden; sie würden den Sachverhalt nur verfälschen. Es muss mit den alltagssprachlichen Begriffsinhalten gearbeitet werden.[6] Die Begriffe 'Dialekt' und 'Mundart' werden deshalb, wie dies, trotz gelegentlicher Versuche, sie auseinanderzuhalten, doch üblich ist,[7] unterschiedslos verwendet. Etwas mehr Schwierigkeiten bietet der Begriff 'Schweizerdeutsch'. Das Schweizerdeutsche als einheitliche Sprachform oder Sprache gibt es ja nicht; Schweizerdeutsch ist eine Art Oberbegriff, der alle deutschschweizerischen Mundarten miteinschliesst:

> "Vollends ist 'Schweizerdeutsch' ein Oberbegriff, der Dialekte, Fach- und Sondersprachen, geschriebene und gesprochene Mundart gleichermassen in sich fasst, ja selbst die Begriffe 'Umgangssprache' und 'Volkssprache' mit einschliessen kann."[8]

"Eine allgemeine Definition von Dialekt ist nahezu unmöglich, soweit sie über das universelle Merkmal 'Unterteilung von Sprache(n)' hinaus gehen soll."

6 Sieber/Sitta vermuten als Ursache der Problematik von Definitionen in der Sprachwissenschaft gerade den alltagssprachlichen Zugriff vieler Begriffe:
"Es ist dies eines der Paradoxa, unter denen die Sprachwissenschaft lebt: Wichtige Grundbegriffe, hier gar Grundbegriffe, die ihren Gegenstand bestimmen, sind nicht hinreichend geklärt: 'Sprache', 'Dialekt/Mundart', 'Umgangssprache', 'Satz' u.a.m. Der Grund dafür liegt wohl darin, dass sich diese Begriffe zunächst dem alltagssprachlichen Zugriff verdanken, damit prinzipiell vortheoretisch sind und theoretischem Zugriff nicht selbstverständlich zugänglich." [Sieber/Sitta (1984), S. 14].

7 Vgl. Löffler (1980/2), S. 453.

8 Schwarzenbach (1969), S. 10.
Der Begriff 'Schweizerdeutsch' weckt vor allem in Deutschland immer wieder falsche Erwartungen. So ist in der deutschen Mundartforschung die falsche Annahme zu finden, in der Schweiz werde eine überregionale Umgangssprache, es fällt in diesem Zusammenhang auch der Begriff der 'Verkehrssprache', gesprochen, die dann als 'Schwyzertütsch' bezeichnet wird [vgl. Ris (1973), S. 29ff.].
Ein Grund für dieses Missverständnis liegt darin, dass viele Schweizer eine stark landschaftlich geprägte Hochsprache sprechen, die von Deutschen als 'Schwyzertütsch' bezeichnet wird, in der allerdings irrigen Annahme, der Schweizer spreche seinen Dialekt oder eine Umgangssprache [vgl. Ris (1973), S. 46].

Schweizerdeutsch, in diesem Sinne als Oberbegriff verwendet, hat vor allem die Frage nach dem linguistischen Status aufgeworfen. Die Klärung der Frage, wo Schweizerdeutsch zwischen Dialekt und Sprache einzureihen ist, konnte bis jetzt nicht überzeugend vorgenommen werden. Erschwert wird die Diskussion natürlich dadurch, dass die Begriffe 'Dialekt' und 'Sprache' eben auch nicht unbestritten sind.[9]

Im Fragebogen werden die Begriffe 'Schweizerdeutsch' und 'Dialekt' mehr oder weniger synonym eingesetzt. Beide werden als Komplementärbegriffe zu 'Hochdeutsch' verwendet.[10]

In dieser Arbeit werden neben 'Hochdeutsch' auch die Begriffe 'Hochsprache' und 'Standardsprache' gebraucht. Es wird dabei kein Bedeutungsunterschied gemacht. Dies erscheint deshalb erlaubt, weil der Terminus 'Standardsprache' zwar im Begriffe ist, den Terminus 'Hochsprache' abzulösen, ihn aber vor allem im populärwissenschaftlichen und im allgemeinen Sprachgebrauch noch keineswegs abgelöst hat.[11]

3.2 DIE 'MEDIALE DIGLOSSIE'

In der deutschen Schweiz besteht ein Nebeneinander von Dialekt und Hochsprache. Der Deutschschweizer spricht entweder Mundart oder Standardsprache, es gibt keine Zwischenformen.

> "[...]: zwischen Mundart und Einheitssprache besteht [...] ein *pragmatisches Diskontinuum*, das einen Kode-Wechsel nur unter ganz bestimmten situativen Bedingungen erlaubt und Zwischenformen ausschliesst, [...]."[12]

Dort, wo in anderen deutschsprachigen Ländern Umgangssprachen eine Brücke zwischen Dialekt und Standardsprache bilden, klafft in der deutschen

9 Vgl. zu dieser Diskussion und zur Frage nach dem linguistischen Status des Schweizerdeutschen Sieber/Sitta (1984), S. 3ff.

10 Der Gebrauch von Synonymen widerspricht eigentlich der Forderung nach Klarheit in einem Fragebogen, da bei den Versuchspersonen durch die verschiedenen Begriffe im konnotativen Bereich Unterschiede evoziert werden können, die durch den Fragebogen-Verfasser gar nicht beabsichtigt sind.

11 Vgl. Jäger (1980), S. 375.

12 Ris (1979), S. 50.

Schweiz eine Lücke. Dem Deutschschweizer bleibt nur der Entscheid zwischen Dialekt und Hochsprache.

Ein weiterer wesentlicher Unterschied zu den anderen deutschsprachigen Ländern besteht im Fehlen sozialer oder inhaltlicher Einschränkungen im Dialektgebrauch. Prinzipiell gilt, dass alle Deutschschweizer Dialekt sprechen und dass im Dialekt alles gesagt werden kann. In der gesprochenen Sprache wird so allein die Formalität der Situation und allenfalls die Rücksichtnahme auf den fremdsprachigen oder hochdeutsch sprechenden Partner für die Kode-Wahl entscheidend, wobei nur bei Anlässen mit einem sehr hohen Formalitätsgrad Hochdeutsch gesprochen wird.[13]

Im weiteren gilt, dass in der Schweiz Mundart gesprochen, in der Hochsprache geschrieben wird. Diese Verteilung ist trotz Einbrüchen auf beiden Seiten relativ stark fixiert. Das gewählte Medium ist so für die Wahl der Sprachform am stärksten bestimmend; deshalb wird die Sprachsituation der Deutschschweiz oft mit dem Begriff der 'medialen Diglossie' beschrieben.[14] Diglossie wird dabei verstanden als Zweisprachigkeit innerhalb der einen deutschen Sprache, und 'Hochdeutsch' und 'Schweizerdeutsch' werden als unterschiedliche Sprachformen definiert.[15]

Dass im Zusammenhang mit der Sprachsituation in der deutschen Schweiz auch von Bilingualismus und vom Hochdeutschen als Fremdsprache gesprochen wird, sei hier nur erwähnt, auf die dazu auf breiter Basis geführte Diskussion soll nicht näher eingegangen werden.[16]

---

13 "So gibt es in der deutschen Schweiz nicht nur keine soziale Einschränkung des Dialektgebrauchs - alle Deutschschweizer sprechen aktiv Dialekt -, sondern auch keine inhaltlich-pragmatische. In allen informellen Situationen *muss* Dialekt gesprochen werden, unabhängig vom Gesprächsgegenstand. [...]. Die Wahl des Hochdeutschen ist nur in einer *formellen* Situation, z.B. in einem Seminar, möglich. Die *situative Komponente* ist also für die Wahl zwischen den beiden Sprachformen allein entscheidend, wogegen in den übrigen deutschsprachigen Ländern *soziale* wie *inhaltlich-pragmatische* Faktoren dominieren." [Ris (1978), S. 109].

14 Vgl. Sieber/Sitta (1986/1), S. 20. Der Begriff der 'medialen Diglossie' verdankt seine Beliebtheit sicher auch der wachsenden Unzufriedenheit mit der ursprünglichen Diglossiedefinition von Ferguson, welche die Situation der Schweiz nicht mehr ausreichend zu beschreiben vermag. Die Mundart hat heute einen Stellenwert erreicht, der die Forderung nach einer funktionalen (komplementären) Aufteilung der Sprachformen, wie sie Ferguson für die Diglossiesituation aufstellt, nicht mehr zu erfüllen scheint. Die Aufteilung findet nur noch medial statt.
Vgl. dazu Ferguson (1959) und zur Kritik an Fergusons Definition im Hinblick auf die Situation der deutschen Schweiz: Burger (1984), S. 215.

15 Vgl. Sieber/Sitta (1986/1), S. 17. Im folgenden werden auch in dieser Arbeit Schweizerdeutsch und Dialekt als Sprachformen bzw. -varietäten bezeichnet, wobei diese Begriffe synonym verwendet werden.

16 Vgl. dazu Ris (1979), S. 56.

Die Mehrheit der Deutschschweizer sieht in ihrer Sprachsituation keine Probleme. Dies hat eine Umfrage, die von COOP Schweiz 1983 durchgeführt wurde, gezeigt.[17] 62,8%, also rund zwei Drittel aller Befragten, gaben an, dass es ein Vorteil sei, dass Dialekt gesprochen wird, auch wenn die gesprochene Sprache nicht der geschriebenen entspricht. 33,9% erklärten, dass sie in der medialen Diglossie einen Nachteil sähen. Diese Einschätzung ist sicher nicht zuletzt deshalb so positiv ausgefallen, weil die grosse Mehrheit der Deutschschweizer nicht häufig in die Lage versetzt wird, in der Standardsprache sprechen zu müssen. Viele Schweizer werden so mit den Problemen, die durch das Nebeneinander der beiden Sprachformen entstehen können, in bezug auf die gesprochene Sprache gar nicht mehr bewusst konfrontiert.

3.3 MUNDART IN DER DEUTSCHEN SCHWEIZ

Die Mundart ist in der deutschen Schweiz die Sprache des alltäglichen mündlichen Verkehrs. Deutschschweizer unter sich sprechen, ungeachtet ihres sozialen Status, von wenigen Ausnahmen abgesehen, Mundart. Eine genaue Analyse zeigt aber, dass die Verhältnisse in der deutschen Schweiz keineswegs so einfach sind, wie sie oft dargestellt werden.[18] Der Standardsprache steht ja nicht nur ein Dialekt, sondern eine Vielzahl von Dialekten gegenüber, die im Hinblick auf ihre soziale, pragmatische und regionale Reichweite wesentliche Unterschiede aufweisen.[19] Die verschiedenen aktiven und passiven kommunikativen Reichweiten der einzelnen Mundarten führen dazu, dass diesen von ihrer Funktion her eine sehr unterschiedliche Bedeutung zukommt. So gibt es Mundarten, die ihrer Reichweite wegen die Funktion von Umgangssprachen oder sogar von Varianten der Standardsprache überneh-

Zum Problem Hochdeutsch als Fremdsprache vgl. vor allem: Schwarzenbach (1969), S. 24ff., Sieber/Sitta (1986/1), S. 33f., und Ris (1973), S. 45, Anmerkung 54.

17 Vgl. COOP-Zeitung (1983), Nr. 28.
Ris (1973), S. 34f., hatte schon damals betont, dass in der Schweiz "nahezu einhellig die Meinung herrscht, das Nebeneinander von Dialekt und hochdeutscher Einheitssprache böte grosse Vorteile [...]". Er fand Unterstützung für seine Meinung in der Untersuchung Schwarzenbachs, bei dem er keine negative Beurteilung der Situation durch die Gewährspersonen fand.

18 Die folgenden Bemerkungen stützen sich vor allem auf die Schriften von Roland Ris, dessen Arbeiten zur Sprachsituation der Deutschschweiz von grosser Bedeutung für die schweizerische Dialektforschung sind. Neben den bereits erwähnten Publikationen von Ris ist hier noch folgender Aufsatz nachzutragen:
Ris, Roland: Dialektologie zwischen Linguistik und Sozialpsychologie: "Zur Theorie des Dialekts" aus Schweizer Sicht. In: Zeitschrift für Dialektologie und Linguistik. Neue Folge Nr. 26 (1980), S. 73-96.

19 Vgl. Ris (1979), S. 54.

men können.[20] Die Verständlichkeit anderer Mundarten wiederum ist so gering, dass ihre Sprecher ausserhalb des eigentlichen Sprachgebiets ihres Dialekts in einer Art Bi-Dialektie auf eine benachbarte Mundart mit grösserer kommunikativer Reichweite umstellen müssen, wenn sie nicht Nachteile in Kauf nehmen wollen.[21]

Das Verhältnis zwischen den einzelnen Mundarten ist instabil; einige breiten sich aus, andere werden zurückgedrängt.[22] Aktuelle Überprüfungen solcher Tendenzen, die zu einer Spezifizierung und Quantifizierung dieser Feststellungen führen könnten, sind allerdings schwierig, da sie, wenn nicht bloss mit einzelnen Sprachphänomenen gearbeitet wird, immer mit grossem methodischem Aufwand verbunden sind. Es ist aber unverkennbar, dass gewisse Faktoren, unter denen vor allem die Binnenmigration, der Gebrauch der Mundart in den Massenmedien und auch der schweizerische Binnentourismus, der ja oft verbunden ist mit dem Besitz von Zweitwohnungen, hervorstechen, die Tendenz zur Vereinheitlichung unterstützen, da sie die Dialekte immer häufiger in gegenseitigen Kontakt führen. Diese Faktoren benachteiligen in erster Linie die kleineren Randmundarten und fördern die Entwicklung in Richtung einer Bildung von Grossraummundarten.[23]

---

20 Ris (1979), S. 54f., unterscheidet vier Typen von Mundarten nach ihrer Funktion im mündlichen Sprachgebrauch und vergleicht sie mit Sprachformen in Deutschland, wie sie in der Soziolinguistik und der Dialektologie üblicherweise beschrieben werden:
a) Archaische, isolierte Grundmundarten = Grundmundarten in Norddeutschland
b) Regionale Mundarten mit beschränkter regionaler Reichweite = Dialekte in Südwestdeutschland
c) Regionale Mundarten mit überregionaler Reichweite = Umgangssprachen
d) Regionale Ausgleichsmundarten mit gesamtschweizerischer Reichweite = Variante einer Einheitssprache.

21 Ris (1979), S. 53, spricht von einem "Zwang zur Bi- oder Pluridialektie", wenn die Sprecher nicht ausserhalb ihrer Stammregion Nachteile in Kauf nehmen wollen. Eine Grenze zu ziehen zwischen Anpassung des eigenen bzw. Übernahme eines anderen Dialekts, dürfte allerdings schwierig sein und bedarf genauer Untersuchung. Durch das Abschleifen der Randmundarten kommt dem Dialektwechsel neuerdings sicher weniger Bedeutung zu.

22 Vgl. Ris (1979), S. 51.

23 Zur Theorie der Bildung von Grossraummundarten vgl. Ris (1977), S. 63, und Sieber/Sitta (1986/1), S. 16, welche die These von Ris übernehmen.
In den siebziger Jahren sprach man zuweilen von einer über die Bildung von Grossraummundarten hinausgehenden Entwicklung hin zu einem Einheitsschweizerdeutsch, vorwiegend zürcherischer Prägung [vgl. Ris (1973), S. 60]. Diese These fand sogar Eingang in den dtv-Atlas der deutschen Sprache: "Heute dringt die Mundart in immer weitere Bereiche des öffentlichen Lebens ein; auf der Basis des mit hohem Sozialprestige ausgestatteten Zürichdeutsch scheint sich eine innerschweizerische Verkehrssprache ausbreiten zu wollen." [König (1989), S. 137]. Die These von der Entwicklung zu einem Einheitsschweizerdeutsch zürcherischer Prägung ist in dieser Art, zumindest für die nähere Zukunft, wohl nicht mehr aufrechtzuerhalten. Das Zitat von König ist aber auch deshalb interessant, weil es als Beleg für die Unkenntnis der deutschschweizerischen Sprachsituation in Deutschland dient. Es wäre wohl zuerst noch zu belegen, dass das

Das Verhältnis der einzelnen Mundarten zueinander ist also nicht ganz ungetrübt. Ein Aspekt, der die Beziehungen zwischen den Dialekten entscheidend mitprägt, ist das Vorhandensein von Spracheinstellungen, in denen sich ethnische Stereotype widerspiegeln. So erfahren die einzelnen Dialekte der deutschen Schweiz unterschiedliche Beurteilungen und Einschätzungen, die, oft auch im Zusammenhang mit ihrer kommunikativen Reichweite, dazu führen, dass der soziale Status der Mundarten unterschiedliche Ausprägungen aufweist.[24] Prestigeunterschiede bestehen nicht nur zwischen, sondern auch innerhalb der einzelnen Dialekte. Die Tendenz zu Grossraummundarten hat hier aber gerade in den letzten Jahren eine gewisse ausgleichende Funktion übernommen.[25] Die wissenschaftliche Erforschung der Einstellungen zu den Dialekten und die Untersuchung des verschiedenen politisch-sozialen Gewichts der Mundarten ist in der Schweiz erst im Entstehen begriffen.[26]

Unabhängig von den Prestigedifferenzen der einzelnen Mundarten untereinander fällt die Bewertung des Dialektes im Vergleich zur Hochsprache immer äusserst positiv aus. Die Mundart an sich geniesst ein sehr hohes Ansehen. Folgende Bewertungen werden häufig zu ihren Gunsten ins Feld geführt:[27]

- Mundart als Sprache der Heimat, als eigentliche Muttersprache und als Sprache der deutschen Schweiz[28]

Zürichdeutsche mit hohem Sozialprestige ausgestattet ist, und der Begriff 'innerschweizerische Verkehrssprache' ist zumindest unpräzise.

24 Ris (1973), S. 58, gibt ein Beispiel, wie sich solche Spracheinstellungen auswirken können:
"Wenn es zwar für den Mundartfreund - schon aus einem gewissen linguistischen Interesse heraus - selbstverständlich ist, anderen Mundarten gegenüber Toleranz zu üben, so darf man von den breiteren Kreisen der Gesellschaft nicht verlangen, ausgerechnet sprachliche Merkmale eines Menschen nicht dazu zu verwenden, um die sich aus seiner Herkunft ergebende soziale Stellung grob abzuschätzen: jemand, der Zürichdeutsch spricht, könnte eher Swissair-Pilot oder Bankprokurist sein als jemand, der archaische Lötschentaler Mundart spricht!"

25 Vgl. Ris (1979), S. 53f.

26 Iwar Werlen hat eine Untersuchung zur Einschätzung von Dialekten in der deutschen Schweiz durchgeführt. Sie wird vom Autor allerdings erst als 'Pilotstudie' verstanden, die den Weg für eine auf breiter Ebene durchgeführte Erhebung aufzeigen soll. Die Ergebnisse seiner Arbeit sind in einem Aufsatz zusammengefasst, der auch einen Überblick über vorangegangene Studien zur Einstellung zu einzelnen Dialekten enthält [vgl. Werlen (1985)].

27 Diese positiven Eigenschaften der Mundart werden schon fast stereotyp verwendet. Ihre Reihe kann beliebig fortgesetzt werden; so gilt die Mundart etwa auch als "persönlich und vertraut, als frei und locker, als sympathisch, einfach und ausdrucksstark, [...]." [Sieber/Sitta (1986/1), S. 30].

28 Trotz der nahen Verwandtschaft der meisten deutschschweizerischen Dialekte mit den Mundarten unmittelbar nördlich des Rheins [vgl. die Karte bei König (1989), S. 230f.: Die Gliederung der mitteleuropäischen Mundarten germanischer Abkunft (Stand 1900)], hat sich die Landesgrenze aufgrund des unterschiedlichen Dialektgebrauchs zu einer 'pragmatischen' Sprachgrenze entwickelt [vgl. Ris (1979), S. 44]. Schweizerdeutsch konnte

- Mundart als Spiegelbild der Demokratie
- Mundart als Mittel der Gefühlsäusserung
- Mundart ist modern
- Mundart als Sprachform, die dem Trend zur Regionalisierung entspricht.[29]

Diese 'Vorzüge' der Mundart werden in der Fachliteratur oft beigezogen, um die besondere Situation des Dialektgebrauchs in der Schweiz zu erklären. Sie alleine genügen aber nicht, um die sich erst seit der Jahrhundertwende abzeichnende Sonderentwicklung der Deutschschweiz zu begründen. Sie treffen ja auf Dialekte in anderen Sprachen genauso zu, so etwa auf die 'patois' der französischen Schweiz, die sich trotzdem stark abgebaut haben und heute fast ausgestorben sind. Man darf sicher mit Ris[30] sagen, dass es hauptsächlich politische Gründe waren, die, vor allem in der ersten Hälfte des 20. Jahrhunderts, zum Ausbau der Stellung der Mundart in der deutschen Schweiz geführt haben.

In drei voneinander unabhängigen, aufeinanderfolgenden Mundartbewegungen[31] drang die Mundart in immer weitere Gebiete nicht nur des privaten, sondern auch des öffentlichen Lebens vor und verdrängte die gesprochene Hochsprache; so in erster Linie in den elektronischen Medien, in der Schule, in der Kirche und im Militär. Man hört und liest in diesem Zusammenhang immer wieder das Wort 'Dialektwelle'.[32] Dieses Bild gibt allerdings den Entwicklungsgang nicht ganz korrekt wieder. Man kann nicht von 'Wellen' reden, da nach den einzelnen Bewegungen der Gebrauch der Mundart jeweils nicht wieder zurückging und so die Mundart über den ganzen Zeitraum hinweg ständig an Bedeutung dazugewonnen hat.[33] Begleitet wurden die Bewegungen

---

dadurch verstärkt als Abgrenzung nach aussen und als Identifikationsmerkmal nach innen wirken.

29 Die fünf hier aufgeführten Bewertungen und Eigenschaften der Mundart finden sich überall in der Literatur, wo Argumente für deren Gebrauch angeführt werden. Vgl. zum Beispiel: Baur (1983). Interessant sind auch die Ausführungen von Max P. Ammann, der zu begründen sucht, warum junge Schriftsteller in Mundart schreiben, und der ganz ähnliche Eigenschaften als Beweggründe in den Vordergrund stellt [vgl. Ammann (1977), S. 65].

30 Vgl. Ris (1973), S. 40.

31 Zu den Mundartbewegungen und ihren historischen Hintergründen vgl. Schwarzenbach (1969), S. 121-184, und Sieber/Sitta (1986/1), S. 17ff.

32 Vgl. Ris (1980/1), S. 85ff.

33 Kritik am Bild der Welle findet man auch bei Sieber/Sitta (1984), S. 29. Allerdings sprechen sie von einer stetigen, kontinuierlichen Zunahme, was m.E. zu wenig berücksichtigt, dass diese Zunahme hauptsächlich im Zusammenhang mit den drei Mundartbewegungen und damit schubweise erfolgte. Diese Betrachtungsweise wird durch sie später aber ebenfalls stärker berücksichtigt [vgl. Sieber/Sitta (1986/1), S. 19, und Sieber (1988), S. 14].

immer auch von einer grossen Anzahl von Publikationen, die in Dialekt geschriebene Texte enthalten.

Für den Vormarsch des Dialekts in jüngster Zeit werden neben Änderungen im Kommunikationsverhalten, die zu einer Ausdehnung der Mündlichkeit ganz allgemein geführt haben, veränderte Wertvorstellungen verantwortlich gemacht, die eine Aufwertung des Individuellen, Persönlichen und, damit verbunden, der Region als dem für den Menschen primären Lebensraum bewirkt haben.[34]

Das instabile Verhältnis zwischen Mundart und Standardsprache in der deutschen Schweiz wird immer wieder als Problem dargestellt und beschäftigt als solches nicht nur Fachkreise. Waren es in der ersten Hälfte des Jahrhunderts hauptsächlich die Befürworter der Mundart, die aktiv in Erscheinung traten, braucht diese heute kaum mehr Verteidiger; so stark ist ihre Stellung geworden. Dennoch, wenn immer das Verhältnis der beiden Sprachformen in der Öffentlichkeit neu zur Diskussion gestellt wird und Stimmen laut werden, die der Standardsprache wieder mehr Gewicht verleihen wollen,[35] sind die Verfechter der Mundart sofort zur Stelle.[36] Es ist aber im Moment kaum anzunehmen, dass die Anwälte der Standardsprache grossen praktischen Einfluss auf die Sprachsituation ausüben können. So wird der von ihnen ausgerufene "sprachliche Notstand"[37] wohl noch einige Zeit weiter bestehen; die Befürworter eines ausgedehnten Verwendungsbereichs der Mundart hingegen können beruhigt ins nächste Jahrhundert blicken.

---

34 Vgl. Sieber/Sitta (1986/1), S. 23ff., und Ris (1973), S. 44.

35 Vgl. vor allem die Beiträge in Arens (1985) und die Aufsätze von Louis Wiesmann, einem der Gründungsmitglieder des "Verein zur Pflege der deutschen Hochsprache", im Sprachspiegel. So z.B. Wiesmann, Louis: Droht uns der Verlust der deutschen Hochsprache? In: Sprachspiegel 39 (1983), S. 40-43. Wiesmann beklagt sich in diesem Aufsatz, der auch in zahlreichen Tageszeitungen erschienen ist, dass nur noch eine Minderzahl von Maturanden grammatisch korrektes Deutsch schreiben könne. - Befürworter eines vermehrten Gebrauchs der Standardsprache kommen vor allem aus dem Bildungsbürgertum. Sie warnen vor dem Verlust des Zusammenhangs mit dem deutschsprachigen Kulturraum. Es gibt aber auch Stimmen aus dem Lager der Mundartpfleger, die durch eine starke Abnutzung der Dialekte aufgrund ihres häufigen Gebrauchs die Vielfalt der Mundarten gefährdet sehen [vgl. Voser (1985)].

36 Vgl. die Diskussion in der Neuen Zürcher Zeitung. 26./27. November 1977. Nr. 278, S. 63-65, und 31. Mai/1. Juni 1980. Nr. 124, S. 65-66, und in der COOP-Zeitung. 14. Juli 1983. Nr. 28.

37 Padel (1985), S. 7.

3.4 STANDARDSPRACHE IN DER DEUTSCHEN SCHWEIZ

Drei Aspekte sind in der deutschen Schweiz von grösster Wichtigkeit und spielen eine besondere Rolle bei der affektiven Besetzung dieser Sprachform: Die Hochsprache ist die Sprache der Schule, die Sprache der Deutschen und sie ist Lese- und Schreibsprache.[38] Die Deutschschweizer erwerben primär die Mundart, erst sekundär die Standardsprache, die in der Schule gelernt wird, wo sie zugleich in den meisten Fächern als Unterrichtssprache dient. Erlebnisse während der Schulzeit können deshalb die Einstellung zur Hochsprache entscheidend prägen.[39] Weil die Standardsprache in der Schule, wo sehr viel Wert auf Norm gelegt wird, erlernt, ausserhalb dieser Institution aber gesprochen nur selten angewandt wird, weicht sie in der gesprochenen Form, z.B. in der Syntax, bei Schweizern oft kaum von der geschriebenen ab.[40] Dies, zusammen mit der meist vorhandenen starken landschaftlichen Prägung (bezüglich Aussprache und Wortschatz), lässt Unterschiede zu Deutschen hörbar werden; Unterschiede, die unter anderem auch auf das Fehlen der Umgangssprachen in der Schweiz zurückzuführen sind und die viele Schweizer im Gespräch mit Deutschen unsicher werden lassen.

Von Bedeutung für den Stellenwert der Standardsprache in der Schweiz ist auch, dass sie die Sprache der Deutschen ist. Die Hochsprache ist das Bindeglied, das die Deutschschweizer mit Millionen anderen Deutschsprachigen zusammenbringt und sie aktiv und passiv an deren Kultur teilnehmen lässt. Das Verhältnis zu diesen anderen Menschen deutscher Zunge, insbesondere aber zum nördlichen Nachbarn Deutschland, ist allerdings vielfach nicht ungetrübt.[41] Die schlechte aktive Kompetenz vieler Deutschschweizer im Gebrauch der Standardsprache wird oft als unmittelbare Konsequenz der negativen Einstellung Deutschen gegenüber bezeichnet:

> "Die mangelnde Fähigkeit vieler Deutschschweizer, ein korrektes und unverkrampftes Hochdeutsch zu sprechen, ist meiner Ansicht nach in erster Linie das Ergebnis einer Übertragung ihrer negativen emotionellen Einstellung denen ge-

38 Vgl. dazu die Ergebnisse zu Frage 89.
39 Vgl. Ris (1973), S. 46, und Lappert (1980), S. 66:
"Der Lehrer muss sich bewusst sein, dass der Schüler den Gebrauch der Schriftsprache als *Repression* erleben *kann*. Gerade solche Erlebnisse prägen seine Einstellung zur Schriftsprache natürlich nachhaltig."
40 Vgl. Ris (1979), S. 49, und Stadelmann (1984).
41 Eine verbreitete negative Einstellung wird auch in dieser Umfrage wieder bestätigt. Vgl. dazu die Antworten zu den Fragen 63 und 94.

> genüber, die diese Sprache sprechen, auf die Sprache selbst."[42]

Hier spielen auch Minderwertigkeitsgefühle und Angst vor Provinzialität eine Rolle, die sicher zu einem gewissen Teil der negativen Einstellung zugrundeliegen.

Die Standardsprache ist heute in der Schweiz primär Lese- und Schreibsprache, kaum mehr Sprechsprache. Diese Reduktion ihrer Funktion führt dazu, dass den Deutschschweizern die nötige Praxis fehlt, um sich in der Standardsprache mündlich korrekt auszudrücken, was in einem Teufelskreis wiederum zur Folge hat, dass der Schweizer sie selbst dann kaum anwendet, wenn es für die Verständigung von Vorteil wäre, und so Möglichkeiten, sich im mündlichen Ausdruck zu üben, immer wieder auslässt:

> "In Wahrheit bewirkt aber dieses ständige Ausweichen vor der Hochsprache, dass man sie auch dann nicht anwendet, wenn sie allein eine reibungslose Kommunikation garantieren würde."[43]

3.5 MUNDART UND STANDARDSPRACHE IN DER ÖFFENTLICHEN DISKUSSION

Das Verhältnis von Mundart und Standardsprache ist ein beliebtes Thema in der Schweiz; zahlreiche Veranstaltungen, Fernseh- und Radiosendungen und Zeitungsartikel belegen dies auf eindrückliche Art und Weise. Allerdings ist der Kreis der an der öffentlichen Diskussion Teilnehmenden auf Politiker, Medienleute, Kulturschaffende und Leute aus dem Erziehungswesen beschränkt. Mit grosser Regelmässigkeit wird am heutigen Verhältnis der zwei Sprachformen das Ungleichgewicht zuungunsten der Hochsprache kritisiert.[44] Es fällt auf, dass sich gewisse Schwerpunkte in der Argumentation gebildet haben. Häufig wird, was sich auf die öffentliche Diskussion eher negativ auswirkt, sie zuweilen gar in Polemik abgleiten lässt, das heutige Verhältnis von Mundart und Standardsprache wie auch der Grad der Kompetenz, sich in der

42 Ris (1973), S. 47.
43 Ris (1973), S. 42.
44 Eine der wichtigsten Plattformen zur Veröffentlichung von Kritik an der heutigen Sprachsituation ist der Sprachspiegel, das Organ des Deutschschweizerischen Sprachvereins.

Hochsprache auszudrücken, mit früheren Zuständen verglichen. Dieser Vergleich wird jeweils nur auf persönliche Erfahrungen, keineswegs aber auf die Ergebnisse wissenschaftlicher Untersuchungen abgestützt, die in diesem Bereich leider noch nicht allzu zahlreich sind.[45] Es ist deshalb oft ein leichtes, den Aussagen und Argumentationen Gegenargumente entgegenzustellen, die dann allerdings genauso wenig abgesichert sind. Im folgenden sollen drei Aussagen zum Verhältnis von Mundart und Standardsprache, die man immer wieder hören und lesen kann, kritisch besprochen werden.

Aussage 1:

Die Kompetenz der Deutschschweizer im Gebrauch der Standardsprache hat, im schriftlichen und im mündlichen Bereich, in den letzten Jahren stark abgenommen. Es besteht dadurch die Gefahr der "Hollandisierung", d.h. der Abkapselung der Schweiz vom deutschsprachigen Kulturraum und damit verbunden der Schaffung eines neuen Grades der Provinzialisierung.[46]

Der Vorwurf, der Deutschschweizer könne nicht mehr Hochdeutsch sprechen und schreiben,[47] basiert meist auf persönlichen Erfahrungswerten. Als Messinstrument werden dabei meist gewisse Prüfungsformen, wie etwa der Maturaufsatz, genommen. Es wird aber nicht beachtet, dass es möglich ist, dass gerade dieses Messinstrument in der jetzigen Form überholt sein könnte und die Erfahrungswerte sich deshalb verschlechtern. Es ist durchaus möglich, dass die Maturanden, die sich heute aus einer viel breiteren Schicht als früher rekrutieren, Mühe mit Form und Inhalt des Maturaufsatzes bekunden und sich daraus dann die Schwierigkeit ergibt, sich sprachlich adäquat auszudrücken.[48]

Vgl. vor allem: Sprachspiegel 40 (1984), Heft 1, das speziell dem Thema Hochsprache und Mundart gewidmet ist.

45 Diese Einschätzung teilt auch W. Haas: "Allen meinen einschlägigen Arbeiten kann der Vorwurf nicht erspart bleiben, den ich selber immer wieder erhebe: dass über das Problem zu viel geredet und geschrieben und zu wenig empirisch geforscht werde." [Haas (1986), S. 41].

46 Zur Gefahr der "Hollandisierung" vgl. Wiesmann (1983/2), Muschg (1984) und Hämmerle (1986). Es wären hier noch viele Stimmen zu erwähnen, die vor einem Abgleiten der Schweiz in die Provinzialisierung warnen und Holland als abschreckendes Beispiel für die Schweiz darstellen. Vehement gegen die "Droh-Analogie Holland" wehrt sich hingegen Walter Haas, der ein Abgleiten Hollands in einen kulturellen Provinzialismus durch das Beibehalten der niederländischen Schriftsprache bei rund 20 Millionen Sprechern in Abrede stellt [vgl. Haas (1986), S. 50].

47 Vgl. Wiesmann (1983/1), S. 40ff. Nach Wiesmanns Einschätzung ist heute nur noch eine Minderzahl von Maturanden imstande, "ein grammatisch korrektes Deutsch zu schreiben und die Gedanken so zu formulieren, dass auch dasteht, was einer sagen will." [S. 40]. Vgl. auch Leisi (1985).

48 Dieses Argument verdanke ich Robert Schläpfer.
Gemäss Wiesmann (1983/1), S. 41, besteht ein direkter Zusammenhang zwischen der Sprachbeherrschung und dem Inhalt einer Aussage in dem Sinne, dass die Qualität des

Auch ausserhalb des Gymnasiums wird die Leistung der Schüler und Lehrlinge, insbesondere im schriftlichen Bereich, mit früheren Zeiten verglichen und eine Verschlechterung festgestellt.[49] Aber auch hier ist es schwierig zu unterscheiden, ob eine Verschlechterung der Hochdeutschkompetenz in den letzten Jahren stattgefunden hat oder ob nicht vielmehr neue Anforderungen an den Gebrauch, eine Ausdehnung des schriftlichen Gebrauchs und der Einbezug weiterer Kreise der Bevölkerung am öffentlichen Kommunikationsprozess Veränderungen bewirkt haben, deren Beurteilung eine sehr differenzierte Analyse voraussetzt.

Die im Zusammenhang mit der Feststellung der abnehmenden Kompetenz der Deutschschweizer immer wieder heraufbeschworene drohende Abkoppelung vom deutschsprachigen Kulturraum[50] geht von einem Kulturverständnis aus, das eine enge Beziehung zwischen Kultur und Hochsprache als gegeben voraussetzt und wohl immer eine ganz bestimmte Art von Kultur meint.[51] Die Teilhabe an bundesdeutschen und österreichischen Fernseh- und Radiosendungen scheint jedenfalls nicht gefährdet zu sein. Wenn sich denn die Deutschschweiz auf dem Weg zu einer gewissen Provinzialität - oder je nach Perspektive zu einer vermehrten Eigenständigkeit - befinden sollte und sich die kulturellen Verbindungen zum deutschen Kulturraum dadurch gelockert haben sollten, liegt dies möglicherweise eher in geänderten kulturellen Interessen als in einer Verringerung der Kompetenz in der Hochsprache begründet.

<u>Aussage 2:</u>

Der Dialekt hat sich auf Kosten der Hochsprache ausgebreitet und hat somit indirekt einen wesentlichen Anteil am Kompetenzverlust in der Hochsprache. Schuld an der Ausweitung des Dialekts haben neben dem sich verändernden

Inhalts einer Aussage direkt von der Qualität der Sprachbeherrschung abhängig ist. Die Beziehung ist aber sicher nicht nur einseitig. So können auch unzeitgemässe Formen und Inhalte die Formulierung erschweren.

49 Vgl. (ksr) (1983).

50 Vgl. Renner (1983) und Gut (1986).

51 Sehr treffend äussert sich dazu M. Walder, der die Frage des Sprachgebrauchs am Radio diskutiert und ein Beispiel aus dem Kulturbereich anführt:
"Hier [im Kulturbereich] scheint die Lage zunächst relativ problemlos: an bürgerliches Kulturverständnis knüpft sich wohl automatisch die Hochsprache. Als Betreuer eines Kulturmagazins am Freitag abend zwischen Volksmusik- beziehungsweise Volkskunde-Termin und «Nachtexpress» im ersten, also dem Mehrheitenprogramm [DRS 1] konnten wir gar nicht umhin, uns die Frage gleichwohl zu stellen. Der Entscheid, bei einem möglichst breit und «nichtelitär» gefassten Kulturbegriff allfällige Hemmschwellen des anzusprechenden Hörers gegenüber «der Kultur» nicht bereits sprachlich wieder zu installieren, fiel bald einmal zugunsten des Dialekts als Grundlage aus." [Walder (1980), S. 66].

Kommunikationsverhalten, das sich in Richtung einer vermehrten Mündlichkeit entwickelt hat, vor allem die Schulen und die Medien, die immer mehr den Dialektgebrauch forcieren.[52]

Man muss wohl bei diesem Argument klar unterscheiden zwischen schriftlicher und mündlicher Kommunikation. Eine Ausweitung der mündlichen Kommunikation ganz allgemein hat in der deutschen Schweiz zur Folge, dass auch der Mundartgebrauch ausgeweitet wird. Es ist dabei aber noch nicht gesagt, dass die Ausweitung der Mundart unbedingt einen Rückgang der Hochsprache bedingen muss, vielmehr ist es auch möglich, dass die Hochsprache stagniert, während die Mundart sowohl bei qualitativen wie auch bei quantitativen Neuerungen im Kommunikationsverhalten jeweils zulegt.[53] Ähnlich schwierig ist das Verhältnis zwischen gesprochener und geschriebener Sprache zu beurteilen. Hat in den letzten Jahren der mündliche Teil sich auf Kosten des schriftlichen ausgedehnt oder hat der schriftliche Anteil nur stagniert? Oder wird heute ganz allgemein mehr kommuniziert als früher, wobei sich der mündliche Teil stärker entwickelt hat als der schriftliche? Auf diese Fragen gibt es ohne umfassende empirische Untersuchungen vorläufig keine Antworten. Wichtig sind sie in der Diskussion um das Verhältnis von Mundart und Standardsprache in der deutschen Schweiz deshalb, weil die Ausweitung des Mündlichen und damit verbunden des Mundartgebrauchs immer wieder als Ursache auch für die schlechte schriftliche Kompetenz der Deutschschweizer in der Standardsprache verantwortlich gemacht werden, und dies, obwohl keineswegs geklärt ist, welcher Zusammenhang zwischen mündlichem und schriftlichem Sprachgebrauch besteht:

> "Es ist deshalb unwahrscheinlich, dass die Mundartverwendung Ursache gegenwärtiger oder zukünftiger, tatsächlicher oder eingebildeter mangelnder Sprachkompetenz in der geschriebenen Hochsprache ist, denn der Zusammenhang zwischen mündlicher und schriftlicher Sprachkompetenz ist offensichtlich viel weniger direkt, als oft vorausgesetzt wird; [...]."[54]

---

52 Vgl. etwa Widmer (1989).

53 Vgl. dazu Haas (1986), S. 42:
"Könnte es nicht sein, dass die Mundart Marktlücken gefüllt hat, ohne der Hochsprache allzuviel abzunehmen? [...]. Der «Rückgang» der gesprochenen Hochsprache wäre dann eher als Stagnation zu interpretieren."

54 Haas (1986), S. 46. Vgl. dazu auch das Protokoll eines Gruppengesprächs unter der Leitung von Robert Schläpfer von der Lenzburger-Tagung der Schweizerischen Konferenz

Als Träger der mündlichen Kommunikation werden vor allem Radio und Fernsehen für eine Verbreitung der Mundart und für die Verschlechterung der Hochsprachkompetenz der Deutschschweizer verantwortlich gemacht.[55]

Das Programmangebot der letzten Jahre hat, von der Anzahl der Sender, aber auch von der Dauer der Ausstrahlungszeiten her, stark zugenommen. Die Sendeformen wurden zudem einem starken Wandel unterzogen.[56] Es ist deshalb fraglich, inwiefern man tatsächlich von einer Abnahme des Gebrauchs der Hochsprache in den elektronischen Massenmedien sprechen darf. Es ist auch in diesem Bereich möglich, dass dieser Gebrauch in den letzten Jahren stagniert hat, dass aber aufgrund der neuen Sendestationen, insbesondere der Lokalradios, und der erweiterten Sendezeiten die Mundart heute insgesamt erheblich mehr Anteile hat als die Hochsprache.

Noch wichtiger aber ist wohl, dass keinerlei wissenschaftliche Angaben über die Auswirkungen des Sprachgebrauchs der Medien auf die Sprachkompetenz der Zuhörer vorliegen. Es ist insbesondere zweifelhaft, ob gerade die aktive Kompetenz durch blosses Zuhören wirklich gefördert werden kann. Es muss grundsätzlich gefragt werden, welche Wirkung von der Sprachformwahl und dem Sprachgebrauch der elektronischen Massenmedien ausgehen kann.[57] Eine allfällige Wirkung ist vermutlich stärker in Richtung einer Vorbild- und

---

der kantonalen Erziehungsdirektoren und der Schweizerischen Radio- und Fernsehgesellschaft [Schläpfer (1988), S. 57].

55 Gerade die Medien werden immer wieder ihrer Wahl der Sprachform wegen heftig angegriffen. Da wird davon gesprochen, "***den korrupten Medien die Nase um 180° zu drehen und sie aus Verderbern zu Vorbildern zu machen***" [Bommer (1984), S. 47], oder man spricht vom "überbordenden Dialektgeschwätz in den Medien" [Kuhn (1984), S. 156.] oder von den Medien als "Dialektitis"-Erzeuger [Trefzer (1986), S. 151].

56 Harald Burger hat bei seinen Untersuchungen zur Wahl der Sprachform beim Radio festgestellt, dass zwar zwischen 1970 und 1979 eine Zunahme der Mundartanteile erkennbar war, dass diese Zunahme aber nicht primär auf Änderungen der Sprachformwahl, sondern vielmehr auf geänderte Strukturpläne zurückzuführen ist:
"Der Hauptgrund für das veränderte Bild liegt in einem Wandel der Strukturpläne. Es sind insbesondere die ***«Begleitprogramme»***, die in den letzten Jahren bedeutend ausgebaut wurden und die bei allen Radiosendern eine immer wichtigere Rolle spielen wie die Magazin-Sendungen mit Live-Moderation, viel Musik und etwas Information.
Von einer eigentlichen Mundartwelle kann also nicht die Rede sein, wohl aber von einer zunehmenden Begünstigung derjenigen Faktoren, die die Wahl der Mundart präjudizieren." [Burger (1983/1), S. 73.]. Ganz ähnlich beurteilt Walter Haas die Entwicklung der mundartlichen Programme am Radio:
"Das Anwachsen mundartlicher Radioprogramme, beispielsweise, fällt zusammen mit der Vermehrung der Radioprogramme überhaupt, mit der Diversifizierung dieser Programme nach Inhalten, Hörergruppen und Sendern und endlich mit der Funktionsveränderung des Radios selber." [Haas (1986), S. 42].

57 Harald Burger formuliert das Problem wie folgt: "Spiegelt die Verteilung in Radio und Fernsehen die Verhältnisse in der alltäglichen Sprachrealität oder entwickeln die Medien eigene Regeln, die dann ihrerseits wieder auf die sonstige Sprachrealität zurückwirken können und potentielle Faktoren des Sprachwandels sind?" [Burger (1984), S. 215].

Signalfunktion im Hinblick auf die Sprachformenwahl als auf eine Verbesserung der Kompetenz zu suchen. Harald Burger kommt zum Schluss,

> "dass die Verwendung der Sprachformen in den Medien mindestens Folgen haben wird für das *Bild*, das sich der Rezipient von der Distribution der Sprachformen in der gesamten Sprachrealität macht. [...]. Insofern darf man vermuten, dass die Medien in sprachlicher Hinsicht auch *normative* Funktion, die Funktion eines Leitbilds haben dürften".[58]

Die Rolle des Sündenbocks, die gerade den elektronischen Massenmedien von Kritikern der deutschschweizerischen Sprachsituation immer wieder zugeordnet wird, zeugt aber dennoch sicherlich von einer Überschätzung der Möglichkeit, über die Medien Sprachverhalten zu steuern.

Dauernden Vorwürfen ausgesetzt sind auch die Schulen.[59] Kritisiert wird, dass die Schüler nicht mehr genügend Kenntnisse in der Hochsprache erwerben, aber auch die Qualität der im Unterricht angewandten Standardsprache. Die Schuldzuweisung trifft in vollem Ausmasse die Lehrer, die selber der Hochsprache nicht mehr mächtig sein sollen, insbesondere aber die Lehrerseminarien und die dort tätigen Ausbildner.[60]

Es ist sicher unbestritten, dass der Schule in der Deutschschweiz die zentrale Rolle in der Vermittlung der Hochsprache zukommt. Dennoch wird wohl allzuoft, wenn die Schule verantwortlich gemacht wird für Sprachzerfall[61] und für die Abnahme der Sprachkompetenz der Schüler - wenn diese Feststellungen denn tatsächlich zutreffen sollten - übersehen, dass die Schule keineswegs als eine von der Gesellschaft losgelöste Institution bestehen kann und soll und dass die Schüler auch anderen Einflüssen ausgesetzt sind.

> "Den Grund für diese angeblich zunehmende «Sprachverwilderung» sehen viele besorgte Sprachpfleger in der Schule, bei den Lehrern, Lehrplänen, Lehrmitteln. Solche Vorstellungen, Lehrer, Lehrpläne, Lehrmittel könnten Sprachzerfall bewirken oder ihn umgekehrt, wenn es ihn gibt, verhindern, sind im Grunde für die Schule

58 Burger, Harald (1983/1), S. 73.
59 Vgl. Teucher (1972) und Stäuble (1986).
60 Vgl. Teucher (1972) und Stäuble (1986).

> sehr schmeichelhaft, schätzen sie doch ihren Einfluss recht hoch ein. Es ist allerdings zu vermuten, dass sie ihn bei weitem überschätzen, haben doch andere Faktoren - gedruckte und elektronische Medien, das Sprachverhalten der gesellschaftlichen Umwelt, die Einschätzung der Bedeutung der Sprache für den Menschen durch diese Umwelt u.a. - viel mehr Einfluss auf die sprachliche Entwicklung der Heranwachsenden, als wir gemeinhin zugestehen."[62]

Aussage 3:

Der vermehrte Gebrauch des Dialekts belastet das Verhältnis zu den anderssprachigen Landesteilen schwer.[63]

Mit den Auswirkungen, die der Dialektgebrauch in der deutschen Schweiz für das Zusammenleben der verschiedenen Sprachgebiete haben kann, beschäftigen sich vor allem Politiker immer wieder. Der Dialekt wird dabei, vor allem im Verhältnis zwischen Deutschschweizern und welschen Schweizern, als Hindernis, ja als eigentliche Barriere für ein gutes Zusammenleben dargestellt. Die Sprachunterschiede an sich, ganz speziell aber der Dialekt, werden als eigentliche Ursache für eine unbefriedigende Zusammenarbeit aufgeführt. Häufig wird auch hier wieder der historische Aspekt erwähnt, ohne Möglichkeit, faktisch zu belegen, dass früher das Verhältnis der verschiedenen Sprachregionen aufgrund anderer Sprachgewohnheiten besser gewesen wäre.

Es ist selbstverständlich, dass die sprachliche Verständigung über die Grenzen der einzelnen Sprachregionen hinaus die Grundlage für ein Zusammenleben bildet, das über ein blosses Nebeneinander hinausgeht. Dass hier in besonderen Situationen der Dialekt eine Erschwernis für den Dialog einzelner Vertreter der Sprachregionen bedeutet, kann wohl auch nicht bestritten werden. Es muss aber ernsthaft gefragt werden, ob wirklich dem Sprachgebrauch der deutschen Schweiz die zentrale Rolle zukommt, die ihm immer wieder zugeordnet wird.[64] Die Frage ist, ob nicht vielmehr der Wille zur Verständigung

---

61 Vgl. zum Thema Sprachzerfall und Sprachwandel vor allem Schläpfer (1987).
62 Schläpfer (1987), S. 6.
63 Vgl. zu diesem Thema Kolde (1986) und Heller (1987).
64 Vgl. dazu Haas (1986), S. 49:
"Ich halte es allerdings für vorteilhaft für den inneren Frieden, dass die Deutschschweizer Sprachsituation der stärksten Minorität eine so handliche Begründung ihrer tiefliegenden Schwierigkeiten mit fremden Sprachen und insbesondere mit dem Deutschen liefert."

ganz allgemein fehlt und deshalb die vorhandenen Mittel, nämlich entweder Hochdeutsch oder Französisch, nicht genügend ausgenutzt werden. In diesem Falle müsste man aber herausfinden, wieso dieser Wille zur (sprachlichen) Verständigung fehlt und würde möglicherweise auf andere Gründe als rein sprachliche stossen.

Die Einstellung zu den anderen Landessprachen wird oft als Messlatte der Beziehungen zwischen den Landesteilen eingesetzt. So wird zum Beispiel in einer Umfrage der "Weltwoche"[65] zum Verhältnis der Deutsch- und Welschschweizer aus den Resultaten zu der Frage nach der gewünschten ersten Fremdsprache auf die Zuneigung bzw. Abneigung gegenüber der jeweils anderen Landessprache geschlossen. Es gibt allerdings genügend pragmatische Gründe, die jeweils andere Landessprache hinter Englisch auf Platz zwei zu setzen, auch wenn das nicht unbedingt den staatspolitischen Forderungen entspricht, ohne gleich von einer Abneigung gegenüber Deutsch bzw. Französisch sprechen zu müssen. Von diesem Resultat aus direkt auf die Qualität der Beziehungen der Landesteile zu schliessen, ist wohl genauso problematisch wie die Feststellung, das gegenseitige Interesse halte sich in Grenzen, weil die Mehrheit sowohl der Deutschschweizer wie auch der welschen Schweizer lieber in ihrem angestammten Landesteil leben![66]

Die Mehrheit der Rekruten jedenfalls kann sich offensichtlich vorstellen, ohne weiteres in der französischen Schweiz zu leben.

65 Vgl. Heller (1987), S. 37f.
66 Vgl. Heller (1987), S. 38.

Frage 68: Könnten Sie sich vorstellen, in einem anderen Landesteil der Schweiz zu leben?

Item 68.1: In der französischen Schweiz[67]

	Häufigkeit	Prozente	Gültige Prozente
ohne weiteres	1055	53,2	54,4
lieber nicht	596	30,1	30,7
ich weiss nicht	290	14,6	14,9
missing cases	41	2,1	
Total	1982	100,0	100,0

Beim Aufstellen des Fragebogens für die PRP 85 ist man, wenn man die Formulierung und die Antwortvorgaben der Frage 69 betrachtet, offensichtlich davon ausgegangen, dass die Sprache für die Probanden in jedem Falle ein Hindernis darstellt, in einem anderen Landesteil zu leben. Trotz der suggestiven Fragestellung, welche ja eine der Antwortvorgaben enthält, geben zwei Drittel der Rekruten an, die Unterschiede in der Sprache seien kaum ein Hindernis, um in der französischen Schweiz zu leben.

67 Die Ergebnisse zu den Items 68.2 und 68.3 fielen folgendermassen aus:

Item 68.2: In der italienischen Schweiz

	Häufigkeit	Prozente	Gültige Prozente
ohne weiteres	893	45,1	46,1
lieber nicht	703	35,5	36,3
ich weiss nicht	342	17,2	17,6
missing cases	44	2,2	
Total	1982	100,0	100,0

Item 68.3: In der rätoromanischen Schweiz

	Häufigkeit	Prozente	Gültige Prozente
ohne weiteres	556	28,1	29,0
lieber nicht	851	42,9	44,4
ich weiss nicht	510	25,7	26,6
missing cases	65	3,3	
Total	1982	100,0	100,0

Frage 69: Sind die Unterschiede in der Sprache ein grosses Hindernis, um in einem anderen Landesteil der Schweiz zu leben?

Item 69.1: Französische Schweiz[68]

	Häufigkeit	Prozente	Gültige Prozente
grosses Hindernis	404	20,4	20,6
kaum ein Hindernis	1328	67,0	67,8
ich weiss nicht	227	11,4	11,6
missing cases	23	1,2	
Total	1982	100,0	100,0

Ohne die Aussage auf dieses Resultat, das nicht mehr als ein Indiz sein kann, abzustützen, ist es insgesamt doch fraglich, ob das Problem der sprachlichen Verständigung so stark, wie dies heute allgemein der Fall ist, für die Misere, wenn es denn eine geben sollte, der Beziehungen zwischen den einzelnen Landesteilen verantwortlich gemacht werden darf. Seriöse, langfristige Untersuchungen in diesem Bereich sind äusserst wichtig und, gerade weil es sich hier um ein Problem von staatspolitischer Tragweite handelt, eine echte Notwendigkeit.

Ziel dieses kurzen Abschnittes war es, die Schwerpunkte der aktuellen Diskussion um das Verhältnis von Mundart und Hochsprache in der deutschen Schweiz aufzuzeigen und den gängigen Argumentationen andere mögliche Erklärungen gegenüberzustellen. Als Fazit darf man wohl festhalten, dass, gerade weil die sprachliche Entwicklung in der deutschen Schweiz der letzten Jahre weitreichende Konsequenzen haben kann, der Ruf nach mehr empirischer Forschung[69] in diesem Bereich sicherlich gerechtfertigt ist, dies um so mehr, als nicht nur Fachleute sich an der Diskussion beteiligen und die Gefahr der Generalisierung eigener Beobachtungen sehr stark ist.

68 Stärker als Hindernis wird die Sprache empfunden, um in der italienischen oder der rätoromanischen Schweiz zu leben. Zudem gibt es - besonders in der Frage nach der rätoromanischen Schweiz - mehr 'Ich weiss nicht'- Antworten.

69 Vgl. Haas (1986), S. 41.

4 DIE SOZIALEN DATEN

Im ersten Teil des Fragebogens werden die Daten zu Herkunft, Ausbildung und Beruf, Muttersprache(n) und zu den Fremdsprachkenntnissen ermittelt. Diese Daten werden bei der Auswertung hauptsächlich als unabhängige Variablen in den Korrelationen eingesetzt. Es wird dabei angenommen, dass diese Variablen relativ stabil sind und deshalb als verursachend interpretiert werden können.[1] Es gilt allerdings hier, wie bei allen anderen sozialwissenschaftlichen Erhebungen auch, dass in der Realität komplexe Zusammenhänge vorliegen und immer eine Vielzahl von Variablen am Zustandekommen eines Phänomens beteiligt sind. Ganz allgemein kann man ja der Realität in solchen Untersuchungen nie völlig gerecht werden, da ein genaues Abbild nicht möglich ist. So macht es die Auswertung z.B. nötig, mit verschiedenen Berufsgruppen zu arbeiten, die der Vielzahl von Berufen nicht entsprechen können. Das Problem ist vor allem auch aus der Einteilung in soziale Schichten bekannt, bei denen Gruppierungen dem in der Realität vorherrschenden Kontinuum zuwiderlaufen.[2] Gerade die Zusammenfassung in Gruppen ist ein subjektiver Eingriff in die scheinbar objektiven Merkmale wie Beruf, Einkommen usw. Man muss sich bei der Auswertung bewusst sein, dass ein genaues Abbild der gesellschaftlichen Wirklichkeit nicht erreicht werden kann, da ein Teil ihrer Komplexität durch die Gruppierung von Merkmalbündeln verloren geht und diese Zusammenfassung einer gewissen Beliebigkeit unterliegt.

Nicht von allen erhobenen Sozialdaten wird in dieser Arbeit später Gebrauch gemacht. Es werden nur diejenigen verwendet, von denen angenommen werden kann, dass sie das Sprachverhalten am nachhaltigsten beeinflussen. Im folgenden sollen diese Daten beschrieben werden.

4.1 DIE MUTTERSPRACHE(N) DER REKRUTEN (FRAGE 1)

Die Frage nach der Muttersprache, die im Fragebogen näher umschrieben wird als Sprache, in der man sich beim Sprechen am sichersten fühlt, ist die erste des Fragebogens. Zu Mehrfachantworten bei Zweisprachigkeit wird ex-

1 Vgl. Schmierer (1975), S. 89.

2 Zur Einteilung in soziale Schichtenmodelle vgl. Löffler (1985), S. 37ff. und S. 44: "Die Gliederung der Gesellschaft in Schichten hat nur begrifflichen Status und kann im Kontinuum der realen Gesellschaftswirklichkeit kaum je nachgewiesen werden."

plizit aufgefordert, wobei eine Gewichtung bzw. eine Reihenfolge nicht verlangt wird.[3]

Beim deutschsprachigen Fragebogen wird in den Antwortvorgaben unterschieden zwischen Schweizerdeutsch und Hochdeutsch. Kreuzt man bei dieser Formulierung Schweizerdeutsch an, nicht aber zusätzlich auch Hochdeutsch, macht man letzteres damit eigentlich schon zur 'Fremdsprache'.[4] Es scheint aber, dass sich für die Rekruten, vielleicht auch wegen der Einschränkung, die bezüglich Sicherheit beim Sprechen gemacht wird, keinerlei Probleme bei der Beantwortung dieser Frage ergeben haben. All diejenigen, die in den letzten Jahren die Diskussion über die beiden Sprachformen mitverfolgt haben, wären zumindest im Zweifel gewesen, ob sie hier nur Schweizerdeutsch oder nicht doch zusätzlich auch Hochdeutsch ankreuzen sollten. Das eindeutige Resultat der Rekruten zeigt, dass sie diese Zweifel nicht hatten und sich wohl der oben erwähnten Konsequenzen kaum bewusst waren.

Frage 1: Welches ist **Ihre Muttersprache**, d.h. in welcher Sprache fühlen Sie sich **beim Sprechen** am sichersten? *(Falls Sie zweisprachig aufgewachsen sind, geben Sie bitte beide Sprachen an!)*

	Häufigkeit	Prozente	Gültige Prozente
Schweizerdeutsch	1928	97,3	98,0
Hochdeutsch	25	1,3	1,3
andere Sprachen	14	0,7	0,7
missing cases	15	0,7	
Total	1982	100,0	100,0

In dieser Tabelle wird nicht berücksichtigt, ob ein Proband eine oder mehrere Sprachen als Muttersprache bezeichnet. Es geht darum herauszufinden, für wieviele Rekruten Schweizerdeutsch zumindest eine der Muttersprachen ist. Da in den Antwortvorgaben Schweizerdeutsch zuoberst aufgeführt wird,

3 Bereits aus der Grundgesamtheit der deutschsprachigen Fragebogen ausgegliedert, also für die Stichprobe gar nicht zugelassen, sind die Bogen der rätoromanischen Rekruten, die einen deutschsprachigen Fragebogen ausgefüllt haben. Sie wurden nicht berücksichtigt, selbst wenn die betreffenden Probanden neben Rätoromanisch auch Schweizer- und/oder Hochdeutsch als Muttersprache bezeichnet haben. Ihr Sprachverhalten muss im Zusammenhang mit der Auswertung der rätoromanischen Fragebogen untersucht werden.

4 Gemäss der Charakterisierung der deutschschweizerischen Sprachsituation durch Hugo Loetscher als "Zweisprachigkeit innerhalb der eigenen Sprache" müsste man hier eigentlich beide Sprachformen ankreuzen [vgl. Lötscher (1986), S. 28].

wurde - in der Reihenfolge der Antwortvorgaben - für diese Tabelle nur die jeweils erste angekreuzte Sprache berücksichtigt.

Nur für einen verschwindend kleinen Teil der Rekruten, die den deutschen Fragebogen ausgefüllt haben, ist Schweizerdeutsch nicht zumindest eine der Muttersprachen. Die Ausnahmen fallen zahlenmässig so wenig ins Gewicht, dass sich Untersuchungen auf ein mögliches abweichendes Sprachverhalten erübrigen.

Ähnliches gilt auch für die Anzahl derjenigen Rekruten, die zwei Muttersprachen angekreuzt haben.[5] Nur 125 (6,3%) fühlen sich beim Sprechen in zwei Sprachen gleich sicher, wobei, wie aus untenstehender Tabelle ersichtlich wird, bei 120 dieser 125 Probanden eine der zwei angegebenen Sprachen jeweils Schweizerdeutsch ist. Ueber 90% aller Rekruten geben allerdings als einzige Muttersprache Schweizerdeutsch an.

Aufteilung nach einer bzw. zwei Muttersprachen:

	Häufigkeit	Prozente	Gültige Prozente
nur Schweizerdeutsch	1808	91,2	93,8
Schweizerdeutsch und Hochsprache	50	2,5	2,6
Schweizerdeutsch und andere Sprache	70	3,6	3,6
andere und missing cases	54	2,7	
Total	1982	100,0	100,0

Die Tabelle zeigt, dass nur sehr wenige Rekruten Schweizerdeutsch und Hochdeutsch als Muttersprache zusammen angegeben haben. Es darf deshalb angenommen werden, dass hier besondere Beziehungen zu einer anderen deutschsprachigen Nation (z.B. Vater oder Mutter aus Deutschland, längerer Deutschlandaufenthalt usw.) der Beantwortung zugrundelagen. Der junge Deutschschweizer bezeichnet also Hochdeutsch, zumindest wenn noch die Auflage der Sicherheit beim Sprechen gemacht wird, nicht als Muttersprache.

Die sehr einseitige zahlenmässige Aufteilung auf die einzelnen Kategorien bereitet Mühe für die Untersuchung mit Korrelationen, da die geforderten Felderbelegungen in den meisten Fällen nicht gewährleistet werden können. Die-

5 Nur drei Rekruten geben an, drei Muttersprachen zu sprechen.

ses Problem ergibt sich öfters in dieser Untersuchung, da sich die Probanden doch in vielerlei Hinsicht als recht homogene Gruppe erweisen.

4.2 DIE MUTTERSPRACHE(N) DER ELTERN (FRAGE 2)

Die Muttersprachen der Eltern wurden getrennt nach Mutter bzw. Vater erhoben. Die dadurch gewonnenen Angaben sind zwar sehr detailliert; für weitergehende Fragestellungen, so etwa, ob der pädagogische Einfluss der Eltern im Bereiche des Spracherwerbs nach geschlechtsspezifischen Gesichtspunkten unterschieden werden kann, sind allerdings zuwenig Angaben vorhanden.

Das nach Muttersprache des Vaters und der Mutter differenzierte Ergebnis präsentiert sich, ohne Berücksichtigung der Angaben einer zweiten Muttersprache, wie folgt:

Frage 2: Welches ist die Muttersprache Ihrer Eltern?
Item 2.1: Vater

	Häufigkeit	Prozente	Gültige Prozente
Schweizerdeutsch	1770	89,3	90,0
Hochsprache	61	3,1	3,1
Französisch	19	1,0	1,0
Italienisch	34	1,7	1,7
Italienischer Dialekt	13	0,7	0,7
Rätoromanisch	11	0,5	0,5
Andere Sprachen	40	2,0	2,0
missing cases	34	1,7	
Total	1982	100,0	100,0

Item 2.2: Mutter

	Häufigkeit	Prozente	Gültige Prozente
Schweizerdeutsch	1682	84,9	86,5
Hochdeutsch	120	6,1	6,2
Französisch	41	2,1	2,1
Italienisch	28	1,4	1,4
Italienischer Dialekt	7	0,3	0,4
Rätoromanisch	12	0,6	0,6
andere Sprachen	54	2,7	2,8
missing cases	38	1,9	
Total	1982	100,0	100,0

Für eine allfällige weitere Verwendung dieser Daten wurden sie zusammengefasst und eine neue Variable geschaffen. Die Unterscheidung in Muttersprache des Vaters bzw. der Mutter wurde aufgehoben. Mit der neuen Variablen können die Angaben der Rekruten, deren Eltern beide Schweizerdeutsch sprechen, verglichen werden mit denjenigen, welche die Rekruten gemacht haben, bei denen ein Elternteil, gleichgültig ob Vater oder Mutter, oder beide Eltern Hochdeutsch bzw. eine andere Sprache sprechen.

Muttersprache Vater/Mutter

	Häufigkeit	Prozente	Gültige Prozente
beide Schweizerdeutsch	1575	79,5	81,8
Schweizerdeutsch/Hochdeutsch	104	5,3	5,4
Schweizerdeutsch/andere Sprache	163	8,2	8,5
beide Hochdeutsch	32	1,6	1,6
beide eine andere Sprache (bzw. Hochdeutsch/andere Sprache)	52	2,6	2,7
missing cases	56	2,8	
Total	1982	100,0	100,0

Vier Fünftel der befragten Rekruten geben an, dass Schweizerdeutsch die Muttersprache beider Eltern sei. Bei den 'gemischtsprachigen' Paaren ist die Kategorie 'Schweizerdeutsch/andere Sprache' leicht grösser als die Kombination 'Schweizerdeutsch/Hochdeutsch'. Elternpaare, bei denen nicht mindestens ein Teil Schweizerdeutsch als Muttersprache spricht, sind ausgesprochen selten.

4.3 AUSBILDUNG UND BERUF (FRAGEN 3, 4, 8)

Die Zeit der Rekrutenschule ist für viele junge Schweizer auch eine Zeit der Veränderung. Eine grosse Anzahl der Rekruten steht im Übergang von der Schule zum Studium, von der Berufslehre zum ersten festen Arbeitsverhältnis; andere wiederum sind daran, ihre Weiterbildung in Angriff zu nehmen. Anzeichen dieser Übergangszeit lassen sich denn auch aus den Antworten zur Frage 4, der Frage nach der Tätigkeit unmittelbar vor der Rekrutenschule (RS), herauslesen.

Frage 4: Tätigkeiten unmittelbar vor der Rekrutenschule:

	Häufigkeit	Prozente	Gültige Prozente
Vollerwerbstätig	1320	66,6	67,5
Teilzeit	151	7,6	7,7
Arbeitslos	127	6,4	6,5
In der Berufsschule	205	10,4	10,5
In der Schule	68	3,4	3,5
Im Studium	84	4,2	4,3
missing cases	27	1,4	
Total	1982	100,0	100,0

Diese Antworten sind vom soziolinguistischen Standpunkt her nicht wichtig, da sie nur eine Momentaufnahme wiedergeben. Sie zeigen aber, dass sich viele der Rekruten kurz vor der RS hinsichtlich ihrer Beschäftigung in einer besonderen Situation befinden.

18,3% der Rekruten geben an, vor der RS noch in Ausbildung gewesen zu sein. Nicht in dieser Zahl enthalten sind diejenigen Rekruten, die zwar als Beruf Student angeben, aber kurz vor der RS offensichtlich in irgendeiner Form berufstätig waren.[6] Auffällig ist auch die mit 6,5% sehr hohe Arbeitslosenquote.[7] Junge Berufsleute, die ihre Lehre im Frühling abschliessen und die Sommerrekrutenschule besuchen (analog gilt: Herbstabschluss/Frühlingsrekrutenschule) finden oft vor dem Erfüllen ihrer Dienstpflicht keine Anstellung mehr oder suchen keine. Einige werden zwar weiterbeschäftigt, allerdings oft nur gerade bis zum Beginn der RS. So ist es denkbar, dass, je nachdem, wie die Probanden das 'unmittelbar vor der Rekrutenschule' interpretiert haben, die Arbeitslosenziffer für die Zeit während der Dienstleistung noch etwas höher liegen dürfte.

Für die Ermittlung der besuchten Schulen und des erlernten bzw. ausgeübten Berufs hat diese Zeit des Übergangs natürlich Konsequenzen. Die in dieser Phase des Lebens noch keineswegs gefestigte Position erschwert die Erhebung dieser Daten, weil Schwierigkeiten bei der Einordnung entstehen können. Erschöpfende Kategorienvorgaben sind deshalb besonders wichtig, um die Probanden nicht Entscheidungszwängen auszusetzen, die bei der Erhebung der demographischen Daten unerwünscht sind.

Die Frage 3 diente zur Ermittlung der Schulbildung. Gefragt wurde nach den bereits absolvierten und den im Moment besuchten Schulen, wobei die Angabe aller Stufen gefordert wurde. Hier interessiert natürlich in erster Linie die zuletzt besuchte bzw. die höchste der angegebenen Schulstufen, weshalb nur diese in der folgenden Tabelle enthalten sind.

6 In Frage 8 geben 190 Rekruten als Beruf Student an. Hier, bei Frage 4, geben aber nur 84 an, vor der RS studiert zu haben. Die Differenz erklärt sich leicht daraus, dass in den Kantonen mit Frühjahrsschulbeginn sicherlich eine Anzahl Maturanden das Studium erst im Herbst, nach dem Absolvieren der Rekrutenschule, aufgenommen haben wird.

7 Für gesamtschweizerische Vergleichszahlen vgl. Eidgenössisches Volkswirtschaftsdepartement (1986), S. 2f.

Frage 3: Welche Schulen haben Sie besucht oder besuchen Sie im Moment noch? ***(Bitte alle Stufen angeben.)***

	Häufigkeit	Prozente	Gültige Prozente
Primarschule	47	2,4	2,4
Sekundar-, Real-, Bezirksschule, Pro-, Untergymnasium	118	6,0	6,0
Berufslehre (z.B. Ausbildung an gewerblicher, kunstgewerblicher und kaufmännischer Berufsschule, landwirtschaftlicher Berufsschule)	1257	63,4	64,2
Vollzeitberufsschule (z.B. Handelsschule, landwirtschaftliche Fachschule)	106	5,3	5,4
Maturitätsschule, Lehrerausbildung (Seminar)	221	11,2	11,3
Schule für höhere Fach- und Berufsausbildung (z.B. Höhere Technische Lehranstalt, Ingenieurschule, Höhere Wirtschafts- und Verwaltungsschule, Konservatorium, Schule für Sozialarbeit, Dolmetscher, Bibliothekare)	37	1,9	1,9
Hochschule, Universität	68	3,4	3,5
Eine andere Schule	104	5,2	5,3
missing cases	24	1,2	
Total	1982	100,0	100,0

Auch bei dieser Frage wird, insbesondere bei den Maturanden bzw. Studenten, der Übergangscharakter dieser Altersstufe deutlich. Ein Vergleich mit den Resultaten der Frage 8 macht deutlich, dass es Rekruten gibt, die hier als letzte Schulstufe die Maturitätsklasse angeben, als Beruf aber bereits Student. Es ist deshalb anzunehmen, dass diese Rekruten ihr Studium erst unmittelbar nach der Rekrutenschule aufnehmen.

Auffallend, aber nicht überraschend ist die grosse Dominanz der Berufsschule als höchste absolvierte Schulstufe. Fast zwei Drittel der Rekruten ordnen sich dieser Kategorie zu. Nur 8,4% (165) haben nach der obligatorischen Schulzeit bis zum Beginn der Rekrutenschule keine höhere Schulstufe mehr besucht.

Ein Versäumnis bei der Fragestellung ist hier sicherlich die fehlende Trennung von kaufmännischen und anderen Berufstypen in der Kategorie Berufsschule. Da in der kaufmännischen Ausbildung der Sprachunterricht stärker forciert wird als etwa in technisch orientierten Berufsausbildungen und sprachliche Fähigkeiten dann bei der Berufsausübung in den kaufmännischen

Berufen auch stärker gefragt sind, wäre eine Trennung dieser Kategorien sicher wünschenswert und auch sinnvoll gewesen.

In sehr engem Zusammenhang mit der Frage nach der Schulbildung steht die Frage nach dem Beruf (Frage 8). Die vorgegebenen Berufskategorien sind sehr differenziert und fein gegliedert. Dank der Sammelbezeichnung 'Anderer Beruf' sind sie erschöpfend. Die grosse Zahl der aufgelisteten Berufsgruppen gewährleistet einen hohen Informationsgehalt.

Frage 8: Welches ist Ihr **Beruf?** *Kreuzen Sie von den untenstehenden Berufs- und Tätigkeitsgruppen diejenige an, die Ihren Beruf am besten umschreibt.*

Nr./Beruf	Häufigkeit	Prozente	Gültige Prozente
1 Schüler	55	2,8	2,8
2 Student: Philosophisch-historische, juristische, theologische Fakultät	55	2,8	2,8
3 Student: Philosophisch-naturwissenschaftliche, nationalökonomische, medizinische Fakultät, technische Richtung	135	6,8	7,0
4 Lehrling	78	3,9	4,0
5 Ungelernter oder angelernter Arbeiter	63	3,2	3,3
6 Gelernter Arbeiter, Facharbeiter mit Lehrabschluss	1036	52,3	53,7
7 Vorarbeiter, Equipenchef oder ähnlicher Beruf	10	0,5	0,5
8 Einfacher Angestellter oder Beamter (wie z.B. Briefträger, Verkäufer, Büroangestellter)	86	4,4	4,5
9 Mittlerer Angestellter oder Beamter (wie z.B. kaufmännischer Angestellter, Bürochef, Buchhalter)	210	10,6	10,9
10 Lehrer oder ähnlicher Erzieherberuf	18	0,9	0,9
11 Selbständiger Handwerker oder kleinerer Geschäftsmann	12	0,6	0,6
12 Landwirt im eigenen oder elterlichen Betrieb	82	4,1	4,3
13 Arbeitnehmer in Land- oder Forstwirtschaft	32	1,6	1,7
14 Künstlerischer Beruf	18	0,9	0,9
15 Anderer Beruf	40	2,0	2,1
16 missing cases	52	2,6	
Total	1982	100,0	100,0

Für die Auswertungen musste diese Tabelle allerdings neu gruppiert werden, da die ungleiche Verteilung auf die einzelnen Berufsgruppen zusammen mit der grossen Anzahl von Kategorien bewirkten, dass in den Korrelationen die Anforderungen des Chi-Quadrat-Tests nicht erfüllt werden konnten. Eine Vereinfachung der Liste durch Zusammenfassung von Kategorien wurde deshalb unumgänglich, auch wenn sich dadurch ein Informationsverlust nicht vermeiden liess. Von Vorteil wäre es sicher, wenn solche Zusammenlegungen bereits im voraus geplant und im Fragebogen graphisch zum Ausdruck gebracht würden. Für die Korrelationen wurde hier nur die neue Einteilung verwendet. Die Numerierung soll helfen, die einzelnen Berufsgruppen in den neu gebildeten Kategorien zu finden.

Frage 8 (Neugliederung)

	Häufigkeit	Prozente	Gültige Prozente
Studenten u.ä. (1, 2, 3, 10)	263	13,3	13,6
Mittlere Angestellte u.ä. (9)	210	10,6	10,9
Einfache Angestellte u.ä. (8)	86	4,3	4,4
Arbeiter u.ä. (4, 6, 7, 11)	1136	57,3	58,9
Land- und Forstwirte (12, 13)	114	5,8	5,9
Ungelernte Arbeiter (5)	63	3,2	3,3
Künstlerische und andere Berufe (14, 15)	58	2,9	3,0
missing cases	52	2,6	
Total	1982	100,0	100,0

Schwierigkeiten bei der Zuordnung machten vor allem die Kategorien 'Schüler' und 'Lehrling', da nicht ersichtlich ist, welche spätere Berufsrichtung eingeschlagen wird. Eine Überprüfung des schulischen Hintergrunds bestätigt aber im grossen und ganzen die jetzt getroffene Wahl. Dieser Hintergrund ist bei der Kategorie 'Künstlerischer Beruf', die ohnehin nicht sehr stark belegt ist, heterogen. Die Zusammenfassung mit der Kategorie 'Anderer Beruf' lässt sich deshalb verantworten, auch wenn die Angaben dieser neuen Kategorie ihres Sammelcharakters wegen wenig aussagekräftig sind.

Die Beibehaltung der Trennung in einfache und mittlere Angestellte drängt sich auf, weil die Spezifizierungen in der Antwortvorgabe doch aufzeigen, dass hier, vor allem auch vom Werdegang her, zwei völlig verschiedene Gruppierungen vorliegen. Die Trennung hat zudem den Vorteil, dass in der Kategorie

'Mittlere Angestellte' der kaufmännische Bereich doch noch eigenständig erfasst wird. Die in der Kategorie 'Land- und Forstwirte' zusammengefassten Rekruten haben mit grosser Mehrheit als letzte Schulstufe entweder die Berufslehre oder die Vollzeitberufsschule angegeben, haben also vom schulischen Werdegang her gesehen eine doch recht homogene Entwicklung aufzuweisen.

Wie schon bei der Frage nach den Schulstufen gibt es auch bei dieser Frage eine zahlenmässig sehr stark dominierende Kategorie. Es sind, entsprechend der Berufslehre bei Frage 3, die gelernten Arbeiter, welche die grösste Kategorie bilden. Die in der Neugruppierung ihnen zugeordneten Vorarbeiter und selbständigen Handwerker hingegen sind nur in ganz kleiner Zahl vorhanden.

Bei den Studenten wurde auf eine Unterteilung verzichtet. In die gleiche Kategorie wurden die Lehrer und die Rekruten, die in einem ähnlichen Erzieherberuf tätig sind, eingeteilt.

Dank der Neugruppierung konnte eine wesentlich bessere Verteilung auf die einzelnen Kategorien erreicht und deren Anzahl reduziert werden. Geblieben ist allerdings das starke Übergewicht der Kategorie der gelernten Arbeiter.

4.4 DER WOHNSITZ (FRAGEN 13A und 13B)

Der Wohnsitz gehört, wie meist in geringerem Masse auch Beruf und Ausbildungsstand, zu den soziologischen Variablen, die zwar relativ aber nicht absolut stabil sind,[8] d.h. die Änderungen unterworfen sein können. Diesem Umstand wurde im Fragebogen Rechnung getragen. Die Frage nach dem Wohnsitz wurde aufgeteilt in die Frage nach dem Ort, an dem die Rekruten am längsten gewohnt haben (Frage 13A) und in die Frage nach dem Ort, an dem sie beim Einrücken wohnhaft gewesen waren (Frage 13B). Nicht erfasst wurden mit dieser Fragestellung mehrmalige Wechsel. Den Wohnsitz mussten die Rekruten mit der Postleitzahl bezeichnen.[9]

Im Fragebogen wird die besondere Wichtigkeit dieser Frage für die Forschung über die Sprachverhältnisse hervorgehoben. Sicher kommt dabei neben dem räumlichen auch dem zeitlichen Faktor eine gewisse Bedeutung zu, weshalb hier nur mit den Daten aus der Frage 13A gearbeitet wird. Diese Beschränkung hat um so mehr Berechtigung, da nur 291 (16,1%) Rekruten in

8 Vgl. Schmierer (1975), S. 89.
9 Für die genaue Formulierung der Fragen 13A und 13B vgl. den Fragebogen im Anhang.

den beiden Fragen verschiedene Postleitzahlen vermerkt haben. Von diesen wiederum hat nur bei 72 die erste Stelle der Postleitzahl, folglich also der Postzustellkreis, geändert.

Vom soziolinguistischen Standpunkt aus besonders vielversprechend schien die Gliederung in ländliche und städtische Gebiete. Als besonders hilfreich stellte sich zu diesem Zweck eine im Auftrage des Bundesamtes für Statistik[10] veröffentlichte Studie heraus, die eine fundierte Definition liefert, was in der Schweiz zu den städtischen Gebieten zu zählen ist.[11] Die Umsetzung der in Form von Postleitzahlen gewonnenen Daten in diese Gliederung konnte mit einem Computerprogramm problemlos durchgeführt werden.[12] Der Stadt-Land-Gegensatz präsentierte sich schliesslich recht ausgeglichen:[13]

Frage 13 (Wohngebiet)

	Häufigkeit	Prozente	Gültige Prozente
städtisches Gebiet	990	50,0	53,1
ländliches Gebiet	875	44,1	46,9
missing cases	117	5,9	
Total	1982	100,0	100,0

10 Vgl. Schuler (1984).

11 Zur Definition des städtischen Gebiets und der Liste der dazu gehörenden Gemeinden vgl. Schuler (1984), S. 7-23.

12 Das Programm wurde für die Auswertung der PRP-Daten von Herbert Iff, Bern, zur Verfügung gestellt.

13 Zum Vergleich: Im Jahre 1980 wohnten 61,5% (3'914'904 Einwohner) der Wohnbevölkerung in einer zum städtischen Gebiet gezählten Gemeinde [vgl. Schuler (1984), S. 61].

5 DIE WICHTIGKEIT VON SPRACHPROBLEMEN (FRAGE 108)

Die Frage nach der Wichtigkeit der im Fragebogen behandelten Sprachprobleme wird ganz am Schluss des Fragebogens gestellt. Rund 60% beurteilen die Sprachprobleme zumindest als ziemlich wichtig. Während die Extremkategorien 'Sehr wichtig' und 'Unwichtig' fast ausgeglichen belegt sind, liegt ein zahlenmässiges Übergewicht bei den beiden mittleren Antwortvorgaben bei der Kategorie 'Ziemlich wichtig', die gleichzeitig auch die am stärksten belegte Kategorie ist.

Frage 108: Für wie wichtig halten Sie die in diesem Fragebogen behandelten Sprachprobleme?

	Häufigkeit	Prozente	Gültige Prozente
Sehr wichtig	246	12,4	12,6
Ziemlich wichtig	893	45,1	45,7
Wenig wichtig	542	27,3	27,8
Unwichtig	272	13,7	13,9
missing cases	29	1,5	
Total	1982	100,0	100,0

Bei der Bewertung dieses Resultats muss sicher berücksichtigt werden, dass durch das vorangegangene Ausfüllen eine gewisse Sensibilisierung für diese Problematik stattgefunden hat, was vielleicht letztlich das Ergebnis zugunsten einer Beurteilung der Sprachproblematik als ziemlich wichtig bzw. sehr wichtig etwas beeinflusst haben kann. Auf der anderen Seite muss natürlich durch den Probanden akzeptiert werden, dass es sich hier, wie durch den Fragebogen angezeigt, überhaupt um Probleme handelt, damit er diese Kategorien wählt, sonst wird er in diesem Zusammenhang nur von wenig wichtig bzw. unwichtig sprechen.

Generell kann man festhalten, dass die Rekruten der Sprachproblematik in der Schweiz bei weitem nicht die Bedeutung zumessen, wie sie ihr in der öffentlichen Diskussion immer wieder zugeordnet wird.

Es erstaunt nicht, dass die Korrelation der Schulkategorien mit dieser Frage hochsignifikante Resultate liefert.

Je höher die Schulstufe, desto länger und intensiver setzt man sich mit der Sprache bzw. mit den Sprachen auseinander. Gerade in Gymnasien und an den Universitäten geht es ja nicht nur um das Erlernen der Sprachen; die Sprache selbst in ihrer historischen Entwicklung, in ihrer Funktion als Kommunikationsmittel und in ihrer Bedeutung für das Zusammenleben verschiedener Sprachgemeinschaften wird zum Thema. Es überrascht deshalb nicht, dass die Gymnasiasten und Studenten der Sprachproblematik mehr Gewicht beimessen als die Absolventen anderer Schulstufen. Aber auch sie halten diesen Problemkreis in erster Linie für ziemlich wichtig, und neben einer Minderzahl, die 'Sehr wichtig' angekreuzt hat, gibt es auch unter den Gymnasiasten und Studenten nicht wenige, für die die Sprachenfrage wenig wichtig bzw. unwichtig ist.

Korrelation Schule – Frage 108:
Wichtigkeit von Sprachproblemen

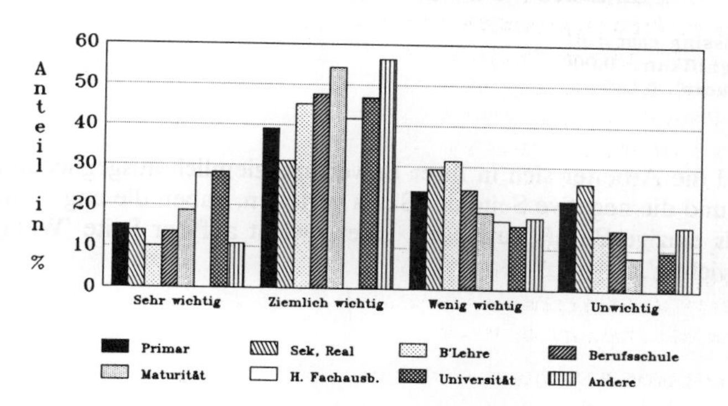

missing cases: 53
Signifikanz: 0,000
C(korr): 0,240

Ein ähnliches Bild ergibt auch die Überkreuzung mit den Berufskategorien. Die Studenten haben auch hier den höchsten Anteil in der Kategorie 'Sehr wichtig'. Die mittleren Angestellten sind mit ihrem Resultat allerdings demjenigen der Studenten recht ähnlich.

Korrelation Beruf – Frage 108:
Wichtigkeit von Sprachproblemen

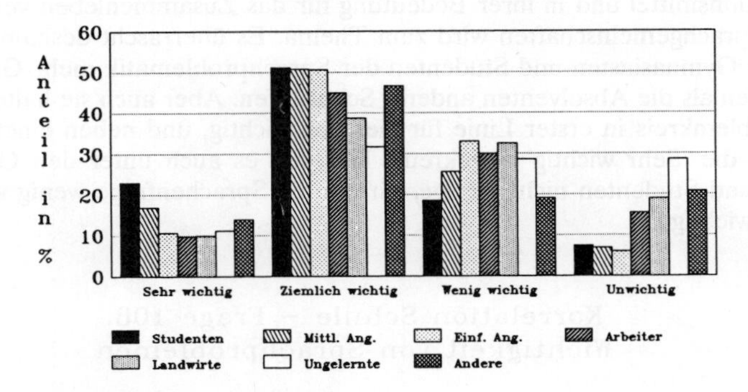

missing cases: 81
Signifikanz: 0,000
C(korr): 0,245

Während die Arbeiter sich in ihrer Bewertung ziemlich ausgeglichen auf die positive und die negative Seite der Skala verteilen, haben die ungelernten Arbeiter als einzige Berufsgruppe ein Übergewicht auf der Seite 'Wenig wichtig'/'Unwichtig'.

6 MUNDART UND STANDARDSPRACHE IN DER SCHULE[1]

Die Schule ist in der deutschen Schweiz diejenige Institution, die den Kindern normalerweise[2] die Kenntnisse in der Hochsprache von Grund auf zu vermitteln hat, von einigen hochdeutschen Sprachbrocken abgesehen, die die Kinder vielleicht beim Fernsehen und Radiohören bereits im Vorschulalter aufgenommen haben.[3] Mit dem Auftrag, die Schüler in der Hochsprache sowohl in ihrer mündlichen wie auch in ihrer geschriebenen Form auszubilden, tut sich die Schule allerdings schwer, nicht zuletzt deshalb, weil der Dialekt schon längst nicht mehr aus dem Schulalltag wegzudenken ist. Das Verhältnis der beiden Sprachformen an den Deutschschweizer Schulen ist längst zu einem häufig diskutierten Problem[4] schul- und bildungspolitischer Natur geworden und ist dementsprechend stark umstritten.

Die Streitfrage ist, ob und allenfalls in welcher Form die Mundart überhaupt einen berechtigten Platz in der Schule hat. Während von der einen Seite der Ruf "Jede Stunde eine Deutschstunde!" ertönt und die Mundart höchstens ausnahmsweise eingesetzt werden soll, um "die Zunge zu lösen" oder allenfalls um Sprachpflege zu betreiben,[5] kommen Sieber/Sitta zum Schluss:

> "[...]: Die Schule *im ganzen* (d.h. abgesehen von stufen- und formspezifischen Sonderentscheiden, die allerdings *nötig* sind) muss primär um den Aufbau und Ausbau einer möglichst umfassenden *Kompetenz in gesprochenem Dialekt und in geschriebener Standardsprache* bemüht sein. Die

---

1 Der ganze Problemkreis von Mundart und Standardsprache in der Schule wird bei Sieber/Sitta (1986/1) umfassend dargestellt. Vgl. auch Kropf (1986).

2 "Die ersten Kontakte mit dem Standarddeutschen finden - mindestens planmässig - erst in der Schule statt. Vorher muss kein Kind Standarddeutsch sprechen." [Sieber/Sitta (1984), S. 24].

3 Harald Burger macht darauf aufmerksam, dass Kinder im Vorschulalter heute oft bereits etwas Hochdeutsch verstehen und hochdeutsche Elemente in ihre Spiele aufnehmen. Er sieht darin eine Chance für die Schule:
"Es wäre m. E. durchaus sinnvoll, wenn die Schule (und möglicherweise in spielerischer Form bereits der Kindergarten) an diese Kenntnisse eines Gesprächshochdeutsch anknüpfen oder die Bereitschaft des Kindes, auf dem Weg über die Medien Gesprächshochdeutsch aufzunehmen, nutzen würde. Das könnte vielleicht zu einem entspannteren Verhältnis zum gesprochenen Hochdeutsch führen, als es derzeit zu beobachten ist." [Burger (1983/2), S. 77].

4 Vgl. dazu Sieber/Sitta (1986/2), S. 50:
"Keine Frage: Das Nebeneinander von Mundart und Standardsprache in der Deutschschweiz wird in der Schule in erster Linie als *Problem* erlebt. [...]. Lehrer erleben es oft als *drückendes* Problem."

> planmässige Betreuung der *gesprochenen Standardsprache* wird demgegenüber einen *nachgeordneten Rang* erhalten müssen."[6]

Die Schule ist natürlich in einer besonders schwierigen Lage in bezug auf die Vermittlung von gesprochenem Hochdeutsch, und dies ist ja das eigentliche Problemfeld, nicht die geschriebene Form der Standardsprache, da sie durch das ausserschulische Umfeld in ihren Bemühungen nicht unterstützt, wenn nicht sogar behindert wird, da weder Beispiel noch Notwendigkeit ausserhalb der Schule leicht zu finden sind.[7] Die Schule droht zur "hochsprachlichen Reliktlandschaft"[8] zu werden.

Tatsache ist in jedem Falle, dass sich in der Praxis die Mundart längst ihren Platz in der Schule erobert hat. Es gibt gewisse Fächer wie Turnen, Zeichnen, Handarbeit und Musik, alles Fächer, die normalerweise weniger wichtig sind für die Promotion, in denen fast ausschliesslich in Mundart unterrichtet wird. In anderen Fächern wiederum wird zwar in der Hochsprache unterrichtet, allerdings wird in speziellen Situationen, etwa wenn das Gespräch auf einer informellen Ebene geführt oder wenn der Unterricht in bestimmten Arbeitsformen wie Gruppenunterricht durchgeführt wird, ebenfalls Mundart gesprochen.[9]

Das Zuviel an Mundart und Zuwenig an gesprochener Hochsprache ist denn auch häufiger Ansatzpunkt für Kritik an der Schule.[10] Kritik, die unter anderem den Erziehungsrat des Kantons Zürich 1987 veranlasst hat, Richtlinien für die Pflege der Hochsprache in den Schulen des Kantons Zürich herauszugeben.[11] Vor allem aus kulturpolitischen Überlegungen heraus wird in diesen Richtlinien der Gebrauch der Hochsprache im Unterricht von der dritten

5 Wiesmann (1983/1), S. 40ff.

6 Sieber/Sitta (1986/1), S. 136. Vgl. dazu auch Gut (1987), S. 1051, der dieser Aussage entgegenhält, dass es für die Deutschschweizer gleichermassen wichtig sei, "hochdeutsch schreiben, lesen, verstehen *und* sprechen zu können". Vgl. zur Aufgabe der Schule auch Egli (1981), S. 103:
"Hauptlernziel des muttersprachlichen Unterrichts in der Deutschschweiz ist, zusammenfassend gesagt, das situationsgemässe Umschaltenwollen und -können von einer Sprachform in die andere."

7 "[...], so wird der gesamte Bereich Schule, vor allem die Volks-Schule, mit ihrem Auftrag, die hochdeutsche Sprache schreiben, lesen und sprechen zu lehren, immer mehr zu einer *einsamen Spracherwerbs-Insel*, der das herausfordernde Leben und Beispiel ausserhalb fehlen." [Gut (1987), S. 1049].

8 Angst (1985), S. 35.

9 Vgl. den Katalog von speziellen Funktionen der Mundart im Unterricht bei Sieber/Sitta (1986/1), S. 61.

10 Vgl. Egli (1981), S. 94.

Klasse der Primarschule an als Regel festgelegt, und zwar gilt dies für alle Fächer:

> "Der Lehrer soll im gesamten Unterricht Möglichkeiten zur Pflege der Hochsprache wahrnehmen. Eine Einengung des Gebrauchs der Hochsprache auf die sogenannt kognitiven Fächer ist zu vermeiden."[12]

Das Problem des Verhältnisses der beiden Sprachformen an den Deutschschweizer Schulen ist sehr komplex und wohl nicht isoliert vom ausserschulischen Umfeld zu betrachten. Es ist fraglich, ob Massnahmen wie die oben erwähnten wirklich zu einer Verbesserung der Situation führen können oder ob nicht ein grundsätzliches Überdenken des muttersprachlichen Unterrichts, und dazu gehört allenfalls auch eine neue Definition der Zielsetzung - etwa im Sinne der oben erwähnten von Sieber/Sitta -, nötig wäre.

Für zwei Drittel der Probanden ist es in erster Linie wichtig, dass in der Schule beide Sprachformen ihren Platz haben. Das verbleibende Drittel teilt sich im Verhältnis 2:1 auf in solche, die als Unterrichtssprache vor allem Dialekt und solche, die grundsätzlich Hochdeutsch bevorzugen.

Frage 88: Es wird heute viel über die Sprache im Unterricht an Deutschschweizer Schulen geredet. Welche der folgenden Aussagen entspricht Ihrer Meinung zu diesem Thema eher?

	Häufigkeit	Prozente	Gültige Prozente
Der Unterricht an Deutschschweizer Schulen sollte vor allem in Dialekt abgehalten werden.	416	21,0	21,3
Die Unterrichtssprache sollte grundsätzlich Hochdeutsch sein.	222	11,2	11,3
Sowohl Dialekt als auch Hochdeutsch haben in der Schule ihren Platz. Beides ist zu fördern.	1321	66,6	67,4
missing cases	23	1,2	
Total	1982	100,0	100,0

11 Richtlinien für die Pflege der Hochsprache in den Schulen des Kantons Zürich (Volksschule und Mittelschulen). Fassung gemäss Beschluss des Erziehungsrats vom 24. November 1987.

12 Richtlinien (1987), S. 2. Egli (1981), S. 100, bezeichnet die im bernischen Lehrplan vorkommende Bestimmung, dass vom dritten Schuljahr an ausschliesslich Hochdeutsch als Unterrichtssprache zu verwenden sei, als unhaltbar.

Bei der Analyse dieses Resultats muss man berücksichtigen, dass die Antwortvorgaben 'Vor allem in Dialekt' bzw. 'Grundsätzlich Hochdeutsch' nicht mit gleicher Bestimmtheit den Einsatz der einen oder anderen Sprachform verlangen. 'Grundsätzlich Hochdeutsch' schliesst den Dialekt völlig aus, während 'Vor allem in Dialekt' auch die Hochsprache, allerdings mit weniger Anteilen, noch als Unterrichtssprache zulässt.

Verwirrend ist der Zusatz 'Beides ist zu fördern.' in der dritten Antwortvorgabe. Fördern führt, wenn es qualitativ verstanden wird, in die Nähe von Normierung und Stilverbesserung; bei dieser Formulierung hier also auch des Dialekts. Obwohl die bewusste Pflege der Mundart auch in den Lehrplänen der Deutschschweizer Schulen aufgeführt wird,[13] kann doch bezweifelt werden, dass dies im Sinne der Mehrheit derjenigen Rekruten ist, die diese Antwortvorgabe gewählt haben.[14] Auch wenn sich die Probanden, oder zumindest viele, solche Gedanken beim Ausfüllen nicht gemacht haben, sollten doch bei der Formulierung der Antwortvorgaben solche Unsicherheitsfaktoren so gut als möglich ausgeschaltet werden.

Während es bei dieser Frage um den Gebrauch der beiden Sprachformen ganz allgemein in der Schule geht, beschränkt sich die Frage 84 auf den Deutschunterricht. Gefragt wird, ob die Rekruten einen vermehrten Gebrauch der Mundart im Deutschunterricht wünschen, getrennt nach Sprechen, Lesen und Schreiben. Die Mundart hat ja im mündlichen Bereich in der Schule bereits einen festen Platz, als Lese- und Schreibsprache wird sie aber noch kaum angewandt. Diese Aufteilung scheint sich offensichtlich mit den Interessen der jungen Deutschschweizer zu decken. Nur im mündlichen Bereich findet ein stärkerer Gebrauch der Mundart im Deutschunterricht auf breiter Basis Zustimmung.

---

13 Vgl. Egli (1981), S. 96.

14 Die Beschäftigung mit der Mundart in der Schule in der Absicht, die Mundart zu pflegen, wird meist auch von denjenigen Leuten befürwortet, die sonst der Mundart in der Schule wenig oder gar keinen Platz einräumen wollen:
"Dem Überborden der Mundart im Schulunterricht entgegenzutreten heisst nicht, die Mundart überhaupt geringschätzen, vielmehr sind sich die Fachleute weithin in der Empfehlung an die Schule einig, neben einem gründlichen Erlernen des Hochdeutschen gelte es auch den Dialekt in Ehren zu halten und sogar bewusst zu pflegen." [Wiesmann (1984/2), S. 34].
Der Sinn einer solchen Mundartpflege ist allerdings umstritten. Aus einem bestimmten Verständnis der Mundart heraus "erscheint die normative Propagierung von 'guter' Mundart nicht nur als sinnlos, sondern als unsinnig. [...]. Für die heutige Umwelt brauchbarer Dialekt kann gar nicht auf Folklore hin 'gepflegt' werden, weil er als Umgangssprache in den heutigen sozialen Verhältnissen selbstverständlich kommen muss, und solange das Schweizerdeutsche selbstverständliche Umgangssprache ist ohne jede soziale und inhaltliche Einschränkung, gehört es geradezu zum Wesen des schweizerdeutschen Dialekts, dass er vernachlässigt wird, gehört es doch zum Selbstverständlichen, dass er gar nicht beachtet wird." [Schenker (1973), S. 100].

Frage 84: Finden Sie, dass man im Deutschunterricht mehr Dialekt sprechen sollte

	Häufigkeit	Prozente	Gültige Prozente
ja	1056	53,3	54,8
nein	633	31,9	32,8
ich weiss nicht	240	12,1	12,4
missing cases	53	2,7	
Total	1982	100,0	100,0

mehr Dialekt lesen sollte

	Häufigkeit	Prozente	Gültige Prozente
ja	772	38,9	41,6
nein	826	41,7	44,5
ich weiss nicht	259	13,1	13,9
missing cases	125	6,3	
Total	1982	100,0	100,0

mehr Dialekt schreiben sollte

	Häufigkeit	Prozente	Gültige Prozente
ja	674	34,0	36,6
nein	895	45,2	48,5
ich weiss nicht	274	13,8	14,9
missing cases	139	7,0	
Total	1982	100,0	100,0

Das Resultat unterstreicht klar die besondere Bedeutung der Mundart als Sprechsprache. In dieser Funktion scheint sie denn auch im Deutschunterricht die Rekruten am stärksten anzusprechen. Hier nehmen sie viel stärker bewusst Stellung für oder gegen mehr Anteile des Dialekts und machen auch etwas weniger von der hier wohl eher als Fluchtkategorie dienenden Antwortvorgabe 'Ich weiss nicht' Gebrauch. Das Ausweichen auf diese Kategorie nimmt bei den Items 84.2 (mehr Dialekt lesen) und 84.3 (mehr Dialekt schreiben) in dieser Reihenfolge genauso zu wie die Anzahl der fehlenden Angaben. Beide Faktoren sind sicher nicht nur Anzeichen einer steigenden Unsicherheit, sondern auch eines abnehmenden Interesses.

Der Deutschunterricht gehört schon aufgrund seiner Hauptaufgabe, der Vermittlung der Kenntnisse in der Standardsprache, zu den Fächern, in denen naturgemäss der Gebrauch der Mundart am stärksten auf informelle Gespräche sowie auf besondere Arbeitsweisen beschränkt ist. Eine Ausweitung des Dialektanteils in diesem Fach hat wohl die direktesten Auswirkungen auf den Erwerb der Standardsprache, für den weniger Zeit übrig bliebe. Es ist deshalb schon von Bedeutung, wenn eine Mehrheit der Rekruten einen grösseren Anteil von Mundart verlangt und erst noch rund 12% sich nicht festlegen wollen.

Bei der Frage, ob im Deutschunterricht mehr in Mundart gelesen werden soll, halten sich Zustimmung und Ablehnung noch knapp die Waage. Die Ablehnung wird stärker, wenn es um den Einsatz der Mundart als Schreibsprache geht. In beiden Fällen, die zusammen den schriftlichen Bereich abdecken, besteht aber eine recht grosse Anhängerschaft von mehr Mundartanteilen. Allerdings muss im Hinblick auf die gegenwärtige Praxis an den Schulen festgehalten werden, dass diese Forderung meist nicht bedeutet, dass man auf Kosten der Standardsprache die Stellung der Mundart im schriftlichen Bereich mehr oder weniger stark ausbaut, sondern meist nur, dass man die Funktion des Dialekts als Lese- und Schreibsprache überhaupt erst für die Schule entdeckt und ihr eine Funktion im Deutschunterricht einräumt. Vermutlich wünschen sich die wenigsten Befürworter, dass die Mundart im schriftlichen Bereich die Hochsprache ersetzen sollte; hier geht es wohl viel eher um das Neue, die Abwechslung, die Unterhaltung und um andere Vorstellungen mehr, die mit der Einführung und dem vermehrten Gebrauch der Mundart als Lese- und Schreibsprache verknüpft werden.

Ein vermehrter Gebrauch der Mundart im Deutschunterricht findet also bei den Rekruten viele Anhänger. Diesem Resultat entsprechend wird allgemein mehr Unterricht in Hochdeutsch von einer sehr starken Mehrheit abgelehnt.

Frage 49: Meinen Sie, man sollte mehr Unterricht erhalten?

Item 49.1: In Hochdeutsch

	Häufigkeit	Prozente	Gültige Prozente
ja	318	16,1	20,3
nein	1251	63,1	79,7
missing cases	413	20,8	
Total	1982	100,0	100,0

Nimmt man die Antworten der Rekruten zur Frage 88 als Basis, kann man sagen, dass die Mehrheit der Rekruten der Meinung ist, dass beide Sprachformen ihren Platz in der Schule haben. Beleuchtet man diese Aussage aber etwas näher, wird deutlich, dass der Ausbau der Mundart, vor allem im mündlichen Bereich, selbst im Deutschunterricht stark befürwortet wird, während eine Mehrheit der Rekruten mehr Unterricht in der Hochsprache nicht für nötig hält.

Während in gewissen Schulfächern, wie schon erwähnt, fast nur noch Mundart gesprochen wird, lässt sich in der Mathematik und bei den Naturwissenschaften keine klare Tendenz in die Richtung einer der beiden Sprachformen erkennen:

> "Unserem Eindruck nach überwiegt der Gebrauch der Standardsprache, doch spielt die Mundart eine grosse Rolle, wo praktisch gehandelt wird, also z.B. im naturwissenschaftlichen Experiment. Oft ist in diesen Fächern auch eine starke Mischung und ein häufiger Wechsel der beiden Sprachformen zu beobachten."[15]

Als Begründung für den Dialektgebrauch in diesem Fachgebiet hört man oft, man lerne Mathematik und Naturkunde leichter, wenn der Lehrer Dialekt spricht. Diese Einschätzung teilen denn auch rund die Hälfte der Probanden und nur 30% stimmen dieser Meinung nicht zu.

15 Sieber/Sitta (1986/1), S. 63.

Frage 87: Die folgenden Meinungen hört man hin und wieder. Was denken Sie darüber?

Item 87.4: Man lernt Mathematik und Naturkunde leichter, wenn der Lehrer Dialekt redet.

	Häufigkeit	Prozente	Gültige Prozente
stimmt	1006	50,7	52,0
stimmt nicht	604	30,5	31,3
keine Meinung	323	16,3	16,7
missing cases	49	2,5	
Total	1982	100,0	100,0

Eine mögliche Begründung, die dem hohen Beliebtheitsgrad dieser Ansicht zugrunde liegen könnte, beschreibt Lappert:

> "Interessanterweise greift man offenbar häufig zur Mundart, wenn die Verständigung in der Schriftsprache nicht gelingen will: «Ist etwas nicht klar und die Lage erscheint aussichtslos, dann wird auch in 'Mathe' und 'Bio' auf Mundart gefragt, und wenn man Glück hat, antwortet der Lehrer auch so.» Die Schriftsprache erscheint hier offensichtlich als zusätzliche Komplikation neben der sachlichen Schwierigkeit, während man gemeinhin annimmt, abstrakte Sachverhalte liessen sich in Schriftsprache «besser» erklären."[16]

Die bewusst oder unbewusst empfundene zusätzliche Erschwernis durch die Standardsprache als Ursache für den Mundartgebrauch ist eine wichtige Begründung für den Dialektgebrauch in den Naturwissenschaften. Zudem ist es sicher für die Schüler einfacher, in der Mundart, der 'persönlichen und vertrauten'[17] Sprachform, den Lehrer zu fragen und einzugestehen, etwas nicht verstanden zu haben oder etwas nicht zu wissen. Dies um so mehr, als in den kognitiven Fächern, zu denen die Naturwissenschaften gehören, mit dem Wechsel von der Standardsprache zum Dialekt üblicherweise auch eine Transformation auf eine informellere Gesprächsebene einhergeht. Die Spannung, die durch das Nichtwissen entsteht, soll durch das Code-Switching gemildert

16 Lappert (1980), S. 65.

17 Die aufgeführten, der Mundart oft zugeordneten Eigenschaften stammen aus Sieber/Sitta (1986/1), S. 65.

werden. Dadurch empfindet der Schüler die Blösse, die er sich durch das Eingestehen einer Schwäche gibt, weniger stark.[18]

Die starke Beliebtheit der Mundart im Unterricht hängt sicher auch damit zusammen, dass die Rekruten anscheinend nur wenig Spass beim Lernen von Hochdeutsch in der Schule empfanden.

Frage 47: Was empfanden Sie im Unterricht der folgenden Sprachen?

Item 47.1: Hochdeutsch lernen machte Spass

	Häufigkeit	Prozente	Gültige Prozente
ja sehr	218	11,0	11,7
ja ein wenig	758	38,2	40,7
nein	840	42,4	45,0
habe ich nicht gelernt	49	2,5	2,6
missing cases	117	5,9	
Total	1982	100,0	100,0

Hochdeutsch schneidet hier ganz ähnlich ab wie das Französische. Bei weitem am meisten Spass gemacht hat den Rekruten das Erlernen der englischen Sprache.[19] Offensichtlich hat aber ein grosser Teil der Rekruten ganz allgemein das Sprachenlernen nie als Spass empfunden.[20]

---

18 Das folgende, von Sieber/Sitta beobachtete Verhalten von Schülern ist wohl ebenfalls unter diesem Gesichtspunkt zu sehen:
"Bei *Unsicherheit* (in der Sache) tendieren sowohl Lehrer wie auch Schüler zu Mundartgebrauch (etwa so: Weiss ein Schüler eine Antwort, signalisiert er das in Mundart)." [Sieber/Sitta (1986/1), S. 67].

19 Die Resultate zu den anderen Items dieser Frage lauten:
Item 47.2: Französisch lernen machte Spass

	Häufigkeit	Prozente	Gültige Prozente
ja sehr	280	14,1	14,9
ja ein wenig	636	32,1	34,0
nein	825	41,6	44,1
habe ich nicht gelernt	131	6,6	7,0
missing cases	110	5,6	
	--------	--------	--------
Total	1982	100,0	100,0

Nach den bisherigen Angaben zu Mundart und Standardsprache in der Schule erstaunt es nicht, dass nur wenige Probanden einen Aufenthalt während der Schulzeit in Deutschland oder Österreich für wünschenswert halten.[21]

Item 47.3: Italienisch lernen machte Spass

	Häufigkeit	Prozente	Gültige Prozente
ja sehr	136	6,9	8,9
ja ein wenig	153	7,7	10,0
nein	158	8,0	10,3
habe ich nicht gelernt	1084	54,7	70,8
missing cases	451	22,7	
Total	1982	100,0	100,0

Item 47.4: Englisch lernen machte Spass

	Häufigkeit	Prozente	Gültige Prozente
ja sehr	604	30,5	35,5
ja ein wenig	426	21,5	25,0
nein	210	10,6	12,3
habe ich nicht gelernt	463	23,4	27,2
missing cases	279	14,0	
Total	1982	100,0	100,0

20 Frage 46: Haben Sie es erlebt, dass Sprachenlernen Spass macht?

	Häufigkeit	Prozente	Gültige Prozente
Ja	1150	58,0	59,1
Nein	795	40,1	40,9
missing cases	37	1,9	
Total	1982	100,0	100,0

21 Als Vergleich sollen hier die Resultate auch der anderen Sprachregionen der Schweiz bzw. der anderen Länder aufgelistet werden. Viele Rekruten haben bei dieser Frage nicht zu allen Sprachregionen/Ländern eine Antwort gegeben, wie dies eigentlich verlangt war. Es gibt deshalb hier besonders viele missing cases (angegeben werden die gültigen Prozente und die Anzahl der gültigen Antworten).

Region/Land	Ja	Nein	100%
Französische Schweiz	76,9%	23,1%	1681
Italienische Schweiz	53,1%	46,9%	1417
Rätoromanische Schweiz	22,9%	77,1%	1273
Frankreich	51,0%	49,0%	1403
Italien	36,3%	63,7%	1310
England	77,1%	22,9%	1681

Es fällt auf, dass die Sprachregionen der Schweiz den jeweiligen ausländischen Pendants klar vorgezogen werden. Weiter sticht hervor, dass ein Welschlandaufenthalt offensichtlich sehr stark als wünschenswert erscheint und eine gewisse Attraktivität aufweist, erhält er doch gleichviel befürwortende Stimmen wie ein Englandaufenthalt.

Frage 59: Glauben Sie, dass ein Aufenthalt von einem halben Jahr während der Schulzeit wünschenswert wäre?

Item 59.4 In Deutschland/Österreich

	Häufigkeit	Prozente	Gültige Prozente
ja	253	12,8	19,7
nein	1029	51,9	80,3
missing cases	700	35,3	
Total	1982	100,0	100,0

Die Notwendigkeit eines solchen Aufenthalts während der Schulzeit wird also sehr gering eingeschätzt. Die meisten Rekruten sind denn, so scheint es, auch mit genügend Kenntnissen in der Hochsprache während der Schulzeit versehen worden. Nur 15% hatten das Bedürfnis, nach der Schulzeit ihre Fähigkeiten noch zu verbessern.

Frage 79: Hatten Sie nach Ihrer Schulzeit das Bedürfnis, Ihre Hochdeutschfähigkeiten zu verbessern?

	Häufigkeit	Prozente	Gültige Prozente
ja	306	15,4	15,6
nein	1652	83,4	84,4
missing cases	24	1,2	
Total	1982	100,0	100,0

Bei all diesen Aussagen zu Mundart und Standardsprache in der Schule scheint es fast ein Widerspruch, wenn rund die Hälfte aller Rekruten es als sehr wichtig bezeichnet, neben dem Dialekt auch die Hochsprache sprechen und verstehen zu können, und noch einmal zwei Fünftel diese Kenntnisse als ziemlich wichtig einstufen. Denn wer, wenn nicht die Schule, soll diese Kenntnisse vermitteln?

Frage 78: Halten Sie es für wichtig, dass Sie neben Ihrem Dialekt auch Hochdeutsch sprechen und verstehen können?

	Häufigkeit	Prozente	Gültige Prozente
sehr wichtig	967	48,8	49,0
ziemlich wichtig	826	41,7	41,9
unwichtig	179	9,0	9,1
missing cases	10	0,5	
Total	1982	100,0	100,0

Diese Frage ist sicher eine der wichtigsten zum Verhältnis von Mundart und Standardsprache in der Deutschschweiz. Gefragt wird nach der Notwendigkeit aktiver und passiver Kompetenz im Hochdeutschen, eingeschränkt auf den mündlichen Bereich. Die Bedeutung dieser Frage als einer Art Grundsatzfrage, die ganz allgemein das Nebeneinander der zwei Sprachformen, ohne sich auf die mediale Aufteilung zu beschränken, zur Diskussion stellt, scheint auch von den Probanden anerkannt worden zu sein. Nur zehn Rekruten (0,6%) haben diese Frage nicht oder fehlerhaft beantwortet; dies ist eines der besten Resultate in der Stichprobe überhaupt.

Die Abfassung der Frage reflektiert die defensive Position, in welche sich die Standardsprache in der deutschen Schweiz im Moment gedrängt sieht. Man spricht und versteht Mundart, die Hochsprache kommt dann allenfalls als weiteres Element dazu.

Die jungen Schweizer sind sich, wie die Auszählwerte zeigen, bis auf eine kleine Minderheit darüber einig, dass Hochdeutsch sprechen und verstehen zu können wichtig ist. Unterschiede bestehen aber im Grade der Zustimmung. Bei dem für die Standardsprache sehr günstig ausgefallenen Resultat muss allerdings berücksichtigt werden, dass zwei Antwortvorgaben im positiven, aber nur eine im negativen Wertbereich aufgeführt sind. Dadurch wird ein Schwerpunkt gebildet, der ein positives Resultat fördert. Es ist anzunehmen, dass sich die Ansichten der Probanden, welche die mittlere Kategorie gewählt haben, über eine sehr grosse Bandbreite erstrecken.[22] Es kommt deshalb der Gewichtung innerhalb des positiven Wertbereichs sehr viel Bedeutung zu, und hier überrascht doch etwas die hohe Zahl, immerhin knapp die Hälfte, der Antworten in der Extremkategorie 'Sehr wichtig', so dass insgesamt von einer recht starken Bejahung der Notwendigkeit, Hochdeutsch sprechen und verstehen zu können, gesprochen werden kann.

6.1 SCHULSTUFE UND SPRACHVARIETÄTEN IN DER SCHULE

Die Vermutung, die Beurteilung des Verhältnisses der beiden Sprachformen in der Schule sei stark abhängig von der besuchten Schulstufe, liegt nahe und wird denn auch durch die Zusammenhänge bei den Überkreuzungen zwischen der Frage nach der zuletzt absolvierten Schulstufe und den Fragen zum Thema Mundart und Standardsprache in der Schule bestätigt. Persönliche Erfahrungen der Probanden aus der eigenen Schulzeit werden in den Beurteilungsprozess miteinbezogen, wobei zu beachten ist, dass diejenigen Rekruten, deren Schulzeit schon einige Zeit zurückliegt, natürlich in ihrer Beurteilung auch mitberücksichtigt haben, welche Erfahrungen sie in der Zwischenzeit gemacht haben.

Massstab für die Beurteilung, ob man in der Schule mehr bzw. weniger Anteile der einen oder anderen Sprachform für richtig hält, ist die Anwendung der einzelnen Sprachvarietäten, wie man sie selbst erlebt hat. Infolge des unterschiedlichen Gebrauchs der beiden Sprachformen in der Praxis des Schulalltags variiert dieser Massstab beträchtlich. Die Anteile der Mundart am Unterricht differieren von Schulstufe zu Schulstufe, auch wenn das persönliche Vorgehen des einzelnen Lehrers innerhalb der Schulstufen beträchtliche Unterschiede hervorrufen kann.[23]

Ganz allgemein gilt, dass die Verwendung der Mundart im Unterricht am stärksten befürwortet wird von den Absolventen der unteren Schulstufen, in denen sich die Mundart ohnehin bereits mehr Raum geschaffen hat. Da bei einigen von ihnen der Schulbesuch schon etwas zurückliegt, ist anzunehmen, dass die Beantwortung der Frage nach der Sprache im Unterricht auch daran gemessen wird, wie häufig sie in der Zwischenzeit die Standardsprache ge-

22 Nebst einer anderen Einteilung der vorgegebenen Antwortkategorien hätte auch die Aufteilung der Frage nach aktiver (sprechen) und passiver (verstehen) Kompetenz sicher zu einem besseren und interessanteren Resultat geführt.

23 Vgl. Sieber/Sitta (1986/1), S. 62ff.

braucht haben. Wer nach der Schule feststellt, dass er auch ohne gute Kenntnisse in der Standardsprache, deren Erlernen ihm vielleicht noch schwergefallen ist, auskommt, wird im nachhinein eher der Mundart als der Hochsprache den Vorzug geben und den Erwerb der Hochsprache als überflüssig bezeichnen. Wer aber mangelnde Kompetenz in der Standardsprache schon als Hindernis empfinden musste, wird aus der Retrospektive wohl dem Erwerb der Standardsprache und damit verbunden ihrem häufigen Gebrauch in der Schule besonders viel Bedeutung zumessen. Es finden sich jedenfalls auch in den Kategorien 'Primarschule' und 'Sekundar-, Realschule usw.' immer wieder Stimmen, die einen Ausbau der Mundart an der Schule nicht für wünschenswert halten oder sogar mehr Hochdeutsch möchten; manchmal sind es prozentual sogar mehr als in den Kategorien 'Berufslehre' oder 'Vollzeitberufsschule'.

Die ablehnende Haltung gegenüber einer Ausweitung der Mundart in der Schule nimmt zu, je höher die absolvierte Schule eingestuft werden kann. Bildungsabhängige Wertvorstellungen, Häufigkeit der Anwendung und ein stark gefördertes sprachliches Bewusstsein sind mögliche Gründe, welche als Erklärung dafür dienen können, dass die Vorstellungen der Gymnasiasten und Studenten über das Verhältnis von Mundart und Standardsprache im Unterricht doch recht stark von allen anderen Kategorien abweichen. Allerdings muss festgehalten werden, dass die Gymnasiasten und Studenten nun nicht einfach generell das bestehende Verhältnis für richtig befinden oder sich mehrheitlich für mehr Hochdeutsch aussprechen. So gibt es auch in ihren Reihen nicht wenige, die im Deutschunterricht mehr Dialekt sprechen möchten, und dies, obwohl es gerade diese beiden Kategorien sind, bei denen prozentual am meisten Vertreter angeben, nach der Schule das Bedürfnis gehabt zu haben, die Hochdeutschkenntnisse noch zu verbessern.

Als Beispiel für diese Feststellungen über den Zusammenhang zwischen zuletzt absolvierter Schulstufe und der Meinung, wie das Verhältnis von Mundart und Standardsprache in der Schule gewichtet werden soll, kann die Überkreuzung mit der Frage 88 dienen, deren Ergebnis hochsignifikant ist.

Korrelation Schule – Frage 88:
Sprache im Unterricht an Deutschschweizer Schulen

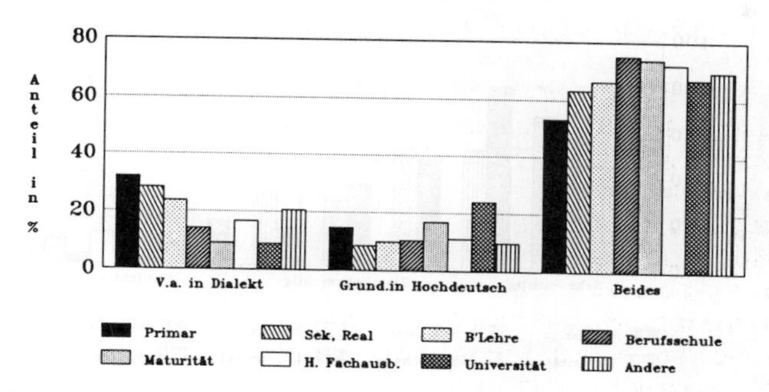

missing cases: 47
Signifikanz: 0,000
C(korr): 0,203

Für einen grundsätzlich in Hochdeutsch stattfindenden Unterricht findet sich in keiner Kategorie eine Mehrheit. Mit rund einem Viertel treten die Studenten am stärksten dafür ein, gefolgt von den Gymnasiasten. Die Primarschulabsolventen folgen bereits an dritter Stelle. Weil diese sich am stärksten für eine der beiden Sprachformen entscheiden und am wenigsten für die Aussage eintreten, beide Sprachvarietäten hätten ihren Platz in der Schule, kommt es, dass diese Kategorie gleichzeitig auch die meisten Befürworter für einen Unterricht stellt, der vor allem in Dialekt abgehalten wird. Bei allen Kategorien findet sich aber letztlich doch eine Mehrheit zwischen 50 und 75 Prozent, die der Meinung ist, dass sowohl Dialekt als auch Hochdeutsch ihren Platz in der Schule haben.

Dieses Bild wird bestätigt, wenn es um die Wichtigkeit des hochdeutsch Sprechens und Verstehens geht. Von der Kategorie 'Vollzeitberufsschule' an findet sich jeweils eine Mehrheit, die diese Kenntnisse als sehr wichtig bezeichnet, während bei den anderen Kategorien der Schwerpunkt bei ziemlich wichtig liegt.

Korrelation Schule – Frage 78:
Wichtigkeit, Hochdeutsch sprechen
und verstehen zu können

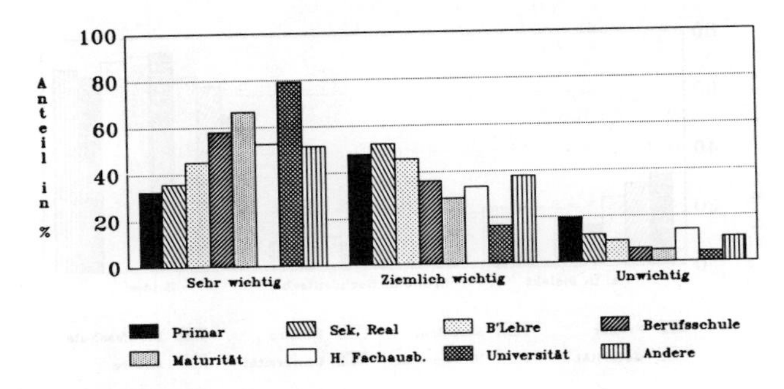

missing cases: 32
Signifikanz: 0,000
C(korr): 0,248

Zu beachten ist die relativ hohe Zahl der Absolventen einer Schule für höhere Fach- und Berufsausbildung, die doch verhältnismässig oft angeben, es sei unwichtig, neben dem Dialekt auch Hochdeutsch sprechen und verstehen zu können. Die Anzahl der Rekruten, die bereits eine solche Schule besuchen, ist relativ klein, weshalb eine Stimme prozentual stark gewichtet und die Daten vorsichtig interpretiert werden müssen. Andere Resultate bestätigen aber das hier vorliegende Ergebnis, welches diese Schülergruppe, die auch die technisch orientierten HTL-Absolventen umfasst, oft etwas ausserhalb des üblichen Zusammenhanges sieht, den man mit - je höher die Schulbildung, desto weniger stark ist die Ausrichtung auf die Mundart - umschreiben könnte. Das kann einerseits daran liegen, dass die meisten Besucher dieser Art von Schulen bereits über einen Berufslehrabschluss verfügen und sich von dieser Kategorie deshalb gar nicht so stark abheben, andererseits ist es aber durchaus möglich, dass diese Gruppe aus einer starken Praxisorientiertheit heraus der Hochsprache wenig Bedeutung zumisst. Es könnte sich dabei auch um eine bewusste Abgrenzung handeln, der auf der anderen Seite dann die Selbstverständlichkeit, mit der Gymnasiasten und Studenten die Wichtigkeit der Kenntnisse in der Hochsprache betonen, gegenüberstehen würde.[24]

6.2 DER STADT-LAND-GEGENSATZ

Gemäss Sieber/Sitta spielt neben der Schulstufe auch der Standort der Schule für die Anteile der beiden Sprachformen im Unterricht eine Rolle.[25] Die beiden Autoren geben an, die Mundart scheine in städtischen Gebieten häufiger zu sein als auf dem Land, und sehen darin eine Folge der kulturellen Progression der Stadt, die Veränderungen im Sprachverhalten schneller begünstigt.[26] Dieser konservativ-progressive Gegensatz lässt sich für die Beurteilung der Rekruten bezüglich der Sprachform des Unterrichts nicht nachweisen. Die Angaben der Rekruten aus ländlichen und städtischen Gebieten unterscheiden sich nicht signifikant. Nur bei der Korrelation mit der Frage 78 besteht ein hochsignifikanter Zusammenhang, der allerdings nicht besonders stark ist: Die Beurteilung unterscheidet sich nur bezüglich der Belegung der Antwortkategorien 'Sehr wichtig' und 'Ziemlich wichtig', während die Kategorie 'Unwichtig' prozentual ungefähr gleich stark belegt ist.

Dass die Städter eher bereit sind, Kenntnisse in der Standardsprache als sehr wichtig einzustufen, liegt wohl darin begründet, dass sie etwas mehr Kontakt mit Hochdeutsch Sprechenden haben und häufiger, gerade auch im Beruf, die Standardsprache anwenden müssen. Es ist auch denkbar, dass in den Städten und ihren Agglomerationen etwas mehr die deutschen und österreichischen Medien gesehen und gehört werden, was ja mit ein Grund sein kann, die Wichtigkeit, die Hochsprache zumindest verstehen zu können, zu betonen.

24 Vgl. zum Sprachvermögen von HTL-Absolventen auch Schläpfer (1988), S. 58f.
25 Vgl. Sieber/Sitta (1986/1), S. 64.
26 Vgl. Sieber/Sitta (1986/1), S. 64.

Korrelation Wohngebiet – Frage 78:
Wichtigkeit, Hochdeutsch sprechen
und verstehen zu können

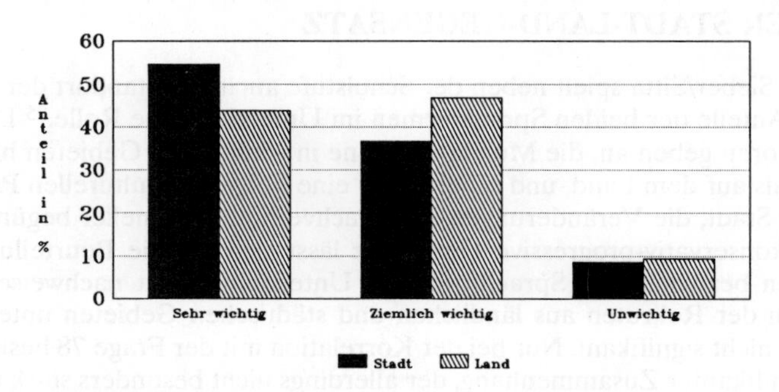

missing cases: 125
Signifikanz: 0,000
C(korr): 0,156

6.3 ZUSAMMENFASSUNG

Die Mehrheit der Rekruten ist der Meinung, dass im Unterricht die Hochsprache und die Mundart verwendet werden sollen, und geht damit grundsätzlich mit der heute üblichen Praxis an den Schulen einig. Etwas stärker umstritten ist bei den Probanden die Frage nach den Anteilen, die den beiden Sprachformen zugestanden werden sollten. Der Wunsch, die Stellung der Mundart, vorab im mündlichen Bereich, noch auszubauen, ist unverkennbar vorhanden; dies sogar im Deutschunterricht. Allerdings wären mit einer solchen Entwicklung nicht alle Rekruten zufrieden. Widerstand gegen einen vermehrten Mundartgebrauch kommt vor allem aus den Reihen der Lehrer und Studenten, aber auch von seiten der Angestellten; von Leuten also, für deren Tätigkeit meist gute Kenntnisse in der Standardsprache Voraussetzung sind. Von einem geschlossenen Auftreten kann bei dieser Gruppe allerdings nicht gesprochen werden. Vielmehr kann man davon ausgehen, dass eine knappe Mehrheit sich für das Beibehalten des jetzigen Zustandes ausspricht, die meisten Vertreter der Minderheit sich dem allgemeinen Trend zu mehr Mundart anschliessen und nur wenige sich einen vermehrten Gebrauch der Hochsprache wünschen.

Erstaunlich bei diesen Resultaten ist, dass die Rekruten ganz allgemein die Wichtigkeit der Kenntnisse in der Hochsprache betonen. Es scheint fast, als brächten die Rekruten diese Aussage nicht in Zusammenhang mit möglichen Auswirkungen auf die Kompetenz in der Hochsprache künftiger Schüler, falls die Mundart an der Schule auf Kosten der Standardsprache noch mehr Raum erhalten würde. Offensichtlich besteht eine Diskrepanz zwischen der Einsicht in die Notwendigkeit, die Standardsprache sprechen und verstehen zu können, und dem Willen, diese in der Schule zu lernen und anzuwenden.

7 SPRACHE UND SPRECHER - EINSTELLUNGEN DER REKRUTEN

Einstellungen[1] im Sinne von relativ dauerhaften Wahrnehmungs-, Bewertungs- und Handlungstendenzen[2] gegenüber Sprache, verschiedenen Sprachvarietäten, einzelnen Sprechern oder Sprechergruppen

> "gehören zum kommunikativen Erfahrungsbereich eines jeden, unabhängig davon, ob sich diese Einstellungen auf (Einzel-)Sprachen und deren Sprecher (im Sinne nationaler Stereotype) oder auf Sprachvarietäten einer (Einzel-)Sprache (Dialekte, Soziolekte usw.) und die jeweiligen Sprechergruppen beziehen".[3]

Einstellungen gegenüber Sprache und deren Sprechern werden dabei oft als Stereotype gedeutet.[4] So verstanden sind Beurteilungsweisen und Einstellungen

> "gekennzeichnet durch eine Reihe eingefahrener unzulässiger Verallgemeinerungen und Schlussfolgerungen sowie teilweise falscher Ausgangsdaten. Als entscheidendes Merkmal des Stereotyps kommt eine ausserordentliche Resistenz gegen widersprechende Erfahrungen hinzu, die zumeist im Sinne des Stereotyps verborgen werden.

---

1 Zur Einstellungsforschung vgl. z.B. Six, Bernd: Das Konzept der Einstellung und seine Relevanz für die Vorhersage des Verhaltens. In: Franz Petermann (Hg.): Einstellungsmessung. Einstellungsforschung. Göttingen/Toronto/Zürich 1980, S. 55-84. Six gibt S. 56f. einen Überblick über Definitionen des Einstellungskonzeptes. Vgl. auch die Einführungswerke von Triandis und Schmidt:
- Triandis, Harry C.: Einstellungen und Einstellungsänderungen. Übersetzt und bearbeitet von Bernd Six und Karl-Heinz Steffens. Weinheim/Basel 1975.
- Schmidt, Hans Dieter, Ewald Johannes Brunner und Amélie Schmidt-Mummendey: Soziale Einstellungen. München 1975.

2 Vgl. Schmidt (1975), S. 26:
"Soziale Einstellungen (attitudes) werden als relativ dauerhafte Wahrnehmungs-, Bewertungs- und Handlungstendenzen gegenüber sozialen Gegenständen beschrieben."

3 Jäger/Schiller (1983), S. 66.

4 Zur Begriffsdefinition von Stereotyp und Vorurteil vgl. Fischer/Trier (1962), S. 17ff., und Quasthoff (1972), S. 24ff.

> Hiermit gehört das Stereotyp in die Kategorie des Vorurteils".[5]

Sprachliche Merkmale und die damit verbundenen Wertungen und Einstellungen werden in Zusammenhang gebracht mit anderen Gruppenmerkmalen bzw. sozialen Stereotypen. Spracheinstellungen werden so zum Auslöser der stereotypen Einstellungen.[6]

Von besonderer Bedeutung ist in der Einstellungsforschung der Zusammenhang von Einstellungen und sozialem Verhalten. Einstellungen können einen Beitrag zum Verständnis sozialen Verhaltens leisten, und die Erfassung von Einstellungen kann mithelfen, soziales Verhalten zu prognostizieren.[7] In der Soziolinguistik ist in diesem Zusammenhang die Rolle von Einstellungen zu Sprachen bzw. Sprachvarietäten und deren Sprechern für das sprachliche Verhalten in sozialen Gruppen zu untersuchen.[8] Aussagen über das tatsächliche sprachliche Verhalten der Rekruten aufgrund der in dieser Erhebung gemachten Äusserungen zu Einstellungen gegenüber den beiden Sprachformen Mundart und Standardsprache sind allerdings kaum möglich. Es geht hier vielmehr um den allfälligen Nachweis solcher Einstellungen bei den Rekruten und um den Grad der Zustimmung bzw. Ablehnung in bezug auf vorgegebene Aussagen.[9]

---

5 Ammon (1978), S. 148ff.

6 In Deutschland sind in diesem Zusammenhang vor allem Untersuchungen zu stereotypen Einstellungen gegenüber Dialekt- und Standardsprache bzw. deren Sprechern durchgeführt worden [vgl. Ammon (1978) und Jäger/Schiller 1983]. In der Deutschschweiz, wo es unter der einheimischen Bevölkerung keine Nur-Standardsprecher gibt, hat die Erforschung der Einstellungen gegenüber den Sprachen bzw. Sprechern der anderen Sprachregionen und gegenüber den einzelnen Dialekten bzw. deren Sprechern vor allem Interesse gefunden [vgl. Fischer/Trier (1962) und zu den Einstellungen gegenüber den einzelnen Dialekten bzw. deren Sprechern: Werlen (1985)].

7 Welchen Beitrag Einstellungen zum sozialen Verhalten leisten, ist umstritten. Triandis (1975), S. 35, meint dazu:
"Eine Einstellung ist keine hinreichende oder notwendige Verhaltensursache, aber sie ist eine Bedingung, die Verhalten mitbestimmt. [...]. Verhalten ist nicht nur das Resultat von Einstellungen, sondern auch bedingt durch Normen, Gewohnheiten und Verstärkungserwartungen."
Einstellungen werden zuweilen auch direkt als Kausalfaktoren sozialen Handelns verstanden. Dieser enge Zusammenhang wird aber heute bestritten mit der Begründung, dass oft eine Diskrepanz besteht zwischen dem, wie sich Leute einem gewissen Einstellungsgegenstand gegenüber verhalten möchten, und dem, wie sie sich ihm gegenüber glauben verhalten zu müssen [vgl. Triandis (1975), S. 20ff.].

8 Vgl. Jäger/Schiller (1983), S. 67.

9 Es muss in dieser Arbeit auch auf die Überprüfung eines möglichen Zusammenhanges zwischen Einstellung gegenüber den Sprechern und den Aussagen der Rekruten zu ihrem Sprachverhalten im Gespräch mit diesen Sprechern verzichtet werden. Dies deshalb, weil in der Frage nach der Sympathie (Frage 64) getrennt nach Deutschen und Österreichern gefragt wird, in den Fragen nach dem Sprachverhalten im Gespräch mit Deutschen und Österreichern (Fragen 28, 92, 93) diese aber immer zusammen aufgeführt werden.

Von Spracheinstellungen der Deutschschweizer ist in der Fachliteratur immer wieder die Rede.[10] Dass sich in der deutschen Schweiz mit der Mundart und der Standardsprache seitens der Sprachbenützer unterschiedliche Einstellungen verbinden, gilt wohl als unbestritten,[11] und diese Einstellungen gelten allgemein als bekannt.[12] Generell wird von einer vorwiegend negativen Einstellung des Deutschschweizers gegenüber der Standardsprache ausgegangen[13] und der Mundart werden üblicherweise positive, der Standardsprache eher negative Werte zugeordnet.[14]

Ein besonderer Stellenwert in der Diskussion um die Einstellung der Deutschschweizer zu den beiden Sprachformen kommt immer wieder der Schule zu; vor allem dann, wenn eine Begründung für die negative Einstellung der Standardsprache gegenüber gesucht wird.[15] Die Bedeutung der Schule für die Bildung von Spracheinstellungen der Schüler wird deshalb immer wieder hervorgehoben, weil ein Zusammenhang angenommen wird zwischen der Einstellung gegenüber einer Sprache und dem Erwerbs- bzw. Lernprozess.[16] Ausgehend von der Annahme, dass Kinder im Vorschulalter eine positive, zumindest aber keine negative Einstellung zum Hochdeutschen haben,[17] wird vor allem dem Lehrer eine entscheidende Rolle beim Aufbau von Einstellungen zu dieser Sprachform zugeordnet,[18] wobei letztlich der eigenen Einstellung des Lehrers sehr viel Bedeutung zugemessen wird.[19] Viel hängt davon ab, welche Erfahrungen die Schüler beim Erwerb der Standardsprache machen und nicht

10 Vgl. z.B. Sieber/Sitta (1986/1), S. 30ff.
11 Vgl. Kropf (1986), S. 69f.
12 Vgl. Sitta (1979), S. 165. In diesem Aufsatz Sittas werden die bekanntesten Einstellungen zu den beiden Sprachformen aufgelistet. Vgl. dazu auch Kropf (1986), S. 70.
13 Vgl. Kolde (1980), S. 243.
14 Sieber/Sitta (1986/1), S. 137, sind der Meinung, dass der Deutschschweizer Einstellungen nur gegenüber der Standardsprache entwickeln kann:
"[...]: Die Mundart ist immer so sehr Teil seiner [des Schülers aus der Deutschschweiz] selbst, dass er sie gar nicht von sich ablösen kann; die Standardsprache kann er in eine bestimmte Distanz rücken. Nur ihr gegenüber kann er daher in einem spezifischen Sinne Einstellungen entwickeln; was an 'Einstellungen' der Mundart gegenüber erscheint, ist oft sekundär und (normalerweise positive) Kehrseite der Einstellung zur Standardsprache."
15 Zum Problem der Einstellung zur Standardsprache allgemein und besonders in der Schule sowie den daraus resultierenden Folgen für den Spracherwerb vgl. Sieber/Sitta (1986/1), S. 29-34, 98-100, 137-149 und 171-173.
16 Diese Erkenntnis stammt vor allem aus Untersuchungen zum Erwerb von Fremdsprachen. Meines Erachtens zu Recht machen Sieber/Sitta aber geltend, dass dieser Zusammenhang in der Deutschschweiz auch für die Arbeit mit der Standardsprache gilt [vgl. Sieber/Sitta (1986/1), S. 137].
17 Vgl. Sieber/Sitta (1986/2), S. 54.
18 Vgl. Sieber/Sitta (1986/2), S. 54. Gleicher Meinung ist auch Kropf (1986), S. 64.
19 "*Eine Schlüsselstellung beim Aufbau von Einstellungen zu den beiden Sprachformen* - insbesondere zur Standardsprache - hat der *Lehrer*. Von ihm muss - und zwar als professionelle Qualifikation - erwartet werden, dass er an seinen Einstellungen arbeitet. Hier hat die Lehrerbildung wichtige Aufgaben." [Sieber/Sitta (1986/1), S. 171].

zuletzt davon, wie die Rollenverteilung der Sprachvarietäten in der Schule erlebt wird.[20] Wenn die Standardsprache vor allem als Sprache der Promotionsfächer, der Prüfungen, der Autorität, aber auch der sprachlichen Unterlegenheit empfunden wird, wird sie von den Schülern mit Merkmalen wie Druck, Entfremdung, Angst und Frustration in Verbindung gebracht werden.[21] Als eines der wichtigsten Mittel, dieser negativen Besetzung der Hochsprache entgegenzuwirken, gilt die Veränderung der traditionellen Rollenverteilung der beiden Sprachvarietäten. Die Mundart und die Standardsprache sollen in möglichst vielen unterschiedlichen Situationen verwendet werden. Dabei soll auch die Hochsprache im alltäglichen, informellen Gespräch verwendet, es soll auch in ihr "gescherzt" werden.[22]

Es lag nun nahe zu erforschen, wie stark die Rekruten, die ja zum grössten Teil die Schulzeit bereits absolviert haben - allerdings die meisten noch ohne allzu grosse zeitliche Distanz -, das Hochdeutsche als Sprache der Schule empfinden. Auch wenn dieser Empfindung üblicherweise eine negative Einstellung zur Standardsprache zugeordnet wird, weil dadurch Assoziationen wie Autorität, Leistungsdruck und -bewertung geweckt werden, darf den Rekruten, welche die Hochsprache in erster Linie als Sprache der Schule empfinden, eine solche negative Einstellung nicht ohne weiteres unterstellt werden, denn diese Einschätzung kann auch auf die Erfahrung zurückgeführt werden, dass man die Standardsprache, zumindest im mündlichen Bereich, erst in der Schule gelernt und nur dort gebraucht hat.[23]

---

20 Es geht hier in erster Linie um in der Schule gelernte Einstellungen, die sich auf den Erwerbsprozess auswirken. Inwieweit diese Einstellungen später auch noch für die Einstellungen Erwachsener verantwortlich gemacht werden dürfen, ist nicht geklärt [vgl. Sieber/Sitta (1984), S. 25].

21 Vgl. Sieber/Sitta (1984), S. 24:
"Unter spracherwerbstheoretischen Gesichtspunkten lässt sich in einer solchen Situation erwarten, dass mit der Standardform Merkmale wie 'Angst', 'Druck', 'Entfremdung' assoziiert werden, weil diese Form als Sprache der Selektion und der Prüfung erfahren wird."
Aber auch ausserschulische Gründe werden für die Probleme der Schule mit der Vermittlung der Standardsprache geltend gemacht:
"Die heute allenthalben beschworenen Schwierigkeiten mit dem Hochdeutschen sind also wohl in erster Linie das Ergebnis einer von den Erwachsenen auf die Kinder übertragenen *negativen Einstellung* diesem gegenüber." [Ris (1979), S. 57]. Auch Sieber/Sitta (1986/1), S. 137, erwähnen diesen Zusammenhang:
"Die mediale Diglossie der Deutschschweiz schafft spezifische Voraussetzungen für die Einschätzung der beiden Sprachformen. Dabei wirkt die ausserschulische Bewertung immer in die Schule hinein und kann dort herrschende Einstellungen beeinflussen. Eine solche Beeinflussung kann auch in der Bestätigung von Vorurteilen bestehen."

22 Sieber/Sitta (1986/1), S. 171.

23 "Zum Unterlegenheitsgefühl gegenüber bundesdeutschen Sprechern und zum empfindlich registrierten Normdruck tragen vielfach negative Schulerfahrungen bei: Zu oft erfahren Deutschschweizer auf Grund der Schulansprüche durch ihre ganze Schulzeit hindurch, dass sie nicht recht deutsch können. Die Standardsprache ist für sie die Sprache der

Frage 89: Als was empfinden Sie das Hochdeutsche in erster Linie?

	Häufigkeit	Prozente	Gültige Prozente
Als Sprache der Schule	195	9,8	10,3
Als Sprache der Deutschen	314	15,8	16,7
Als Sprache, die man schreibt und liest	1375	69,4	73,0
missing cases	98	5,0	
Total	1982	100,0	100,0

Es ist in erster Linie die Funktion als Lese- und Schreibsprache, welche die Rekruten mit der Standardsprache in Verbindung bringen. Dieses deutlich ausgefallene Resultat ist natürlich ein Reflex auf die in der deutschen Schweiz bestehende mediale Aufteilung der Sprachvarietäten Mundart und Standardsprache. Durch diese Heraushebung des Anwendungsbereiches und der Funktion wird gleichzeitig auch die Wichtigkeit der Standardsprache im schriftlichen Bereich betont, denn die anderen Meinungen fallen daneben kaum ins Gewicht. Erst mit grossem Abstand folgt die Einschätzung der Standardsprache primär als Sprache der Deutschen, und die Standardsprache als Sprache der Schule scheint für die Probanden kaum (noch) von Bedeutung zu sein.

Wenn die Hochsprache in erster Linie als Sprache der Deutschen empfunden wird, ist damit implizit die fehlende Akzeptanz dieser Sprachvarietät als Sprachform des Deutschschweizers verbunden. Hier kann eine Ursache gegeben sein, die letztlich zur Beurteilung der Hochsprache als Fremdsprache führt, was wiederum ein bedeutendes Motivationsproblem für den Erwerb der Hochsprache zur Folge haben kann.[24]

Schule, der Autorität, der Leistungsbewertung, eine Sprache, die man - gesprochen - fast nur in der Schule braucht." [Schläpfer (1986), S. 5].

24 Vor allem Sieber/Sitta (1986/1) setzen sich mit dem Problem der Standardsprache als Fremdsprache auseinander [vgl. dazu Kapitel 1.3: Die Einschätzung der Standardsprache in der Deutschschweiz, oder: Ist Standarddeutsch für den Deutschschweizer eine Fremdsprache? (S. 29-34)]. Die beiden Autoren (S. 140) sehen einen engen Zusammenhang zwischen der Einschätzung der Standardsprache als Fremdsprache und der Empfindung, sie sei die Sprache der Deutschen. Letzteres beurteilen sie deshalb als besonders problematisch für die Motivation, die Standardsprache zu erlernen, weil die Stereotypen gegenüber den Deutschen nicht freundlich sind. Eine Überkreuzung des Items 64.5, in dem die Sympathie, die man für die Deutschen empfindet, angegeben werden musste, mit der Frage 89 (Als was empfinden Sie das Hochdeutsche in erster Linie?) ergibt ein hochsignifikantes Resultat (Signifikanz = 0,000, C_{korr} = 0,147). Aus dieser Korrelation geht hervor, dass von den 305 Rekruten, welche die Hochsprache in erster Linie als

7.1 GESPRÄCHSINHALT BZW. -SITUATION ALS KRITERIUM FÜR DIE SPRACHFORMWAHL

Zum weiten Gebiet der Spracheinstellungen gehört auch die Ansicht, dass über gewisse Dinge nur in der einen oder der anderen Sprachform adäquat gesprochen werden kann, dass also das Thema die Wahl der Sprachvarietäten bedingt. Unterstützt wird diese Meinung durch Konventionen tatsächlichen Sprachverhaltens, die sich über Jahrzehnte hinweg herausgebildet haben, die aber gerade in jüngster Zeit ins Wanken gekommen sind.[25] Neben dem Inhalt ist es vor allem die Situation, welche die Sprachformwahl mitbestimmt, wobei Gesprächsinhalt und Situation oft nicht zu trennen sind. Im Bereich der Situation sind es meist institutionelle Regelungen, welche die zu wählende Sprachform vorgeben.[26]

Eine Mehrheit von nicht ganz 60% der Rekruten ist der Meinung, dass alles, was in Hochdeutsch gesagt, auch in Dialekt ausgedrückt werden kann. Eine mit rund 30% recht starke Minderheit hält diese Ansicht für falsch und ist folglich der Meinung, dass gewisse Themen der Standardsprache vorbehalten sind. Diese Minderheit geht entweder davon aus, dass die Schriftsprache in einer gewissen Weise die leistungsfähigere Sprachform ist, oder ist der Ansicht, dass beiden Sprachformen gewisse Kommunikationsinhalte vorbehalten sind. Eine Klärung könnte nur die Umkehrung der Fragestellung bringen.[27]

Sprache der Deutschen empfinden und die Frage 89 beantwortet haben, 41 (13,4%) die Deutschen als sympathisch, 67 (22,0%) als eher sympathisch, 108 (35,4%) als eher unsympathisch und 77 (25,2%) als unsympathisch bezeichnen. 12 (13,3%) wissen nicht, wie sie die Deutschen einschätzen wollen. Dieses Resultat zeigt, dass Hochdeutsch als 'Sprache der Deutschen' durchaus nicht in jedem Falle eine negative Bewertung der Standardsprache bedeuten muss.

25 Als Beispiel kann das Vordringen der Mundart in der Liturgie erwähnt werden [vgl. dazu Meili (1985)].
Am Beispiel der Liturgie wird auch deutlich, dass Kommunikationsinhalt und Situation als bestimmende Faktoren für die Sprachformwahl oft eng verbunden sind.

26 Als Beispiele wären etwa Vorlesungen an Universitäten oder Debatten in Parlamenten zu erwähnen.

27 Alles, was in der Mundart gesagt wird, kann man auch in Hochdeutsch sagen. Es wäre interessant, den Grad der Zustimmung zu dieser Aussage zu überprüfen und sie mit dem Resultat von Item 87.6 zu vergleichen.

Frage 87: Die folgenden Meinungen hört man hin und wieder. Was denken Sie darüber?

Item 87.6: Alles, was Hochdeutsch gesagt wird, kann man auch in Dialekt sagen.

	Häufigkeit	Prozente	Gültige Prozente
stimmt	1132	57,1	58,7
stimmt nicht	570	28,8	29,5
keine Meinung	228	11,5	11,8
missing cases	52	2,6	
Total	1982	100,0	100,0

Obwohl hier eine Mehrheit der Rekruten die grundsätzliche Meinung wiedergibt, dass alles, was Hochdeutsch gesagt wird, auch in Dialekt gesagt werden kann,[28] haben die Probanden doch recht klare Vorstellungen über die Zuordnung von Gesprächsinhalten zu den beiden Sprachformen. Dies beweisen die Antworten zu den einzelnen Items der Frage 107, bei denen sich jeweils zwischen 85% und 95% der jungen Schweizer für die eine oder andere Sprachform entscheiden und nie mehr als 15% keine Zuordnung vornehmen.

Die Rekruten sind sich recht einig, welche Sprachform für einen bestimmten Gesprächsinhalt passender ist. In fünf der acht in Frage 107 vorgegebenen Fällen entscheidet sich die Mehrheit der Rekruten für die Mundart. Diese Mehrheit ist aber je nach Thema/Situation unterschiedlich stark besetzt. Am deutlichsten wird die Mundart der Ansage von Popmusik am Radio als passendere Sprachform zugewiesen.

28 Der gleichen Meinung wie die Mehrheit der Rekruten sind auch Sieber/Sitta: "Die deutschschweizerischen Mundarten sind hochentwickelte Sprachsysteme. Sie sind so perfekt, dass an keiner Stelle etwa Defizite dazu zwingen, auf die Standardsprache auszuweichen: Alles was man ausdrücken will, kann man in Mundart ausdrücken; und wo etwa der Wortschatz der Mundart nicht ausreicht, stehen die entsprechenden Regeln zu Gebote, um standardsprachliches Wortgut in die Mundart integrieren zu können." [Sieber/Sitta (1986/2), S. 51].

Item 107.1: Welche Sprachform passt besser für die Ansage von Popmusik am Radio?

	Häufigkeit	Prozente	Gültige Prozente
Hochdeutsch	345	17,4	17,7
Dialekt	1406	70,9	72,1
ich weiss nicht	199	10,1	10,2
missing cases	32	1,6	
Total	1982	100,0	100,0

Es ist verständlich, dass gerade für das Sprechen über Popmusik die Mundart, als die 'lockerere', 'freiere' Sprachform, von einer doch ziemlich starken Mehrheit als besser geeignet bezeichnet wird, werden doch auch dieser Musikrichtung ganz ähnliche Eigenschaften zugeordnet.[29]

Nicht unbedingt erwartet werden konnte, dass die Mehrheit der jungen Deutschschweizer auch in der Kirche, sowohl für Hochzeitsfeiern und Predigten wie auch für Trauerfeierlichkeiten, die Mundart vorzieht.

Item 107.5: Welche Sprachform passt besser für die Predigt?

	Häufigkeit	Prozente	Gültige Prozente
Hochdeutsch	389	19,6	20,1
Dialekt	1282	64,7	66,2
ich weiss nicht	265	13,4	13,7
missing cases	46	2,3	
Total	1982	100,0	100,0

29 Die aufgeführten Eigenschaften der Mundart stammen aus Sieber/Sitta (1986/1), S. 69. Im folgenden wird deutlich, dass auch die Rekruten solche Bewertungen der Sprachformen, die man als Sprachform-Stereotype bezeichnen kann, vornehmen. Eine Wechselwirkung zwischen der Vorstellung, welches Thema zu welcher Sprachform besser passt, und solchen Bewertungen darf wohl angenommen werden.

Item 107.6: Welche Sprachform passt besser für kirchliche Hochzeitsfeiern?

	Häufigkeit	Prozente	Gültige Prozente
Hochdeutsch	351	17,7	18,1
Dialekt	1359	68,6	70,2
ich weiss nicht	227	11,4	11,7
missing cases	45	2,3	
Total	1982	100,0	100,0

Item 107.7: Welche Sprachform passt besser für kirchliche Trauerfeierlichkeiten?

	Häufigkeit	Prozente	Gültige Prozente
Hochdeutsch	496	25,0	25,6
Dialekt	1205	60,8	62,2
ich weiss nicht	237	12,0	12,2
missing cases	44	2,2	
Total	1982	100,0	100,0

Mit diesem Resultat geben die Rekruten deutlich kund, dass ihrer Ansicht nach der Dialekt in der Kirche durchaus in einem feierlichen und ernsten Rahmen eine angemessene Sprachform sein kann. Die Meinung, dass ein feierlicher Rahmen die Verwendung der Hochsprache nicht unbedingt notwendig macht, vertreten die Probanden auch ganz generell.

Frage 87: Die folgenden Meinungen hört man hin und wieder. Was denken Sie darüber?
Item 87.5: In einen feierlichen Rahmen gehört Hochdeutsch.

	Häufigkeit	Prozente	Gültige Prozente
stimmt	149	7,5	7,7
stimmt nicht	1574	79,4	81,8
keine Meinung	202	10,2	10,5
missing cases	57	2,9	
Total	1982	100,0	100,0

Der Einzug der Mundart in die Kirche bedingt viele Neuerungen. Die Texte müssen umgearbeitet und viele religiöse Formeln und standardisierte Ausdrücke müssen ausgeschieden werden. Solche Entwicklungen kommen den jüngeren Kirchgängern sicher entgegen. Viele Pfarrer haben dies längst erkannt und setzen die Sprachformen ganz bewusst ein.

> "Meistens habe ich schriftdeutsch gepredigt, doch kam es vor, dass ich in einer gewöhnlichen Sonntagspredigt den Dialekt verwendete, weil ich ein Bibelwort, einen Predigtgedanken, ein Erlebnis der Gottesdienstgemeinde besonders nahebringen wollte.
>
> Im Traugespräch habe ich das Hochzeitspaar immer nach seinem Sprachwunsch befragt, und die allermeisten wünschten sich die vertrautere Mundart. Jugend-, Familien- und Abendgottesdienste hielt ich in Dialekt, währenddem ich die Abdankungen fast immer schriftdeutsch gestaltete, um eine gewisse Distanz einzuhalten, wodurch den Trauernden die Verarbeitung ihrer Trauer erleichtert werden konnte. Die direktere Mundart würde die Gefühle verstärken."[30]

Die in diesem Zitat aufgeführten Eigenschaften der Mundart können verständlich machen, warum die Rekruten den Dialekt auch im Umfeld von Ze-

30 Meili (1985), S. 109. Vgl. auch Ris (1979), S. 46.

remonie, Ritual und Feier so deutlich als die passendere Sprachform bezeichnen, obwohl sonst eher der Standardsprache ein feierlicher Charakter zugeschrieben wird. Das Bild, das hier von der Mundart gezeichnet wird, stimmt weitgehend überein mit einer bei vielen jungen Leuten veränderten Einstellung gegenüber Kirche und Gottesdienst, die sich in neuen Formen manifestiert, deren Ziel es ist, Distanz abzubauen und mehr Vertrautheit zu schaffen. Man kann wohl sagen, dass heute deshalb in der Kirche so viel Mundart gesprochen wird, weil neue Formen, die eben auch eine breitere Schicht von Leuten an der Gestaltung des Gottesdienstes teilhaben lässt, deren Anwendung begünstigen. Der Gebrauch der Mundart in der Kirche ist aber nicht unumstritten und steht auch heute noch zur Diskussion.[31] Das Ergebnis der Rekrutenbefragung zeigt aber zumindest für die jüngere Generation eine klare Bevorzugung der Mundart. Ein signifikanter Zusammenhang zwischen der Beantwortung dieser drei Items und der Zugehörigkeit zu einer der zwei mitgliederstärksten Konfessionen[32] der deutschen Schweiz besteht nicht. Man ist sich bei den Rekruten über die konfessionellen Grenzen hinweg über den Gebrauch der Mundart in der Kirche einig. Auch die Meinungen der Angehörigen der städtischen Wohngebiete unterscheiden sich nicht signifikant von denjenigen der ländlichen.[33]

Ebenfalls mit einer Mehrheit, wenn auch nur knapp, wird die Mundart als passendere Sprachform für die Neujahrsansprache des Bundespräsidenten bezeichnet.

31 Vgl. Stöckli (1988) und Wiesmann (1984/3), S. 39. Wiesmann nimmt hier zu einem Brief eines Pfarrers aus dem Emmental Stellung, in dem gefordert wird, dass das Wort zum Sonntag im Fernsehen, Predigten und Gebete nur in der Hochsprache vorgetragen werden sollten:
"Der geistliche Herr hat nicht nur deshalb recht, weil die religiöse Botschaft doch jedermann erreichen sollte, auch den Fremdsprachigen, sondern weil im religiösen Bereich seit je eine gehobene Sprache als allein dem Gegenstand angemessenes Ausdrucksmittel gegolten hat."

32 Die entsprechenden Kategorien im Fragebogen lauten: 'Evangelisch-reformiert (protestantisch)' und 'Römisch-katholisch'.

33 Ris (1979), S. 45, hat gerade bei der Landbevölkerung Widerstände gegen die Verwendung der 'Werksprache' auf der Kanzel festgestellt.

Item 107.3 Welche Sprachform passt besser für die Neujahrsansprache des Bundespräsidenten?

	Häufigkeit	Prozente	Gültige Prozente
Hochdeutsch	698	35,2	36,0
Dialekt	1077	54,4	55,5
ich weiss nicht	165	8,3	8,5
missing cases	42	2,1	
Total	1982	100,0	100,0

Die Wahl der Sprachform für die Neujahrsansprache ist nicht ohne politische Tragweite. Wird in Mundart gesprochen, zeigt man - aus Sicht der Deutschschweizer - 'Volksnähe', die Standardsprache garantiert dafür weit mehr das Erreichen des ganzen zuhörenden Zielpublikums. Für die Mehrheit der Deutschschweizer Rekruten scheint ersteres von höherer Priorität zu sein. Sie scheint es offenbar wenig zu kümmern, dass der Gebrauch der Mundart hier einen grossen Teil der in der Schweiz lebenden Bevölkerung stark benachteiligt.

Die Hochsprache gilt in der Schweiz oft als die sachlichere, präzisere und gehobenere Sprachform.[34] Dieser Ansicht sind auch zwei Drittel der Rekruten.

Frage 96: Wie stellen Sie sich zu den folgenden Aussagen über die Verwendung von Dialekt und Hochdeutsch am Deutschschweizer Radio und Fernsehen?

Item 96.1: Hochdeutsch ist sachlicher und präziser.

	Häufigkeit	Prozente	Gültige Prozente
trifft eher zu	1283	64,7	66,8
trifft eher nicht zu	639	32,2	33,2
missing cases	60	3,1	
Total	1982	100,0	100,0

34 Vgl. Sieber/Sitta (1986/1), S. 69.

Es passt deshalb gut, dass die Mehrheit der Rekruten die Standardsprache für die Ansage klassischer Musik, für Radionachrichten und Tagesschau sowie für wissenschaftliche Vorträge als adäquater bezeichnet. Im Falle der Vorträge und der Nachrichten sind die Entscheide zugunsten der Standardsprache sogar recht deutlich.

Item 107.8: Welche Sprachform passt besser für wissenschaftliche Vorträge?

	Häufigkeit	Prozente	Gültige Prozente
Hochdeutsch	1553	78,4	80,1
Dialekt	214	10,8	11,1
ich weiss nicht	171	8,6	8,8
missing cases	44	2,2	
Total	1982	100,0	100,0

Item 107.4: Welche Sprachform passt besser für Radionachrichten und Tagesschau?

	Häufigkeit	Prozente	Gültige Prozente
Hochdeutsch	1543	77,8	79,4
Dialekt	313	15,8	16,1
ich weiss nicht	87	4,4	4,5
missing cases	39	2,0	
Total	1982	100,0	100,0

Item 107.2: Welche Sprachform passt besser für die Ansage klassischer Musikprogramme am Radio?

	Häufigkeit	Prozente	Gültige Prozente
Hochdeutsch	1113	56,2	57,2
Dialekt	546	27,5	28,1
ich weiss nicht	287	14,5	14,7
missing cases	36	1,8	
Total	1982	100,0	100,0

Die Mehrheitsverhältnisse, vor allem in den Items 107.8 und 107.4, sprechen eine deutliche Sprache. Für die jungen Deutschschweizer ist keineswegs die Mundart immer die passendere Sprachform. Man ist sich doch recht einig, dass für gewisse Kommunikationsinhalte die Standardsprache geeigneter ist. Diese Einstellung steht mit dem aktuellen Sprachverhalten durchaus im Einklang. Die Vermutung, dass die Einstellung hier durch das aktuelle Sprachverhalten bestimmt wird, liegt nahe. So wird in der Einstellungsforschung neben dem traditionellen Ansatz, der davon ausgeht, dass Einstellungen das Verhalten eines Individuums kausal determinieren, ja auch die umgekehrte Abhängigkeit postuliert.[35]

Eine Überprüfung des Zusammenhangs zwischen Schulbildung und der Beurteilung der einen oder der anderen Sprachvarietät als passendere Sprachform in den acht Items der Frage 107 ergibt folgendes Bild:

Korrelation	Signifikanz	C_{korr}
F3/F107.1	hochsignifikant (0,000)	0,179
F3/F107.2	nicht signifikant (0,086)	
F3/F107.3	hochsignifikant (0,005)	0,155
F3/F107.5	nicht signifikant (0,068)	
F3/F107.6	signifikant (0,044)	0,136
F3/F107.7	signifikant (0,030)	0,140
F3/F107.8	hochsignifikant (0,000)	0,208[36]

35 Vgl. Triandis (1975), S. 8.

36 Bei der Korrelation zwischen der Frage 3 und dem Item 107.4 weisen mehr als 20% der Zellen eine Erwartungshäufigkeit auf, die kleiner als 5 ist. Damit ist eine der Bedingungen des Chi-Quadrat-Tests nicht erfüllt.

Zweimal ergibt die Überkreuzung der Frage nach der besuchten Schule mit einem Item der Frage 107 kein signifikantes Ergebnis. Aber auch in den Überkreuzungen mit einem signifikanten bzw. hochsignifikanten Resultat sind die Zusammenhänge nur sehr schwach. Ähnliches gilt auch für einen Zusammenhang zwischen Beruf bzw. Wohnort und den einzelnen Items dieser Frage. Die Beurteilung, welche Sprachform wann oder wofür die besser passende sei, scheint also nicht sonderlich stark von diesen sozialen Faktoren abhängig zu sein. Die Rekruten sind sich offenbar in ihrer Beurteilung über diese Kategorien hinweg sehr einig.

Auffällig ist, dass man auch dort, wo ein Zusammenhang besteht, nicht einfach feststellen kann, dass eine höhere Schulbildung immer dazu führt, dass das Hochdeutsche als passendere Sprachform bezeichnet wird. Die einzelnen Kategorien haben ganz offensichtlich jede einzelne Aussage wieder neu bewertet und nicht einfach eine Beurteilungstendenz beibehalten. So kommt es durchaus auch vor, dass die Absolventen der Primarschule und der Sekundar- bzw. Realschule auch einmal diejenigen Kategorien bilden, welche prozentual am stärksten die Hochsprache als die passendere Sprachform bezeichnen.

Korrelation Schule – Item 107.1:
Ansage von Popmusik am Radio

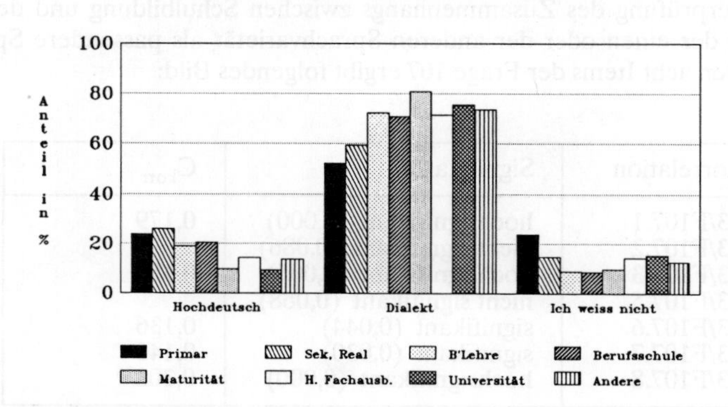

missing cases: 56
Signifikanz: 0,000
C(korr): 0,179

Nebst den Unterschieden in der Beurteilung durch die einzelnen Schulkategorien lässt sich hier auch deutlich erkennen, mit welchem Schwergewicht die Rekruten insgesamt den Dialekt für die Ansage von Popmusik am Radio bevorzugen. Noch eindeutiger zugunsten der einen Sprachform fällt das Resultat aus, wenn die Probanden die passendere Sprachvarietät für einen wissenschaftlichen Vortrag bezeichnen; in diesem Falle ist es allerdings nicht der Dialekt, sondern die Hochsprache. Trotz der ausbildungsbedingten Differenzen wird hier deutlich, wie stark gewisse Sprachinhalte von den jungen Deutschschweizern mit einer der beiden Sprachformen in Zusammenhang gebracht werden und welch grundsätzliche Einigkeit bei der Zuordnung in manchen Fällen besteht.

Korrelation Schule – Item 107.8:
Wissenschaftliche Vorträge

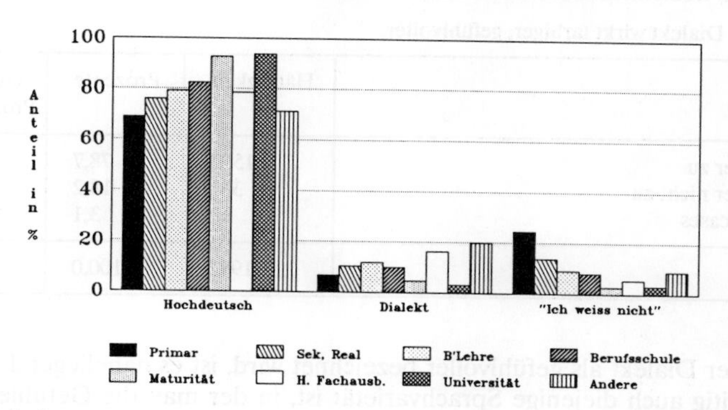

missing cases: 68
Signifikanz: 0,000
C(korr): 0,210

7.2 BEWERTUNGEN DER BEIDEN SPRACHVARIETÄTEN

Es kommt kaum zu Überraschungen, wenn Deutschschweizer in Umfragen gebeten werden, die Eigenschaften der beiden Sprachformen zu beurteilen.[37] Die üblichen Sprachformen-Stereotype, von denen einige in dieser Arbeit bereits genannt wurden, werden meist bestätigt. Hier bilden auch die Rekruten keine Ausnahme. Die im Fragebogen zur Diskussion gestellten Eigenschaften tangieren vor allem den emotionalen Bereich. Dabei kann kein Zweifel darüber bestehen, dass die Mundart in der Beurteilung als die emotionalere Sprachform die Hochsprache weit hinter sich zurücklässt. Das Resultat bestätigt diese Annahme deutlich. Vier Fünftel der Rekruten halten den Dialekt für farbiger und gefühlvoller.[38]

Frage 96: Wie stellen Sie sich zu den folgenden Aussagen über die Verwendung von Hochdeutsch am Deutschschweizer Radio und Fernsehen?[39]

Item 96.2: Dialekt wirkt farbiger, gefühlvoller.

	Häufigkeit	Prozente	Gültige Prozente
trifft eher zu	1560	78,7	81,2
trifft eher nicht zu	361	18,2	18,8
missing cases	61	3,1	
Total	1982	100,0	100,0

Wenn der Dialekt als gefühlvoller bezeichnet wird, ist es naheliegend, dass er gleichzeitig auch diejenige Sprachvarietät ist, in der man die Gefühle besser ausdrücken kann. Der Ausschliesslichkeit, wie dies in Item 87.1 formuliert ist, will die Mehrheit der Probanden sich aber nicht anschliessen.

37 Vgl. etwa (rpd) (1976).

38 Korrekter wäre es gewesen, hier pro Frage bzw. pro Item jeweils nur eine Eigenschaft aufzuführen.

39 Es ist kaum anzunehmen, dass die Einschränkung im Verwendungsbereich das Resultat stark beeinflusst hat.

Frage 87: Die folgenden Meinungen hört man hin und wieder. Was denken Sie darüber?

Item 87.1 Ich kann nur in Dialekt meine Gefühle ausdrücken.

	Häufigkeit	Prozente	Gültige Prozente
stimmt	767	38,7	39,2
stimmt nicht	1002	50,5	51,3
keine Meinung	186	9,4	9,5
missing cases	27	1,4	
Total	1982	100,0	100,0

Hier wird nicht nur eine Präferenz vorgegeben. Es wird eine Stellungnahme verlangt, die sehr restriktiv wirkt. Unter dieser Voraussetzung scheint die Zahl der Probanden, die trotzdem dieser Aussage zustimmen, doch recht hoch. Die Gründe für das 'Nicht-Können' kann man sich vielfältig vorstellen. Sicher spielen Kompetenz und Übung eine Rolle. Man kann sich freier und spontaner, ohne Distanz, in der Mundart ausdrücken, weil man sie häufiger gebraucht. In der Hochsprache hingegen fehlen oft vor allem die Fertigkeiten im informellen Gebrauch. Es könnten natürlich auch Spracheinstellungen hinter der Zustimmung zu der in dieser Frage gemachten Aussage stehen. Für die Ansicht, dass es sich aber doch wohl in erster Linie um eine Frage der Kompetenz und auch des sprachlichen Selbstbewusstseins handle, spricht die Tatsache, dass ein für die Verhältnisse der PRP recht starker Zusammenhang zwischen Schulbildung und dieser Frage besteht. Die besser ausgebildeten Rekruten lehnen die Aussage, man könne die Gefühle nur in Dialekt ausdrücken, viel stärker ab als diejenigen Rekruten, die keine weiterführende Schule besucht haben.

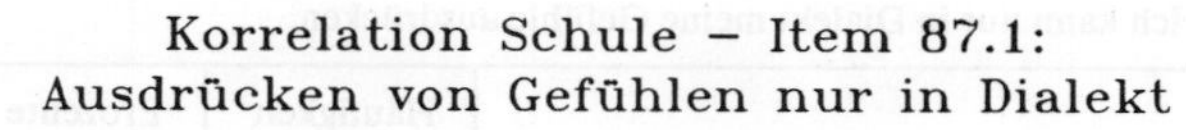

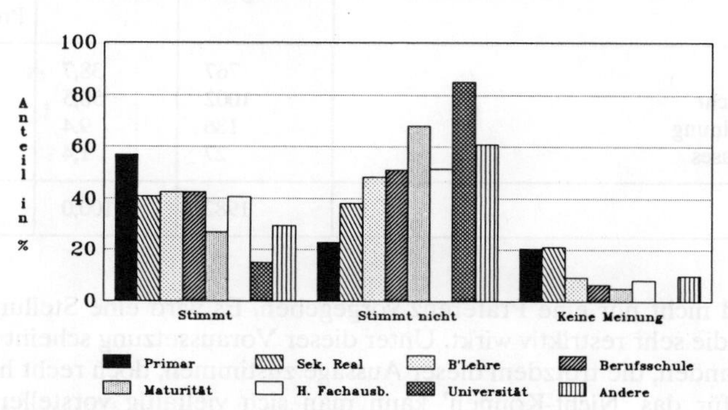

missing cases: 51
Signifikanz: 0,000
C(korr): 0,278

Nicht mit gleicher Konsequenz wie bei den Eigenschaften 'gefühlvoller' und 'farbiger', aber immer noch mit einer deutlichen Überzahl, bezeichnen die jungen Deutschschweizer die Mundart als die persönlichere Sprachform, was sicher als Anzeichen für ein doch eher distanziertes Verhältnis zur Hochsprache gewertet werden darf.

Frage 96: Wie stellen Sie sich zu den folgenden Aussagen über die Verwendung von Hochdeutsch am Deutschschweizer Radio und Fernsehen?

Item 96.4: Dialekt ist persönlicher, Hochdeutsch unpersönlicher.

	Häufigkeit	Prozente	Gültige Prozente
trifft eher zu	1397	70,5	73,2
trifft eher nicht zu	511	25,8	26,8
missing cases	74	3,7	
Total	1982	100,0	100,0

Bei all diesen Beurteilungen der Sprachformen und der Betonung der positiven Eigenschaften der Mundart scheint mir eine Bemerkung von Sieber/Sitta ausserordentlich wichtig zu sein:

> "Wir meinen: Vieles an Positivem, was wir bei uns dem Dialekt zuschreiben (Echtheit, Herzlichkeit, Spontaneität usw.), trifft in Wirklichkeit weniger den *Dialekt als Sprachform*, als System; es betrifft vielmehr seine *«Gesprochenheit»*. Und umgekehrt trifft vieles, was auf die Standardsprache projiziert wird, nicht die Sprachform als solche, sondern ihre «Geschriebenheit» (Distanz, Kompliziertheit, Unpersönlichkeit usw.)."[40]

Eigenschaften, die dem Dialekt, und solche, die der gesprochenen Sprache zugeordnet werden, lassen sich in der deutschen Schweiz nicht mehr auseinanderhalten; um eine solche Unterscheidung vornehmen zu können, müsste mehr in der Standardsprache gesprochen werden.

Sprachformen-Stereotype und Vorstellungen, welche Sprachform zu welchem Sprachinhalt bzw. zu welcher Situation passen, sind bei den jungen Deutschschweizern in sehr ausgeprägter Form vorhanden. Die Rekruten sind sich dabei sowohl in der Beurteilung der positiven Eigenschaften der Mundart wie auch in der Zuordnung der einzelnen Sprachinhalte zu den beiden Sprachformen recht einig. Dies drückt sich in den klaren Mehrheitsverhältnissen der Häufigkeitsverteilungen aus. Es besteht soviel Übereinstimmung, dass auch kaum signifikante Zusammenhänge zwischen Bildung bzw. Herkunft und diesen Einstellungen bestehen.

Die Probanden halten aber nicht einfach die Mundart generell für die passendere Sprachform. Sie differenzieren ihr Urteil je nach Sprachinhalt. Ihre Einschätzung deckt sich weitgehend mit dem heute in der Schweiz üblichen Sprachgebrauch, weshalb nicht auszuschliessen ist, dass sich die Rekruten bei der Beantwortung an diesem Sprachgebrauch orientiert haben. Einzig im Bereich der Kirche decken sich möglicherweise die Vorstellungen der Mehrheit der Rekruten und die (Sprach-)Realität noch nicht.[41]

---

40 Sieber/Sitta (1986/2), S. 56.

41 Sieber/Sitta (1986/1), S. 22, beurteilen den Gebrauch der Mundart in der Kirche als sehr unterschiedlich, die Rekruten treten aber generell mehrheitlich für die Mundart ein.

7.3 DIE EINSTELLUNG DER REKRUTEN GEGENÜBER DER STANDARDSPRACHE UND DEREN DEUTSCHEN UND ÖSTERREICHISCHEN SPRECHERN

Wenn die Hochsprache in der Antwort auf die Frage, welche Sprache den Rekruten am besten gefällt, nicht sonderlich gut abschneidet, ist dies nicht verwunderlich. Die Beliebtheit der englischen Sprache bei den jungen Deutschschweizern scheint im Moment so ausgeprägt zu sein, dass alle anderen Sprachen klar distanziert werden.

Frage 48: Welche Sprache gefällt Ihnen am besten?

	Häufigkeit	Prozente	Gültige Prozente
Hochdeutsch	319	16,1	16,7
Französisch	352	17,8	18,4
Italienisch	188	9,5	9,9
Rätoromanisch	54	2,7	2,8
Englisch	998	50,3	52,2
missing cases	71	3,6	
Total	1982	100,0	100,0

Eigentlich fehlt hier in den Antwortvorgaben die Möglichkeit, Schweizerdeutsch auszuwählen. Dies hätte die Rekruten bei der Auswahl möglicherweise etwas mehr in Verlegenheit gebracht.

Bei dieser Beurteilung spielt natürlich auch eine Rolle, welche Kompetenz man in einer Sprache hat. Diese Begründung wird denn auch durch den Zusammenhang zwischen Ausbildung und der getroffenen Auswahl gestützt. So schneidet Hochdeutsch am besten bei den Kategorien 'Primarschule' und 'Sekundar-, Realschule usw.' ab.

Korrelation Schule – Frage 48:
Schönste Sprache

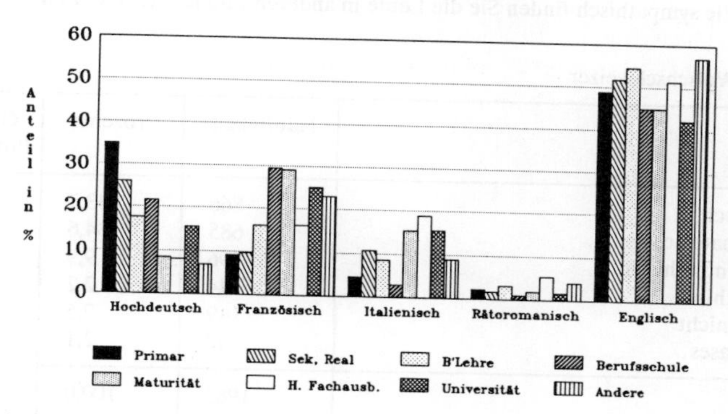

missing cases: 92
Signifikanz: 0,000
C(korr): 0,246

Gemäss Kolde ist das Objekt einer Spracheinstellung zunächst eine Sprache, im Grunde aber die durch den Gebrauch dieser Sprache definierte Gruppe.[42] Welche Gruppe von Sprechern primär mit einer Sprache in Verbindung gebracht wird und welche Einstellungen gegenüber dieser Sprache bzw. deren Sprechern bestehen, hängt von der eigenen Gruppenzugehörigkeit ab. Man darf hier wohl vermuten, dass für den Deutschschweizer die Deutschen die primären Sprecher der Standardsprache sind. Allerdings gilt es zu berücksichtigen, dass ja jeder Deutschschweizer ebenfalls zur Gruppe der Sprecher der Hochsprache gehört und dass, zumindest im Urteil der Rekruten, die Standardsprache nur selten in erster Linie als Sprache der Deutschen genannt wird.

Die Einstellung der Probanden gegenüber verschiedenen Sprechergruppen der gleichen Sprache ist sehr unterschiedlich. Die jungen Schweizer beurteilen dabei die Französisch und Italienisch sprechenden Schweizer als sympathischer als die Bewohner der jeweilig angrenzenden Staaten gleicher Sprache.

42 Vgl. Kolde (1980), S. 244.

Am Schluss der "Sympathierangliste"[43] rangieren die Österreicher und, mit deutlichem Abstand, die Deutschen.[44]

Frage 64: Wie sympathisch finden Sie die Leute in anderen Landesteilen und Ländern im allgemeinen?

Item 64.1: Welschschweizer

	Häufigkeit	Prozente	Gültige Prozente
sympathisch	866	43,7	44,6
eher sympathisch	685	34,6	35,3
eher unsympathisch	196	9,9	10,1
unsympathisch	44	2,2	2,3
ich weiss nicht	149	7,5	7,7
missing cases	42	2,1	
Total	1982	100,0	100,0

Item 64.2: Südschweizer

	Häufigkeit	Prozente	Gültige Prozente
sympathisch	760	38,3	39,3
eher sympathisch	751	37,9	38,8
eher unsympathisch	225	11,4	11,6
unsympathisch	52	2,6	2,7
ich weiss nicht	148	7,5	7,6
missing cases	46	2,3	
Total	1982	100,0	100,0

43 Etwas ausserhalb der anderen Einschätzungen steht die Beurteilung der Rätoromanen. Hier hat ein Drittel der Rekruten keine Zuteilung vorgenommen. Dies wohl, weil Erfahrungen im Umgang mit Rätoromanen fehlen.
Die Italiener werden etwa gleich häufig als unsympathisch bezeichnet wie die Oesterreicher; in der Gesamtheit der Antworten sind die Italiener den Rekruten aber doch etwas sympathischer.

44 Es besteht ein sehr starker, hochsignifikanter Zusammenhang zwischen der Beurteilung der Deutschen und der Österreicher (Signifikanz = 0,000, C_{korr} = 0,696). Es gibt eine starke Tendenz, beide gleich zu beurteilen, was bedeutet, dass ein Proband, der die Deutschen als unsympathisch bezeichnet, auch die Oesterreicher eher negativ beurteilt.

Item 64.3: Rätoromanen

	Häufigkeit	Prozente	Gültige Prozente
sympathisch	610	30,8	31,7
eher sympathisch	496	25,0	25,8
eher unsympathisch	122	6,2	6,3
unsympathisch	44	2,2	2,3
ich weiss nicht	652	32,9	33,9
missing cases	58	2,9	
Total	1982	100,0	100,0

Item 64.4: Deutsche

	Häufigkeit	Prozente	Gültige Prozente
sympathisch	255	12,9	13,2
eher sympathisch	499	25,2	25,8
eher unsympathisch	687	34,6	35,5
unsympathisch	394	19,9	20,4
ich weiss nicht	98	4,9	5,1
missing cases	49	2,5	
Total	1982	100,0	100,0

Item 64.5: Österreicher

	Häufigkeit	Prozente	Gültige Prozente
sympathisch	480	24,2	24,8
eher sympathisch	773	39,0	39,9
eher unsympathisch	331	16,7	17,1
unsympathisch	167	8,4	8,6
ich weiss nicht	187	9,4	9,6
missing cases	44	2,3	
Total	1982	100,0	100,0

Item 64.6: Franzosen

	Häufigkeit	Prozente	Gültige Prozente
sympathisch	759	38,3	39,2
eher sympathisch	713	36,0	36,8
eher unsympathisch	215	10,8	11,1
unsympathisch	62	3,1	3,2
ich weiss nicht	188	9,5	9,7
missing cases	45	2,3	
Total	1982	100,0	100,0

Item 64.7: Italiener

	Häufigkeit	Prozente	Gültige Prozente
sympathisch	592	29,9	30,6
eher sympathisch	632	31,9	32,7
eher unsympathisch	361	18,2	18,7
unsympathisch	174	8,8	9,0
ich weiss nicht	173	8,7	9,0
missing cases	50	2,5	
Total	1982	100,0	100,0

Wenn es darum geht, den Grad des Unterschiedes zwischen den Deutschschweizern und den anderssprachigen Schweizern bzw. den Deutschen und den Österreichern einzuschätzen, beurteilen die jungen Deutschschweizer logischerweise den Unterschied zu den Sprechern der gleichen Sprache generell als kleiner. Es ist aber doch erstaunlich, wenn 40% der Rekruten den Unterschied zu den Deutschen als eher gross bezeichnen. Hier wird der Versuch deutlich, sich klar von den Bewohnern dieses Nachbarlandes - in geringerem Masse gilt dies auch für die Österreicher - abzugrenzen. Diese Aussage erhält auch deshalb eine besondere Bedeutung, weil die Deutschschweizer die Unterschiede in Art und Charakter zwischen Südschweizern und Italienern bzw. zwischen Welschschweizern und Franzosen deutlicher als eher klein einschätzen als die Unterschiede zwischen den Deutschschweizern und den Deutschen bzw. den Österreichern.

Frage 63: Wie stark sind Ihrer Meinung nach die Unterschiede in der Art und im Charakter zwischen

Item 63.1: Deutschschweizern und Welschschweizern

	Häufigkeit	Prozente	Gültige Prozente
eher gross	1340	67,6	68,8
eher klein	433	21,8	22,2
ich weiss nicht	175	8,8	9,0
missing cases	34	1,8	
Total	1982	100,0	100,0

Item 63.2: Deutschschweizern und Südschweizern

	Häufigkeit	Prozente	Gültige Prozente
eher gross	1326	66,9	68,4
eher klein	399	20,1	20,6
ich weiss nicht	214	10,8	11,0
missing cases	43	2,2	
Total	1982	100,0	100,0

Item 63.3: Deutschschweizern und Rätoromanen

	Häufigkeit	Prozente	Gültige Prozente
eher gross	410	20,7	21,3
eher klein	902	45,5	46,9
ich weiss nicht	613	30,9	31,8
missing cases	57	2,9	
Total	1982	100,0	100,0

Item 63.4: Deutschschweizern und Deutschen

	Häufigkeit	Prozente	Gültige Prozente
eher gross	770	38,8	40,1
eher klein	963	48,6	50,2
ich weiss nicht	187	9,4	9,7
missing cases	62	3,2	
Total	1982	100,0	100,0

Item 63.5: Deutschschweizern und Österreichern

	Häufigkeit	Prozente	Gültige Prozente
eher gross	580	29,3	30,4
eher klein	1057	53,3	55,3
ich weiss nicht	273	13,8	14,3
missing cases	72	3,6	
Total	1982	100,0	100,0

Item 63.6: Welschschweizern und Franzosen

	Häufigkeit	Prozente	Gültige Prozente
eher gross	210	10,6	10,9
eher klein	1330	67,1	68,8
ich weiss nicht	393	19,8	20,3
missing cases	49	2,5	
Total	1982	100,0	100,0

Item 63.7: Südschweizern und Italienern

	Häufigkeit	Prozente	Gültige Prozente
eher gross	263	13,3	13,6
eher klein	1299	65,5	67,0
ich weiss nicht	377	19,0	19,4
missing cases	43	2,2	
Total	1982	100,0	100,0

Es besteht ein hochsignifikanter, starker Zusammenhang zwischen der Sympathie für die Deutschen und der Einschätzung des Unterschiedes zwischen den Deutschen und den Deutschschweizern. Je grösser die Sympathie ist, desto geringer wird der Unterschied empfunden. Auch dies ist ein Beweis dafür, dass diese Frage nach dem Unterschied von vielen Rekruten als Demonstration für einen gewollten Abstand gewählt wurde.

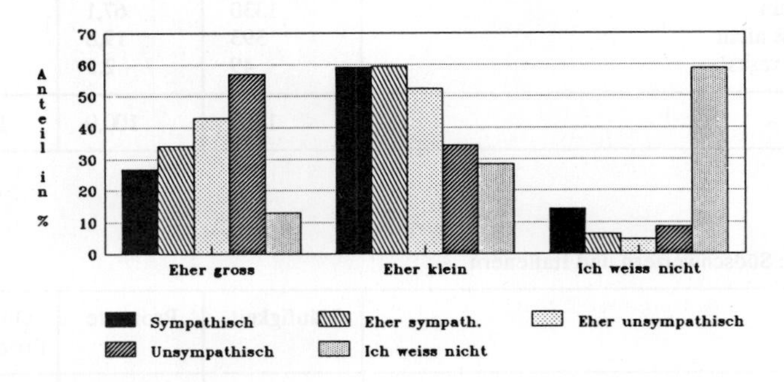

missing cases: 94
Signifikanz: 0,000
C(korr): 0,489

Die eher geringe Bedeutung, welche die Rekruten der Sprache in der Beziehung zwischen den Deutschschweizern und den Deutschen zumessen, kommt in der Beantwortung der Frage 94 zum Ausdruck.

Frage 94: Es wird behauptet, dass die Deutschschweizer eher selten nach Deutschland in die Ferien fahren. Welche Gründe könnte das haben?

	Häufigkeit	Prozente	Gültige Prozente
Land und Landschaft sind der Schweiz zu ähnlich und bringen zu wenig neue Eindrücke.	660	33,3	35,5
Weil er in Deutschland Hochdeutsch sprechen muss, fährt der Schweizer nicht gerne dorthin.	101	5,1	5,4
Der Umgang und der Kontakt mit Deutschen liegt dem Schweizer nicht zu sehr.	1100	55,5	59,1
missing cases	121	6,1	
Total	1982	100,0	100,0

Wie schon in Frage 64 wird hier die Unbeliebtheit der Deutschen bei den Rekruten offensichtlich. Es scheint auch, dass sie geneigt sind, eine solche Einstellung auch für die übrigen Schweizer anzunehmen. Der Sprache hingegen wird im Verhältnis zu den Deutschen kaum Gewicht beigemessen.

Sehr selbstbewusst[45] zeigen sich die jungen Schweizer in ihrer Meinung, wie ein Deutschschweizer Hochdeutsch sprechen sollte. Vier Fünftel sind der Meinung, dass man hören darf, dass der Sprecher ein Schweizer ist.

Frage 82: Wie sollte ein Deutschschweizer Hochdeutsch sprechen?

	Häufigkeit	Prozente	Gültige Prozente
Möglichst wie ein Deutscher.	333	16,8	17,2
Man darf hören, dass er Schweizer ist.	1605	81,0	82,8
missing cases	44	2,2	
Total	1982	100,0	100,0

Dies ist ein ganz erstaunliches Resultat, wenn man in Betracht zieht, dass rund 40% der Probanden angeben, schon belächelt worden zu sein, weil sie Hochdeutsch mit schweizerdeutscher Aussprache gesprochen haben.

Frage 83: Sind Sie schon belächelt worden, weil Sie Hochdeutsch mit schweizerdeutscher Aussprache gesprochen haben?

	Häufigkeit	Prozente	Gültige Prozente
ja	797	40,2	40,8
nein	1156	58,3	59,2
missing cases	29	1,5	
Total	1982	100,0	100,0

45 Es wäre natürlich zu begrüssen, wenn dieser deutliche Entscheid für eine Hochsprache mit schweizerdeutschem Akzent auf ein ebenso entschiedenes Sprachverhalten, das diesem Entscheid Rechnung trägt, zurückzuführen wäre. Es gibt aber auch andere mögliche Erklärungen. Es könnte auch sein, dass die Rekruten nicht möglichst wie ein Deutscher sprechen möchten, weil sie sich abgrenzen wollen, was nicht zwangsläufig bedeuten muss, dass sie sich im eigenen Sprachgebrauch dann nicht eben doch bemühen, den schweizerdeutschen Akzent möglichst zu vermeiden.

Es wäre interessant herauszufinden, wie stark die Rekruten an der Meinung festhalten, man dürfe den Deutschschweizer Akzent hören, wenn sie sich gerade im Gespräch mit einem Deutschen befinden oder wenn sie gerade wieder einmal wegen des Akzents ausgelacht worden sind.

Den Deutschschweizern wird oft ein Unterlegenheitsgefühl gegenüber den bundesdeutschen Sprechern nachgesagt.[46] Wenn die Rekruten tatsächlich so stark für ein Hochdeutsch mit schweizerdeutschem Akzent eintreten und diese Einstellung selber auch umsetzen, könnte man zumindest für sie den Akzent nicht mehr als Grund für dieses Unterlegenheitsgefühl verantwortlich machen. Es müsste dann aber auch so sein, dass die Rekruten dieses 'Belächeln', das ja ausgesprochen oft vorzukommen scheint, nicht als Kritik an ihrem Sprachgebrauch auffassen dürften; gewisse Vorbehalte, dass dem so sei, sind hier allerdings sicher angebracht.

Einen Hinweis darauf, dass bei einigen Rekruten ein solches Unterlegenheitsgefühl bestehen könnte, kann man der Antwort zum Item 87.2 entnehmen. Rund ein Viertel der Probanden gibt zu, sich beim Hochdeutsch-Sprechen dumm vorzukommen.

Frage 87: Die folgenden Meinungen hört man hin und wieder. Was denken Sie darüber?
Item 87.2: Wenn ich Hochdeutsch spreche, komme ich mir dumm vor.

	Häufigkeit	Prozente	Gültige Prozente
stimmt	501	25,3	25,9
stimmt nicht	1226	61,9	63,3
keine Meinung	210	10,6	10,8
missing cases	45	2,2	
Total	1982	100,0	100,0

Zwischen der Beurteilung der Sympathien für die Deutschen und der Beantwortung dieses Items besteht ein hochsignifikanter Zusammenhang. Diejenigen Rekruten, welche die Deutschen als eher unsympathisch oder gar unsympathisch bezeichnen, geben viel eher an, beim Hochdeutschsprechen ein dummes Gefühl zu haben, als die anderen. Die Richtung des Zusammenhangs, also die Frage, ob die Einstellung gegenüber den Deutschen das

46 Vgl. z.B. Schläpfer (1986), S. 5.

Empfinden beim Sprechen beeinflusst oder ob diese Beeinflussung umgekehrt oder allenfalls gegenseitig wirkt, kann hier nicht festgestellt werden.

Korrelation Item 64.4 und Item 87.2:
Sympathie für Deutsche und sich beim Hochdeutsch-Sprechen dumm vorkommen

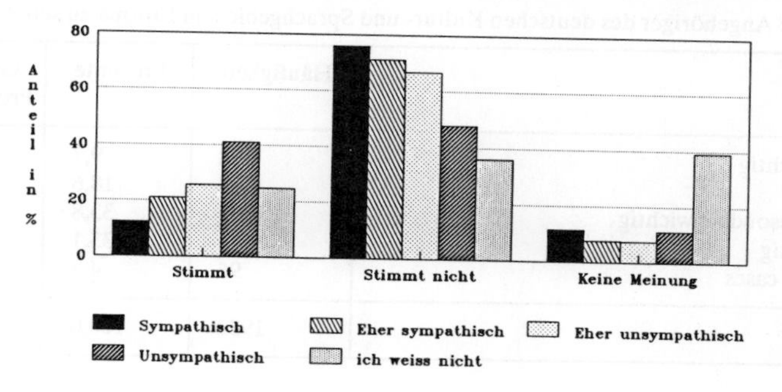

missing cases: 8512.3
Signifikanz: 0,000
C(korr): 0,369

7.3.1 Die Standardsprache als Verbindungsglied zum deutschen Kulturgebiet

Ein Hauptargument, das immer wieder von Mahnern für einen vermehrten und verbesserten Gebrauch der Standardsprache vorgebracht wird, ist der drohende Verlust des Kontaktes zum deutschen Kulturraum, der durch den ständigen Rückgang der Kompetenz in der Standardsprache ausgelöst werden könnte.

> "Mit einem weiteren Rückgang der Hochsprache würde langfristig die Zugehörigkeit der Deutschschweiz zum *deutschsprachigen Kulturraum* mit seinen gegen hundert Millionen Menschen gefährdet, ihre kulturell-sprachliche und auch politi-

> sche *Präsenz* in diesem Raum bedroht, einem *helvetischen Provinzialismus* Tür und Tor geöffnet."[47]

Die Zugehörigkeit zu diesem deutschen Kulturraum ist für die Rekruten allerdings nicht wichtig.

Frage 67: Ist es für Sie wichtig

Item 67.1: Angehöriger des deutschen Kultur- und Sprachgebiets in Europa zu sein?

	Häufigkeit	Prozente	Gültige Prozente
sehr wichtig	192	9,7	10,2
wichtig	368	18,6	19,5
nicht besonders wichtig	669	33,8	35,5
unwichtig	657	33,1	34,8
missing cases	96	4,8	
Total	1982	100,0	100,0

Man hätte vielleicht vermutet, dass ein Zusammenhang zwischen der Einstufung der Wichtigkeit der Zugehörigkeit zum deutschen Kulturraum und der Ausbildung bzw. dem Beruf besteht, weil ja gerade die Gymnasiasten, Lehrer und Studenten sich auch in der Ausbildung und im Beruf mit Kultur aus Deutschland auseinandersetzen müssen; die Überkreuzungen ergeben aber in beiden Fällen kein signifikantes Resultat.

Alle anderen der vorgegebenen Zugehörigkeiten werden von den jungen Deutschschweizern als wichtiger eingestuft.

47 Angst (1985), S. 36.

Item 67.2: Schweizer zu sein?

	Häufigkeit	Prozente	Gültige Prozente
sehr wichtig	737	37,2	38,2
wichtig	598	30,2	31,0
nicht besonders wichtig	311	15,7	16,1
unwichtig	282	14,2	14,7
missing cases	54	2,7	
Total	1982	100,0	100,0

Item 67.3: Deutschschweizer zu sein?

	Häufigkeit	Prozente	Gültige Prozente
sehr wichtig	276	13,9	15,1
wichtig	420	21,2	23,0
nicht besonders wichtig	609	30,7	33,3
unwichtig	523	26,4	28,6
missing cases	154	7,8	
Total	1982	100,0	100,0

Item 67.4: Angehöriger eines bestimmten Kantons (z.B. Luzerner, Freiburger, Zürcher, ...) zu sein?

	Häufigkeit	Prozente	Gültige Prozente
sehr wichtig	350	17,6	18,3
wichtig	382	19,3	19,9
nicht besonders wichtig	543	27,4	28,3
unwichtig	643	32,4	33,5
missing cases	64	3,3	
Total	1982	100,0	100,0

Item 67.5: Zugehöriger des Orts, an dem Sie aufgewachsen sind, zu sein

	Häufigkeit	Prozente	Gültige Prozente
sehr wichtig	440	22,2	23,0
wichtig	394	19,9	20,6
nicht besonders wichtig	506	25,5	26,4
unwichtig	575	29,0	30,0
missing cases	67	3,4	
Total	1982	100,0	100,0

Auf den ersten Blick erstaunt es, wenn doch 40% der Rekruten der Meinung zustimmen, dass Hochdeutsch nötig ist, um am kulturellen Leben im deutschsprachigen Raum teilzunehmen. Allerdings ist es so, dass hier die Probanden weniger einer Meinung als einer bestehenden Realität zustimmen müssen, ohne dass sie dadurch in irgendeiner Weise selber involviert werden. Selbst wenn ein Proband keineswegs bereit ist, sich im kulturellen Bereich zu engagieren oder gar dazu seine Kenntnisse in der Hochsprache zu verbessern, kann er hier zustimmen.

Frage 87: Die folgenden Meinungen hört man hin und wieder. Was denken Sie darüber?

Item 87.3: Hochdeutsch ist nötig, damit man am kulturellen Leben im deutschsprachigen Raum teilnehmen kann.

	Häufigkeit	Prozente	Gültige Prozente
stimmt	814	41,1	42,0
stimmt nicht	700	35,3	36,2
keine Meinung	423	21,3	21,8
missing cases	45	2,3	
Total	1982	100,0	100,0

Schon eher ins Bild passt es, wenn rund die Hälfte der Rekruten einen besonderen Aufwand im Erlernen der Standardsprache, weil sie die Verständigungssprache eines grossen Sprachraums ist, nicht für nötig hält, und nicht einmal 30% der Probanden bereit zu sein scheinen, besondere Förderungsmassnahmen mitzutragen.

Frage 87: Die folgenden Meinungen hört man hin und wieder. Was denken Sie darüber?
Item 87.7: Hochdeutsch muss in der deutschen Schweiz besonders gefördert werden, weil es die Verständigungssprache eines grossen Sprachraums ist.

	Häufigkeit	Prozente	Gültige Prozente
stimmt	539	27,2	27,9
stimmt nicht	969	48,9	50,2
keine Meinung	422	21,3	21,9
missing cases	52	2,6	
Total	1982	100,0	100,0

Es fällt auf, dass bei diesen beiden Items jeweils über 20% der Probanden nicht Stellung nehmen. Es ist allerdings schwierig zu ergründen, warum hier eine solch hohe Zahl der Rekruten keine Meinung äussert.

Die Rekruten messen der Zugehörigkeit zum deutschen Sprach- und Kulturraum wenig Bedeutung zu. Sie stimmen zwar noch mehrheitlich der Ansicht zu, dass Hochdeutsch nötig ist, damit man am kulturellen Leben im deutschsprachigen Raum teilnehmen kann, halten es aber nicht für nötig, dass das Hochdeutsche deshalb in der Schweiz besonders gefördert wird. Es scheint wenig Möglichkeiten zu geben, die Einstellung der jungen Deutschschweizer gegenüber der Standardsprache zu verbessern oder sie gar zu einem verstärkten Lernen zu motivieren, indem man auf die Wichtigkeit der Standardsprache als Verbindungsglied zur deutschen Kultur hinweist. Mir scheint in diesem Zusammenhang die Frage besonders wichtig, welche Kultur aus Deutschland denn eigentlich gemeint ist, welche die Kenntnisse in der Standardsprache so stark zur Bedingung ihrer Teilhabe macht. Den deutschen Komiker Otto verstehen die Rekruten ihren eigenen Angaben zufolge jedenfalls beinahe so gut wie den früheren Nachrichtensprecher des Deutschschweizer Fernsehens Paul Spahn, und die Verständlichkeit des deutschen Quizmasters Hans-Joachim Kulenkampff und des deutschen Liedermachers Udo Lindenberg scheint ihnen auch nicht allzu grosse Probleme zu bereiten.[48] Man müsste wahrscheinlich den traditionellen Kulturbegriff zumindest erweitern, um die jungen Deutschschweizer mit dem Argument des kulturellen Zusammenhangs für vermehrte Anstrengungen im Bereiche des Erlernens der Standardsprache zu motivieren.

48 Gefragt wird nach der Verständlichkeit dieser Leute in Frage 100.

8 KOMMUNIKATIONSVERHALTEN UND DER PERSÖNLICHE SPRACHGEBRAUCH

In diesem Kapitel sollen die Aussagen der Rekruten zum Kommunikationsverhalten und zu ihrem persönlichen Sprachverhalten untersucht werden. Aus der Vielzahl der Fragen zum allgemeinen Sprachverhalten, die im Fragebogen enthalten sind, werden nur diejenigen besprochen, die direkt mit dem Sprachvarietätenproblem in einem Zusammenhang stehen.

Für die Untersuchung des Sprachverhaltens der Rekruten muss berücksichtigt werden, dass man sich auf die eigenen Aussagen der jungen Deutschschweizer zu ihrem Sprachverhalten abstützen muss. Diese Aussagen decken sich nicht notwendigerweise mit ihrem tatsächlichen Sprachverhalten. Es gilt also, diese Resultate vorsichtig zu interpretieren.

8.1 HÄUFIGKEIT DES GEBRAUCHS VON MUNDART UND STANDARDSPRACHE AM ARBEITSPLATZ

Als Schriftsprache wird das Hochdeutsche am Arbeitsplatz von rund zwei Dritteln der Probanden häufig gebraucht.

Frage 36: In welchem Umfang brauchen Sie schriftlich im beruflichen Bereich

Item 36.1: Hochdeutsch

	Häufigkeit	Prozente	Gültige Prozente
häufig	1254	63,3	64,9
gelegentlich	574	29,0	29,7
nie	103	5,2	5,4
missing cases	51	2,5	
Total	1982	100,0	100,0

Es ist fast selbstverständlich, dass in einer Gesellschaft mit einem sehr stark ausgebauten Dienstleistungssektor viel geschrieben wird. Es gibt denn auch fast keine Probanden, die am Arbeitsplatz nie schreiben müssen. Die Beherrschung der Standardsprache in ihrer Funktion als Schriftsprache ist deshalb für den beruflichen Alltag in der Schweiz noch immer von grosser Bedeutung.[1] Natürlich besteht ein hochsignifikanter, relativ starker Zusammenhang zwischen den Berufsgruppen und der Häufigkeit, mit der bei der Arbeit geschrieben wird.

Korrelation Beruf – Item 36.1:
Geschriebenes Hochdeutsch im Beruf

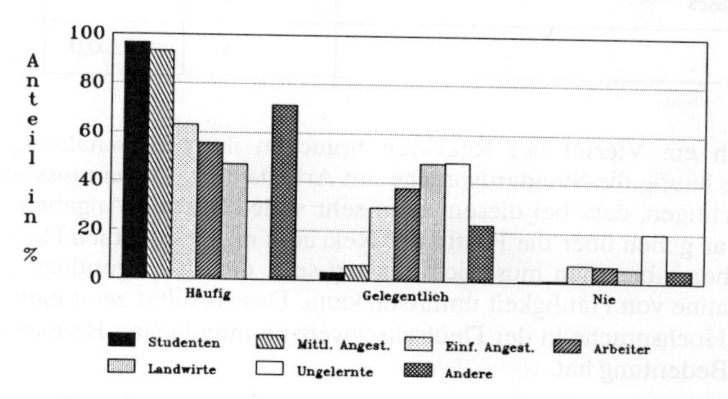

missing cases: 98
Signifikanz: 0,000
C(korr): 0,445

Die Studenten und die mittleren Angestellten geben fast zu 100% an, häufig am Arbeitsplatz Hochdeutsch zu schreiben. Deutlich unterscheidet sich hier die Kategorie 'Einfache Angestellte' von der Kategorie 'Mittlere Angestellte'.

Im mündlichen Bereich bietet sich bezüglich Häufigkeit der Anwendung der Hochsprache im beruflichen Umfeld ein ganz anderes Bild.

1 Nach dem schriftlichen Anteil der Mundart im beruflichen Umfeld wurde gar nicht erst gefragt, da er ohne Bedeutung ist.

Frage 35: In welchem Umfang brauchen Sie mündlich im beruflichen Bereich

Item 35.2: Hochdeutsch

	Häufigkeit	Prozente	Gültige Prozente
häufig	393	19,8	25,1
gelegentlich	900	45,4	57,6
nie	270	13,6	17,3
missing cases	419	21,2	
Total	1982	100,0	100,0

Nur noch ein Viertel der Rekruten brauchen ihrer Einschätzung zufolge mündlich häufig die Standardsprache am Arbeitsplatz. Dabei muss man noch berücksichtigen, dass bei diesem Item sehr viele fehlende Angaben vorkommen. Zwar geben über die Hälfte der Rekruten an, gelegentlich Hochdeutsch zu sprechen, aber man muss sich bewusst sein, dass 'Gelegentlich' eine sehr weite Spanne von Häufigkeit umfassen kann. Das Resultat zeigt einmal mehr, dass die Hochsprache in der Deutschschweiz im mündlichen Bereich sehr viel weniger Bedeutung hat.

Im mündlichen Bereich ist der Zusammenhang zwischen dem Beruf und der Häufigkeit des Gebrauchs der Standardsprache noch stärker als im schriftlichen. Die einzige Berufskategorie, innerhalb derer eine Mehrheit angibt, die Hochsprache häufig zu sprechen, ist die Kategorie 'Studenten u.ä.'. Bei allen anderen Kategorien ist die Mehrheit bei der Antwort 'Gelegentlich' zu finden.

Korrelation Beruf – Item 35.2:
Gesprochenes Hochdeutsch im Beruf

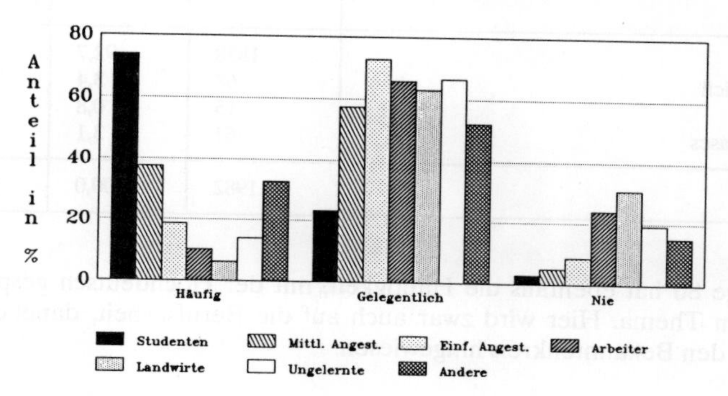

missing cases: 457
Signifikanz: 0,000
C(korr): 0,490

Dass fast 100% der jungen Deutschschweizer den Dialekt mündlich häufig gebrauchen, muss nicht näher erläutert werden.

Frage 35: In welchem Umfang brauchen Sie mündlich im beruflichen Bereich

Item 35.1: Schweizerdeutsch

	Häufigkeit	Prozente	Gültige Prozente
häufig	1838	92,7	95,7
gelegentlich	68	3,4	3,5
nie	15	0,8	0,8
missing cases	61	3,1	
Total	1982	100,0	100,0

Die Frage 80 hat ebenfalls die Häufigkeit, mit der Hochdeutsch gesprochen wird, zum Thema. Hier wird zwar auch auf die Berufsarbeit, daneben aber auch auf den Bekanntenkreis hingewiesen.

Frage 80: Wie häufig kommt es vor, dass Sie Hochdeutsch sprechen? (Denken Sie auch an Ihre Berufsarbeit und an Ihren Bekanntenkreis.)

	Häufigkeit	Prozente	Gültige Prozente
Regelmässig	444	22,4	22,5
Gelegentlich	802	40,5	40,7
Eher selten	641	32,3	32,5
Nie	85	4,3	4,3
missing cases	10	0,5	
Total	1982	100,0	100,0

Das Resultat ergänzt und bestätigt die oben gemachten Feststellungen. Leichte Zweifel bestehen allerdings, ob in der Deutschschweiz tatsächlich noch soviel Hochdeutsch gesprochen wird, wie man aus dieser Liste ableiten könnte. Die Nähe der Rekruten zum schulischen Umfeld hätte man allenfalls als Erklärung für das positive Resultat anführen können, aber gerade Schule und Arbeitsplatz scheinen nicht die Orte zu sein, wo die jungen Deutschschweizer am häufigsten die Standardsprache sprechen.

Wo und wann die jungen Schweizer vor allem Hochdeutsch sprechen, wurde mit der Frage 81 in Erfahrung gebracht.[2] Es war den Rekruten möglich, mehrere der vier vorgegebenen Orte/Situationen anzukreuzen. Am meisten wird das Hochdeutsche offensichtlich gesprochen mit Touristen. Es wird dann das Gespräch mit den Ausländern, die in der Schweiz wohnen, genannt, gefolgt vom Arbeitsplatz bzw. Schule/Universität und vom Gespräch mit den anderssprachigen Schweizern.[3]

8.2 MUNDART UND STANDARDSPRACHE IM GESPRÄCH MIT NICHT-DEUTSCHSCHWEIZERN

Der ganze Themenkreis der Kommunikation ist äusserst komplex und vielschichtig. Der schriftlichen Erhebung sind hier besonders enge Grenzen gesteckt. Die Wahl der Sprachform im Gespräch ist unter anderem abhängig von situationsbedingten pragmatischen Faktoren, also etwa vom Gesprächsinhalt, vom Gesprächsort usw., von der Einstellung des Sprechers seinem Kommunikationspartner gegenüber und von der Einschätzung der möglichen Reaktionen.[4]

Eine wichtige situationsbezogene Komponente, welche die Wahl der Sprache bzw. der Sprachform stark beeinflussen kann, ist das gruppendynamische Moment.[5] Ein einzelner Deutschschweizer wird mit einem Deutschen oder einem Fremdsprachigen eher Hochdeutsch sprechen, wenn er sich nicht der hemmenden kritischen Aufmerksamkeit einer Gruppe ausgesetzt weiss. Ist er Teil einer Gruppe, wird sein sprachliches Verhalten auch durch den Status, der ihm innerhalb der Gruppe zukommt, mitbestimmt. Durch das Ansprechen einer ganzen Gruppe kann deren Gruppensolidarität aktiviert werden, und die Sprache bzw. Sprachform kann von ihr provokativ eingesetzt werden als Zei-

2 Die Frage ist im Fragebogen aufgeteilt nach dem Gebrauch in der Schweiz und im Ausland. Der zweite Teil (im Ausland) wird hier nicht ausgewertet. Die Einschränkung, dass bei den zwei vorgegebenen Antworten ('Bei Besuchen in Deutschland/Oesterreich'; 'Bei Besuchen im anderssprachigen Ausland') nur eine Antwort möglich ist, ist unsinnig. Es handelt sich hier um einen Fehler im Fragebogen.

3 Anzahl Nennungen zu den einzelnen Items der Frage 81: Wenn Sie gelegentlich Hochdeutsch sprechen, wo und wann benützen Sie diese Sprachform?

In der Schweiz:

Mit anderssprachigen Schweizern:	661
Mit Ausländern, die in der Schweiz leben:	1132
Mit Touristen:	1223
Am Arbeitsplatz, in der Schule/Universität:	944

4 Vgl. Ris (1973), S. 49.

5 Vgl. Ris (1978), S. 112f., und Ris (1979), S. 48.

chen der Ablehnung, als sprachliches Identitätsmerkmal oder als Aufforderung zur Anpassung.

Auch in der Person des Gesprächspartners selbst liegt sehr oft das eigene sprachliche Verhalten begründet. Dessen sozialer Status, seine Assimilierungsbereitschaft, die Nähe der Bekanntschaft und vieles mehr können eine Auswirkung darauf haben, wie man mit ihm spricht.

Der Katalog der Faktoren, von denen die Wahl der Sprachform abhängen kann, lässt sich noch beliebig erweitern und differenzieren. Noch nicht erwähnt wurde ja zum Beispiel der Grad der Kompetenz, dem wohl eine der wichtigsten Rollen zukommt.

Beim Erstellen eines Fragebogens muss entschieden werden, wie stark diese Aspekte in der Fragestellung berücksichtigt werden sollen, wenn Informationen über das Sprachverhalten eingeholt werden, wobei man sich bewusst sein muss, dass sich gewisse Faktoren in einer schriftlichen Erhebung besonders schwer oder zum Teil überhaupt nicht in die Untersuchung miteinbeziehen lassen. Man kann bei der Ausgestaltung einer Situation sehr weit gehen und die Schilderung, aufgrund derer der Proband sich dann entscheiden muss, welche Sprachform er verwenden würde,[6] sehr breit halten. Alle Faktoren, welche die Wahl der Sprachform zu beeinflussen vermögen, können allerdings nie aufgeführt werden. Zudem besteht eine Unsicherheit, wie weit die Probanden solche nur auf dem Papier vorhandenen Konditionierungen bei ihrem - hier notgedrungen ja theoretischen - Entscheid tatsächlich berücksichtigen. Die Probanden werden diese Faktoren für die Beantwortung ganz bewusst abwägen und bewerten, es besteht auch genügend Zeit dazu, was natürlich im Gegensatz zur Realität des sprachlichen Verhaltens steht. Es muss deshalb damit gerechnet werden, dass die Bewertung des erwarteten Kommunikationsverhaltens gegenüber Anderssprachigen eine wichtige Rolle spielt und sich gleichzeitig Spracheinstellungen und ethnische Stereotype bei der Beantwortung stark in den Vordergrund schieben.

In den Fragen zum Sprachverhalten im Fragebogen der PRP 85 ist auf die Einbringung von situativen bzw. personenbezogenen Faktoren gänzlich verzichtet worden. Man kann deshalb nur ganz allgemein von Tendenzen bei den Rekruten sprechen, die eine oder andere Sprachform zu wählen. Dieses völlige Fehlen von näheren Umschreibungen einer Gesprächssituation ist für die

---

6 So könnte eine Fragestellung etwa lauten: Sie sind alleine auf dem Weg zum Einkaufen. Neben Ihnen hält ein Auto mit deutschem Kennzeichen. Einer der Insassen fragt sie auf Hochdeutsch nach dem Weg. Wie antworten Sie:
In Hochdeutsch?
In Dialekt?

Auswertung nicht unproblematisch und kann die Beurteilung der Resultate erschweren.

8.2.1 Der Dialog mit Deutschen und Österreichern

Das Hauptinteresse gilt zunächst dem Sprachverhalten der jungen Deutschschweizer gegenüber Deutschen und Österreichern. Ihren eigenen Angaben zufolge sind die Probanden gegenüber diesen Gesprächspartnern recht zuvorkommend. Etwas über 60% sagen aus, dass sie mit Deutschen und Österreichern Hochdeutsch sprechen. Nur rund ein Viertel gibt an, den Dialekt beizubehalten, während sich der Rest, unter Berufung darauf, keinen Kontakt zu haben, nicht für eine der beiden Sprachformen entscheiden muss.

Frage 28: Ich spreche mit Deutschen/Österreichern:

	Häufigkeit	Prozente	Gültige Prozente
meinen Dialekt	503	25,4	26,0
hochdeutsch	1183	59,7	61,0
Ich habe keinen Kontakt mit Deutschen/Österreichern.	251	12,7	13,0
missing cases	45	2,2	
Total	1982	100,0	100,0

Relativiert und etwas zurechtgerückt wird dieses Resultat, mit dem sich die Rekruten ein recht gutes Zeugnis ausstellen, durch die Probanden selbst. Das Sprechen mit Deutschen und Österreichern in der Standardsprache ist nämlich offensichtlich keine Selbstverständlichkeit. So gibt es in Frage 92 eine Mehrheit von rund 55%, die von sich selbst sagt, dass sie zuerst versucht, Dialekt zu sprechen, und diesen, falls die Verständigung zustandekommt, auch beibehält.

Frage 92: Sprechen Sie mit Deutschen oder Österreichern Dialekt, sofern Sie verstanden werden, oder stellen Sie selbstverständlich auf Hochdeutsch um, wenn Sie mit Deutschen oder Österreichern zusammentreffen?

	Häufigkeit	Prozente	Gültige Prozente
Ich versuche, Dialekt zu sprechen, und behalte es bei, wenn ich verstanden werde.	1035	52,2	54,8
Ich spreche mit Deutschen oder Österreichern selbstverständlich Hochdeutsch.	853	43,0	45,2
missing cases	94	4,8	
Total	1982	100,0	100,0

Diese Frage erlaubt einen differenzierten Einblick ins Sprachverhalten der Probanden, der wichtig ist für die Beurteilung des Resultats der Frage 28. Zwar scheint die Bereitschaft, mit Deutschen und Österreichern in der Hochsprache zu sprechen, bei der Mehrheit der Probanden vorhanden zu sein; diese Mehrheit wird aber mitgetragen von Rekruten, die diese Bereitschaft nur dann auch in die Tat umsetzen, wenn es sich zu Beginn eines Gesprächs herausstellt, dass sie in der Mundart nicht verstanden werden.

Es gibt natürlich vielerlei Gründe, die man für die starke Tendenz der Rekruten anführen kann,[7] im Gespräch mit Deutschen und Österreichern wenn immer möglich im Dialekt zu verharren und nur dann zu wechseln, wenn die Verständigung misslingt. Der junge Deutschschweizer fühlt sich normalerweise sicherer, wenn er Mundart sprechen kann, er kann eine gewisse sprachliche Überlegenheit aufbauen, da ihn der Gesprächspartner nur mit Mühe versteht, und er kann gleichzeitig seine nationale Identität betonen.

In Frage 28 signalisiert doch eine recht grosse Anzahl der Rekruten, es sind 70% derjenigen, die mit der Auswahl einer Sprachform gleichzeitig angeben, Kontakt zu haben, mit ihrer Antwort, dass sie bereit sind, mit Deutschen und Österreichern Hochdeutsch zu sprechen. Im Wissen um den Zusammenhang der Einstellung gegenüber den Sprechern einer Sprache und dem Sprachver-

7 Diese Tendenz, speziell im Zusammenhang mit jungen Deutschschweizern, wird offensichtlich auch im Ausland wahrgenommen:
"Was heute zusätzlich zur gehobenen Aburteilung des dialektsprechenden Deutschschweizers durch den Österreicher führt, ist die Tatsache, dass vor allem ein Grossteil der jungen Schweizer nicht mehr in der Lage ist, die deutsche Standardsprache trotz aller zugebilligten Schweizer Färbung flüssig und einwandfrei zu sprechen bzw. dass überhaupt viele Schweizer jeglichen Alters auch Fremden gegenüber nicht von ihrem Dialekt ablassen und zur Standardsprache wechseln wollen." [Wiesinger (1986), S. 105].

halten durfte das Resultat in diesem Ausmasse nach der Beurteilung der Sympathien, insbesondere für die Deutschen, nicht erwartet werden. Die Vermutung liegt allerdings nahe, dass dieses Resultat, zum Teil wenigstens, durch eine starke Bewertung des Sprachverhaltens in Richtung der sozialen Wünschbarkeit zustandegekommen ist.

Unerwartet hoch ist auch die Anzahl der Rekruten, die von sich behauptet, schon häufig bzw. sogar oft mit Deutschen und Österreichern gesprochen zu haben.

Frage 91: Wie oft haben Sie schon mit Deutschen oder mit Österreichern gesprochen?

	Häufigkeit	Prozente	Gültige Prozente
Noch nie	34	1,7	1,8
Einige Male	830	41,9	43,8
Häufig	591	29,8	31,2
Oft	438	22,1	23,2
missing cases	89	4,5	
Total	1982	100,0	100,0

Sehr aussagekräftig ist dieses Resultat allerdings nicht. Ein Deutscher bzw. Österreicher in der näheren Umgebung des Arbeitsplatzes oder im engeren Familienkreis genügt natürlich, dass man hier 'Häufig' oder sogar 'Oft' ankreuzt.

Einstellung gegenüber der Hochsprache und Kompetenz in dieser Sprachform gehören zu den wichtigsten Ursachen, die zur Beibehaltung der Mundart im Gespräch mit Deutschen und Österreichern oder zu einem Wechsel in die Standardsprache führen können.

Der Beurteilung ihres eigenen Sprachverhaltens zufolge haben die Probanden wenig Probleme, wenn sie mit anderen Deutschsprachigen Hochdeutsch sprechen müssen. Nicht einmal ein Viertel gibt an, Schwierigkeiten zu haben. Nur unwesentlich weniger Probanden empfinden sogar Spass dabei, während es der Mehrheit (angeblich) nichts ausmacht, sich in der Standardsprache zu unterhalten.

Frage 93: Wenn Sie mit Deutschen oder Österreichern Hochdeutsch sprechen müssen,

	Häufigkeit	Prozente	Gültige Prozente
haben Sie dann eher Schwierigkeiten, sich auszudrücken?	439	22,1	23,4
macht Ihnen das nichts aus?	1058	53,4	56,3
macht Ihnen das Spass?	382	19,3	20,3
missing cases	103	5,2	
Total	1982	100,0	100,0

Aufgrund dieses Resultats könnte also nur bei einem Viertel der Rekruten die (fehlende) Kompetenz in der Standardsprache und allenfalls die Einstellung ihr gegenüber für das Festhalten an der Mundart als Erklärung beigezogen werden.[8] Das Resultat nimmt eine etwas andere Form an, wenn die Probanden nicht ihr eigenes, sondern ganz allgemein das Sprachverhalten der Deutschschweizer beurteilen müssen. Es handelt sich hier nicht eigentlich um eine Fremdeinschätzung, weil die Probanden auch zu den Deutschschweizern gehören, aber eine gewisse Distanz kann sich hier dennoch bemerkbar machen, und sofort sieht das Ergebnis nicht mehr ganz so positiv aus, wie das eigentlich nach den bisherigen Angaben zu erwarten gewesen wäre. Rund zwei Drittel der Rekruten glauben nämlich, dass die Deutschschweizer nur ungern Hochdeutsch sprechen.

Frage 66: Wie beurteilen Sie die folgenden Behauptungen?
Item 66.6: Deutschschweizer sprechen nicht gern Hochdeutsch.

	Häufigkeit	Prozente	Gültige Prozente
trifft eher zu	1321	66,6	68,1
trifft eher nicht zu	618	31,2	31,9
missing cases	43	2,2	
Total	1982	100,0	100,0

8 In Frage 93 werden in den Antwortvorgaben Aspekte der Kompetenz ('Schwierigkeiten') und der Einstellung ('Spass') vermischt. 'Macht nichts aus' enthält im Zusammenhang hier wohl beide Aspekte.

Obwohl die Mehrheit der Probanden in Frage 93 angibt, es mache ihr nichts aus, mit Deutschen und Österreichern Hochdeutsch zu sprechen, empfinden es doch zwei Drittel der Rekruten als freundliches Entgegenkommen, wenn umgekehrt Deutsche mit ihnen Schweizerdeutsch sprechen. Nur ein Drittel hält dies für eher unangenehm.

Frage 85: Wenn ein Deutscher versucht, mit Ihnen Schweizerdeutsch zu sprechen, empfinden Sie das als

	Häufigkeit	Prozente	Gültige Prozente
freundliches Entgegenkommen?	1313	66,2	67,2
eher unangenehm?	641	32,4	32,8
missing cases	28	1,4	
Total	1982	100,0	100,0

Die Rekruten schätzen es offenbar sehr, wenn Deutsche versuchen, sich sprachlich anzupassen, und sie selber beim Dialekt bleiben können. Es ist wohl doch so, dass, entgegen dem Resultat von Frage 93, auch auf die jungen Deutschschweizer zutrifft, was sie für die Deutschschweizer allgemein annehmen: Auch sie sprechen nicht unbedingt gerne Hochdeutsch. Die Tendenz, der Hochsprache wenn immer möglich auszuweichen, lässt sich auf jeden Fall für die Mehrheit der Rekruten in diesen Ergebnissen klar erkennen. Offen bleiben muss die Frage, ob die hier vertretene Ansicht über den Assimilierungsversuch von Deutschen ganz allgemein gilt oder ob die Einschätzung der Probanden Änderungen erfährt, je nachdem, ob ein Deutscher in der Schweiz wohnhaft ist oder ob er sich nur auf der Durchreise befindet.

8.2.2 Der Dialog mit anderssprachigen Schweizern und fremdsprachigen Ausländern

Die sprachliche Kompetenz der Schweizer in den jeweils anderen Landessprachen hat sich in der letzten Zeit stark in den Vordergrund der Diskussion über das Verhältnis der verschiedenen Sprachregionen zueinander geschoben. Die Diglossiesituation der deutschen Schweiz - und hier insbesondere der häufige Gebrauch der Mundart - steht ganz besonders im Blickpunkt des Interesses. Die Mundart wird von den anderssprachigen Schweizern als grosse Belastung für die Beziehungen der deutschen Schweiz zu den anderen Sprachregionen empfunden. Klagen aus der italienischen und der französischen Schweiz sind denn auch regelmässig zu vernehmen.[9] Der Dialekt wird als Hindernis, als Barriere gegen einen guten Kontakt zwischen den verschiedensprachigen Landesteilen empfunden. Kritik wird angebracht am Dialektgebrauch der Medien und am Sprachverhalten der Deutschschweizer, deren Rücksichtslosigkeit und Ausnutzung der Mehrheitsstellung getadelt werden. Im Zentrum des Interesses steht das Verhältnis zwischen der Majorität und der grössten sprachlichen Minderheit, also zwischen der Deutschschweiz und der Welschschweiz. Aus der französischen Schweiz kommen auch die stärksten Vorwürfe bezüglich des uneingeschränkten Mundartgebrauchs der Deutschschweizer.[10]

Die Diskussion über das Verhältnis der Romands und der Deutschschweizer[11] und der Rolle, die dabei der Sprache zukommt, besteht zu einem grossen Teil aus Stereotypen und Vorurteilen. Immer wieder gehörte Meinungen sollen hier kurz aufgeführt werden, um die Aussagen der Rekruten zu diesem Thema in einen weiteren Kontext zu stellen.

> "[...]: «Les Romands comprennent l'allemand, mais ils ne le parlent pas; les Alémaniques parlent le français, mais ils ne le comprennent pas»."[12]

Solche globalen Urteile über die Sprachkompetenzen der Deutsch- und Welschschweizer sind weit verbreitet. Dem Deutschschweizer wird nachgesagt, dass er im Gespräch mit Romands wenn immer möglich Französisch spreche, dass er aber diese Sprache nicht ausreichend beherrsche.[13] Dem

9 Vgl. die Interviews, die Sylvia Blatter-Durnwalder mit F. Snozzi und J.C. Nicolet gemacht hat [COOP-Zeitung (1983).], und Vitali (1985).

10 Die Welschen machen sich offensichtlich nicht nur Sorgen um die Belastung des Verhältnisses zwischen der deutschen und der französischen Schweiz, sie kümmern sich auch um mögliche Folgen des häufigen Dialektgebrauchs für die Deutschschweiz. So ist J. Ribeaud der Ansicht, die deutsche Schweiz zementiere ihre kulturelle Isolation, die seiner Meinung nach also offensichtlich bereits Tatsache ist, sie favorisiere den Neo-Analphabetismus und würde Hunderttausende von in ihr lebenden Ausländern vernachlässigen [vgl. Ribeaud (1988), S. 49].
Ganz ähnlich äussert sich Jean-Luc Ingold. Auch er sieht die Gefahr des Neo-Analphabetismus und ist darüber besorgt, dass sich die deutsche Schweiz von der deutschen Kultur trennt und den Weg der "Hollandisierung" beschreitet [vgl. Ingold (1985), S. 13].

11 Zum Verhältnis der Deutschschweizer und der Welschschweizer vgl. vor allem Fischer/Trier (1962).

12 Merkt (1981), S. 78.

13 So rät Otto Frei, der Deutschschweizer solle im Gespräch mit einem welschen Schweizer nicht auf das Französische umstellen, sondern mit ihm ein möglichst korrektes Hochdeutsch sprechen, weil üblicherweise seine Kenntnisse der Feinheiten der französischen Sprache nicht ausreichen [vgl. Frei (1980), S. 66]. Es kann wohl für diese Aussage nur zwei mögliche Erklärungen geben: Entweder ist der Autor der Meinung, der welsche

Welschschweizer hingegen wird zwar attestiert, dass er recht gut deutsch kann,[14] dass er aber trotzdem versucht, das Gespräch auf Französisch zu führen.[15] Als Gründe für das Verhalten des Deutschschweizers werden Höflichkeit gegenüber der Minorität, Eifer, aber vor allem auch seine Hemmungen der Hochsprache gegenüber genannt.[16] Die Schlussfolgerung aus diesen Aussagen kann nur sein, dass das Gespräch zwischen einem Deutsch- und einem Welschschweizer üblicherweise in Französisch geführt wird.[17]

Von seiten der Welschen wird als wichtigstes Hindernis für eine bessere Verständigung der Dialekt bezeichnet. Der Dialektgebrauch der Deutschschweiz schliesse sie aus vom Deutschschweizer Radio- und Fernsehprogramm, demotiviere die Schüler, Deutsch zu lernen, und bringe die jungen Welschen dazu, einen Sprachaufenthalt in Deutschland anstatt in der deutschen Schweiz zu verbringen. Zudem sei die Ausbreitung des Dialekts mitschuldig daran, dass die Deutschschweizer mit den Schweizern aus der französischen Schweiz nicht mehr Hochdeutsch, sondern lieber Französisch sprechen wollen.[18]

Während engagierte Vertreter der Westschweiz vor allem den von ihnen stark empfundenen Rückgang der Hochsprache in der deutschen Schweiz als Belastung für das Verhältnis zwischen Deutsch und Welsch in der Schweiz bezeichnen, gibt es auch Stimmen, die vermuten, dass zumindest ein Teil der Welschen nicht unglücklich darüber sein kann, wenn hauptsächlich Französisch gesprochen wird.

> "Wie dem auch sei, gegenwärtig halten einerseits viele Westschweizer den ausgedehnten Dialektgebrauch der Deutschschweizer für eine erhebliche Erschwerung der interlingualen Kontakte innerhalb der Schweiz, und andererseits dürfte eben diese Diglossie der Deutschschweizer einer der Gründe dafür sein, dass die interlinguale Kom-

Schweizer könne normalerweise besser Deutsch als der Deutschschweizer Französisch, oder es schwingen Vorstellungen mit, welche das Französische als die kultiviertere, dem Deutschen in Feinheit und Nuanciertheit überlegenere Sprache einstufen. In diese Richtung zielt auch eine weitere, ähnliche Aussage: "Viele alemannische Schweizer machen den Fehler, sofort auf ein Französisch umzuschalten, das sie für gut oder doch brauchbar halten, das aber in Wirklichkeit oft höchst primitiv ist und französische Ohren beleidigt." [Strasser (1971), S. 171f.].

14 Vgl. aber Haas (1986), S. 49.

15 Diese Beobachtung machten sowohl K. McRae wie auch C. Schmid [vgl. McRae (1983), S. 73, und Schmid (1981), S. 31].

16 Vgl. Schwarzenbach (1969), S. 116f.

17 Vgl. Schmid (1981), S. 31. Schmid begründet dieses von ihr festgestellte Verhalten damit, dass die Deutschschweizer besser Französisch können als die Welschschweizer Deutsch, und mit dem hohen Prestige der französischen Sprache.

> munikation in der Schweiz vorzüglich in französischer Sprache erfolgt - was die Westschweizer durchaus zu schätzen wissen."[19]

Das Verhältnis zwischen der deutschen und der welschen Schweiz wird oft als nicht besonders gut eingestuft. Diese Einschätzung teilen auch die Rekruten; dies trotz den von ihnen für die Welschschweizer empfundenen Sympathien. Auch die Beziehungen zu den anderen Sprachregionen werden nicht als besser empfunden.

Frage 62: Beurteilen Sie die Beziehungen zwischen den einzelnen Sprachregionen der Schweiz mit einer Zahl von 6 bis 1. 6 bedeutet "sehr gut", 1 bedeutet "sehr schlecht".

Item 62.1: Deutschschweizer und Welschschweizer

	Häufigkeit	Prozente	Gültige Prozente
6	103	5,2	5,3
5	202	10,2	10,5
4	538	27,1	28,0
3	671	33,9	34,9
2	314	15,8	16,3
1	96	4,8	5,0
missing cases	58	3,0	
Total	1982	100,0	100,0

18 Vgl. Ribeaud (1988).
19 Kolde (1986), S. 148.

Item 62.2: Deutschschweizer und Südschweizer

	Häufigkeit	Prozente	Gültige Prozente
6	79	4,0	4,1
5	174	8,8	9,1
4	503	25,4	26,2
3	687	34,7	35,8
2	387	19,5	20,2
1	87	4,4	4,6
missing cases	65	3,2	
Total	1982	100,0	100,0

Item 62.3: Deutschschweizer und Rätoromanen

	Häufigkeit	Prozente	Gültige Prozente
6	288	14,5	15,1
5	266	13,4	14,0
4	338	17,1	17,8
3	468	23,6	24,6
2	425	21,4	22,4
1	116	5,9	6,1
missing cases	81	4,1	
Total	1982	100,0	100,0

Diese negative Einschätzung der Beziehungen zwischen den Landesteilen macht erst die Diskussion um das Sprachverhalten nötig, das als Teil der Beziehungsstruktur von Wichtigkeit ist und oft als eigentlicher Gradmesser für die Qualität der Beziehungen benutzt wird.

Die Vorwürfe, man tue zu wenig, um den anderen zu verstehen, beruhen auf Gegenseitigkeit. Ris macht vor allem die Zunahme an kulturellem Selbstbewusstsein des Deutschschweizers und damit verbunden eine neue, weniger hohe Einschätzung der Kultur und der Sprache der welschen Schweiz und Frankreichs für ein "schwieriger" gewordenes Verhältnis der Sprachgruppen verantwortlich. Für ihn ist das Problem in erster Linie ein wirtschaftliches und politisches; das Sprachproblem ist nur ein Symptom für gesellschaftliche Probleme.[20] Zweifel an der propagierten Wichtigkeit des Sprachproblems hat auch Kolde:

> "Der relativ unbeteiligte Zuschauer hat gelegentlich den Eindruck, die Diglossie der Deutschschweizer diene manchen Romands als willkommener Vorwand, sich gar nicht erst ernsthaft auf Sprache, Lebensweise und Kultur der deutschsprachigen Eidgenossen einzulassen."[21]

Beide Forscher sind der Meinung, dass die Sprache, aus der Sicht der Welschschweizer ist hier natürlich primär die Mundart gemeint, in der Erklärung des (schlechten) Verhältnisses zwischen den Sprachgruppen Symbolcharakter für andere Probleme erhält, dass sie zum eigentlichen Sündenbock gemacht wird.[22]

Besonders die Mundart hat wohl eine solche Rolle als Sündenbock zugeordnet bekommen. Die Erwähnung des Schweizerdeutschen als Hindernis in der Beziehung zwischen den Sprachgruppen hat sich zu einer Art "ceterum censeo" in den Debatten um das Verhältnis Deutsch - Welsch entwickelt. So wird automatisch die reservierte Reaktion der Romands auf ein Konzept für die Bundesjubiläumsfeiern von 1991 der Enttäuschung angesichts der Dialektwelle und der Kampagne gegen das Frühfranzösisch in der Deutschschweiz zugeschrieben,[23] und wenn später das Frühfranzösisch im Kanton Zürich angenommen wird, ein Entscheid notabene, dem die Romandie schon vor der Abstimmung grösste Bedeutung zugemessen hatte für das zukünftige Verhältnis zwischen der Deutschschweiz und der Welschschweiz, bleibt immer noch das Hindernis Schweizerdeutsch, das Raum für weitere Skepsis zulässt.[24]

Der ausgedehnte Mundartgebrauch der Deutschschweizer kann für die Romands vor allem dann zum Problem werden, wenn sie Interesse an Sendungen der deutschschweizerischen Radio- und Fernsehanstalten haben oder wenn sie sich in der Deutschschweiz aufhalten. Die Mundart wird dabei allerdings wahrscheinlich weniger zum Problem im direkten Gespräch zwischen einem Deutschschweizer und einem Fremdsprachigen. Schwierigkeiten entstehen

---

20 Vgl. Ris (1986).
21 Kolde (1986), S. 134.
22 Vgl. Kolde (1986), S. 134f., und Ris (1986), S. 33.
23 Vgl. (O.F.) (1988).
24 Vgl. Moser (1988).

dann, wenn ein Fremdsprachiger sich in einer Gruppe von Deutschschweizern befindet, die sich trotz seiner Anwesenheit in Mundart unterhält.[25]

> "[...]: Mit einem französischsprachigen [Schweizer] wird man, wenn man allein mit ihm zusammen ist, eher französisch sprechen oder wenigstens zu sprechen versuchen. Ist er aber allein in einer Gruppe von Deutschschweizern, dann sprechen diese unter sich Mundart, und er ist von der Kommunikation ausgeschlossen. Hier liegt einer der wesentlichsten Gründe dafür, dass der Welschschweizer dem Deutschschweizer mit einer spürbaren Zurückhaltung begegnet."[26]

In diesem Zitat wird wieder, wenn auch nicht explizit, gesagt, dass die Deutschschweizer versuchen, sich in der Fremdsprache zu unterhalten.[27] Die Beurteilung des Sprachverhaltens der Deutschschweizer durch die Sprachwissenschaftler wird auch von einer Zweidrittels-Mehrheit der Rekruten geteilt.

Frage 66: Wie beurteilen Sie die folgenden Behauptungen?

Item 66.4: Deutschschweizer bemühen sich nicht, andere Landessprachen zu sprechen.

	Häufigkeit	Prozente	Gültige Prozente
trifft eher zu	668	33,7	34,4
trifft eher nicht zu	1272	64,2	65,6
missing cases	42	2,1	
Total	1982	100,0	100,0

Der Einschätzung der Rekruten zufolge würden die hier angenommenen Bemühungen der Deutschschweizer, in anderen Landessprachen zu sprechen,

25 Ein in diesem Zusammenhang oft erwähnter Vorwurf gegenüber den Deutschschweizern ist, dass diese zwar in Sitzungen, in denen Romands anwesend sind, hochdeutsch sprechen, nachher aber im informellen Zusammensein, bei dem, das wird immer wieder (stereotyp?) hervorgehoben, das Wichtigste gesagt wird, zur Mundart wechseln [vgl. Ingold (1985), S. 10].

26 Ris (1973), S. 42.

27 Zu einem ähnlichen Schluss kommen Sieber/Sitta (1986/1), S. 33: "Mit Westschweizern wird Französisch als ganz normal empfunden, mit Tessinern spricht man (vorausgesetzt, man beherrscht es) Italienisch."

den Bedürfnissen der Gesprächspartner aus den anderssprachigen Landesteilen weitgehend entsprechen. Über 85% der Probanden sind nämlich der Meinung, dass die Welschschweizer nicht gerne Deutsch sprechen. Der gleiche Wert für die Südschweizer liegt rund 20% tiefer.

Frage 66: Wie beurteilen Sie die folgenden Behauptungen?

Item 66.1: Welschschweizer sprechen nicht gern Deutsch.

	Häufigkeit	Prozente	Gültige Prozente
trifft eher zu	1700	85,8	87,2
trifft eher nicht zu	250	12,6	12,8
missing cases	32	1,6	
Total	1982	100,0	100,0

Wenn man dem Resultat in Frage 29 Glauben schenken darf, wird bei der Beantwortung dieses Items ausserordentlich deutlich, wie stark Vorurteile im sprachlichen Bereich verbreitet sind. In Frage 29 geben nämlich rund ein Drittel der Probanden an, keinen Kontakt mit Französischsprechenden zu haben. Hier aber beurteilen sie ohne Zögern das Sprachverhalten der Welschschweizer, obwohl sie dieses ja offensichtlich gar nicht aus persönlicher Erfahrung kennen.

Frage 66: Wie beurteilen Sie die folgenden Behauptungen?

Item 66.2: Südschweizer sprechen nicht gern Deutsch.

	Häufigkeit	Prozente	Gültige Prozente
trifft eher zu	1308	66,0	67,7
trifft eher nicht zu	623	31,4	32,3
missing cases	51	2,6	
Total	1982	100,0	100,0

Im Gegensatz zu den obigen Resultaten wird der Mehrheit der Rätoromanen attestiert, dass sie gerne Deutsch sprechen. Die höhere Zahl der fehlenden

Werte bei dieser Antwort zeugt davon, dass die Rätoromanen für die jungen Deutschschweizer diejenige Sprachgruppe sind, über die sie am wenigsten wissen und mit der sie am wenigsten Kontakt haben.[28]

Frage 66: Wie beurteilen Sie die folgenden Behauptungen?

Item 66.3: Rätoromanen sprechen nicht gern Deutsch.

	Häufigkeit	Prozente	Gültige Prozente
trifft eher zu	637	32,1	34,0
trifft eher nicht zu	1235	62,3	66,0
missing cases	110	5,6	
Total	1982	100,0	100,0

Die Antworten der Rekruten entsprechen voll und ganz den gängigen Stereotypen. Ein Reflex auf die bestehende Sprachsituation ist allerdings sicher die unterschiedliche Einschätzung des Sprachverhaltens der West- und der Südschweizer. Da die Sympathien der jungen Deutschschweizer für diese beiden Sprachgruppen in etwa gleich verteilt sind, können diese nicht für die unterschiedliche Beurteilung verantwortlich gemacht werden.

Weniger Deutschschweizer sprechen Italienisch als Französisch. Deshalb muss im Gespräch mit Italienischsprechenden öfter auf die Hochsprache oder gar die Mundart ausgewichen werden. Gleichzeitig sehen sich viele Tessiner des Tourismus wegen gezwungen, Deutsch zu lernen. Im weiteren kommt dazu, dass Tessiner Studenten, die in der Schweiz studieren wollen, dies entweder an einer französisch- oder an einer deutschsprachigen Universität tun müssen. Viele wählen dabei den Standort Zürich, weil er besser erreichbar ist als die französische Schweiz, und weil gute wirtschaftliche Beziehungen zwischen dem Tessin und Zürich bestehen. Es gibt also für die Südschweizer stärkere Sachzwänge als für die Westschweizer, Deutsch zu lernen und im Gespräch mit den Deutschschweizern anzuwenden. Ob sie dies auch lieber tun, wie es die Rekruten annehmen, kann hier natürlich nicht geklärt werden.

28 In Frage 31 wird gefragt, wie die Deutschschweizer mit Rätoromanen sprechen. Rund 70% der Rekruten geben dabei an, keinen Kontakt mit Rätoromanen zu haben. Die Resultate der Frage 31 und des Items 66.3 lassen sich vielleicht auch dadurch erklären, dass viele Rätoromanen so gut Schweizerdeutsch sprechen, dass ihr rätoromanischer Hintergrund gar nicht erkennbar ist.

Da die Südschweizer die kleinere Minorität sind als die Westschweizer und ihre Sprachregion als beliebtes Reiseziel nicht nur jedes Jahr viele Deutschschweizer, sondern auch andere deutschsprachige Touristen beherbergt, gilt die linguistische Position der Südschweiz als eher schwach.[29] Die Rekruten sehen denn auch viel eher eine Gefahr darin, dass sich die deutsche Sprache auf Kosten der italienischen Sprache in der Schweiz ausdehnt, als auf Kosten der französischen. Erkannt worden ist offensichtlich die besondere Gefährdung des Rätoromanischen. Dass allerdings rund ein Drittel in allen Items angibt, nicht zu wissen, ob sich die deutsche Sprache auf Kosten der anderen Landesteile ausdehnt oder nicht, und sich folglich nicht festlegen will, zeugt nicht gerade von einer Sensibilisierung für die Sprachenfrage in der Schweiz; schon eher von einem fehlenden Interesse, denn zumindest die Gefährdung des Rätoromanischen ist oft genug Thema der Tagespresse, um sich hier ein Urteil bilden zu können.

Frage 65: Man hört oft die Behauptung, die deutsche Sprache dehne sich in der Schweiz auf Kosten der anderen Landessprachen aus. Stimmt diese Behauptung nach Ihrer Meinung

Item 65.1: in der französischen Schweiz?

	Häufigkeit	Prozente	Gültige Prozente
ja	337	17,0	17,2
nein	985	49,7	50,3
ich weiss nicht	635	32,0	32,5
missing cases	25	1,3	
Total	1982	100,0	100,0

29 Schmid (1981), S. 33, sieht im (deutschsprachigen) Tourismus eine Schwächung der ohnehin nicht starken linguistischen Position der Tessiner, gleichzeitig aber auch eine wichtige Einnahmequelle und eine Ursache für ein engeres Zusammengehörigkeitsgefühl zwischen der Süd- und der Deutschschweiz, als es zwischen der Welsch- und der Deutschschweiz besteht.

Item 65.2: in der italienischen Schweiz?

	Häufigkeit	Prozente	Gültige Prozente
ja	697	35,2	35,7
nein	585	29,5	30,0
ich weiss nicht	669	33,8	34,3
missing cases	31	1,5	
Total	1982	100,0	100,0

Item 65.3: in der rätoromanischen Schweiz?

	Häufigkeit	Prozente	Gültige Prozente
ja	1176	59,4	60,4
nein	167	8,4	8,6
ich weiss nicht	605	30,5	31,0
missing cases	34	1,7	
Total	1982	100,0	100,0

Die Fragen 29, 30 und 32 sollen Auskunft darüber geben, in welcher Sprache bzw. Sprachform die Rekruten sich mit Französisch-, Italienisch- und Englischsprechenden unterhalten. Es wird nicht unterschieden, ob die Gesprächspartner Schweizer oder Ausländer sind. Neben der jeweiligen Fremdsprache sind als Antworten noch vorgegeben 'Ich spreche Dialekt', 'Ich spreche Hochdeutsch' und 'Ich habe keinen Kontakt'. Bei allen drei Fragen wird von der letzten Antwortvorgabe sehr stark Gebrauch gemacht. Mindestens ein Drittel der Probanden gibt jeweils an, keinen Kontakt zu haben. Vielleicht ist dieser hohe Prozentsatz auch ein wenig darauf zurückzuführen, dass solche globalen Aussagen nicht sehr gerne gemacht werden. Aus den Antworten zu den Fragen 29 und 32 wird ersichtlich, dass die Rekruten stark dazu tendieren, sich mit den Französisch- und den Englischsprechenden in deren Sprache zu unterhalten. Die Hochsprache wird in dieser Situation offensichtlich von den Probanden wenig, der Dialekt kaum als Verständigungsmittel eingesetzt.

Frage 29: Ich spreche mit Französischsprechenden

	Häufigkeit	Prozente	Gültige Prozente
meinen Dialekt	114	5,7	6,0
hochdeutsch	246	12,4	12,9
französisch	955	48,2	50,0
Ich habe keinen Kontakt mit Französischsprechenden.	595	30,0	31,1
missing cases	72	3,7	
Total	1982	100,0	100,0

Frage 32: Ich spreche mit Englischsprechenden

	Häufigkeit	Prozente	Gültige Prozente
meinen Dialekt	91	4,6	4,8
hochdeutsch	168	8,5	8,8
englisch	879	44,3	46,1
Ich habe keinen Kontakt mit Englischsprechenden.	767	38,7	40,3
missing cases	77	3,9	
Total	1982	100,0	100,0

Das sprachliche Verhalten im Umgang mit Italienischsprechenden weicht stark von diesen Ergebnissen ab. Hier macht sich in erster Linie bemerkbar, dass die Kenntnisse in dieser Fremdsprache in der deutschen Schweiz weit weniger verbreitet sind als die in den beiden anderen Sprachen. Viel öfter müssen hier Hochsprache und Dialekt eingesetzt werden, um die Verständigung zu gewährleisten.

Frage 30: Wie sprechen Sie mit Italienischsprechenden?

	Häufigkeit	Prozente	Gültige Prozente
meinen Dialekt	360	18,2	19,0
hochdeutsch	479	24,2	25,3
italienisch	340	17,2	18,0
Ich habe keinen Kontakt mit Italienischsprechenden.	714	36,0	37,7
missing cases	89	4,4	
Total	1982	100,0	100,0

Recht viele Rekruten geben an, mit Italienischsprechenden Dialekt zu sprechen. Dies ist allerdings nicht erstaunlich. Den meisten Kontakt haben die Deutschschweizer sicher mit den Südschweizern und mit Gastarbeitern aus Italien. Gerade den Gastarbeitern nützen Kenntnisse in der Standardsprache oft wenig. Von ihnen wird verlangt, dass sie sich sprachlich assimilieren.[30] Um von der Kommunikation nicht ausgeschlossen zu werden, müssen sie sich zumindest passive Kenntnisse in der Mundart aneignen.

Wie schon bei den Aussagen zum Sprachverhalten im Gespräch mit Deutschen und Österreichern gibt es auch eine Diskrepanz zwischen den Angaben zum eigenen Verhalten und der Einschätzung des Verhaltens der Deutschschweizer allgemein. Rund 45% der Rekruten sind nämlich der Meinung, dass Deutschschweizer mit Anderssprachigen meistens ihren Dialekt sprechen.

30 Vgl. dazu Ris (1973), S. 43:
"Assimilation an das Schweizerdeutsche wird von dem in der deutschen Schweiz lebenden Anderssprachigen unbedingt verlangt. [...]. Dies trifft insbesondere für die weit mehr als eine halbe Million in der deutschen Schweiz lebenden Gastarbeiter zu. Kenntnisse der deutschen Einheitssprache nützen ihnen im täglichen Umgang wenig, weil man mit ihnen doch nur im Dialekt spricht." Und Ris (1979), S. 48:
"Ebenfalls noch nicht pragmatisch fixiert, sondern von sozialen Faktoren abhängig, ist das sprachliche Verhalten gegenüber *Ausländern*. Mit Gastarbeitern spricht man fast nur Mundart, ebenso mit Bedienungspersonal in Gaststätten, [...]."

Frage 66: Wie beurteilen Sie die folgenden Behauptungen?

Item 66.5: Deutschschweizer sprechen auch mit Anderssprachigen meistens ihren Dialekt.

	Häufigkeit	Prozente	Gültige Prozente
trifft eher zu	897	45,3	46,4
trifft eher nicht zu	1035	52,2	53,6
missing cases	50	2,5	
Total	1982	100,0	100,0

Das Verhältnis von Zustimmung und Ablehnung zur vorgegebenen Meinung entspricht etwa dem Verhältnis, in dem die Antwortvorgaben Dialekt und Hochdeutsch in Frage 30 ausgewählt wurden; in einer Situation also, in der nur wenige Rekruten auf die Fremdsprache zurückgreifen können.

Man kann wohl aus diesen beiden Resultaten herauslesen, dass eine starke Tendenz bei den jungen Deutschschweizern besteht, die Ähnliches ganz allgemein als für die Deutschschweizer zutreffend halten, falls in der Unterhaltung mit Anderssprachigen die Fremdsprache nicht eingesetzt werden kann, an der Mundart festzuhalten, wann immer es geht.

Geht man davon aus, dass der Wille zur Kommunikation tatsächlich vorhanden ist,[31] ist aufgrund dieser Ergebnisse damit zu rechnen, dass die Verständigung mit Anderssprachigen durch den Gebrauch der Mundart zwar kaum einmal verunmöglicht, aber öfters erschwert wird.

Der konsequente Gebrauch der Mundart zwingt Anderssprachige in der deutschen Schweiz dazu, sich längerfristig sprachlich zu assimilieren, wenn sie nicht als Aussenseiter gelten und sich ohne Einbussen an der Kommunikation beteiligen wollen. Vor allem wenn bekannt ist, dass ein Gesprächspartner schon lange in der deutschen Schweiz lebt, wird man von ihm selbstverständlich verlangen, dass er die Mundart zumindest versteht, und wird mit ihm Dialekt

31 "Ganz abgesehen davon ist es in jedem Fall ein Fehlverhalten, wenn von zwei zufälligen Kommunikationspartnern einer auf der Anwendung eines Sprachsystems beharrt, das der andere nicht versteht - ob das unverständliche Sprachsystem nun Englisch, Swahili oder Luzerndeutsch sei. Das ist keine Frage der Sprache, auch keine Frage der Sprachgrösse, sondern des Anstands." [Haas (1986), S. 49].

sprechen. Eine Ausnahme wird wohl nur dann noch gemacht, wenn der Gesprächspartner einen ausserordentlich hohen Status besitzt.[32]

Es ist für Fremdsprachige natürlich um einiges schwieriger, mit dem Schweizerdeutschen und seinen vielen verschiedenen Ausprägungen zurechtzukommen, als die Hochsprache zu lernen. Zudem kommt der Standardsprache als übergeordnetem Sprachsystem, das alle Deutschsprachigen verbindet, mehr Bedeutung zu als dem Schweizerdeutschen, was die Standardsprache für Fremdsprachige interessanter macht. Für diese Problematik zeigen die Rekruten - in der Theorie jedenfalls - recht viel Verständnis. Rund zwei Drittel der Probanden sind der Ansicht, dass Fremdsprachige Hochdeutsch lernen sollten. Nur ganz wenige Rekruten finden, die Fremdsprachigen sollten Dialekt lernen; eher dann schon beide Formen. Die Rekruten geben sich hier recht tolerant und einsichtig; ob sie in ihrem tatsächlichen Sprachverhalten dann allerdings auch die entsprechenden Konsequenzen zu tragen bereit sind, muss nach den bisherigen Aussagen bezweifelt werden.

Frage 70: Welche Form der deutschen Sprache sollten Ihrer Meinung nach die nichtdeutschsprachigen Schweizer und Ausländer lernen, wenn sie Deutsch lernen?

	Häufigkeit	Prozente	Gültige Prozente
Hochdeutsch	1321	66,6	67,5
Dialekt	183	9,2	9,4
Beides	453	22,9	23,1
missing cases	25	1,3	
Total	1982	100,0	100,0

Die Mehrheit der Rekruten findet es zwar richtig, wenn nichtdeutschsprachige Schweizer und Ausländer die Standardsprache lernen, fast alle Probanden freuen sich aber, wenn die Schweizer aus anderen Landesteilen versuchen, mit ihnen Schweizerdeutsch zu sprechen.

32 Auf den Zusammenhang zwischen Status des (deutschsprachigen) Ausländers und der Wahl Mundart bzw. Standardsprache durch den Deutschschweizer macht Ris (1979), S. 48, aufmerksam.

Frage 86: Wenn ein Welschschweizer, Südschweizer oder Rätoromane versucht, mit Ihnen Schweizerdeutsch zu sprechen, empfinden Sie das als

	Häufigkeit	Prozente	Gültige Prozente
freundliches Entgegenkommen	1796	90,6	91,4
eher unangenehm	169	8,5	8,6
missing cases	17	0,9	
Total	1982	100,0	100,0

Das Resultat fällt um einiges deutlicher aus als bei der gleichen Frage, welche die Beurteilung des Dialektgebrauchs von Deutschen zum Inhalt hat. Dies liegt sicher darin begründet, dass für einige der Rekruten das Schweizerdeutsche als nationales Identitätsmerkmal gerade nach Norden besonders stark abgrenzen soll und sie es deshalb weniger begrüssen, wenn Deutsche versuchen, Schweizerdeutsch zu sprechen.

Wie die jungen Schweizer mit Fremdsprachigen sprechen, hängt natürlich in erster Linie davon ab, ob sie deren Sprache sprechen können oder nicht. Es muss sich deshalb zwangsläufig ein hochsignifikanter Zusammenhang zwischen der Bildung bzw. dem Beruf und den Fragen 29, 30 und 32 einstellen. Im Normalfall gilt wohl, dass die Fremdsprachkenntnisse mit fortschreitender Ausbildungszeit zunehmen, weshalb die Zusammenhänge in diesem Bereich denn auch besonders stark sind.[33] Die Absolventen höherer Schulstufen unterhalten sich deshalb viel häufiger mit Nichtdeutschsprachigen in deren Sprache als die anderen. Die gleichen Gruppen benützen im Gespräch mit den Deutschen und Österreichern häufiger die Hochsprache. Sicher spielt auch hier bis zu einem gewissen Grade die Kompetenz in der Hochsprache eine Rolle, allerdings nicht in einer so ausgeprägten Form, wie dies bei den Fremdsprachen der Fall ist. Der Zusammenhang ist denn auch deutlich schwächer.[34] Die Korrelation zwischen Schulbildung und dem Sprachverhalten gegenüber

33 Die Korrelationen ergeben folgende Werte:
Schule/Frage 29 Signifikanz = 0,000 C_{korr} = 0,391
Schule/Frage 30 Signifikanz = 0,000 C_{korr} = 0,246
Beruf/Frage 29 Signifikanz = 0,000 C_{korr} = 0,463
Beruf/Frage 30 Signifikanz = 0,000 C_{korr} = 0,276
Beruf/Frage 32 Signifikanz = 0,000 C_{korr} = 0,491
Die Korrelation Schule/Frage 32 erfüllt die Bedingungen des Chi-Quadrat-Tests nicht.

34 Die Korrelationen ergeben folgende Werte:
Schule/Frage 28 Signifikanz = 0,000 C_{korr} = 0,153
Beruf/Frage 28 Signifikanz = 0,000 C_{korr} = 0,209

Deutschen und Österreichern zeigt, dass die einzelnen Kategorien sich offensichtlich auch in der Häufigkeit des Kontaktes stark unterscheiden.

Korrelation Schule – Frage 28:
Sprachform im Gespräch mit
Deutschen und Österreichern

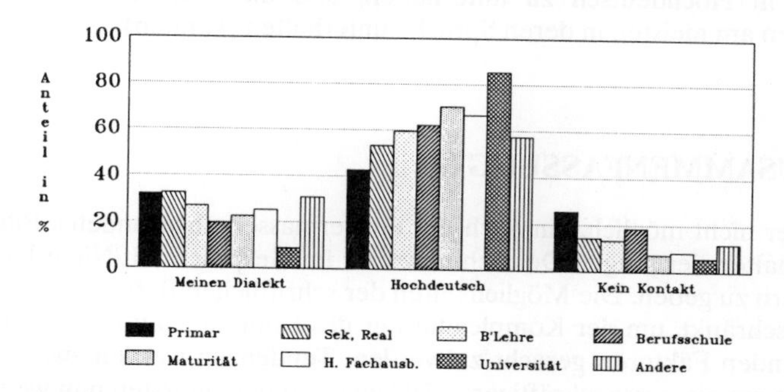

missing cases: 68
Signifikanz: 0,000
C(korr): 0,188

Nur teilweise von der Bildung bzw. dem Beruf abhängig sind die Einschätzungen des Sprachverhaltens aller Deutschschweizer. So ergeben die Korrelationen der Variablen Beruf und Schule mit den Items 66.2 (Südschweizer sprechen nicht gern Deutsch) und 66.6 (Deutschschweizer sprechen nicht gern Hochdeutsch) keine signifikanten Resultate.[35] Es ist aber trotzdem interessant, die Überkreuzungen der Schulbildungskategorien und der Berufskategorien mit den Items der Frage 66 und mit den Fragen 28-30 und 32 etwas näher zu betrachten. Es zeigt sich ganz eindeutig, dass die Einschätzung, welche die Rekruten für alle Deutschschweizer vornehmen, recht stark abgeleitet ist

35 Die anderen Korrelationen ergeben folgende Werte:

Schule/Item 66.1	Signifikanz = 0,000	C_{korr} = 0,203
Schule/Item 66.3	Signifikanz = 0,000	C_{korr} = 0,222
Schule/Item 66.4	Signifikanz = 0,011	C_{korr} = 0,138
Schule/Item 66.5	Signifikanz = 0,000	C_{korr} = 0,183
Beruf/Item 66.1	Signifikanz = 0,000	C_{korr} = 0,244
Beruf/Item 66.3	Signifikanz = 0,000	C_{korr} = 0,235
Beruf/Item 66.4	Signifikanz = 0,000	C_{korr} = 0,215
Beruf/Item 66.5	Signifikanz = 0,000	C_{korr} = 0,258

vom eigenen Sprachverhalten. So findet die Mehrheit der einfachen Angestellten, der Arbeiter, der Land- und Forstwirte und der ungelernten Arbeiter in Item 66.5, es treffe eher zu, dass Deutschschweizer mit Anderssprachigen meistens ihren Dialekt sprechen. Die Studenten und die mittleren Angestellten, die sich mehrheitlich der Meinung jener Berufsgruppen über das Sprachverhalten der Deutschschweizer nicht anschliessen, stellen auch die Berufskategorien, die am stärksten angeben, sich mit den Deutschen und Österreichern in Hochdeutsch zu unterhalten, und die sich auch mit Fremdsprachigen am meisten in deren Sprache unterhalten (können).

8.3 ZUSAMMENFASSUNG

Es ist hier nicht möglich, ein auch nur einigermassen abgerundetes Bild über das Verhalten der jungen Deutschschweizer im Gespräch mit Nicht-Deutschschweizern zu geben. Die Möglichkeiten der schriftlichen Befragung sind doch zu eingeschränkt, um der Komplexität der das Kommunikationsverhalten beeinflussenden Faktoren gerecht zu werden. Tendenzen werden zwar ersichtlich, aber um ein aussagekräftigeres Bild zu gewinnen, müssten nun weiterführende Untersuchungen diese Faktoren, welche die Wahl der Sprache bzw. der Sprachform steuern, stärker in die Fragestellung miteinbeziehen und deshalb die Gesprächssituationen näher umschreiben. Zu ergänzen wären diese Untersuchungen dann mit Methoden der direkten Erhebung.

Es hat sich gezeigt, dass sich einige der jungen Deutschschweizer auch im Gespräch mit Nicht-Deutschschweizern, ihren eigenen Angaben zufolge, immer wieder des Dialekts bedienen, wenn die Kompetenz in der entsprechenden Fremdsprache fehlt. Eine zahlenmässig wichtige Rolle spielt der Dialekt zwar erst im Gespräch mit Deutschen und Österreichern, aber, alle Aussagen zusammen betrachtet, darf man wohl sagen, dass eine recht starke Gruppe unter den Rekruten wohl wenn immer möglich am Dialekt festhalten und kaum freiwillig zur Hochsprache wechseln wird, wenn dies nicht unbedingt nötig ist. Konsequenz für die Nicht-Deutschschweizer, seien sie nun Deutsche und Österreicher oder Fremdsprachige, ist ein starker Zwang, sich sprachlich assimilieren zu müssen, vor allem, wenn sie sich längerfristig in der Deutschschweiz aufhalten. Dies bedeutet letztlich, dass sie sich zumindest passive Kenntnisse in der Mundart aneignen müssen, wenn sie nicht häufig eine schlechte Verständigung akzeptieren oder gar von der Kommunikation ausgeschlossen werden wollen.

9 MUNDART ALS SCHRIFTSPRACHE

9.1 IM BRIEFVERKEHR

Es ist längst bekannt, dass junge Deutschschweizer und Deutschschweizerinnen vor allem Privatbriefe ab und zu in Dialekt schreiben. Ris stellte bei seinen Studenten bereits 1977 fest, dass rund ein Drittel gelegentlich Mundart schreibt.[1] Auch Sieber/Sitta, die sich ebenfalls auf Aussagen von Schülern und Studenten stützen, machen geltend, dass es zahlreiche Belege für dialektales Schreiben im privaten Bereich gebe.[2] Sie machen darauf aufmerksam, dass häufig im sehr persönlichen schriftlichen Verkehr, wie etwa in Liebesbriefen, in der Mundart geschrieben wird und dass auch in der Presse die Bereiche, in denen der Dialekt benutzt wird, wie etwa bei Gratulationen, Kontaktanzeigen, in der Werbung und bei Todesanzeigen,[3] durch Emotionalität bestimmt sind.[4]

Auch die Rekruten bestätigen mit ihren Antworten, dass in der Deutschschweiz das Schreiben von Briefen in Dialekt heute weit verbreitet ist und sich starker Beliebtheit erfreut, wenn sich auch keine Aussagen über die Häufigkeit machen lassen. Zwei Drittel der Probanden geben nämlich an, auch schon Briefe in Dialekt geschrieben zu haben.

Frage 101: Haben Sie auch schon Briefe in Dialekt geschrieben?

	Häufigkeit	Prozente	Gültige Prozente
Ja	1297	65,4	66,1
Nein	664	33,5	33,9
missing cases	21	1,1	
Total	1982	100,0	100,0

1 Vgl. Ris (1977), S. 63.
2 Vgl. Sieber/Sitta (1986/1), S. 20f.
3 Die erste Todesanzeige in Dialekt erschien im Berner Bund vom 8. Dezember 1976. Was damals noch als geschmacklos empfunden wurde, kommt heute wohl in fast allen Tageszeitungen der deutschen Schweiz ab und zu vor [vgl. Ris (1979), S. 46].
4 Vgl. Sieber/Sitta (1986/1), S. 21.

Noch bedeutend mehr Probanden geben an, schon Briefe, die in Dialekt geschrieben waren, erhalten zu haben. Diese höhere Zahl kann bedeuten, dass die Rekruten allgemein mehr Briefe erhalten als schreiben, oder aber, dass es andere Gruppen unter den Deutschschweizern gibt, die noch mehr in Dialekt schreiben. In jedem Falle zeigt sich aber, dass sich dialektales Briefschreiben nicht nur bei den jungen Deutschschweizern einer grossen Beliebtheit erfreut.

Frage 102: Haben Sie auch schon Briefe erhalten, die in Dialekt geschrieben waren?

	Häufigkeit	Prozente	Gültige Prozente
ja	1671	84,3	85,0
nein	294	14,8	15,0
missing cases	17	0,9	
Total	1982	100,0	100,0

Der Mundartschriftsteller Ernst Burren sieht als einzigen Nachteil des Mundartschreibens die erschwerte Lesbarkeit und würde deshalb einen Roman, also einen längeren Text, eher in der Schriftsprache schreiben.[5] Gründe für den nicht einfachen Zugang zur geschriebenen Mundart gibt es einige: fehlende Gewohnheit, Uneinheitlichkeit der Schreibweise, die Vielzahl der deutschschweizerischen Dialekte. Trotzdem geben fast vier Fünftel derjenigen Rekruten, die schon Briefe in Dialekt erhalten haben, an, dass sie diese eigentlich mühelos lesen konnten. Nur etwa 20% bekundeten, ihrer Aussage zufolge, Schwierigkeiten beim Lesen.

Item 102.1: Wenn ja: Konnten Sie sie mühelos lesen, oder machte es Ihnen Schwierigkeiten, den Dialekt zu lesen?

	Häufigkeit	Prozente	Gültige Prozente
Es ging eigentlich mühelos.	1308	66,0	77,9
Es machte mir Schwierigkeiten.	370	18,7	22,1
missing cases	304	15,3	
Total	1982	100,0	100,0

5 Vgl. Burren (1977), S. 64.

Während kein signifikanter Zusammenhang besteht zwischen Schule bzw. Beruf und dem Schreiben von Briefen in Dialekt, besteht ein hochsignifikanter Zusammenhang zwischen dem Wohnort und der Frage 101.

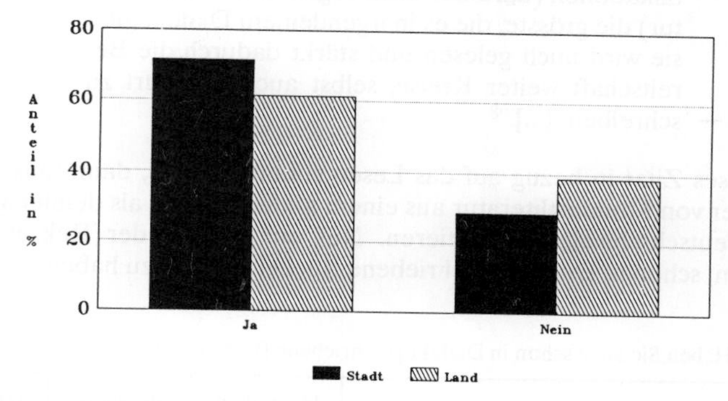

missing cases: 135
Signifikanz: 0,000
C(korr): 0,150

Die Städter benutzen den Dialekt etwas mehr beim Schreiben ihrer Briefe als die Landbewohner. Dies könnte zumindest ein Hinweis darauf sein, dass sich in städtischen Gebieten sprachliche Entwicklungen schneller durchsetzen, gilt doch das Schreiben in Dialekt im Privatbereich wohl eher als ein progressives Element der schriftlichen Kommunikation in der Deutschschweiz.[6]

9.2 IN DER MUNDARTLITERATUR

Die schweizerische Mundartliteratur hat im 20. Jahrhundert ständig an Umfang und an Bedeutung dazugewonnen, letzteres insbesondere in der Beurteilung durch Literaturkritiker. Der Zuwachs stieg vor allem in den 60er Jahren sprunghaft an, als von Bern aus ein neuer Impuls die Mundartliteratur

6 Vgl. dazu auch Ris (1979), S. 47.

besonders auch für jüngere Autoren wieder zu einer Herausforderung werden liess und die 'Werte'[7] der Mundart als Literatursprache neu entdeckt und aktuell wurden. Die Menge der in der Deutschschweiz veröffentlichten Mundartliteratur ist dementsprechend umfangreich.

> "Nicht nur ist die schweizerdeutsche Mundartliteratur mit schätzungsweise 4000 selbständigen Publikationen (darunter auch sogenannte Sachliteratur) die grösste, die es in irgendeinem Dialekt gibt, sie wird auch gelesen und stärkt dadurch die Bereitschaft weiter Kreise, selbst auch Mundart zu schreiben: [...]."[8]

Wenn dieses Zitat in bezug auf das Lesen stimmen sollte, dann müssen sich diese Leser von Mundartliteratur aus einem anderen Kreis als demjenigen der jungen Deutschschweizer rekrutieren. Nur ein Fünftel der Rekruten gibt nämlich an, schon in Dialekt geschriebene Bücher gelesen zu haben.

Frage 103: Haben Sie auch schon in Dialekt geschriebene Bücher gelesen?

	Häufigkeit	Prozente	Gültige Prozente
ja	409	20,6	21,0
nein	1538	77,6	79,0
missing cases	35	1,8	
Total	1982	100,0	100,0

Die Antworten zu den Zusatzfragen relativieren auch dieses Resultat noch. Von den 409 Probanden, die angeben, schon Bücher in Dialekt gelesen zu haben, beschränkt sich dies bei 287 (84,2%) auf 1-5 gelesene Mundartbücher.

In der zweiten Zusatzfrage führen nur 186 Rekruten überhaupt einen Autor und einen Titel auf, und nur 53 (28,5%) davon nennen mehr als einen Autor und Titel. Der am häufigsten genannte Autor ist Jeremias Gotthelf!

Die Mundartliteratur der Deutschschweiz, obwohl äusserst zahl- und variantenreich, findet bei den Rekruten nur wenig Beachtung. Nach ihrer Blütezeit in den 60er und 70er Jahren, in denen die Bewegung der 'modern-mundart'

7 Vgl. Ammann (1977), S. 65.

gerade auch die jüngeren Generationen, sowohl auf der Seite der Autoren wie auch auf der Seite der Leser, angesprochen hat, scheint sie heute für die jungen Deutschschweizer kaum mehr von Bedeutung zu sein.

8 Ris (1977), S. 63.

10 MUNDART UND STANDARDSPRACHE IN RADIO UND FERNSEHEN

Der Verwendung der beiden Sprachformen in den elektronischen Medien der Deutschschweiz wird in der Öffentlichkeit ausserordentlich viel Beachtung geschenkt. Die Meinungen darüber, wie viele Anteile den einzelnen Sprachformen zustehen sollten und welche Wirkung bezüglich Sprachpflege und Verbesserung der Sprachkompetenz von den elektronischen Medien ausgehen kann, differieren sehr stark. Erschwert wird die Diskussion dadurch, dass noch sehr wenig Zahlenmaterial vorliegt, das Auskunft darüber gibt, wieviel in den elektronischen Medien der Deutschschweiz Hochdeutsch und wieviel Dialekt gesprochen wird.[1] Die Frage nach der sprachpflegerischen und kompetenzsteigernden Wirkung, die von den elektronischen Medien ausgehen kann, wird wohl auch in näherer Zukunft eine Glaubensfrage bleiben müssen, da keine Untersuchungen zu diesem Bereiche vorliegen.

Wenn man von den elektronischen Medien der Deutschschweiz spricht, muss man unterscheiden zwischen Radio und Fernsehen der deutschen und rätoromanischen Schweiz (DRS) als Teil der Schweizerischen Radio- und Fernsehgesellschaft (SRG) und den Lokalsendern. Die lokalen Radiosender können sich auf ein regional stark begrenztes Zielpublikum ausrichten, während die SRG neben regionalen Bedürfnissen und Hörernähe auch Aspekte der Förderung der nationalen Einheit und Zusammengehörigkeit sowie der internationalen Verständigung zu berücksichtigen hat.[2] Dies ist denn auch meist der Ansatzpunkt für Kritiker, die sich mehr Hochdeutsch in den Sendungen von Radio und Fernsehen DRS wünschen.[3] Es sind vor allem Vertreter der anderen Sprachregionen, die diesen Medien den Vorwurf machen, durch den häufigen Gebrauch der Mundart, die ausserhalb der deutschen Schweiz unverständlich sei, dem kulturpolitischen Auftrag nicht gerecht zu werden und nichts für die Förderung der nationalen und internationalen Verständigung zu tun.[4] Neben den öffentlich auftretenden Kritikern, die als Einzelstimmen meist für einen höheren Anteil der Hochsprache eintreten,[5] haben die Redak-

1 Erhebungen sind deshalb nicht einfach, weil rein quantitative Auflistungen nur wenig aussagekräftig sind. Vgl. dazu vor allem Ramseier (1988), S. 85ff., der seinen eigenen Untersuchungen auch die Zahlen früherer Forschungsarbeiten gegenüberstellt.

2 Diese Forderung wird in Artikel 13 der Konzessionsbestimmungen des Bundesrates aus dem Jahre 1980 gestellt [vgl. Ramseier (1988), S. 261].

3 Vgl. z.B.: Zanetti (1988).

4 Vgl. Zanetti (1988), S. 54.

5 Hans-Peter Fricker weist darauf hin, dass Einzelmeldungen und Publikumsbefragungen deutlich auseinanderklaffen:

toren und Mitarbeiter von Radio und Fernsehen DRS aber auch die Bedürfnisse eines Publikums zu berücksichtigen, das, wenn es befragt wird, ganz offensichtlich mit dem bestehenden Verhältnis von Mundart und Hochsprache beim Deutschschweizer Radio und Fernsehen mit grosser Mehrheit zufrieden ist und aus dessen Reihen Änderungswillige eher noch für mehr Mundart als für mehr Standardsprache eintreten.[6] Dazu kommt, dass gerade der Dialektgebrauch zu denjenigen Merkmalen gehört, die den Deutschschweizern am Schweizer Radio- und Fernsehprogramm besonders gefällt[7] und deshalb von Bedeutung sein kann im Konkurrenzkampf mit ausländischen Anstalten.[8]

Es besteht also ein permanenter Konflikt zwischen den Anforderungen, die sich aus dem kulturpolitischen Auftrag ergeben, und den Wünschen und Bedürfnissen der überwiegenden Mehrheit des primären Zielpublikums.

Die gesellschafts- und kulturpolitische Bedeutung der Sprachformwahl in den elektronischen Medien ist den Programmverantwortlichen längst bekannt. Die SRG hat sich gerade in den letzten Jahren des Problems der Sprachformwahl in Sendungen von Radio und Fernsehen DRS intensiv angenommen und versucht, das Bewusstsein der Bedeutung der Sprachformwahl bei ihren Mitarbeitern zu verstärken. Da sich die unterschiedlichen Publikumswünsche aber kaum auf einen Nenner bringen lassen, wird mit Kritik an der Sprachpraxis trotz aller Bemühungen der Programmschaffenden auch weiterhin zu rechnen sein.[9]

Die Rekruten geben zunächst an, dass es für sie keine Rolle spielt, ob Sendungen des Schweizer Fernsehens bzw. Radios in Dialekt oder in Hochdeutsch ausgestrahlt werden.[10]

"In Gesprächen machen sich Behördenmitglieder, Institutionenvertreter und Repräsentanten der traditionellen Kultur immer für die Hochsprache stark. Einzelzuschriften weisen in die gleiche Richtung. Repräsentativuntersuchungen ergeben aber jedesmal die eindeutig höheren Werte für die Mundart." [Fricker (1988), S. 32].

6 Vgl. Draganits/Steinmann (1987) und Steinmann (1988), S. 65ff.

7 Vgl. (SPK) (1989).

8 Dies ist mit ein Grund, warum Hans-Peter Fricker zum Schluss kommt:
"Wollte die SRG allein marktwirtschaftlich denken, was ihr ja oft genug nahegelegt wird, müssten Radio und Fernsehen zu mehr Mundart übergehen." [Fricker (1988), S. 33].

9 Unter den Aktivitäten der SRG sind hier die Erarbeitung von Richtlinien für den Gebrauch von Mundart und Standardsprache in Radio und Fernsehen DRS [vgl. Schwarzenbach (1984)] zu nennen und, zusammen mit der Schweizerischen Konferenz der kantonalen Erziehungsdirektoren (EDK), die Veranstaltung des nationalen Forums auf Schloss Lenzburg vom 15. Oktober 1987 zum Thema 'Mundart und Standardsprache in Schule und Medien'.

10 Im Fragebogen wird nicht getrennt nach Radio und Fernsehen gefragt. Der Anteil der Standardsprache ist allerdings gemäss Sieber/Sitta beim Fernsehen höher und stabiler als beim Radio, weil das Fernsehen stärker überregional ausgerichtet und enger mit ausländischen Anstalten verknüpft ist [vgl. Sieber/Sitta (1986/1), S. 23].

Frage 95: Spielt es für Sie eine Rolle, ob Sendungen des Schweizer Radios und des Schweizer Fernsehens in Dialekt oder in Hochdeutsch ausgestrahlt werden?

	Häufigkeit	Prozente	Gültige Prozente
ja	668	33,7	34,0
nein	1296	65,4	66,0
missing cases	18	0,9	
Total	1982	100,0	100,0

Dieses Resultat ist erstaunlich, hätte man hier doch eher einen höheren Anteil an 'Ja'-Stimmen erwartet. Das Ergebnis bedeutet denn auch keineswegs, dass die Rekruten nicht eine besondere Vorliebe für die eine oder andere Sprachform am Radio bzw. Fernsehen haben. So sind sich die Probanden nahezu einig, dass heute nicht zuviel Mundart am Radio und Fernsehen gesprochen wird.

Frage 96: Wie stellen Sie sich zu den folgenden Aussagen über die Verwendung von Dialekt und Hochdeutsch am Deutschschweizer Radio und Fernsehen?

Item 96.5: Es wird heute schon zuviel Mundart gesprochen am Radio/Fernsehen.

	Häufigkeit	Prozente	Gültige Prozente
trifft eher zu	271	13,7	14,2
trifft eher nicht zu	1631	82,3	85,8
missing cases	80	4,0	
Total	1982	100,0	100,0

Die Mehrheit der Rekruten ist sogar der Meinung, dass in Radio und Fernsehen noch mehr Mundart gesprochen werden sollte.

Frage 96: Wie stellen Sie sich zu den folgenden Aussagen über die Verwendung von Dialekt und Hochdeutsch am Deutschschweizer Radio und Fernsehen?

Item 96.6: Man sollte noch mehr Mundart sprechen am Radio/Fernsehen.

	Häufigkeit	Prozente	Gültige Prozente
trifft eher zu	1120	56,5	59,9
trifft eher nicht zu	751	37,9	40,1
missing cases	111	5,6	
Total	1982	100,0	100,0

Dieses Resultat erhält noch mehr Gewicht, wenn man in Betracht zieht, dass fast drei Viertel der Probanden Radio DRS 3 oder ein deutschschweizerisches Lokalradio als ihren Lieblingssender bezeichnen.[11] Bei diesen Sendern würde ein weiterer Ausbau der Mundart dazu führen, dass nur noch Mundart gesprochen würde; eigentlich ein Widerspruch zur Ansicht der Mehrheit der Rekruten, die Standardsprache sei die passendere Sprachform für die Nachrichten. Die Forderung nach mehr Mundart am Deutschschweizer Radio und Fernsehen durch eine Mehrheit der Rekruten erhält hier deshalb fast programmatischen Charakter.

In Frage 95 haben die Rekruten mehrheitlich angegeben, dass es für sie selbst keine Rolle spielt, ob Sendungen des Schweizer Radios und des Schweizer Fernsehens in Dialekt oder in Hochdeutsch ausgestrahlt werden. Ganz allgemein sind sie aber mehrheitlich nicht einfach der Meinung, es sei gleichgültig, ob am Radio bzw. Fernsehen Mundart oder Hochsprache gesprochen wird.

11 Frage 18: Welche Radiosender hören Sie normalerweise? (Bitte geben Sie die Radiosender in der folgenden Reihenfolge an: Zuerst den Lieblingssender, dann den Sender, den Sie am zweitbesten finden usw.)

Lieblingssender	Häufigkeit	Prozente	Gültige Prozente
DRS 1	85	4,3	4,4
DRS 2	19	0,9	1,0
DRS 3	872	44,0	45,4
Deutschschweizer Lokalsender	570	28,8	29,7
Deutscher, österreichischer Sender	259	13,1	13,5
Andere Sender	116	5,8	6,0
missing cases	61	3,1	
Total	1982	100,0	100,0

Frage 96: Wie stellen Sie sich zu den folgenden Aussagen über die Verwendung von Dialekt und Hochdeutsch am Deutschschweizer Radio und Fernsehen?

Item 96.7: Es ist gleichgültig, ob am Radio/Fernsehen Mundart oder Hochdeutsch gesprochen wird.

	Häufigkeit	Prozente	Gültige Prozente
trifft eher zu	810	40,9	42,9
trifft eher nicht zu	1076	54,3	57,1
missing cases	96	4,8	
Total	1982	100,0	100,0

Vielleicht ist dieses Ergebnis so deutlich verschieden vom Ergebnis der Frage 95, weil die Rekruten kurz vorher mit einer Frage darauf aufmerksam gemacht wurden, dass die Deutschschweizer Sendeanstalten nicht nur Zuschauer und Zuhörer haben, die Schweizerdeutsch verstehen.

Frage 96: Wie stellen Sie sich zu den folgenden Aussagen über die Verwendung von Dialekt und Hochdeutsch am Deutschschweizer Radio und Fernsehen?

Item 96.3: Hochdeutsch können andersprachige Zuhörer eher verstehen (z.B. Schweizer aus anderen Sprachregionen, Ausländer).[12]

	Häufigkeit	Prozente	Gültige Prozente
trifft eher zu	1740	87,8	91,1
trifft eher nicht zu	170	8,6	8,9
missing cases	72	3,6	
Total	1982	100,0	100,0

Die Rekruten bevorzugen in den elektronischen Medien der Deutschschweiz ganz offensichtlich die Mundart. Dies kommt auch in den Antworten zur Frage 97 zum Ausdruck. Zwar ist hier etwas mehr als die Hälfte der Rekruten

12 Dies ist ein oft gehörtes Argument, das Befürworter von mehr Hochdeutsch in den elektronischen Medien der Deutschschweiz anführen. Walter Haas hält diesem Argument das Recht auf sprachliche Selbstdarstellung und Selbstbestimmung entgegen, das höher zu bewerten sei, als das Recht des Fremden auf Integration ohne Anstrengung [vgl. Haas (1986), S. 48].

der Meinung, dass es auf die Sendung ankommt, ob Schweizerdeutsch oder Hochdeutsch gesprochen werden soll, und belegt damit einmal mehr die bereits gewonnene Erkenntnis über die Bedeutung, welche die Probanden dem Kommunikationsinhalt für die Sprachformwahl zumessen, aber es ist doch fast ein Drittel der Rekruten der Meinung, dass Sendungen am Deutschschweizer Radio und Fernsehen eher in Schweizerdeutsch ausgestrahlt werden sollten.

Frage 97: Wenn Sie die oben erwähnten Begründungen überdenken,[13] sind Sie dann der Meinung, dass Sendungen am Deutschschweizer Radio und Fernsehen eher in Schweizerdeutsch oder in Hochdeutsch ausgestrahlt werden sollten?

	Häufigkeit	Prozente	Gültige Prozente
Eher in Schweizerdeutsch	594	30,0	30,6
Eher in Hochdeutsch	232	11,7	12,0
Je nach Sendung in Schweizerdeutsch oder Hochdeutsch	1115	56,3	57,4
missing cases	41	2,0	
Total	1982	100,0	100,0

Mit einem hohen Anteil an Mundartsendungen liegen die elektronischen Medien der Deutschschweiz bei den Rekruten richtig, das lässt sich wohl so pauschal feststellen, auch wenn gewisse Vorbehalte bezüglich des Inhalts einer Sendung bestehen. Die Rekruten bilden eine recht kompakte Einheit. So unterscheiden sich die Antworten der Stadt- und Landbewohner bei diesen Fragen nie signifikant. Dort, wo es bei Überkreuzungen mit der Ausbildung oder mit dem Beruf zu signifikanten Ergebnissen kommt, sind die Zusammenhänge eher gering.

Bei allen Kategorien der Variablen 'Ausbildung' und 'Beruf' ist die Mehrheit der Ansicht, dass es eher nicht zutrifft, dass heute schon zuviel Mundart am Radio/Fernsehen gesprochen wird. Die Unterschiede beschränken sich auf verschieden starke Ausprägungen des Verhältnisses zwischen Mehrheit und Minderheit. Dies ändert sich beim Item 96.6. Hier sind es bei der Variablen 'Ausbildung' die Kategorien 'Maturitätsschule, Lehrerausbildung' und 'Hochschule, Universität' und bei der Variablen 'Beruf' die Kategorie 'Studenten u.ä.', die im Gegensatz zu allen anderen Kategorien mehrheitlich finden, dass es eher nicht zutrifft, dass noch mehr Mundart am Ra-

13 Gemeint sind die sechs Items der Frage 96.

dio/Fernsehen gesprochen werden soll. Aber auch in diesen Kategorien finden sich recht viele Anhänger von noch mehr Mundart.

Korrelation Schule – Item 96.6:
Mehr Mundart in Radio und Fernsehen

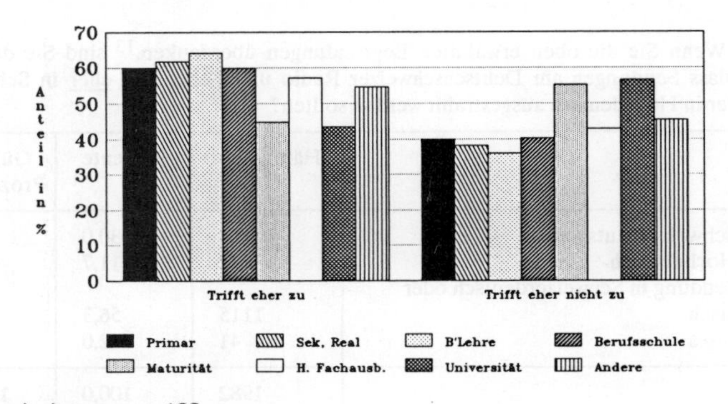

missing cases: 133
Signifikanz: 0,000
C(korr): 0,199

Die Publikumswünsche bezüglich Sprachform am Deutschschweizer Radio und Fernsehen, wie sie die Rekruten hier deutlich machen, bestätigen die Resultate anderer Untersuchungen. Ein hoher Anteil von Sendungen in Mundart ist ein Desiderat des Deutschschweizer Publikums.

11 MUNDART IM WANDEL

In der dreigliedrigen Frage 90 wird von den Rekruten eine Stellungnahme zu verschiedenen Veränderungen, denen die Deutschschweizer Dialekte unterworfen sind, verlangt. Die Veränderungen werden als gegeben dargestellt. Die Probanden haben demnach nicht zu entscheiden, ob sie mit dieser Feststellung einverstanden sind oder nicht. Dieses Vorgehen ist sicher legitim, da die hier aufgeführten Elemente des Sprachwandels in Fachkreisen nicht bestritten werden. Umstritten ist nur, wie diese Entwicklungen zu bewerten sind.

Das Angleichen der verschiedenen Dialekte aneinander ist mit eine Folge des häufigen Gebrauchs der Mundart. Die einzelnen Dialekte stehen in ständigem Kontakt, selbstverständlich auch in den Medien. Die sich daraus entwickelnde Tendenz zu Grossraummundarten, vor allem auf Kosten von Randmundarten, wurde bereits erwähnt. Die Regionen, in denen die Randmundarten gesprochen werden, werden heute sehr stark in den überregionalen Kommunikationsprozess einbezogen, was ein Abschleifen der Dialekte zur Folge hat.[1] Für Mundartpfleger und Sprachpuristen bedeutet diese Entwicklung eine starke Gefahr für die einzelnen Mundarten.[2] Die Dialekte verlieren aber durch Angleichung und Abschleifung nicht nur an alter Sprachsubstanz, sondern gewinnen gleichzeitig an Verständlichkeit. Für Walter Haas ist diese Entwicklung eine der wichtigsten Ursachen, auf die der heutige Erfolg der Mundart zurückzuführen ist:

> "Überhaupt muss man sich wohl fragen, ob nicht die sprachliche Angleichung der Mundarten untereinander auch zu den Voraussetzungen der heutigen 'medialen' Diglossie zählt. Ohne die mühelose gegenseitige Verständlichkeit der Mundarten wäre ihr allgemeiner Gebrauch gar nicht möglich."[3]

Die Hälfte der Rekruten stört es nicht, dass sich die Mundarten immer mehr angleichen. Fast ein Drittel ist mit dieser Entwicklung eher unzufrieden.

---

1 Vgl. Haas (1982), S. 110.
2 Vgl. Voser (1985), S. 11, und Wiesmann (1983/3).
3 Haas (1982), S. 110.

Frage 90: Stört es Sie, dass sich die verschiedenen Deutschschweizer Dialekte verändern, indem sie

Item 90.1: sich immer mehr aneinander angleichen?

	Häufigkeit	Prozente	Gültige Prozente
ja	583	29,4	31,8
nein	914	46,1	49,9
ich weiss nicht	335	16,9	18,3
missing cases	150	7,6	
Total	1982	100,0	100,0

Mehr gestört fühlen sich die Rekruten durch die Aufnahme von Elementen des Hochdeutschen in das Schweizerdeutsche.

Frage 90: Stört es Sie, dass sich die verschiedenen Deutschschweizer Dialekte verändern, indem sie

Item 90.2: Elemente des Hochdeutschen aufnehmen?

	Häufigkeit	Prozente	Gültige Prozente
ja	794	40,1	44,3
nein	676	34,1	37,8
ich weiss nicht	320	16,1	17,9
missing cases	192	9,7	
Total	1982	100,0	100,0

Die jungen Deutschschweizer fühlen sich weniger durch die Aufnahme fremder Elemente allgemein als vielmehr speziell durch die Übernahme hochdeutschen Sprachgutes in das Schweizerdeutsche gestört. Hinter diesem Ergebnis stehen sicher einmal mehr die negative Einstellung der Hochsprache gegenüber und das Motiv der Abgrenzung gegenüber dem übrigen deutschsprachigen Raum, eher als der Wunsch, die Dialekte möglichst rein zu halten. Dem Eindringen von Elementen aus anderen Sprachen bringen die Rekruten jedenfalls mehr Toleranz entgegen.

Frage 90: Stört es Sie, dass sich die verschiedenen Deutschschweizer Dialekte verändern, indem sie

Item 90.3: Elemente anderer Sprachen (Englisch, Französisch) aufnehmen?

	Häufigkeit	Prozente	Gültige Prozente
ja	587	29,6	32,7
nein	857	43,2	47,8
ich weiss nicht	350	17,7	19,5
missing cases	188	9,5	
Total	1982	100,0	100,0

Sprachwandel, zumindest in der Beschränkung auf die drei vorgegebenen Beispiele, scheint die jungen Deutschschweizer nicht sonderlich zu interessieren. Eine recht grosse Anzahl der Probanden hat diese Items nicht beantwortet und auch die starke Benützung der dritten Antwortvorgabe ('Ich weiss nicht') lässt sich bis zu einem gewissen Grade als Desinteresse verstehen.

Unterschiedlich werden die im Fragebogen dargestellten Entwicklungstendenzen von den verschiedenen Ausbildungs- bzw. Berufskategorien beurteilt. Das sprachliche Bewusstsein und damit verbunden auch das Interesse an Sprachproblemen ist bei den Absolventen höherer Schulen offensichtlich sehr viel ausgeprägter vorhanden als bei denjenigen der übrigen Schulstufen. Sie entscheiden sich viel häufiger für ein Ja bzw. für ein Nein und machen sehr wenig von der Antwortkategorie 'Ich weiss nicht' Gebrauch.

Aus den Reihen der Absolventen höherer Schulstufen bzw. der oberen Berufsgruppen stammen auch am meisten der kritischen Stimmen, die sich durch solche Sprachveränderungen gestört fühlen. Als Beispiel kann die Korrelation der Variablen 'Ausbildung' mit dem Item 90.1 dienen.

Korrelation Schule – Item 90.1:
Angleichung der Dialekte

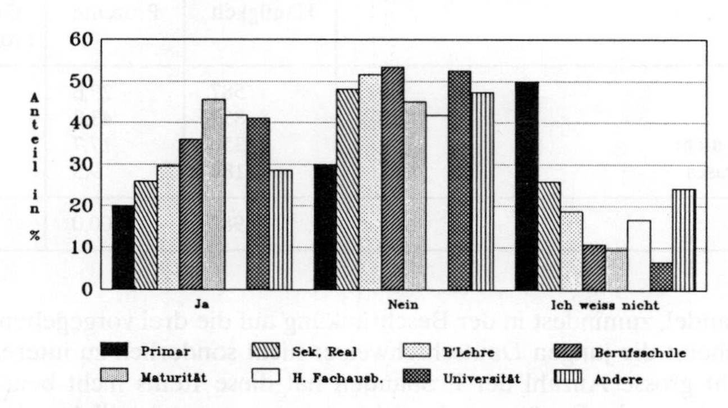

missing cases: 170
Signifikanz: 0,000
C(korr): 0,238

Eigentlich hätte man bei dieser Frage auch durchaus mit signifikanten Ergebnissen in den Korrelationen mit der Variablen 'Wohngebiet' rechnen dürfen. Ein solches Ergebnis liegt allerdings nur bei der Überkreuzung mit dem Item 90.3 vor. Hier sind es die Landbewohner, die sich einerseits etwas zahlreicher für die dritte Antwortvorgabe entscheiden und andererseits stärker als die Städter die Aufnahme fremder Elemente in den Dialekt als störend empfinden.

Korrelation Wohngebiet – Item 90.3: Aufnahme von Elementen anderer Sprachen in die Deutschschweizer Dialekte

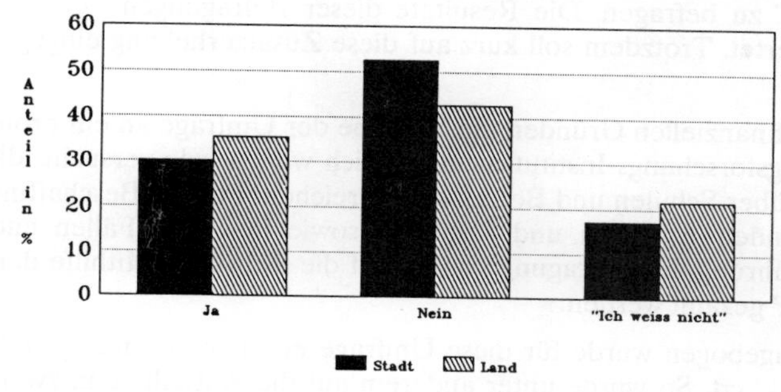

missing cases: 289
Signifikanz: 0,000
C(korr): 0,137

Der Sprachwandel, wie er im Fragebogen beschrieben wird, ist kein Problem ersten Ranges für die Rekruten. Rund ein Viertel weiss nicht, was er von dieser Entwicklung halten soll oder macht überhaupt keine Angaben. Von denjenigen, die eine Meinung haben und diese hier zum Ausdruck bringen, fühlt sich eine Mehrheit durch diese Sprachentwicklungen nicht gestört. Eine Ausnahme bildet die Aufnahme von Elementen der mit negativen Konnotationen behafteten Standardsprache. Die Resultate sind allerdings sowohl bezüglich Meinungsbildung zu diesen Sprachentwicklungen generell wie auch bezüglich der persönlichen Einstellung ihnen gegenüber je nach Schulbildung bzw. Zugehörigkeit zu einer Berufsgruppe signifikant unterschiedlich ausgefallen.

12 DIE FRAUENBEFRAGUNG

1987 führte das mit der Verarbeitung der Materialien der PRP 85 beschäftigte Team des Deutschen Seminars der Universität Basel eine Zusatzerhebung durch mit dem Ziel, auch junge Schweizerinnen zum Thema 'Sprachen in der Schweiz' zu befragen. Die Resultate dieser Befragungen werden hier nicht ausgewertet. Trotzdem soll kurz auf diese Zusatzerhebung eingegangen werden.

Da aus finanziellen Gründen die Vergabe der Umfrage an ein professionelles Meinungsforschungs-Institut nicht möglich war, wurde versucht, die Probandinnen über Schulen und Betriebe zu erreichen. Für die Beschaffung der entsprechenden Adressen und Kontakte sowie in vielen Fällen auch für die Durchführung der Befragung konnte auf die freiwillige Mithilfe der Experten der PRP gezählt werden.

Der Fragebogen wurde für diese Umfrage erheblich geändert und vor allem auch gekürzt. So wurde unter anderem auf die Aufteilung in zwei Teile und damit auf die maschinelle Einlesung verzichtet. Dank der Kürzung wurde die Zeit für das Ausfüllen auf die Dauer einer Schulstunde (ca. 45 Minuten) reduziert. Diese Kürzung erfolgte primär deshalb, weil man den organisatorischen Aufwand für die den Test durchführenden Lehrkräfte bzw. Vorgesetzten möglichst gering halten wollte.

Die Kürzung wie auch die neue Reihenfolge der Fragen können natürlich genauso wie die völlig andere Situation, in der die Befragung stattfand, einen erheblichen Einfluss auf die Resultate haben. Es ist auch anzunehmen, dass zuweilen der Einfluss des für die Durchführung Verantwortlichen bei der Befragung der jungen Schweizerinnen recht gross war, so sind einige Fragebogen zurückgekommen mit Bemerkungen wie: "Ich habe die Fragebogen durchgesehen" oder gar "Ich habe die Fragebogen korrigiert."

Im Bereich der Fragebogen aus der deutschen Schweiz wurde schliesslich mit einer geschichteten Stichprobe von 329 Probandinnen gearbeitet, d.h. die Stichprobe wurde aufgrund des Kriteriums der Ausbildung aus den 1540 retournierten Fragebogen erstellt. Grundlage für den Aufbau der Schichtung bildeten Angaben der Schweizerischen Schulstatistik und des Bundesamtes für Statistik. Die Stichprobe ist weniger zuverlässig als diejenige der Rekrutenprüfung, und die Ergebnisse der über die Schulen und Betriebe erhobenen Frauenbefragung können weit weniger repräsentativ die Spracheinstellungen und das Sprachverhalten der jungen Deutschschweizerinnen wiedergeben, als dies die Resultate der Pädagogischen Rekrutenprüfung für ihre männlichen

Altersgenossen vermögen. Vor allem der angestrebte Vergleich mit den Resultaten der Rekruten ist durch die unterschiedliche Art der Erhebung, durch die geänderte Fassung des Fragebogens und die völlig andere Situation beim Ausfüllen stark in Frage gestellt.

Trotz dieser Vorbehalte wurden vergleichende Untersuchungen durchgeführt, um herauszufinden, ob Zusammenhänge zwischen dem Geschlecht und den Spracheinstellungen bzw. den Aussagen zum Sprachverhalten bestehen. Die Korrelationen weisen fast durchwegs hochsignifikante Ergebnisse auf und bestätigen die Existenz solcher Zusammenhänge. Eine genauere Analyse dieser Resultate zeigt aber, dass die Aussage, das Sprachverhalten der jungen Deutschschweizerinnen sei generell verschieden von demjenigen ihrer männlichen Altersgenossen, nicht zulässig ist. Im Bereich der höheren Ausbildungsstufen (Gymnasium, Schule für höhere Fach- und Berufsausbildung, Universität) gibt es kaum signifikante Unterschiede zwischen den jungen Frauen und den Rekruten. Im Bereich der übrigen Schulstufen hingegen sind wesentliche Unterschiede in den Einstellungen und in den Aussagen zum eigenen Sprachgebrauch zwischen den Probandinnen und den jungen Schweizern die Regel. Dabei kann generell festgehalten werden, dass die jungen Schweizerinnen ohne Maturitätsabschluss mit ihren Antworten mehr Interesse an Sprachproblemen zeigen als ihre entsprechenden Altersgenossen. Ihre Antworten liegen tendenziell näher bei denen der Probanden und Probandinnen, die ein Gymnasium, eine Schule für höhere Fach- und Berufsausbildung oder eine Universität besuchen.

Für noch so vorsichtige Versuche, die Hintergründe für diese doch äusserst interessante, sich über fast den ganzen Fragebogen erstreckende unterschiedliche Beantwortung der Fragen zu ergründen, ist das Datenmaterial der Frauenbefragung aber zu wenig repräsentativ und von demjenigen der Rekrutenprüfung zu verschieden.

Solche Zusatzbefragungen sind zwar wichtig, können aber die Qualität des Datenmaterials, wie es die Rekrutenprüfung zu liefern vermag, nicht erreichen. So gilt denn auch heute noch, was Robert Hasenböhler bereits 1979 festhielt:

> "Leider haftet der pädagogischen Rekrutenprüfung ein Hauptmangel an: sie kann uns keinen Aufschluss über die Einstellungen unserer weiblichen Jugend geben."[1]

1 Hasenböhler (1979), S. 14.

13 SCHLUSSBEMERKUNGEN

Die Durchführung der Pädagogischen Rekrutenprüfung 1985 hat es möglich gemacht, das Sprachverhalten und die Spracheinstellungen der jungen Deutschschweizer vertieft und gründlich zu erforschen. Es war nicht primäres Ziel dieser Umfrage, sensationelle Neuigkeiten aufzuspüren, sondern eine solide Grundlage an Aussagen zu gewinnen, um die bestehenden, sich oft an einzelnen Alltagsbeobachtungen orientierenden Forschungsergebnisse bzw. in der öffentlichen Diskussion vertretenen Meinungen anhand eines auf breiter Basis gewonnenen Materials zu überprüfen und allenfalls zu korrigieren oder zu bestätigen. Wie bei der Komplexität des gewählten Themas nicht anders zu erwarten war, vermochte die Auswertung der Daten zwar vieles zu klären, es gibt aber auch Fragen, die offen bleiben müssen, sei es, weil sie, wie etwa die Frage nach der Kompetenz der Rekruten in den einzelnen Sprachen bzw. Sprachformen, nicht berücksichtigt werden konnten oder weil sie sich erst im Verlaufe der Arbeiten neu oder in abgeänderter Form gestellt haben.

Die Deutschschweizer Rekruten, welche die Rekrutenschule im Jahre 1985 absolvierten, sahen sich in der Pädagogischen Rekrutenprüfung mit einem Thema konfrontiert, dem sie selber zwar einige Bedeutung zumessen, das für sie aber kein Problem ersten Ranges darstellt. Die Probleme, die sich in der Schweiz einerseits aus der Mehrsprachigkeit und andererseits aus der besonderen sprachlichen Situation der Deutschschweiz ergeben oder allenfalls ergeben können, werden von den jungen Deutschschweizern zwar mehrheitlich nicht als unwichtig bezeichnet, sie werden aber von ihnen nicht als besonders brisant empfunden. Aus Antworten zu verschiedenen Fragen lässt sich denn auch herauslesen, dass die Sensibilisierung der Probanden für aktuelle Fragen der Sprachpolitik und für Sprachentwicklungen in der Schweiz, die doch in den Medien recht häufig thematisiert werden, keineswegs ausgeprägt vorhanden ist.

Unbelastet von linguistischen Diskussionen und Auseinandersetzungen bezeichnen die Rekruten in grosser Einmütigkeit allein den Dialekt als Muttersprache. Der in der Fragestellung vorgegebene Aspekt der Sicherheit beim Sprechen ist bestimmt ein wichtiger, aber nicht der einzige Faktor, der die Probanden nicht auch die Hochsprache als Muttersprache wählen liess. Dem Resultat der Frage nach der Muttersprache kann man zudem entnehmen, dass die jungen Deutschschweizer bis auf wenige Ausnahmen - man darf hier die Herkunft der Eltern oder einen längeren Aufenthalt in Deutschland als Ursache annehmen - sich in der Hochsprache beim Sprechen weniger sicher fühlen als im Dialekt.

Für die Rekruten besitzt der Dialekt ganz offensichtlich einen hohen Stellenwert als nationales Identitätsmerkmal. Er ist ein wichtiges Mittel, das zur gewollten Abgrenzung von Angehörigen anderer deutschsprachiger Nationen, vor allem aber von den wenig beliebten Deutschen, dienen kann. Es ist folgerichtig denn auch die Zugehörigkeit zur Schweiz, die den Rekruten in erster Linie wichtig ist, während die Zugehörigkeit zum deutschen Kultur- und Sprachgebiet in Europa für sie von untergeordneter Bedeutung ist und folglich nicht als Argument dienen kann, ihre Unterstützung für eine besondere Förderung des Hochdeutschen in der Schweiz zu gewinnen.

Die Rolle der Hochsprache als Lese- und Schreibsprache ist bei den jungen Deutschschweizern unbestritten, auch wenn das Briefschreiben in Dialekt nichts Ungewöhnliches zu sein scheint. In dieser Funktion findet die Standardsprache bei den Rekruten denn auch häufig Verwendung, vor allem im beruflichen Umfeld. Daneben wird die Notwendigkeit, Hochdeutsch sprechen und verstehen zu können, von einer Mehrheit der Rekruten erkannt. Die Hochsprache findet aber als Sprechsprache weit weniger Verwendung denn als Lese- und Schreibsprache. Hier liegt wohl ein wichtiger Grund verborgen, der alle Bemühungen, die Deutschschweizer zur Verbesserung ihrer Hochdeutschfähigkeiten anzuregen und sie aus eigenem Antrieb heraus zu vermehrtem Gebrauch der Hochsprache als Sprechsprache zu bewegen, erschwert, wenn nicht gar verunmöglicht. Nur eine durch die tägliche Anforderung bedingte häufige Verwendung der Standardsprache als Sprechsprache würde wohl eine tiefe Einsicht in die Notwendigkeit bewirken, dem Erwerb und der Verbesserung der mündlichen Ausdrucksfähigkeit mehr Bedeutung zuzumessen. Diese Voraussetzung ist aber in der deutschen Schweiz im Moment nicht gegeben, und es ist deshalb wohl nur konsequent, wenn eine Mehrheit der jungen Deutschschweizer der Meinung ist, man sollte in den Schulen im Deutschunterricht mehr Dialekt sprechen, und den Ausbau des Unterrichts in der Hochsprache nicht für nötig hält. Es ist denn auch eher seltener Gebrauch als hervorragende Kenntnisse in der Standardsprache, der dem geringen Bedürfnis der Probanden, nach der Schule die Hochdeutschfähigkeiten noch zu verbessern, zugrundeliegt. Dass in der Deutschschweiz wenig Hochdeutsch gesprochen wird, belegen auch die Aussagen der Rekruten zu ihrem eigenen Sprachverhalten, aber auch ihre Beurteilungen des Sprachverhaltens der Deutschschweizer ganz allgemein, wird doch der Hochsprache ausgewichen, so oft dies möglich ist. So ist es nur für eine Minderheit der jungen Deutschschweizer eine Selbstverständlichkeit, mit Deutschen und Österreichern sofort Hochdeutsch zu sprechen. Die Mehrheit hält zumindest so lange am Dialekt fest, wie die Kommunikation trotzdem noch sichergestellt ist. Mit einer Zweidrittelsmehrheit sind die Probanden zudem der Meinung, dass die Deutschschweizer insgesamt nur ungern Hochdeutsch sprechen. Diese Resultate weisen auf eine recht starke Unbeliebtheit der Hochsprache in ihrer Funktion als Sprechsprache bei den Rekruten und, wenn ihre Annahmen zutreffen, auch bei den Deutschschweizern ganz allgemein.

Mit Fremdsprachigen sprechen die jungen Deutschschweizer, sofern sie über die notwendigen Kenntnisse verfügen, mit Vorliebe in der jeweiligen Fremdsprache und nehmen mehrheitlich an, dass dieses Sprachverhalten auch für alle anderen Deutschschweizer Gültigkeit hat. Mit diesem Sprachverhalten glauben sie, den Bedürfnissen der West- und Südschweizer zu entsprechen, von denen sie annehmen, dass sie nur ungern Deutsch sprechen. Wird das Gespräch mit einem Fremdsprachigen in Deutsch geführt, sprechen viele der Probanden nicht selbstverständlich Hochdeutsch, sondern halten, ähnlich wie im Gespräch mit Deutschen und Österreichern, wenn immer möglich am Dialekt fest. Auch wenn die Rekruten dazu keine direkte Aussage machen mussten, lässt sich dieses Verhalten aus der Tatsache ableiten, dass über 45 Prozent der Aussage zustimmen, dass es eher zutrifft, dass Deutschschweizer auch mit Anderssprachigen meistens ihren Dialekt sprechen, aber auch aus den Angaben zu ihrem eigenen Sprachverhalten. In jedem Falle schätzen es die jungen Deutschschweizer, wenn Anderssprachige sich sprachlich assimilieren und lernen, sich in Dialekt zu unterhalten.

Die jungen Deutschschweizer beurteilen die Beziehungen zwischen der Deutschschweiz und den anderen Sprachregionen als mittelmässig, mit negativer Tendenz, obwohl ihnen die Vertreter der anderen Sprachgebiete durchaus sympathisch sind. Die eher negative Beurteilung des Verhältnisses zwischen der deutschen Schweiz und den anderen Sprachregionen, welche die Probanden mit vielen Medienschaffenden und Politikern einig sieht, wird von letzteren oft auf abnehmende Kenntnisse in der jeweils anderen Landessprache und, was die Deutschschweiz anbelangt, auf den exzessiven Gebrauch der Mundart zurückgeführt. Gerade weil der Dialekt von den nichtdeutschsprachigen Schweizern so stark als Hindernis für eine Verbesserung des allgemein nicht als gut eingestuften Verhältnisses zwischen der Deutschschweiz und den anderen Sprachregionen empfunden wird, darf es wohl als dringende Aufgabe der schweizerischen Sprachwissenschaft bezeichnet werden, Untersuchungen über das Sprachverhalten der Schweizer im Gespräch zwischen Angehörigen verschiedener Sprachregionen zu verstärken, um Klarheit darüber zu erhalten, in welchem Ausmasse das Sprachverhalten und insbesondere der Dialektgebrauch der Deutschschweizer für die Qualität des Verhältnisses zwischen den Sprachregionen verantwortlich gemacht werden kann. Selbst wenn sich herausstellen sollte, dass der Sprache nicht der ihr immer wieder zugeordnete hohe Stellenwert zukommt, könnten solche linguistischen Untersuchungen wenigstens dazu dienen, den Zugang zur Erforschung anderer möglicher Faktoren, die das Verhältnis entscheidend prägen können, zu öffnen.

Die Rekruten zeigen für die Probleme von Anderssprachigen, die durch den Dialektgebrauch in der deutschen Schweiz entstehen können, durchaus Verständnis, etwa wenn sie der Meinung Ausdruck geben, dass nichtdeutschsprachige Schweizer und Ausländer Hochdeutsch und nicht Dialekt lernen sollten, oder wenn sie der Aussage zustimmen, dass Hochdeutsch am Deutschschweizer Radio und Fernsehen für anderssprachige Zuhörer eher zu verstehen ist. Sie sind aber nicht bereit, deshalb Konzessionen zu machen. Das wird vor allem im Bereich des Deutschschweizer Radios und Fernsehens deutlich, wo die Probanden trotz gewisser Vorbehalte bezüglich Inhalt einer Sendung mehrheitlich die Mundart bevorzugen und sich sogar noch mehr Mundartanteile wünschen.

Sprachlichen Neuerungen stehen die jungen Deutschschweizer positiv oder zumindest gleichgültig gegenüber. So werden Privatbriefe in Dialekt geschrieben, und Sprachwandel stört die Probanden kaum. Mit der Bevorzugung der Mundart in der Kirche wie auch mit der Ansicht, dass nicht nur die Hochsprache in einen feierlichen Rahmen gehört, stehen die Probanden denn auch etwas ausserhalb traditioneller Vorstellungen, an denen sie aber in anderen Fällen festhalten, etwa wenn sie die Hochsprache für die präzisere Sprachform halten oder wenn sie die Standardsprache als die passendere Sprachform für einen wissenschaftlichen Vortrag bezeichnen.

Als wichtigster Faktor, der das Sprachverhalten und die Spracheinstellungen der jungen Deutschschweizer steuert und beeinflusst, hat sich unter den erhobenen sozialen Daten eindeutig derjenige der Bildung herausgestellt. Der Stadt-Land-Gegensatz ist in weit geringerem Masse wirksam. Die Korrelationen der Variablen 'Schule' und 'Beruf', die in diesem frühen Stadium des Berufslebens in einem sehr engen Zusammenhang stehen, mit einzelnen Fragen zum Sprachverhalten und zu Spracheinstellungen haben, im Bereiche des Verhaltens etwas stärker als bei den Einstellungen, die Bedeutung des Faktors Bildung deutlich aufgezeigt. Bis auf wenige Ausnahmen gilt, dass den Kenntnissen in der Hochsprache um so mehr Bedeutung zugemessen wird und der Gebrauch um so häufiger ist, je höher die absolvierte Schulstufe der Probanden ist.

Es gibt keine Zahlen, mit denen die Daten der Pädagogischen Rekrutenprüfungen von 1985 direkt verglichen werden können. Als Massstab wurden deshalb bestehende Forschungsergebnisse benutzt. Sie dienten letztlich als Grundlage für die Bildung der Erwartungshaltung, aus welcher heraus die einzelnen Ergebnisse beurteilt wurden. Dieser Einbezug der bisherigen Forschung hat ergeben, dass die Resultate dieser Umfrage sich zwar grundsätzlich im Rahmen der Erwartungen halten, dass aber doch bei einzelnen Fragen die quantitative Ausprägung überraschte und Korrekturen bisheriger Meinungen nötig macht. So nehmen die jungen Deutschschweizer die Dominanz der Mundart im mündlichen Bereich, wie sie sich heute im Alltag der deutschen Schweiz präsentiert, als selbstverständlich hin und befürworten den häufigen Gebrauch des Dialekts. Während die Mehrheit sich sogar in verschiedenen Bereichen noch einen weiteren Ausbau der Mundart wünscht, und eine Minderheit allenfalls bereit ist, das heutige Verhältnis zwischen Mundart und Standardsprache beizubehalten, finden sich unter den jungen Deutschschweizern keine Vertreter, die einen vermehrten Gebrauch der Standardsprache befürworten.

DIE WELSCHE PERSPEKTIVE

Beat Schmid

AUSGANGSLAGE

Das Sprachverhalten der Deutschschweizer ist nicht ausschliesslich eine sprachgebietsinterne Angelenheit, sondern betrifft spätestens seit 1848, als die verschiedenen Sprach- und Kulturräume plötzlich näher zusammenrückten, auch die nichtdeutschsprachigen Schweizer. Infolge der gewaltigen sozioökonomischen Veränderungen der letzten 150 Jahre ist die früher relativ intakte Grenze zwischen der deutschen und der französischen Schweiz immer durchlässiger geworden, so dass die von Anfang an vorhandene Sprachproblematik in das Bewusstsein von immer breiteren Teilen der welschen Bevölkerung gedrungen ist. Zwar schützt das Territorialprinzip den überlieferten Geltungsbereich der Landessprachen, doch die wirtschaftliche Vernetzung und die ständig wachsende Mobilität der Bevölkerung haben zusammen mit den Möglichkeiten der neuen Kommunikationsmittel zu einer noch nie dagewesenen Durchmischung der Sprachen geführt. Die welsch-alemannischen Sprachkontakte haben sich dadurch gegenüber früher vervielfacht: Die interethnische Kommunikation ist heute nicht mehr die ausschliessliche Domäne einer schmalen Bildungsschicht, sondern wird von Leuten mit sehr unterschiedlichen bildungsmässigen Voraussetzungen bestritten, und fast jeder Romand kommt heute mit den beiden Sprachformen der Deutschschweizer in Berührung, auch wenn es nur über die elektronischen Medien ist.

Es ist daher nicht verwunderlich, dass die Schwierigkeiten der Romands mit dem Mundartgebrauch der Deutschschweizer immer wieder im Mittelpunkt der welsch-alemannischen Auseinandersetzungen stehen. Das Thema sorgt für Gesprächsstoff - sowohl im privaten Kreis als auch in den Massenmedien. Verfolgt man die öffentlichen Diskussionen, so fällt auf, dass sie sich meistens im Vorbringen von relativ wenigen, stereotypen Feststellungen und Argumenten erschöpfen.

Die Frage, ob diese ein Eigenleben im öffentlichen Bereich führen oder ob sie repräsentativ für die Mehrheit der Sprachteilhaber sind, bildet den Ausgangspunkt der vorliegenden Untersuchung. In einem ersten Schritt halten wir fest, welche Akzente in der Öffentlichkeit in bezug auf unsere Problematik gesetzt werden, damit wir über den notwendigen Hintergrund verfügen, wenn wir anschliessend auf die für unser Thema relevanten Fragen des französischsprachigen Fragebogens der Pädagogischen Rekrutenprüfung 1985 (PRP 85) eingehen.

Wie schon aus ihrem Titel hervorgeht ("Sprachen in der Schweiz"), ist die PRP 85 eine breitangelegte Erhebung, die neben "Mundart und Standardsprache" eine Reihe weiterer Themenkomplexe umfasst. Der Fragebogen ist nicht auf die speziellen Bedürfnisse der vorliegenden Studie abgestimmt, sondern war bei deren Planung vorgegeben. Im empirischen Teil dieses Beitrags kann also nicht direkt an Aussagen im ersten Teil angeknüpft werden.

1 SKIZZIERUNG DES ÖFFENTLICHEN DISKURSES

Die folgenden Ausführungen sind ganz der öffentlichen Mundartkritik gewidmet.[1] Damit sind die unüberhörbaren Stimmen gemeint, die sich in der West- und Deutschschweiz zu Wort melden und auf die negativen Folgen der sogenannten "dritten Mundartwelle" verweisen. Diese Beschränkung lässt sich dadurch rechtfertigen, dass es sich bei dieser Mundartkritik um ein relativ geschlossenes Argumentarium handelt,[2] das publizistisch sehr wirksam eingesetzt wird. Keine andere Strömung hat eine vergleichbare Medienpräsenz, wenn es um das Thema "Mundart und Standardsprache in der deutschen Schweiz" geht.

1.1 GEWICHTUNG DES MUNDARTPROBLEMS

> "Ein weiterer Vormarsch der Mundart würde den sprachlich-kulturellen und damit auch den politischen Graben zwischen der deutschen Schweiz und den welschen und italienischen Landesteilen auf fahrlässige und irreparable Art und Weise vertiefen, das freundeidgenössische Gespräch als besonders wertvolles Instrument helvetischer Konfliktregelung unterminieren."[3]

> "Nähmen die Deutschschweizer diese bedrohliche Kluft ernst genug, würden sie nicht länger in den Massenmedien, in Schule und Hochschule den Dialekt hegen und pflegen... Sie müssten im klaren darüber sein, dass sie mit der Vernachlässigung ihrer Schriftsprache nicht nur in Provinzialismus versinken, sondern die Schweiz mit einem an belgische Verhältnisse erinnernden Sprachkonflikt belasten."[4]

> "Cohésion nationale: le Schwyzerdütsch en accusation."[5]

---

1 Dieser Beschränkung zum Opfer fällt die Meinung der Romands, die der Mundart gegenüber positiv eingestellt sind. An dieser Stelle sei nur auf die Initiative verwiesen, Schweizerdeutsch in den welschen Schulen ergänzend zum Standarddeutschen anzubieten (vgl. Bauer (1981), Merkt (1981), Merkt (1983), Hess (1983)). Was hier als "öffentliche Mundartkritik" bezeichnet wird, entspricht (zumindest in ihrer deutschschweizerischen Ausprägung) der "kultur-ideologischen Argumentationslinie" bei Sieber/Sitta (1984), S. 28f.

2 Es liegt in der Natur von Gesamtdarstellungen wie der folgenden, dass gewisse Schattierungen nicht zum Ausdruck kommen. Trotzdem ist es meiner Ansicht nach vertretbar, die "Mundartkritik" als eine einheitliche Strömung zu präsentieren.

3 Angst (1985).

4 Erich Gruner in: Die Weltwoche, 12.2.87. Zitiert nach Sprachspiegel 6 (1988) S. 182.

5 Journal de Genève, 10.5.1988 (Überschrift eines Artikels von Anne-Marie Ley).

> "Osons dire, avec un brin de solennité, que le triomphe des dialectes en Suisse allemande trouble l'équilibre confédéral."[6]

Die hier geäusserten Bedenken liegen durchaus im Trend der besorgten Stimmen, die sich zum Thema der welsch-alemannischen Beziehungen an die Öffentlichkeit wenden. Das gegenwärtige "Ungleichgewicht" zwischen Mundart und Standarddeutsch - so argumentiert man - greift den mehrsprachigen Staat in seinen Grundfesten an und stellt den schweizerischen "Sprachenfrieden" ernsthaft in Frage. Der heutige Dialektgebrauch, gelegentlich auch Dialektitis oder "dialectomanie" genannt, ist für diese Mundartkritiker[7] nicht irgendein Problem im interethnischen Verhältnis, sondern die hauptsächliche Ursache der gegenwärtigen Misere. Der Welschlandkorrespondent der Neuen Zürcher Zeitung schrieb 1987:

> "Sieht man von den schwarzen Schatten ab, den die 'Dialektwelle' in der Deutschschweiz auf das welsch-alemannische Verhältnis wirft, so dominieren im gegenwärtigen Gesamtbild keineswegs dunkle Farben."[8]

Ein gutes Jahr vorher hatte derselbe Korrespondent seinen Deutschschweizer Lesern in einer Mischung aus Erschrockenheit und Ironie berichtet:

> "Tageszeitungen, Wochenschriften, Radio, Television und Lehrerkreise im Welschland diskutieren das Thema [= Dialektwelle] mit wachsendem Eifer, da und dort sogar mit soviel Leidenschaft, als gehe es um Leben und Tod der sprachlichen Minoritäten."[9]

1.2 ARGUMENTATION

Was für Gedankengänge führen zu einer dermassen dramatischen Einschätzung des Mundartproblems? Um dem Leser einen möglichst authentischen Eindruck der Kritik an der deutschschweizerischen Sprachsituation zu vermitteln, werden die folgenden Ausführungen reichlich mit Zitaten versehen. Da sich der welsche Standpunkt mehr oder weniger mit dem deutschschweizerischen deckt, spielt die Sprachgruppenzugehörigkeit des Zitierten eine untergeordnete Rolle. Um Wiederholungen zu vermeiden, wird deshalb - ausser im Abschnitt 1.2.1 - auf eine getrennte Darstellung der Innen- und Aussensicht des Mundartproblems verzichtet. Das rege Austauschen von Argumenten auch über die Sprachgrenze hinweg kann geradezu als Charakeristikum der Mundartkritik angesehen werden. Für die

---

6 Jacques Pilet in: L'Hebdo, 11.7.1985, S. 5.

7 Da diese geistige Strömung nicht in Form einer Vereinigung mit Namen existiert, müssen wir uns mit dieser Bezeichnung behelfen. Mundart wird nicht generell abgelehnt, sondern nur dort, "wo sie nicht hingehört".

8 Neue Zürcher Zeitung, 29.5.1987.

Deutschschweizer spielt die Perspektive der nichtdeutschsprachigen Schweizer eine wesentliche Rolle bei der Legitimierung ihrer Kritik.[10] Umgekehrt interessieren sich die welschen Kritiker für die Entwicklung im Innern der Deutschschweiz und versuchen, auf diese im Rahmen ihrer Möglichkeiten Einfluss zu nehmen.[11] Wir werden auf die Beziehungen zwischen der inneren und der äusseren Kritik am Schluss zurückkommen.

1.2.1 Wirkung der Diglossie nach aussen: der welsche Standpunkt

Die Kritik basiert auf der grundsätzlichen Feststellung, die Kommunikation zwischen den Landesteilen sei gegenüber früher schlechter geworden ("Jamais la barrière des langues n'a mieux mérité son nom"[12] / "Nie zuvor hat sich das Sprachenproblem in der Schweiz in dieser Schärfe gestellt..."[13]). Neben der mangelhaften Beherrschung der jeweils anderen Landessprache wird für diese Entwicklung vor allem das Ausmass des gegenwärtigen Dialektgebrauchs verantwortlich gemacht.[14] O. Frei berichtet, man habe "im Welschland das Gefühl, immer stärker an den Rand gedrängt zu werden und kaum mehr die bis jetzt tragfähige Kommunikationsbrücke zwischen den Sprachgruppen - [...] die hochdeutsche Sprache - zur Verfügung zu haben."[15] Die folgenden Stellungnahmen welscher Persönlichkeiten mögen dieses Unbehagen illustrieren:

> "Neu ist, dass - wenn der Romand mit seinem Hochdeutsch die Schwelle trotzdem zu überwinden versucht -, die Gegenseite nicht gerne, nicht mehr mit Freude und nicht mehr natürlich zum Hochdeutschen greift. Der Romand spürt, dass sein Gegenüber ein Opfer bringt und dass man höflich sein will."[16]

> "Wir kennen die überzeugenden Argumente, die Sie anführen, um die Mundart gegenüber dem Hochdeutschen zu bevorzugen. Aber wenn die Unterhaltung in der gewohnten, in der Schule gelernten Umgangssprache unmöglich wird, wenn die Romands und die Italienischschweizer, die sich Mühe geben,

9 Neue Zürcher Zeitung, 9.1.1986.

10 Bei Gut (1987), S.1048, heisst es beispielsweise: "Der in der lateinischen Schweiz immer deutlicher vernehmbare Alarmruf ist ein Not-Signal, das die Deutschschweiz nicht überhören darf. Die Möglichkeit der Verständigung durch jene Sprachform, die auf beiden Seiten verstanden wird, ist elementare Voraussetzung des Zusammenlebens."

11 Vgl. die recht zahlreichen Beiträge in verschiedenen Deutschschweizer Zeitungen. In jüngerer Zeit ist dieses Engagement im Umfeld der Abstimmung im Kanton Zürich über das Frühfranzösisch deutlich geworden (September 1988).

12 L'Hebdo, 11.7.1985, S. 10.

13 Cavadini (1987).

14 Häufig werden die (angeblich) mangelhaften Fremdsprachenkenntnisse mit der "Mundartwelle" in Zusammenhang gebracht.

15 Neue Zürcher Zeitung, 9.1.1986.

16 Feitknecht (1988).

Ihre offizielle Sprache zu lernen, nicht mehr mit Ihnen kommunizieren können..."[17]

"De notre côté, nous faisons l'effort d'apprendre l'allemand autant pour entrevoir l'univers de Goethe et de Kafka que pour demander le chemin de la gare à Herzogenbuchsee."[18]

"Les échanges d'élèves promus dans un bel esprit confédéral paient pas... Un mois passé en Allemagne est nettement plus rentable scolairement."[19]

"Es ist ganz klar, dass der Westschweizer im Hochdeutsch mehr leisten müsste. Die Motivation dazu wird aber durch den Gebrauch des Dialekts stark beeinträchtigt."[20]

Auf Bundesebene kristallisiert sich der Sprachgegensatz eher selten an der Frage des Verhältnisses zwischen Mundart und Standardsprache. Das welsche Unbehagen äussert sich hier in einer Abwehrhaltung gegen das Deutsche schlechthin (Angst vor der Germanisierung). Immerhin stellt Jean Pierre Vouga fest, dass ausserhalb der offiziellen Sessionen der Dialekt vorherrsche. "Der welsche Parlamentarier, der davon kein Wort versteht, wird seinen Auftrag nie ganz erfüllen."[21] In der Verwaltung wirke sich der Umstand negativ aus, dass die Sprache des internen Verkehrs überwiegend der (Berner) Dialekt sei.[22] "Es nützt nichts, einfach in der Bundesverwaltung soundso viele Beamte französischer Zunge zu haben und sie dann auf mehr oder weniger subtile Weise zum Dialektsprechen zu zwingen."[23]

Wesentlich kritischer wird die Rolle des Schweizerdeutschen im Wirtschaftsleben beurteilt. Hier ist nicht nur von Verständigungsschwierigkeiten die Rede, sondern es wird offen von "Benachteiligung" oder gar "Diskriminierung" gesprochen: Wer etwas im Beruf ereichen wolle, der komme um das Schweizerdeutsche nicht herum.[24]

---

17 Ribeaud (1988), S. 50.
18 Jacques Pilet in: L'Hebdo, 11.7.1985, S. 5.
19 illustré 24 (1983).
20 Feitknecht (1988).
21 Vouga (1980), S. 77.
22 Vgl. Vouga (1980), S. 72.
23 Feitknecht (1988).
24 Im Tessin ist diese Einsicht im folgenden Bonmot enthalten: "Déjà à l'époque, on disait aux enfants que pour vivre en Suisse il fallait apprendre le français, que pour y faire des affaires l'allemand était indispensable, mais que pour devenir riche, le Schwyzertütsch était conseillé!" (Dario Robbiani in: Redard/ Jeanneret/Métral (1981) S. 91).

> "Übrigens haben nicht wenige Romands, nach den Italienischschweizern, begriffen, dass man den Deutschschweizer Dialekt wenigstens verstehen können muss, will man Geschäfte jenseits der Saane tätigen."[25]

Der daraus resultierende Anpassungsdruck wird als ernsthafte Bedrohung der schweizerischen Frankophonie gewertet, und mit Sorge weist man auf den Erfolg der Schweizerdeutschkurse in der Westschweiz hin.[26]

Es erscheint kaum ein Artikel zum schweizerischen Sprachenproblem, in dem nicht das Überhandnehmen der englischen Sprache in der Schweiz thematisiert würde. Man befürchtet, dass das Englische in absehbarer Zeit zum primären Verständigungsmittel zwischen Schweizern verschiedener Muttersprache werden könnte. Dabei besteht nach Ansicht vieler dieser besorgten Romands ein direkter Zusammenhang mit der Entwicklung der Sprachsituation in der Deutschschweiz. Man glaubt nämlich, die "Mundartbarriere" werde West- und Deutschschweizer über kurz oder lang dazu zwingen, die Kommunikation über das Englische herzustellen.

> "La langue 'suisse' n'existe pas mais les Alémaniques, les Tessinois, les Romands doivent bien en utiliser une pour se parler, se comprendre. Hochdeutsch? Français? Schwyzerdütsch? Les Suisses voyagent déjà sans trop s'en rendre compte en compagnie de Swissair ou dans les trains intercity. Parleront-ils demain systématiquement en anglais pour communiquer pardessus la barrière des 'dialectes'? Losed Sie emol..."[27]

Auf heftige Kritik stösst im weiteren der Sprachgebrauch in den Deutschschweizer Medien. Es wird geltend gemacht, der Anteil der dialektal gesprochenen Sendungen sei in den letzten Jahren in unverantwortlicher Weise erhöht worden. So kämen sich heute die nichtdeutschsprachigen Schweizer immer mehr übergangen und ausgeschlossen vor. J. Ribeaud appelliert mit folgenden Worten an die Verantwortung der SRG:

> "Ich behaupte, dass nichts die Tatsache rechtfertigt, dass nationale oder ausländische Informationssendungen von allgemeinem Interesse, die vor wenigen Jahren noch in Hochdeutsch ausgestrahlt wurden, jetzt ausschliesslich in Dialekt gesendet werden. [...] Wegen der exklusiven Verwendung des Dia-

25 Ribeaud (1988), S. 50.

26 Seit 1978 gibt es auf dem Markt das audiovisuelle Lehrmittel *Modärns Schwyzertütsch. Passe-partout* von Martin Zwicky (Inhaber der *Académie de Langues et de Communication*). Nach Angaben des Autors haben bis 1988 über 14'000 Personen vom neuen Angebot profitiert. Bei den Interessenten handle es sich vor allem um Kaderleute. Zudem werden seit 1984 von der Vereinigung der Westschweizer Handelskammern Schweizerdeutschdiplome ausgestellt. "[1987] haben sich 38 Kanditatinnen und Kandidaten angemeldet, und 37 haben das Examen bestanden" (Informationen und Zitat aus: "Welsche lernen Schwyzertütsch", Neue Zürcher Zeitung, 19.7.1988).

lekts sind nun solche Debatten unerreichbar und unverständlich für mehr als eine Million potentieller Fernsehzuschauer."[28]

Flavio Zanetti und andere[29] rufen in diesem Zusammenhang Art. 13 der Konzession in Erinnerung:

> "Die vom Bundesrat an die SRG erlassene Konzession sagt im berühmten Art. 13 unter anderem, dass die Programme 'die nationale Einheit und Zusammengehörigkeit stärken und die internationale Verständigung fördern' sollen. Ich frage mich, was für eine Zusammengehörigkeit und Verständigung gefördert werden kann, wenn die meistens verwendete Sprache das ausserhalb der deutschen Schweiz unverständliche Schweizerdeutsch ist."[30]

Gelegentlich wird in Anbetracht dieser generellen Misere die grundsätzliche Frage gestellt, ob sich denn der heutige Status des Schweizerdeutschen noch mit Art. 116 der Bundesverfassung vereinbaren lasse.

> "Wir wollen auch nicht so weit gehen, zu sagen, der Gebrauch des Schweizerdeutschen als offizielle Sprache sei verfassungswidrig, selbst wenn diese These juristisch aufrechterhalten werden könnte."[31]

> "Es besteht eine gewisse Heuchelei, sich stets auf die Bundesverfassung zu berufen, wenn man weiss, dass die meistgesprochene, einflussreichste und allgegenwärtigste Sprache der Eidgenossenschaft von selbiger Verfassung nicht anerkannt ist."[32]

1.2.2 Wirkung der Diglossie im Innern

Stichwortartig seien hier noch einmal die wichtigsten Tendenzen hervorgehoben. Eine ausführliche Darstellung mit einschlägigen Zitaten ist bei Gutzwiller zu finden (s. Kap. 3).

---

27 La Suisse de Babel (1987), S. 9 (Verlag 24 HEURES).
28 Ribeaud (1988), S. 51.
29 Vgl. etwa Müller-Meilen (1987).
30 Zanetti (1988), S. 54.
31 Cavadini (1987).
32 Ribeaud (1988), S. 51-52.

Grundthesen

1. Die Deutschschweizer können immer weniger gut Standarddeutsch.
2. Der Mundartgebrauch dehnt sich aus.
3. Die Deutschschweizer können immer weniger gut Standarddeutsch, weil sich der Mundartgebrauch ausdehnt.

Auf diese drei Sätze lassen sich - etwas überspitzt ausgedrückt - die Einwände der Mundartkritiker gegen den gegenwärtigen Sprachgebrauch der Deutschschweizer reduzieren. Hier wäre bei einer Kritik an der Mundartkritik anzusetzen.

Komplementarität der beiden Sprachformen

Die Mundartkritik geht bei der Beschreibung der Diglossie von einem statischen Modell aus: Die Bereiche, die Mundart und Standardsprache zusammen abdecken, sind gegeben (konstant). Eine Veränderung im Gebrauch der einen Sprache ist so zwangsläufig mit der komplementären Veränderung im Gebrauch der anderen verbunden. Eine Aufwertung der Dialekte bedeutet eine Abwertung des Standarddeutschen und umgekehrt. Dieses komplementäre Denken sitzt so tief, dass eine Aussage zur Sprachform A implizit auch eine Aussage über Sprachform B ist. Folgerichtig wird die "Mundartwelle" als eine Bedrohung für die deutsche Standardsprache angesehen. Man befürchtet, dass diese durch das Schweizerdeutsche verdrängt, vielleicht sogar ersetzt wird.[33]

Die Motoren der "Verschiebung"

Die elektronischen Medien und die Schulen sind für die Mundartkritiker die entscheidenden sprachpolitischen Instanzen: Einerseits richtet sich an sie der Vorwurf, mit ihrem aktuellen Sprachgebrauch seien sie massgeblich an der raschen Verbreitung der Mundarten beteiligt, andererseits sieht man in ihnen die beiden hauptsächlichen Instrumente einer der "Mundartwelle" entgegenwirkenden Sprachlenkung.

Die Folgen der "Verschiebung"

Aus den oben dargelegten Grundthesen leiten die Mundartkritiker eine Entwicklung ab, die für die Schweiz unabsehbare Konsequenzen habe. Der Rückgang der

33 1983 erschien beispielsweise in insgesamt 12 Tageszeitungen und Zeitschriften ein Artikel mit dem Titel "Droht uns der Verlust der deutschen Hochsprache?", s. Wiesmann (1983).

Hochdeutschkenntnisse führe zu einer zunehmenden geistigen Verarmung und einer wachsenden Zahl von funktionalen Analphabeten. Ausserdem kopple sich die Schweiz allmählich vom deutschen Sprach- und Kulturraum ab, und dies könnten wir uns im Hinblick auf eine Integration der Schweiz in das zukünftige Europa nicht leisten.

1.3 FORDERUNGEN

Aus dieser Überlegung heraus rufen die Kritiker der gegenwärtigen Sprachsituation zu einer Rückbesinnung auf die altbewährte Formel "Mundart und Hochdeutsch - jedes an seinem Ort" auf. Um dieses Ziel zu erreichen, müsse "der Hauptakzent in Zukunft klarer und unzweideutiger auf die Erhaltung und Anerkennung des gesprochenen Hochdeutsch in der Deutschschweiz gelegt werden."[34] Was die welschen Kritiker diesbezüglich von den Deutschschweizern erwarten, sollen die folgenden Stimmen illustrieren:

> "Wir verlangen von unseren Landsleuten, dass sie Hochdeutsch lernen und regelmässig praktizieren; dieses ist nicht zuletzt auch ein integraler Bestandteil ihrer Kultur, ihrer Vergangenheit und damit auch ihrer Zukunft."[35]

> "In unserem viersprachigen Land, wo mehr als eine Million Ausländer arbeiten, wo sehr viele Menschen von Tourismus und Export leben, wo man sich vorbereitet, neue Beziehungen zu dem vereinten Europa zu schaffen, sollte man wenigstens von den Deutschschweizern verlangen, dass sie perfekt hochdeutsch in der Schule lernen. Deshalb sollte man konsequent die Hochsprache ab der ersten Primarklasse verwenden. Hochdeutsch sollte auch die Sprache aller Sendungen bei Radio und Fernsehen sein, die nicht strikt regional sind. Für Vertreter der Wirtschaft sollte es eine Selbsversändlichkeit sein, sich des Hochdeutschen anstatt der Mundart zu bedienen, wenn sie sich mit anderen Eidgenossen unterhalten."[36]

1.4 UMSETZUNG DER MUNDARTKRITIK

Die Mundartkritiker müssen nicht nur auf Grund ihres publizistischen, sondern vor allem auch wegen ihres politischen Gewichts ernstgenommen werden. Gerade bei Personen in erziehungspolitisch einflussreichen Positionen ist nämlich das mund-

---

34 Angst (1985).
35 Cavadini, (1987).
36 Ribeaud (1988), S. 51.

artkritische Gedankengut besonders stark vertreten. Mit Genugtuung hält Angst in der NZZ fest:

> "Es ist deshalb zu begrüssen, wenn seitens einsichtiger Lehrkräfte und Schulinspektoren - tatkräftig unterstützt und animiert durch die Erziehungsbehörden - diese Problematik in den letzten Jahren intensiv aufgegriffen worden ist und ein klarer Wille bekundet wird, der Mundartwelle in den Schulen wenigstens die Spitze zu brechen und ein entsprechendes Gefahren- und Verantwortungsbewusstsein aufzubauen."[37]

Dank diesem Willen wurden in den letzten Jahren eine Reihe von konkreten Massnahmen ergriffen resp. in die Wege geleitet, von denen hier zwei Beispiele genannt seien: Einige kantonale Erziehungsbehörden haben verbindliche Richtlinien betreffend die Sprachformenwahl erlassen (vgl. die "Richtlinien für die Pflege der Hochsprache in den Schulen des Kantons Zürich" (1987) oder die "Weisungen für den Gebrauch von Mundart und Schriftsprache an den Gymnasien" (Erziehungs- und Kulturdirektion des Kantons Basel-Landschaft, 1986). Die Mundartproblematik steht im Zentrum der Motion Müller-Meilen. Im letzten Abschnitt heisst es: "Eine aktuelle Bestandesaufnahme über den Stand des Kulturaustausches und des Einvernehmens zwischen den Sprachregionen, über den möglichen Abbau von Hindernissen und den wünschbaren Ausbau der Kontaktmöglichkeiten und die Förderung des gegenseitigen Verständnisses im staatspolitischen Interesse ist deshalb wünschbar. Eine solche fundierte Grundlage soll Ausgangspunkt eines offenen Dialogs zwischen den Sprachgruppen sein und Initiativen und Massnahmen zum Abbau von Hindernissen auslösen. Der internationale Kulturaustausch soll dadurch nicht geschmälert werden."[38]

---

37 Angst (1985).
38 Müller-Meilen (1987).

2 BEURTEILUNG DES SPRACHENPROBLEMS DURCH DIE WELSCHEN REKRUTEN

Im folgenden werden die Resultate der französischsprachigen Rekrutenbefragung 1985 präsentiert und kommentiert.[39] In vier Themenblöcken werden die für uns zentralen Fragen besprochen und mit einigen Grunddaten der Befragten in Verbindung gebracht: in erster Linie mit der beruflichen Stellung, der Herkunft und der Einstellung gegenüber den Deutschschweizern. Im Anhang des vorliegenden Beitrags finden sich Häufigkeitstabellen zu diesen und allen anderen in den Auswertungen verwendeten Gliederungsmerkmalen. Die Numerierung der Fragen ist dem Fragebogen entnommen, der am Ende dieses Buches vollständig vorliegt. Bei Mehrfachantwortfragen wurden die verschiedenen Antworten fortlaufend numeriert (Zahl nach dem Dezimalpunkt).

2.1 STELLENWERT DES SPRACHENPROBLEMS

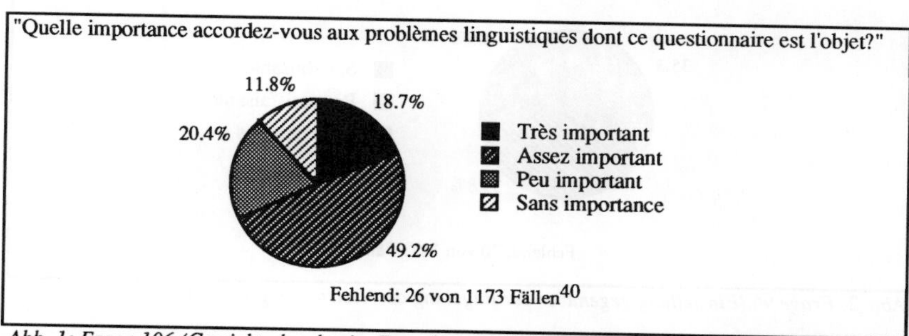

Abb. 1: Frage 106 (Gewicht, das den im Fragebogen angesprochenen Sprachproblemen beigemessen wird)

Die Beantwortung von Frage 106 ist ein guter Indikator für den Stellenwert der Sprachenfrage bei den welschen Rekruten (vgl. Abb. 1). Fast 50% der Befragten taxieren die sprachlichen Probleme, welche den Gegenstand der PRP 85 bilden, als "ziemlich wichtig". Zusammen mit den Rekruten, die die Sprachprobleme als "sehr wichtig" bezeichnen, ergibt sich eine deutliche Mehrheit gegenüber den Beurteilungen "wenig wichtig" und "unwichtig" (67.9% vs. 32.2%).[41] Wie die Korrelation

39 Für allgemeine Informationen zur PRP 85 (Planung, Erhebung, Methodik, statistische Verfahren) sei auf die beiden ersten Kapitel von J. Gutzwiller verwiesen. In Ergänzung dazu sind am Ende dieses Beitrags einige Angaben zur französischsprachigen Befragung zu finden.

40 Als "fehlend" werden all jene Befragten deklariert, welche die Frage nicht (bzw. nicht gültig) beantwortet haben.

41 Interessant ist die Tatsache, dass dieselbe Tendenz auch für die Deutschschweizer Rekruten gilt (58.3% vs. 41.7%), auch wenn der Grad der Sensibilisierung hier weniger ausgeprägt ist (vgl. Frage

von Frage 106 mit Frage 8 (berufliche Stellung des Rekruten)[42] zeigt, ist diese Tendenz noch ausgeprägter bei den Befragten mit langer Ausbildung: Vor allem bei den Studenten ist die Zahl der Rekruten, welche die im Fragebogen angesprochenen Sprachprobleme für "unwichtig" halten, signifikant kleiner als bei den übrigen Gruppen (4.4% gegenüber beispielweise 12.8% bei den Arbeitern). Keine signifikanten Werte ergeben hingegen die Korrelationen zwischen Frage 106 und der Herkunft der Rekruten.[43] Das Gewicht, das dem Sprachenproblem beigemessen wird, hängt beispielsweise nicht damit zusammen, ob der Befragte in einer sprachgrenznahen Region wohnt oder nicht.

* * *

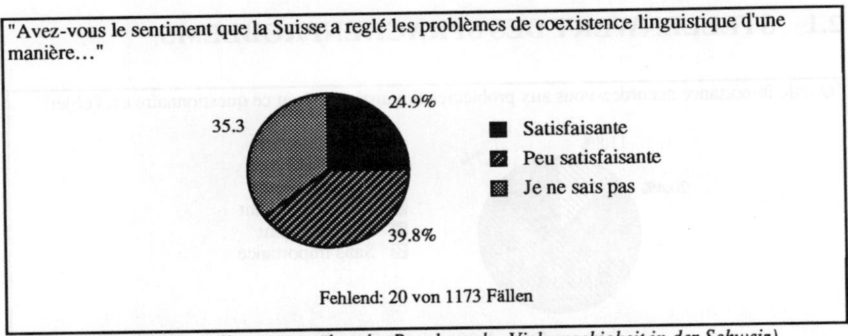

Abb. 2: Frage 96 (Einstellung gegenüber der Regelung der Vielsprachigkeit in der Schweiz)

---

108 im deutschen Fragebogen, die bei Gutzwiller in Kapitel 5 besprochen wird). Sprachprobleme spielen also weder für die sprachliche Mehrheit noch für die sprachliche Minderheit eine untergeordnete Rolle. Aus diesem Befund darf allerdings nicht geschlossen werden, dass die jungen Deutschschweizer für die Probleme der Romands sensibilisiert sind, denn welche Sprachprobleme genau gemeint sind, geht aus Frage 106 bzw. Frage 108 nicht hervor.

42 Für die Korrelationen mit der Frage nach dem Beruf wurden dieselben Klassenzusammenlegungen vorgenommen wie bei den Deutschschweizer Rekruten. Erläuterungen dazu sind bei Gutzwiller in Kapitel 4.3 zu finden. Tabelle 1 im Anhang zum vorliegenden Beitrag zeigt den Zusammenhang zwischen den ursprünglichen und den neuen Berufskategorien für die französischsprachigen Rekruten. Dort sind auch die deutschen Bezeichnungen aufgeführt, die der Einfachheit halber von nun an verwendet werden. Wenn also beispielsweise von den Studenten die Rede ist, dann sind damit immer auch die (wenigen) Schüler und Lehrer gemeint.

43 Mit Hilfe eines Programms des Bundesamtes für Statistik konnten wir die im Nationalen Forschungsprogramm "Regionalprobleme" entwickelten räumlichen Gliederungen auf die Rekrutendaten übertragen und eine Reihe neuer Variablen definieren (MS-Regionen, Stadt-Land-Gegensatz, Grossregionen usw.). Hier wie auch im folgenden arbeiten wir mit der aus Frage 13A (Ort, an dem der Rekrut am längsten gewohnt hat) abgeleiteten Variable "Grossregion-13A" (vgl. Tabelle 2 im Anhang, welche die Verteilung der Rekruten auf die sechs französischsprachigen Grossregionen zeigt).

Frage 96 gibt Auskunft darüber, wie sich die welschen Rekruten zur helvetischen Regelung der Vielsprachigkeit stellen. Die Beantwortung dieser allgemeinen Einstellungsfrage interessiert besonders deshalb, weil die Schweiz immer wieder als Modelland hingestellt wird, in dem vier Sprachregionen in Frieden nebeneinander leben. Diese positive Beurteilung kontrastiert mit einer latenten Unzufriedenheit über das Verhältnis zwischen der deutschsprachigen und der nichtdeutschsprachigen Schweiz, die uns genauso vertraut ist. Bei der Beurteilung des Resultats (vgl. Abb. 2) gilt es zu berücksichtigen, dass das Problembewusstsein der Befragten während des Ausfüllens des Fragebogens sicher gestiegen ist, weshalb sie sich bei der Beantwortung von Frage 96 wohl eher an einem nüchternen Alltagsbild als an einem sonntäglichen Idyll orientiert haben. Auf jeden Fall sind die Rekruten, die den gegenwärtigen Zustand positiv beurteilen, deutlich in der Minderheit. Auffällig hoch ist der Prozentsatz der Befragten, die sich weder für ein positives noch für ein negatives Prädikat entscheiden mochten.

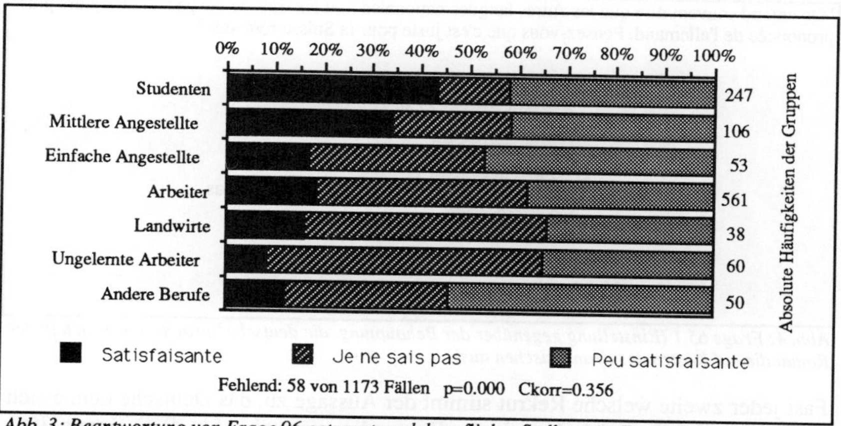

Abb. 3: Beantwortung von Frage 96 getrennt nach beruflicher Stellung (= Frage 8)

Gewisse Anhaltspunkte, wie diese Grauzone zu bewerten ist, liefern die Korrelationen[44] mit Frage 96. Höchst signifikant und sehr stark ist dabei der Zusammen-

---

44 Der Übersichtlichkeit halber wird hier und im folgenden bei Korrelationen die Darstellungsform in Abb. 3 verwendet. Stellvertretend sei anhand dieser Abbildung erläutert, wie die bildliche Wiedergabe von Korrelationen im vorliegenden Beitrag zu verstehen ist: Abb. 3 gibt den Teil der mit Frage 96 und Frage 8 gebildeten Kontingenztafel graphisch wieder, der für unsere Untersuchung von besonderem Interesse ist. Beispiel: Insgesamt 247 Studenten haben Frage 96 und Frage 8 korrekt beantwortet. Davon haben rund 43% Frage 96 mit "satisfaisante", 42% mit "peu satisfaisante" und 15% mit "je ne sais pas" beantwortet. Insgesamt 58 Befragte haben mindestens eine der beiden Fragen nicht beantwortet und gelten deshalb als "fehlend". p gibt die Wahrscheinlichkeit an, dass man sich irrt, wenn man annimmt, dass zwischen Frage 96 und Frage 8 ein Zusammenhang besteht. Der korrigierte

hang mit dem Beruf des Rekruten (vgl. Abb. 3). Entscheidend dafür ist vor allem das Verhalten der Studenten. Nur 14.6% von ihnen geben auf Frage 96 "ich weiss nicht" zur Antwort. Bei den Arbeitern tun dies hingegen 43.3%. Genau gleich gross, nämlich 43.3%, ist auf der anderen Seite die relative Häufigkeit der Studenten, die die Regelung der schweizerischen Vielsprachigkeit als "befriedigend" einstufen (Arbeiter: 18.5%). Befragte mit langer Ausbildung beziehen also viel eher Stellung als solche mit kurzer Ausbildung. Bemerkenswert ist der Umstand, dass die Häufigkeit der Antwort "wenig befriedigend" über alle Berufsklassen hinweg relativ stabil ist.

* * *

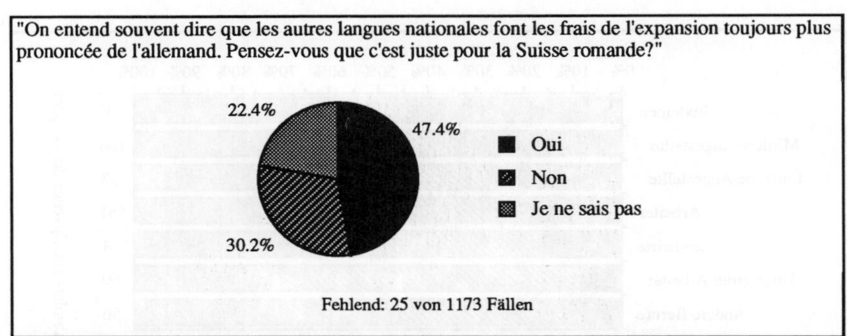
"On entend souvent dire que les autres langues nationales font les frais de l'expansion toujours plus prononcée de l'allemand. Pensez-vous que c'est juste pour la Suisse romande?"
22.4%
47.4%
30.2%
Oui
Non
Je ne sais pas
Fehlend: 25 von 1173 Fällen

Abb. 4: Frage 65.1 (Einstellung gegenüber der Behauptung, die deutsche Sprache dehne sich in der Romandie auf Kosten des Französischen aus)

Fast jeder zweite welsche Rekrut stimmt der Aussage zu, das Deutsche dehne sich auf Kosten des Französischen in der Romandie aus (vgl. Abb. 4).[45] Knapp 30% der Befragten können hingegen eine solche Entwicklung nicht erkennen. Relativ hoch ist auch bei dieser Frage der Prozentsatz der Rekruten, die sich nicht festlegen(rund 22%). Frage 65.1 ist ein wichtiger Indikator für das Ausmass der Angst der Romands vor der Germanisierung und verdient eine etwas breitere Behandlung.

Kontingenzkoeffizient Ckorr liefert ein Mass für die Stärke des Zusammenhangs: Je näher Ckorr bei 1 liegt, desto stärker ist die Korrelation.

45 Nicht ganz zu Unrecht könnte die Aussagekraft von Abb. 4 in Frage gestellt werden, da es zwei verschiedene Möglichkeiten gibt, Frage 65.1 zu verstehen: Im einen Fall bezieht sich "Pensez-vous que c'est juste" auf den Inhalt des von "on entend" abhängigen Objektsatzes, im anderen Fall auf den Aussagesatz als Ganzen. Erfasst werden sollte die Meinung der Rekruten gemäss unserer ersten Interpretation, und es ist anzunehmen, dass die meisten Befragten die Frage auch so verstanden haben, ist doch

Problematisch wie immer ist die Interpretation der Antwortvorgabe "weiss nicht". Es sind sehr viele verschiedene Gründe denkbar, die den Befragten davon abhalten, Stellung zu beziehen.[46] Dennoch lassen sich mit Hilfe der Korrelationen zwei wichtige Tendenzen erkennen, die massgeblich zur hohen Zahl der Quasiverweigerungen beigetragen haben dürften: Die Studenten machen viel weniger oft von der Ausweichmöglichkeit Gebrauch als etwa die Arbeiter (8.9% gegen 27.9%). Der Weiss-nicht-Anteil steigt bis auf 48% an, wenn man die Gruppe der Rekruten betrachtet, die in Frage 44 angeben, das Lernen von Fremdsprachen sei unnötig. Zum einen verbergen sich also hinter dem "weiss nicht" mangelnde (Sprach-)Bildung und Gleichgültigkeit. Eine zweite wichtige Einflussgrösse wird durch die Korrelation mit der Frage nach dem Grad der Sympathie für die Deutschschweizer sichtbar (vgl. Abb. 5). Der Anteil der Weiss-nicht-Antworten ist sowohl bei den Befragten, die die Deutschschweizer "sympathisch" finden, als auch bei jenen, die sie "unsympathisch" finden, signifikant höher als bei den Rekruten, welche die Deutschschweizer moderater beurteilen ("eher sympathisch" bzw. "eher unsympathisch"). Offenbar schlägt sich sowohl eine sehr positive als auch eine sehr negative Einschätzung der sprachlichen Mehrheit in einer gewissen Befangenheit in der Beantwortung von Frage 65.1 nieder.

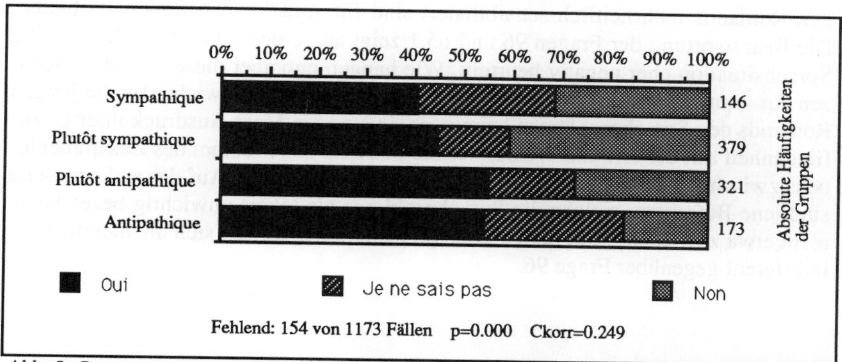

Abb. 5: Beantwortung von Frage 65.1 getrennt nach dem Grad der Sympathie gegenüber den Deutschschweizern (= Frage 64.1)

Die meisten Zusammenhänge zwischen Frage 65.1 und anderen Fragen sind in allererster Linie auf Grund der Antwortmöglichkeit "weiss nicht" zustandegekommen. Betrachtet man nur die Menge der Rekruten, die die Frage mit "ja" oder mit "nein" beantwortet haben, so sind beispielsweise die Unterschiede zwischen den verschiedenen Berufsklassen nur gering. Auch unter Einbezug der Kategorie

aus pragmatischer Sicht zu sagen, dass diese Auffassung eher den Konventionen der Alltagskommunikation entspricht als die formal wirkende zweite Interpretation.

"weiss nicht" ergibt sich kein signifikanter Zusammenhang mit der Herkunft der Rekruten. Die Angst vor einer zunehmenden Germanisierung der Romandie scheint in sprachgrenznahen Gebieten genauso verbreitet zu sein wie in den der Deutschschweiz eher abgewandten Regionen. Stark gekoppelt ist dagegen Frage 65.1 mit dem Grad der Sympathie, den die welschen Rekruten den Deutschschweizern entgegenbringen (vgl. Abb. 5).[47] Grob gesehen gilt: Wer die Deutschschweizer (eher) unsympathisch findet, bestätigt tendenziell die Aussage, das Deutsche dehne sich in der Romandie aus. Umgekehrt ist die Zahl der Rekruten, die diese Aussage bestreiten, bei den Gruppen "sympathisch" und "eher sympathisch" signifikant grösser.

* * *

Fassen wir zusammen: Die Ergebnisse der PRP 85 deuten darauf hin, dass die jungen Romands mehrheitlich sensibilisiert sind für sprachlich bedingte Probleme. Die Beantwortung der Fragen 96 und 65.1 zeigt ausserdem, dass man die aktuelle Sprachsituation eher negativ beurteilt. Wie hängen nun aber diese beiden Tendenzen zusammen? Wie aus Abb. 6 hervorgeht, ist das grosse Gewicht, das die jungen Romands den Sprachproblemen beimessen, in starkem Mass Ausdruck ihrer Unzufriedenheit mit der Art und Weise, wie die Schweiz das Problem des Zusammenlebens zwischen den verschiedenen Sprachgruppen gelöst hat. Auf der anderen Seite sind jene Befragten, welche die Sprachprobleme als (eher) unwichtig bezeichnen, nicht etwa zufriedener mit dem Status quo, sondern erweisen sich als mehrheitlich indifferent gegenüber Frage 96.

46 Es wäre vielleicht besser gewesen, man hätte bei der Abfassung des Fragebogens die Antwortmöglichkeit "weiss nicht" nicht zugelassen.

47 In Abb. 5 sind die Fälle ausgeschlossen, welche Frage 64.1 mit "weiss nicht" beantworten haben, weil sonst die äusserst starke, aber triviale Korrelation zwischen "weiss nicht" in Frage 65.1 und "weiss nicht" in Frage 64.1 alle andern Zusammenhänge "überdeckt".

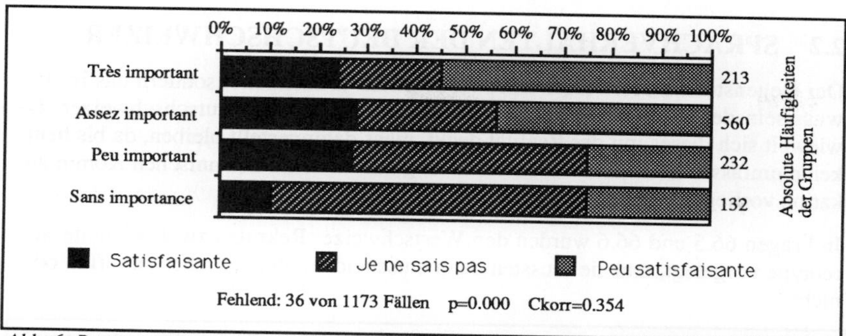

Abb. 6: Beantwortung von Frage 96 getrennt nach dem Gewicht, das den im Fragebogen angesprochenen Sprachproblemen beigemessen wird (=Frage 106)

Die Beantwortung von Frage 88 (vgl. Abb. 7) deutet darauf hin, dass der Stellenwert des Sprachenproblems in der Praxis so hoch auch wieder nicht ist, wie man auf Grund der soeben gewonnenen Erkenntnis annehmen könnte. Auch wenn das Problembewusstsein und die Unzufriedenheit in bezug auf sprachliche Fragen gross ist, ist das Sprachenproblem nämlich nur für einen verschwindend kleinen Teil der Rekruten ein Hinderungsgrund, die eigene Sprachregion zu verlassen (7%). Familiäre Gründe sowie die regionale Verwurzelung erweisen sich im Vergleich dazu als wesentlich wichtiger.

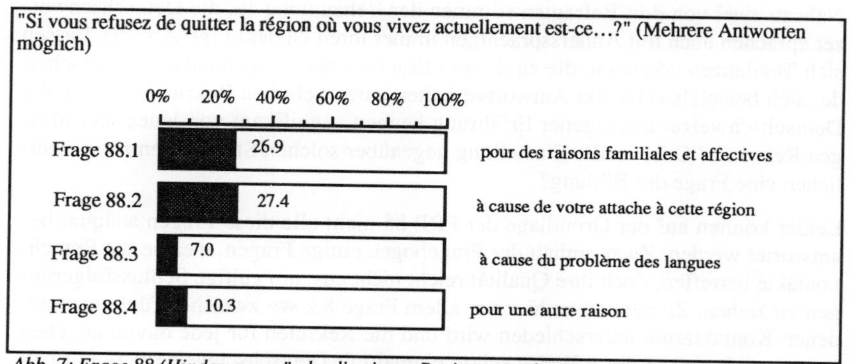

Abb. 7: Frage 88 (Hinderungsgründe, die eigene Region zu verlassen)

2.2 SPRACHVERHALTEN DER DEUTSCHSCHWEIZER

Der Gegenstand dieses Abschnittes ist nicht das tatsächliche, sondern das im Bewusstsein der Romands gespiegelte Sprachverhalten der Deutschschweizer. Inwieweit sich dieses mit der Realität deckt, muss dahingestellt bleiben, da bis heute keine umfassende empirische Untersuchung zur welsch-alemannischen Kommunikation vorliegt.

In Fragen 66.5 und 66.6 wurden den Westschweizer Rekruten zwei bekannte Stereotype vorgelegt, und sie mussten dann entscheiden, ob diese eher zutreffen oder nicht.

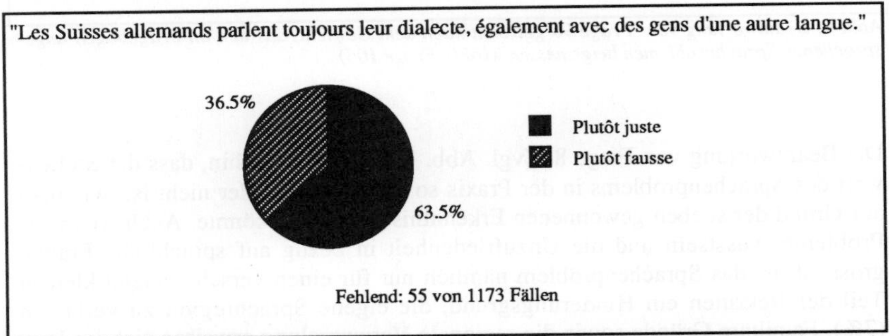

Abb. 8: Frage 66.5 (Einstellung gegenüber der Behauptung, die Deutschschweizer sprächen auch mit Anderssprachigen immer ihren Dialekt)

Nahezu zwei von drei Befragten stimmen der Behauptung zu, die Deutschschweizer sprächen auch mit Anderssprachigen immer ihren Dialekt (vgl. Abb. 8). Lassen sich Tendenzen erkennen, die zu diesem Ergebnis beigetragen haben? Unterscheidet sich beispielsweise das Antwortverhalten jener welschen Rekruten, welche die Deutschschweizer aus eigener Erfahrung kennen, signifikant von jenem der übrigen Rekruten? Oder ist die Einstellung gegenüber solchen Stereotypen im wesentlichen eine Frage der Bildung?

Leider können auf der Grundlage der PRP 85 nicht alle diese Fragen adäquat beantwortet werden. Zwar enthält der Fragebogen einige Fragen, welche die Sprachkontakte betreffen, doch ihre Qualität reicht nicht aus, um gültige Schlussfolgerungen zu ziehen. Zu nennen ist hier vor allem Frage 83, wo zwischen fünf verschiedenen Kontaktarten unterschieden wird und die Rekruten für jede davon angeben mussten, ob sie auf diese Weise schon einmal mit Deutschschweizern zu tun hatten. Damit ist ist jedoch nichts gesagt über die Intensität der Kontakte, und gerade sie wäre in unserem Zusammenhang interessant.[48] Um dennoch zu einer Art Intensitätsskala zu kommen, wurde für jeden Rekruten berechnet, wieviele der Sprachkontaktarten in Frage 83 er angekreuzt hat, und das Resultat der neuen Variablen 83* zugeordnet.

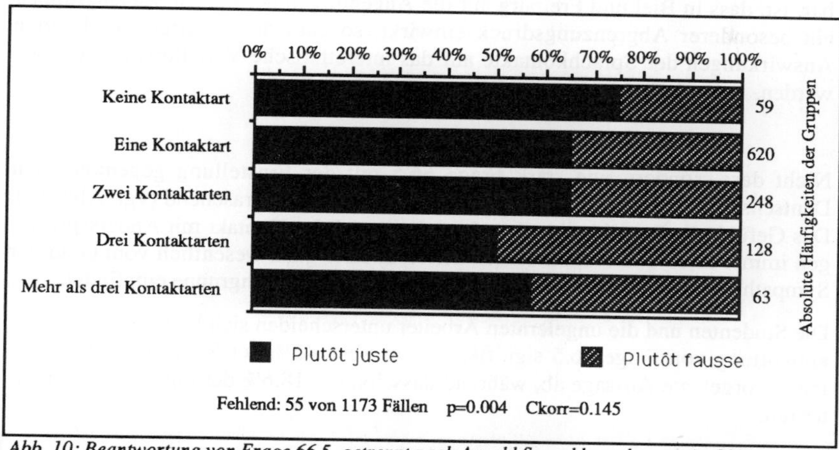

Abb. 10: Beantwortung von Frage 66.5 getrennt nach Anzahl Sprachkontaktarten (= 83)*

Leicht vereinfachend kann man sagen, dass der Prozentsatz der Rekruten, die die Behauptung in Frage 66.5 als falsch bezeichnen, mit steigender Anzahl Kontakte kontinuierlich zunimmt, um bei den Befragten mit drei verschiedenen Kontaktarten den Maximalwert von 50% zu erreichen (vgl. Abb. 10). Offenbar sind die Romands, die mit Deutschschweizern auf überdurchschnittlich viele Arten Kontakt hatten, weniger der Überzeugung, dass die Mehrzahl der Deutschschweizer auch mit Nichtdialektsprechern immer schweizerdeutsch redet.[49] Diese Tendenz wird dadurch nicht in Frage gestellt, dass es bei den 63 Befragten mit extrem vielen Kontaktarten wieder etwas mehr sind, die "plutôt juste" zur Antwort geben, da diese Abweichung im Bereich einer zufälligen Schwankung liegt.

Keinen Einfluss auf die Beantwortung von Frage 66.5 hat die Herkunft der befragten Romands. Bei den Rekruten aus den Grossregionen Freiburg und Biel ist das Stereotyp ebenso lebendig wie bei denjenigen aus den Regionen Genf und

48 Man hätte allenfalls jede Kontaktart mit einer Häufigkeitsskala versehen können, doch wahrscheinlich sind die Möglichkeiten in jedem Fall begrenzt, mittels eines Fragebogens das Sprachkontaktverhalten von Probanden adäquat zu messen.

49 Die Korrelationen zwischen Frage 66.5 und den verschiedenen Antworten von Frage 83 ergaben mit einer Ausnahme (83.1) keine signifikanten Werte, was sich gut mit der Feststellung verträgt, die wir in Anm. 48 gemacht haben.

Lausanne. Dies wirft die Frage auf, wie dieser Widerspruch zu erklären ist: Nirgends sind die Sprachkontakte zwischen Deutsch und Welsch ja so zahlreich wie bei Freiburg und Biel. Ist es wirklich so, dass, wer als Romand mit Deutschschweizern zu tun hat, die Erfahrung macht, dass diese stur ihren Dialekt sprechen, selbst wenn sie nicht verstanden werden? Plausibler, wenn auch genauso wenig beweisbar, ist, dass in Biel und Freiburg auf die Angehörigen der beiden Sprachgruppen ein besonderer Abgrenzungsdruck einwirkt, so dass die vorurteilsmindernden Auswirkungen der Sprachkontakte auf das interethnische Verhältnis aufgehoben werden.

Nicht dass, sondern wie stark Frage 66.5 mit der Einstellung gegenüber den Deutschschweizern korreliert, ist doch einigermassen überraschend (vgl. Abb. 11). Das Gefühl, die Deutschschweizer brauchten auch im Kontakt mit Anderssprachigen immer ihren Dialekt, scheint in der Romandie ganz wesentlich vom Grad der Sympathie abhängig zu sein, den man für die andere Sprachgruppe empfindet.

Die Studenten und die ungelernten Arbeiter unterscheiden sich hinsichtlich der Beantwortung von Frage 66.5 signifikant vom Rest: 45% der Studenten lehnen die ihnen vorgelegte Aussage ab, während dasselbe nur 18.6% der ungelernten Arbeiter tun.

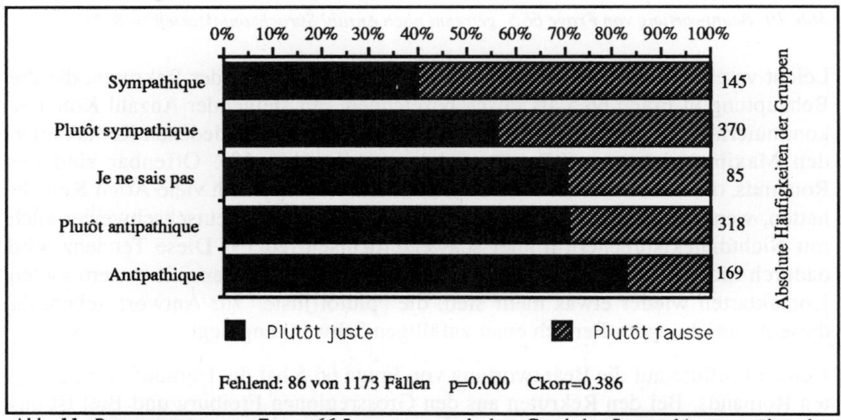

Abb. 11: Beantwortung von Frage 66.5 getrennt nach dem Grad der Sympathie gegenüber den Deutschschweizern (= Frage 64.1)

* * *

Frage 66.6 (vgl. Abb. 9) wird von den jungen Romands noch eindeutiger beantwortet als die soeben besprochene: Für gut 85% von ihnen steht fest, dass die Deutschschweizer nicht gerne hochdeutsch sprechen. Diese Meinung ist bei den Berufsgruppen mit langer Ausbildung genauso stark vertreten wie bei den weniger gut Gebildeten. Auch nennenswerte regionale Unterschiede sind nicht auszumachen.

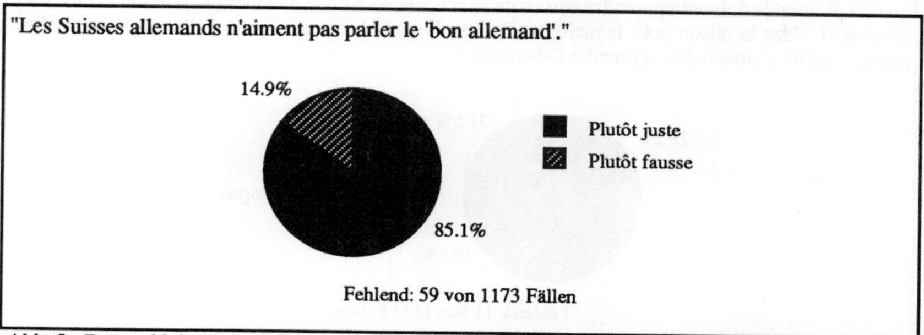

Abb. 9: Frage 66.6 (Einstellung gegenüber der Behauptung, die Deutschschweizer sprächen nicht gern hochdeutsch)

* * *

Unsere Auswertungen haben ergeben, dass bei den welschen Rekruten bezüglich der in Fragen 66.5 und 66.6 aufgestellten Behauptungen ein weitgehender Konsens besteht. Das Ausmass der Zustimmung überrascht kaum, handelt es sich doch dabei um Heterostereotype, d.h. um fixe Vorstellungen, die eine Gruppe von einer anderen hat. Als solche haben sie primär eine gruppenbildende Funktion, weshalb ihre hohe Akzeptanz innerhalb der Gruppe präjudiziert ist. Werden die Gruppenangehörigen mit diesen Stereotypen im Rahmen einer Untersuchung konfrontiert, die interethnische Fragen thematisiert, so können sie sich vielleicht noch weniger als sonst der suggestiven Wirkung der dabei zur Sprache kommenden Vorstellungen entziehen. Es war deshalb vor allem von Interesse zu sehen, durch was für Einflüsse diese geschlossene Zustimmung aufgebrochen wird. Bezeichnenderweise sind es in erster Linie die Fragen, welche die Qualität des Verhältnisses zwischen der deutschen und der welschen Schweiz betreffen, die mit Fragen 66.5 und 66.6 korrelieren. Dadurch wird die Vermutung unterstrichen, dass Aussagen wie "die Deutschschweizer reden auch mit Anderssprachigen immer nur ihren Dialekt" geradezu zum festen Bestand des sogenannten "Malaise" gehören.

2.3 AUSWIRKUNGEN DER DEUTSCHSCHWEIZERISCHEN DIGLOSSIE

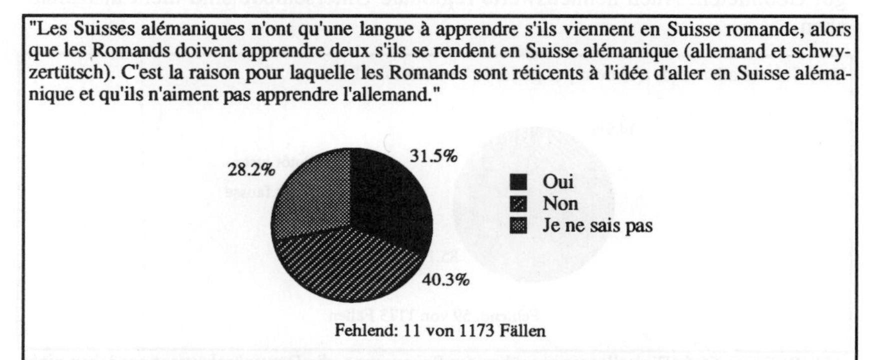

"Les Suisses alémaniques n'ont qu'une langue à apprendre s'ils viennent en Suisse romande, alors que les Romands doivent apprendre deux s'ils se rendent en Suisse alémanique (allemand et schwyzertütsch). C'est la raison pour laquelle les Romands sont réticents à l'idée d'aller en Suisse alémanique et qu'ils n'aiment pas apprendre l'allemand."
28.2%
31.5%
40.3%
Oui
Non
Je ne sais pas
Fehlend: 11 von 1173 Fällen

Abb. 12: Frage 81 (In der deutschschweizerischen Sprachsituation liegt der Grund, wieso die Romands nicht gerne Deutsch lernen und sich nur ungern in die deutsche Schweiz begeben)

Frage 81 (vgl. Abb. 12) behandelt die Auswirkungen der deutschschweizerischen Diglossie auf die französische Schweiz. Leider ist eine Auswertung dieser zentralen Frage nur unter gewissen Vorbehalten möglich, die im folgenden kurz erläutert seien. Das Grundproblem liegt darin, dass zwei grundsätzlich verschiedene Ebenen ins Spiel kommen: Im Grunde genommen wollte man von den Rekruten wissen, ob sie damit einverstanden sind oder nicht, dass zwischen den beiden Aussagen im ersten und den beiden Aussagen im zweiten Teil von Frage 81 ein kausaler Zusammenhang besteht. In diesem Sinne sind sicher die Antworten eines Teils der Befragten auch zu verstehen. Es ist aber anzunehmen, dass es daneben eine Gruppe von Rekruten gibt, deren Antworten sich auf eine oder mehrere der in der Fragestellung enthaltenen Aussagen beziehen, und nicht auf die kausale Verknüpfung. Das wird insbesondere bei denjenigen Rekruten der Fall sein, die mindestens partiell mit diesen Aussagen nicht einverstanden sind. Im Grunde genommen hätten die verschiedenen Behauptungen sowie die Kausalität getrennt erfragt werden müssen.

Angesichts dieser Unklarheiten verzichten wir auf eine vertiefende Analyse und beschränken uns auf einen kurzen Kommentar zu Abb. 12. Wenn man bedenkt, wie oft man hört, die Romands würden nicht gerne Deutsch lernen oder die Romands hätten grosse Vorbehalte, sich in die deutsche Schweiz zu begeben, und wie häufig in Zusammenhang damit auf die spezielle Sprachsituation der Deutschschweizer verwiesen wird, so erstaunt es, dass Frage 81 von den welschen Rekruten mehrheitlich mit "nein" beantwortet worden ist. Wie die Befragten zu den einzelnen Aussagen genau stehen und wie hoch unter den Nein-Antworten der Prozentsatz jener ist, die beispielsweise nicht glauben, dass die Unbeliebtheit des Deutschunterrichts mit der deutschschweizerischen Diglossie zusammenhängt, ist aus den genannten Gründen nicht eruierbar. Die 40.3% "Nein" sind jedoch mindestens ein Beleg dafür, dass von vielen Rekruten nicht einfach alles in einen Topf geworfen wird, was in Frage 81 versammelt ist. Dass 28.2% der Befragten nicht wussten, ob sie "ja" oder "nein" antworten sollten, hängt wohl mit der Komplexität der Fragestellung zusammen.

* * *

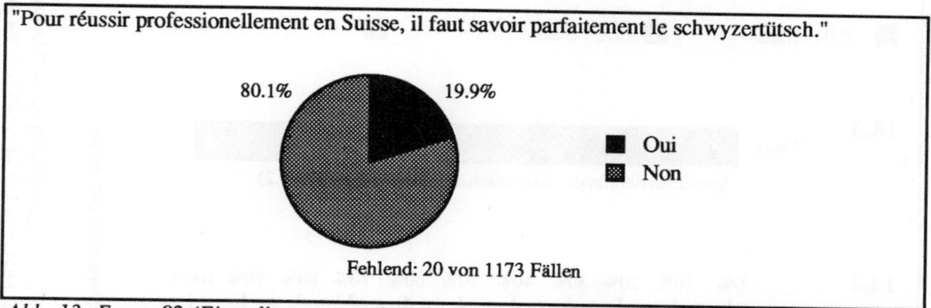

Abb. 13: Frage 82 (Einstellung gegenüber der Behauptung, der berufliche Erfolg setze perfekte Schweizerdeutschkenntnisse voraus)

Nur knapp ein Fünftel der französischsprachigen Rekruten hat das Gefühl, um im Beruf vorwärtszukommen, seien sehr gute Schweizerdeutschkenntnisse erforderlich (vgl. Abb. 13). An dieser Stelle wäre es natürlich interessant zu sehen, welcher Meinung die Schicht der welschen Bevölkerung ist, die schon länger erwerbstätig ist als die beruflich noch unerfahrenen Rekruten. Da dies nicht möglich ist, müssen wir uns damit begnügen, das Resultat der PRP etwas differenzierter zu betrachten. Dabei zeigt sich, dass weder berufliche noch regionale Unterschiede einen Einfluss auf die Beantwortung von Frage 82 haben. Auch der Grad der Sympathie, den die Rekruten aus der Romandie den Deutschschweizern entgegenbringen, spielt keine Rolle.

* * *

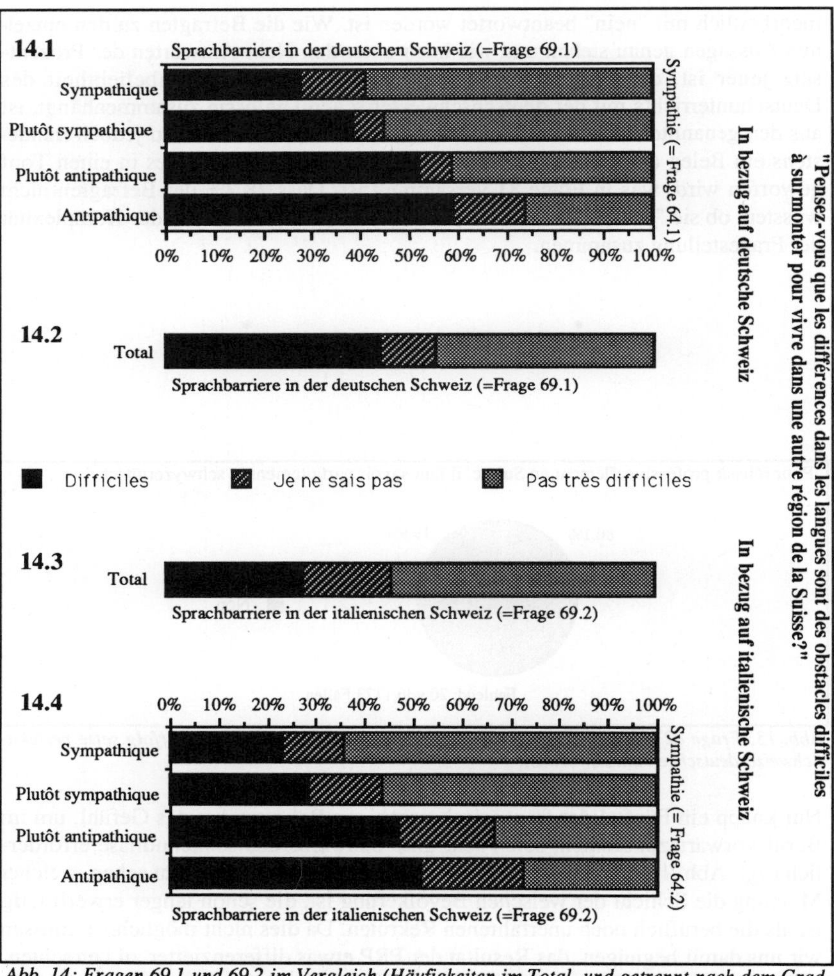

Abb. 14: Fragen 69.1 und 69.2 im Vergleich (Häufigkeiten im Total und getrennt nach dem Grad der Sympathie gegenüber den Deutschschweizern resp. den Italienischschweizern).
Frage 69 gibt Aufschluss darüber, wie hoch die Sprachbarriere eingeschätzt wird, die der in einem nicht französischsprachigen Landesteil lebende Romand zu überwinden hat. Graphik 14.2 zeigt, wie die Frage in bezug auf die deutsche Schweiz beantwortet worden ist (= Teilfrage 69.1). Graphik 14.1 zeigt, wie sich die Antworten auf Frage 69.1 auf die durch 64.1 (Grad der Sympathie gegenüber Deutschschweizern) gebildeten Gruppen verteilen. Die Graphiken 14.3 und 14.4 beziehen sich auf die entsprechenden Antworten der welschen Rekruten bezüglich der italienischen Schweiz (in Verbindung mit dem Grad der Sympathie gegenüber den Italienischschweizern).

Rund 45% der Befragten empfinden den sprachlichen Unterschied nicht als schwer zu überwindendes Hindernis, um in der deutschen Schweiz zu leben (vgl. Abb. 14: Graphik 14.2). Zwar vertreten beinahe ebenso viele Rekruten die gegenteilige Ansicht, doch auf Grund der Antworten auf Frage 88 (vgl. Abb. 7) muss relativierend angemerkt werden, dass sich nur die wenigsten Rekruten deswegen davon abhalten liessen, die Sprachregion zu wechseln. Ein Vergleich mit Frage 69.2 (vgl. Abb. 14: Graphik 14.3) zeigt auf der anderen Seite deutlich, dass die welschen Rekruten davon ausgehen, dass für sie in der deutschen Schweiz eine wesentlich höhere Sprachbarriere zu überwinden wäre als im Tessin, dies trotz der Tatsache, dass gemäss Frage 11 der PRP 85 nur gut 9% der Befragten in der Schule mit Italienisch in Berührung gekommen sind (Deutsch: ca. 84%). Dieses Paradox hängt zweifellos mit dem Status der Mundarten in der deutschen Schweiz zusammen. Offenbar schätzen die Rekruten den Gebrauchswert des Standarddeutschen in der Deutschschweiz sehr tief ein. Das uneinheitliche Schweizerdeutsch steht in der Romandie im Ruf, eine fast unerlernbare Sprache zu sein. Im Unterschied dazu scheint man vom Italienischen anzunehmen, dass man es bei Bedarf schneller und müheloser lernen würde. Schliesslich gehört es wie das Französische zur Gruppe der romanischen Sprachen. Mit dieser rationalen Begründung ist aber die Differenz zwischen der Barriere "Deutschschweiz" und der Barriere "italienische Schweiz" nicht hinreichend erklärt. Ethnisch determinierte Einstellungen spielen sicher ebenfalls eine wichtige Rolle. Die Grafiken 14.1 und 14.4 in Abbildung 14 dokumentieren die starke Korrelation zwischen Frage 69 und dem Grad der Sympathie, den die jeweilige Sprachgruppe bei den Romands geniesst. Lediglich 27.7% der Befragten, welche die Deutschschweizer "sympathisch" finden, bezeichnen die sprachlichen Hindernisse als "schwer überwindbar". Bei den Rekruten, welche die Deutschschweizer "unsympathisch" finden, sind dagegen beinahe 60% dieser Meinung. Führt man den Vergleich zwischen 69.1 und 69.2 innerhalb der mit Hilfe von Fragen 64.1 (= Sympathie gegenüber Deutschschweizern) und 64.2 (= Sympathie gegenüber Italienischschweizern) gebildeten Gruppen durch, so zeigt sich, dass die Schwierigkeiten, die durch die sprachlichen Verschiedenheiten entstehen, in bezug auf die deutsche und in bezug auf die italienische Schweiz ziemlich ähnlich gesehen werden. Auf jeden Fall hätte man erwarten können, dass die Diskrepanz zwischen "Suisse allemande" und "Suisse italienne" grösser bleibt, besonders wenn man davon ausgeht, dass hinter der abschreckenden Wirkung des Schweizerdeutschen primär rationale Gründe stehen. Besonders augenfällig ist diese Tendenz, wenn man in Abb. 14 die Graphiken 14.2 und 14.3 mit den Antworten der welschen Rekruten vergleicht, welche die Deutschschweizer resp. die Italienischschweizer "sympathisch" finden.[50] Die Vermutung, dass subjektive Einstellungen in bezug auf Frage 69 eine wichtigere Rolle spielen als objektive Gegebenheiten,

50 Der prozentuale Vergleich zwischen 69.1 und 69.2 ist bei den Gruppen "plutôt antipathique" und "antipathique" gewissen Verzerrungen unterworfen, da nur eine sehr geringe Zahl von welschen Re-

wird auch bestätigt, wenn wir die Antworten der Rekruten, welche die Italienischschweizer "eher sympathisch" finden, mit jenen der Rekruten vergleichen, die die Deutschschweizer als "sympathisch" bezeichnen: Der Prozentsatz jener, welche die sprachlichen Unterschiede als "schwer zu überwindende Hindernisse" bezeichnen, ist dann nämlich grösser in bezug auf die italienische als in bezug auf die deutsche Schweiz.

Die Korrelation zwischen Frage 69.1 mit 69.2 (vgl. Abb. 15) ergibt folgendes Bild: 65.7% der französischsprachigen Rekruten beurteilen die Frage der Sprachbarriere gleich für die deutsche und die italienische Schweiz. 19.3% der Befragten geben an, die sprachlichen Hindernisse, die es zu überwinden gebe, seien in der italienischen Schweiz geringer als in der Deutschschweiz. 6.5% schliesslich vertreten die entgegengesetzte Ansicht.[51]

Ohne Einfluss auf Frage 69.1 ist der Bildungsgrad der Rekruten. Dabei ist insbesondere die Tatsache bemerkenswert, dass sich die Befragten mit mehreren Jahren Deutschunterricht (gemäss der Angabe in Frage 11) nicht signifikant von denjenigen unterscheiden, die in der Schule nur kurz oder überhaupt nicht mit der deutschen Sprache in Berührung gekommen sind.

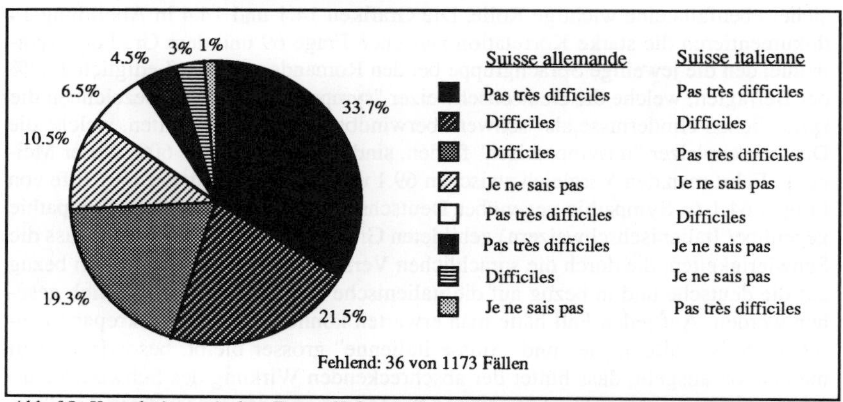

Abb. 15: Korrelation zwischen Frage 69.1 und 69.2 (Häufigkeiten der Kombinationen). 33.7% der Befragten beispielsweise glauben sowohl in bezug auf die deutsche Schweiz als auch in bezug auf die italienische Schweiz, dass die sprachlichen Unterschiede keine grossen Hindernisse darstellen, um in der anderen Sprachregion zu leben. Kombinationen ohne Nennungen sind in der Legende nicht verzeichnet.

kruten die italienischsprachigen Schweizer nicht sympathisch findet (vgl. Tabelle 4 im Anhang zum vorliegenden Beitrag).

51 Die in diesem Abschnitt genannten Prozentzahlen erhält man, indem man in Abb. 15 die entsprechenden Kombinationen zusammenfasst.

2.4 SPRACHPOLITISCHE KONSEQUENZEN

Nachdem wir uns im letzten Abschnitt mit den Folgen der deutschschweizerischen Diglossie beschäftigt haben, soll abschliessend noch von den Forderungen die Rede sein, die daraus abgeleitet werden. Wieviele der Befragten befürworten beispielsweise eine Sprachpolitik, die dem speziellen Status der deutschen Standardsprache und der alemannischen Mundarten in der Schweiz Rechnung trägt?

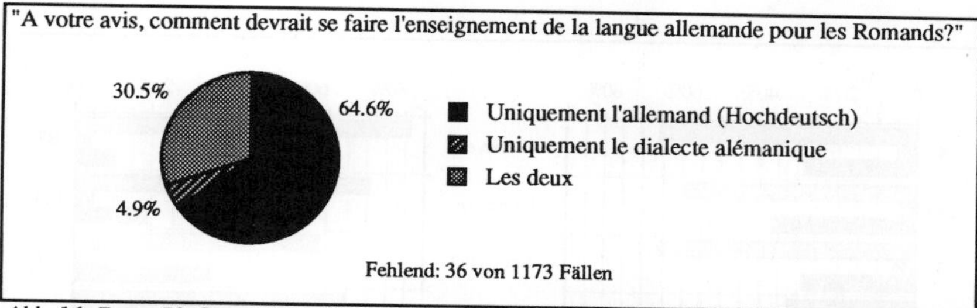

Abb. 16: Frage 70 (Sprachform, die im Deutschunterricht der Romands behandelt werden sollte)

Zwar spricht sich eine deutliche Mehrheit der Befragten für die Beibehaltung des Standarddeutschen als exklusiver Sprache für den Deutschunterricht aus, doch immerhin findet fast jeder dritte Rekrut, Schweizerdeutsch müsste in den Unterricht miteinbezogen werden (vgl. Abb. 16). Erwartungsgemäss stellt sich dagegen nur eine verschwindend kleine Gruppe auf den Standpunkt, die welschen Schüler sollten nur Schweizerdeutsch lernen.[52]

Frage 70 hängt relativ eng mit dem Beruf (Frage 8) und dem Wohnsitz der Befragten zusammen. Ausschlaggebend für den Zusammenhang mit dem Beruf sind vor allem die Studenten, die vermehrt finden, der Deutschunterricht in der Westschweiz müsste in beiden Sprachformen der Deutschschweizer erfolgen (39.1%). Die sechs welschen Grossregionen weichen bezüglich der Beantwortung von Frage 70 deutlich voneinander ab. Nur 18.9% der Rekruten aus der Grossregion Genf haben in Frage 70 "les deux" angekreuzt - dies gegenüber 43.6% resp. 41.3% bei den Rekruten aus den sprachgrenznahen bzw. gemischtsprachigen Grossregionen Biel und Freiburg. Als dritte wichtige Einflussgrösse ist Frage 64.1 zu nennen (Grad der Sympathie gegenüber den Deutschschweizern). Betrachtet man die Gruppe der Befragten, welche die Deutschschweizer "sympathisch" finden, für sich, so sind die

52 Der Vollständigkeit halber hätte eigentlich auch die Antwortmöglichkeit "kein Deutschunterricht" vorgegeben werden müssen. Es ist durchaus denkbar, dass einige der Befragten, die "uniquement l'allemand" angekreuzt haben, im Grunde genommen am liebsten gar keinen Deutschunterricht hätten.

Befürworter eines das Schweizerdeutsche einbeziehenden Deutschunterrichts sogar in der Mehrheit ("les deux": 48.6%, "uniquement l'allemand": 45.3%).

Ausgehend von diesen einfachen Korrelationen können wir einen Schritt weiter gehen: Abb. 17 zeigt die Korrelation zwischen Frage 70 und der Grossregionszugehörigkeit getrennt für die Gruppe der Rekruten, welche die Deutschschweizer "sympathisch" oder "eher sympathisch" finden, und die Gruppe der Rekruten, welche die Deutschschweizer "eher unsympathisch" oder "unsympathisch" finden.[53] Wir betrachten im folgenden also den Zusammenhang zwischen drei Variablen, nämlich Frage 70, Grossregion-13A und Frage 64.1.[54]

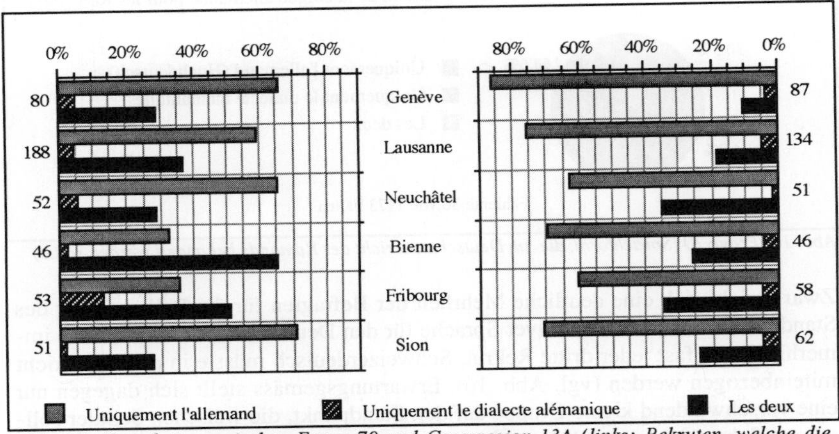

Abb. 17: Korrelation zwischen Frage 70 und Grossregion-13A (links: Rekruten, welche die Deutschschweizer "sympathisch" oder "eher sympathisch" finden; rechts: Rekruten, welche die Deutschschweizer "eher unsympathisch" oder "unsympathisch" finden)

Anhand von Abb. 17 lässt sich eine Vielzahl von Beziehungen herstellen, von denen hier die wichtigsten genannt seien. Der Anteil der Befragten, die den Einbezug des Schweizerdeutschen in den Deutschunterricht wünschen, ist bei der Gruppe, welche die Deutschschweizer (eher) sympathisch findet, deutlich grösser. Merkwürdigerweise trifft diese Feststellung jedoch nicht auf die Rekruten aus den

53 Die Zusammenfassung von "sympathisch"/"eher sympathisch" resp. "eher unsympathisch"/"unsympathisch" in Abb. 17 erwies sich als notwendig, da sonst die absoluten Häufigkeiten der einzelnen Kategorien zu klein geworden wären.

54 Abb. 17 gibt neben der relativen Häufigkeit für jede Grossregion die absoluten Häufigkeiten an (Zahlen rechts und links von den Balken). Beispiel: Von den 167 Rekruten aus der Grossregion Genf, die Frage 70 beantwortet haben, finden 80 die Deutschweizer (eher) sympathisch. Von diesen 80 Genfer Rekruten sprechen sich rund 66% dafür aus, dass im Deutschunterricht ausschliesslich die deutsche Standardsprache gelehrt wird.

beiden Grossregionen Neuenburg und Sitten zu. Bei ihnen hat der Grad der Sympathie gegenüber den Deutschschweizern praktisch keinen Einfluss auf die Beantwortung von Frage 70.

In den beiden Grossregionen Freiburg und Biel, deren Zentren gemischtsprachig sind, ist der Anteil der Rekruten, die angegeben haben, sowohl Hochdeutsch als auch Schweizerdeutsch müsse im Unterricht angeboten werden, besonders hoch. Bei den Befragten aus diesen Regionen, welche die Deutschschweizer (eher) sympathisch finden, beträgt er gar über 50% (Freiburg: 51%, Biel: 65.2%). Am deutlichsten für die exklusive Vermittlung des Standarddeutschen im Deutschunterricht sprechen sich die Genfer Rekruten aus (sympathisch/eher sympathisch: 66.2%, eher unsympathisch/unsympathisch: 86.2%). Die Rekruten aus der Grossregion Genf, welche die Deutschschweizer (eher) sympathisch finden, beurteilen Frage 70 also etwa gleich wie die Rekruten aus den Grossregionen Biel und Freiburg, welche die Deutschschweizer (eher) unsympathisch finden.

* * *

Mit Frage 57 wurde den französischsprachigen Rekruten eine zweite Frage vorgelegt, welche die schweizerische Sprachpolitik berührt:

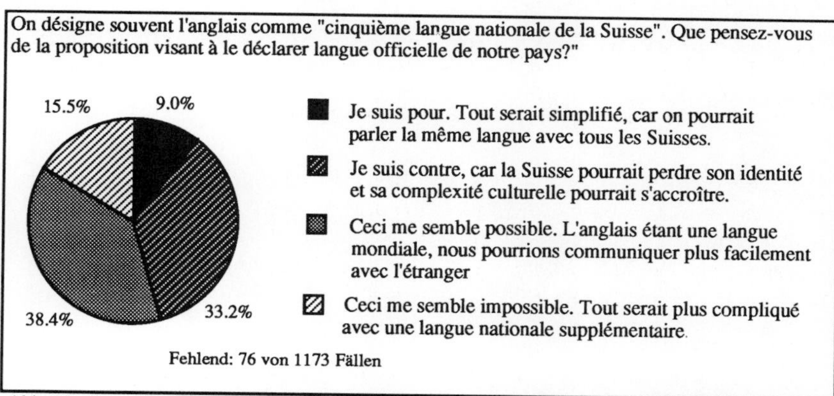

Abb. 18: Frage 57 (Einstellung gegenüber dem Vorschlag, das Englische zur fünften Landessprache der Schweiz zu erklären)

Fasst man die Antworten eins und drei sowie zwei und vier zusammen, so ergibt sich eine knappe Mehrheit (52.1%), die gegen die Einführung des Englischen als fünfte Landessprache ist. Bei der erstaunlich hohen Zahl von Rekruten (47.9%), die dem Vorschlag positiv gegenüberstehen, ist in Rechnung zu stellen, dass nur die wenigsten davon (9%) Englisch als fünfte Landessprache darum befürworten, weil dann alle Schweizer über ein einheitliches Kommunikationsmittel verfügen würden. Vielmehr verspricht man sich davon den Vorteil, dass sich die Schweizer dann müheloser über die Landesgrenzen hinweg verständigen könnten. Es liegt die Vermutung nahe, dass es den meisten Rekruten, welche die dritte Antwortmöglichkeit gewählt haben, weniger um eine verfassungsmässige Abstützung als um die konkrete Förderung des Englischen in der Schule und in den Medien geht. Gestützt wird diese Interpretation durch die Beantwortung von Frage 33 (vgl. Tabelle 7 im Anhang des vorliegenden Beitrags): Nur 11.4% der welschen Rekruten geben an, sie würden mit einem Deutschschweizer, der kein Französisch versteht, Englisch sprechen (Deutsch: 58.6%).

3 SCHLUSSFOLGERUNGEN

In bezug auf die unter 2.1 und 2.2 behandelten Fragen gibt es eine weitgehende Übereinstimmung zwischen den Antworten der Rekruten und der öffentlichen Meinung: Das "Malaise", von dem so viel die Rede ist, wird nicht von einigen wenigen Beobachtern herbeigeredet, sondern wird von breiten Teilen der welschen Bevölkerung als solches empfunden. Die weitverbreitete Unzufriedenheit mit der helvetischen Sprachsituation manifestiert sich in einem hohen Grad der Sensibilisierung für das Verhältnis zwischen Deutsch und Französisch in der Schweiz. Der in der Westschweiz oft zu hörenden Behauptung etwa, die deutsche Sprache breite sich in der Romandie zunehmend aus, stimmt - wie wir gesehen haben - rund die Hälfte der Befragten zu. Bestätigt wird auch die schon beinahe sprichwörtliche Unhöflichkeit der Deutschschweizer, wonach diese auch im Gespräch mit Anderssprachigen auf ihrem Dialekt beharren. Wie sich indessen gezeigt hat, ist die Akzeptanz solcher stereotyper Aussagen in starkem Mass von affektiven Faktoren abhängig (Einstellung gegenüber der anderen Sprachgruppe, Kontakte). Sie ist wohl zu einem guten Teil Ausdruck der welschen Abwehrhaltung gegenüber der alemannischen Mehrheit im Land.

Was die Auswirkungen der deutschschweizerischen Diglossie auf die französische Schweiz betrifft, weichen die Ergebnisse der PRP 85 teilweise markant vom erwarteten Wert ab. Nur eine geringe Zahl von Rekruten glaubt beispielsweise, eine berufliche Karriere bedinge die Beherrschung eines schweizerdeutschen Dialektes. Überhaupt bereitet der spezielle Status der Mundart in der Deutschschweiz den befragten Romands weniger Probleme, als auf Grund der Sonderstellung dieses Aspektes in den öffentlichen Auseinandersetzungen zu erwarten gewesen wäre. Eine knappe Mehrheit der Rekruten glaubt nicht, dass es für den Romand, der sich in der deutschen Schweiz niederlässt, eine hohe Sprachbarriere zu überwinden gibt; und nur für eine verschwindend kleine Zahl der Befragten ist das Sprachenproblem ein Hinderungsgrund, die eigene Sprachregion zu verlassen. Auf Grund dieser überraschenden Resultate müssen die Aussagen der Kritiker an der deutschschweizerischen Sprachsituation mit einem Fragezeichen versehen werden: Zumindest aus Sicht der zwanzigjährigen welschen Männer scheint die Hauptursache für das "Malaise" nicht im gegenwärtigen Mundartgebrauch der Deutschschweizer zu liegen.

Dass die befragten Romands den schweizerdeutschen Dialekten gegenüber weniger verschlossen sind als angenommen, zeigt sich auch am erstaunlich hohen Anteil derer, die den Einbezug des Schweizerdeutschen in den Deutschunterricht befürworten. Deswegen von einer heimlichen Liebe der Romands für die alemannischen Mundarten zu sprechen, wäre allerdings genauso verfehlt wie der Versuch, dieses Resultat als Zeichen der fortschreitenden Kolonialisierung der französischen Schweiz durch die Deutschschweizer zu interpretieren.

All jene, die meinen, dass eine zusätzliche Sprache der helvetischen Sprachenvielfalt abträglich wäre, dürfen beruhigt zur Kenntnis nehmen, dass nur sehr wenige der Befragten der englischen Sprache deshalb positiv gegenüberstehen, weil sie in ihr das zukünftige Kommunikationsmittel für Schweizer verschiedener Muttersprachen sehen. Den hohen Stellenwert verdankt das Englische vielmehr seiner Brauchbarkeit als internationale Brückensprache.

Hier lassen sich einige grundsätzliche Überlegungen zu den Kontroversen rund um den Mundartgebrauch der Deutschschweizer anfügen. Wir haben inhaltlich eine weitgehende Übereinstimmung zwischen der inneren und der äusseren Kritik an der deutschschweizerischen Sprachsituation festgestellt. Auf der anderen Seite machen die Resultate der PRP 85 deutlich, dass die Kritiker aus der Westschweiz in einem völlig anderen Umfeld agieren als ihre Gesinnungsgenossen jenseits der Sprachgrenze. Sie formulieren ihre Kritik vor dem Hintergrund eines in ihrem Sprachgebiet weitverbreiteten Unbehagens gegenüber der deutschsprachigen Mehrheit. Bei näherem Hinsehen sind denn auch gewisse Beziehungen zwischen ihrer - mindestens was Form und Ton angeht - eher gemässigten Kritik und dem extremen Standpunkt gewisser ethnozentrisch ausgerichteter Politiker auszumachen. Der distanzierte Beobachter kann sich jedenfalls des Eindrucks nicht ganz erwehren, dass manchmal nicht so sehr staatspolitische Überlegungen als vielmehr irrationale Abwehrmechanismen die wahre Triebfeder der welschen Mundartkritik sind. Man denke etwa an jene Stimmen, welche die alemannischen Dialekte in den Bereich des Exotischen verbannen, oder an die grossen Vorbehalte, die dem Bilingualismus entgegengebracht werden. Ganz anders verhält es sich mit den "selbstkritischen" Stimmen aus der Deutschschweiz. Ihre Sorge wird von den allerwenigsten Deutschschweizern geteilt. Es handelt sich bei ihnen um eine schmale Schicht, die sich aber - "aus dem alten Bildungsbürgertum stammend und seinen Idealen verpflichtet - auch in der heutigen Situation starkes Gehör verschaffen kann."[55] Daraus ergibt sich die nicht uninteressante Konstellation, dass sich hier zwei sehr unterschiedlich motivierte Kreise zu gemeinsamem Handeln zusammenfinden: Die welschen Exponenten nehmen Anstösse von "unten" auf und bringen sie in die konkrete Form der Sprachkritik. Im Unterschied dazu erfolgt die Kritik in der deutschen Schweiz selber eindeutig von oben nach unten.

55 Sieber/Sitta (1984), S. 29

ANHANG

"Quelle est votre profession?" (Fettdruck: Resultat der Klassenzusammenlegungen)

	Häufigkeit	Prozente	gültige Prozente	Prozen-te neue Klassen
Ecolier	40	3.4	3.5	
Etudiant: Faculté des lettres, de droit, de théologie	46	3.9	4.1	
Etudiant: Faculté des sciences, des sciences économiques et sociales, de médecine; formation technique	154	13.1	13.6	
Enseignant ou autre profession dans le domaine de l'éducation	10	0.9	0.9	
Studenten	**150**			**22.1**
Employé ou fonctionnaire de niveau moyen (p.ex. employé de commerce, chef de bureau, comptable)	106	9.0	9.4	
Mittlere Angestellte	**106**			**9.4**
Employé subalterne ou fonctionnaire (p.ex. facteur, vendeur, employé de bureau)	55	4.7	4.9	
Einfache Angestellte	**55**			**4.9**
Ouvrier qualifié (Certificat fédéral de capacité)	478	40.8	42.2	
Apprenti	78	6.6	6.9	
Contremaître, chef d'équipe ou profession semblable	5	0.4	0.4	
Artisan indépendant ou petit commerçant	10	0.9	0.9	
Arbeiter	**571**			**50.4**
Paysan indépendant ou travaillant dans le domaine familial, fermier	35	3.0	3.1	
Employé agricole ou forestier	4	0.3	0.4	
Landwirte	**39**			**3.5**
Ouvrier non qualifié ou semi-qualifié	61	5.2	5.4	
Ungelernte Arbeiter	**61**			**5.4**
Métier artistique	13	1.1	1.1	
Autre profession	38	3.2	3.4	
Andere Berufe	**51**			**4.5**
Fehlend	40	3.4		

Tabelle 1: Frage 8

Grossregionen abgeleitet aus Frage 13A: "Où avez-vous habité le plus longtemps?" (Ohne welsche Rekruten mit Wohnsitz in nichtfranzösischsprachiger Grossregion)

	Häufigkeit	*Prozente*	*gültige Prozente*
Genève	201	17.1	19.2
Lausanne	367	31.3	35.1
Neuchâtel	121	10.3	11.6
Biel-Bienne	104	8.9	9.9
Fribourg	129	11.0	12.3
Sion	124	10.6	11.9
Fehlend	127	10.8	

Tabelle 2: Grossregion-13A (Westscheizerische Grossregionen)

"Comment jugez-vous les Suisses-allemands?"

	Häufigkeit	*Prozente*	*gültige Prozente*
Sympathique	153	13.0	13.4
Plutôt sympathique	382	32.6	33.6
plutôt antipathique	327	27.9	28.7
Antipathique	174	14.8	15.3
Je ne sais pas	102	8.7	9.0
Fehlend	35	3.0	

Tabelle 3: Frage 64.1

"Comment jugez-vous les Suisses-italiens?"

	Häufigkeit	*Prozente*	*gültige Prozente*
Sympathique	404	34.4	35.6
Plutôt sympathique	473	40.3	41.7
plutôt antipathique	75	6.4	6.6
Antipathique	33	2.8	2.9
Je ne sais pas	150	12.8	13.2
Fehlend	38	3.2	

Tabelle 4: Frage 64.2

"L'apprentissage de langues étrangères vous paraît-il nécessaire?"

	Häufigkeit	*Prozente*	*gültige Prozente*
Oui	1001	85.3	86.2
Non	160	13.6	13.8
Fehlend	12	1.1	

Tabelle 5: Frage 44

"Si vous êtes déjà allé en Suisse alémanique, était-ce…"

83.1: En vacances

	Häufigkeit	*Prozente*	*gültige Prozente*
Genannt	421	35.9	35.9
Nicht genannt	752	64.1	64.1

83.2: En visite (famille, amis ...)

	Häufigkeit	*Prozente*	*gültige Prozente*
Genannt	495	42.2	42.2
Nicht genannt	678	57.8	57.8

83.3: Pendant vos loisirs (p.ex. le week-end)

	Häufigkeit	*Prozente*	*gültige Prozente*
Genannt	429	36.6	36.6
Nicht genannt	743	63.3	63.3

83.4: En stage de formation professionelle

	Häufigkeit	*Prozente*	*gültige Prozente*
Genannt	99	8.4	8.4
Nicht genannt	1074	91.6	91.6

83.5: Lors d'un échange de classe

	Häufigkeit	*Prozente*	*gültige Prozente*
Genannt	52	4.4	4.4
Nicht genannt	1121	95.6	95.6

83.6: Pour une autre raison

	Häufigkeit	*Prozente*	*gültige Prozente*
Genannt	333	28.4	28.4
Nicht genannt	839	71.6	71.6

Tabelle 6: Frage 83

"En parlant avec un Suisse allemand qui ne comprend pas le français, quelle langue utilisez-vous de préférence?"

	Häufigkeit	*Prozente*	*gültige Prozente*
Allemand	671	57.2	58.6
Italien	15	1.3	1.3
Anglais	131	11.2	11.4
Je ne sais pas	328	28.0	28.6
Fehlend	28	2.4	

Tabelle 7: Frage 33

* * *

Bis und mit Frage 77 entsprechen sich der deutsch- und der französischsprachige Fragebogen. Der Spezialteil für die welschen Rekruten (Fragen 78 - 105) ist verschiedenen Aspekten in den Beziehungen zwischen der französischen Schweiz und den übrigen Sprachregionen gewidmet (nationale vs. regionale Identität, "solidarité latine", Integrationsbereitschaft, Sprachbarrieren usw.). Die Schlussfrage ist in beiden Versionen des Fagebogens wieder dieselbe.

BIBLIOGRAPHIE

1 PÄDAGOGISCHE REKRUTENPRÜFUNG

Bericht über die pädagogischen Rekrutenprüfungen 1973: Die Rekrutenprüfungen 1854-1974. Bern 1974.

Bericht über die pädagogischen Rekrutenprüfungen 1985: PRP-Umfragen gestern, heute, morgen. Bern 1986.

Bericht über die pädagogischen Rekrutenprüfungen 1986: Ein Bild der Schule. Sprachen in der Schweiz. Bern 1987.

Bichsel, Reinhard u.a.: Sprachen in der Schweiz. Pädagogische Rekrutenprüfungen 1985. In: Bericht über die pädagogischen Rekrutenprüfungen 1985: PRP-Umfragen gestern, heute, morgen. Bern 1986. S. 5-47.

Bickel, Hans, Cornelia Häring und Robert Schläpfer: Sprachen in der Schweiz. Bericht über die mündlichen Rekrutenprüfungen im Waffenplatzkreis IV. In: Bericht über die pädagogischen Rekrutenprüfungen 1986: Ein Bild der Schule. Sprachen in der Schweiz. Bern 1987. S. 44-64.

Bulletin des Schweizerischen Arbeitskreises Militär + Sozialwissenschaften (SAMS-Informationen) 3/Heft 1 (1979).

Duchemin, Charles: Les examens pédagogiques des recrues (aperçu historique). In: Bericht über die pädagogischen Rekrutenprüfungen 1973: Die Rekrutenprüfungen 1854-1974. Bern 1974. S. 19-34.

Eidgenössisches Militärdepartement: Verfügung des Eidgenössischen Militärdepartementes über die pädagogischen Rekrutenprüfungen. Bern 1953.

Eidgenössisches Militärdepartement: Pädagogische Rekrutenprüfung. Handbuch für Experten. Sammlung der Erlasse und Wegleitungen. Bern 1974.

Hasenböhler, Robert: Die Entwicklung der pädagogischen Rekrutenprüfungen. In: Bulletin des Schweizerischen Arbeitskreises Militär + Sozialwissenschaften (SAMS-Informationen) 3/Heft 1 (1979). S. 6-14.

Hegi, Erich: Aus der Geschichte der Pädagogischen Rekrutenprüfungen. In: Bericht über die pädagogischen Rekrutenprüfungen 1973: Die Rekrutenprüfungen 1854-1974. Bern 1974. S. 3-9.

Lustenberger, Werner: Zur Erneuerung der Pädagogischen Rekrutenprüfungen. In: Bericht über die pädagogischen Rekrutenprüfungen 1973: Die Rekrutenprüfungen 1854-1974. Bern 1974. S. 10-18.

Marti, Peter: Schweizer Armee 89. Frauenfeld 1989.

Roulet, Louis-Edouard: Perspective d'avenir. In: Bericht über die pädagogischen Rekrutenprüfungen 1973: Die Rekrutenprüfungen 1854-1974. Bern 1974. S. 35-37.

Roulet, Louis-Edouard: Les EPR: Bilan d'une réforme. In: Bulletin des Schweizerischen Arbeitskreises Militär + Sozialwissenschaften (SAMS-Informationen) 3/Heft 1 (1979). S. 3-5.

Wetter, Ernst: Schweizer Militär Lexikon. Fakten, Daten, Zahlen 1984/85. Frauenfeld 1985.

Zwicky, Rolf: Die pädagogischen Rekrutenprüfungen in ihrer heutigen Form. In: Bulletin des Schweizerischen Arbeitskreises Militär + Sozialwissenschaften (SAMS-Informationen) 3/Heft 1 (1979). S. 14-17.

2 STATISTIK

Arminger, Gerhard: Faktorenanalyse. Stuttgart 1979.

Bartel, Hans: Statistik für Psychologen, Pädagogen und Sozialwissenschaftler. Bd. I. 4. Aufl. Stuttgart/New York 1983.

Bartel, Hans: Statistik für Psychologen, Pädagogen und Sozialwissenschaftler. Bd. II. 2. Aufl. Stuttgart/New York 1976.

Bauer, Felix: Datenanalyse mit SPSS. Berlin/Heidelberg/New York/Tokio 1984.

Billerbeck, Ewald: Ist den Statistiken denn überhaupt zu trauen? In: Basler Zeitung. 12. Oktober 1984. Nr. 240, S. 3.

Bollinger, G., A. Hermann und V. Möntmann: BMDP. Statistikprogramm für die Bio-, Human- und Sozialwissenschaften. Eine Beschreibung der Programmversionen 77-81. Stuttgart/New York 1983.

Bortz, Jürgen: Lehrbuch der Statistik. Für Sozialwissenschaftler. Berlin/Heidelberg/New York/Tokio 1985.

Büning, Herbert und Götz Trenkler: Nichtparametrische statistische Methoden: mit Aufgaben und Lösungen und einem Tabellenanhang. Berlin/New York 1978.

Christofferson, Anders: Factor Analysis of Dichotomized Variables. In: Psychometrika. A Journal Devoted to the Development of Psychology as a Quantitative Rational Science 40 (1975), S. 5-32.

Cohen, Jacob: Statistical Power Analysis for the Behavioral Sciences. 2. Aufl. Orlando 1977

Dixon, Wilfrid Joseph (Hg.): BMDP Statistical Software. Berkeley/Los Angeles/London 1985.

Flury, Bernhard und Hans Riedwyl: Angewandte multivariate Statistik. Computergestützte Analyse mehrdimensionaler Daten. Stuttgart/New York 1983.

Iff, Herbert: Zur Methodologie von Auswertung und Erhebung. In: Ruth Meyer, u.a.: Fragen an die Zukunft. Die Bedeutung von Beruf, Bildung und Politik für die zwanzigjährigen Schweizerinnen und Schweizer. Aarau/Frankfurt am Main/Salzburg 1982, S. 265-291.

Jackson, David J. und Edgar Borgatta (Hg.): Factor Analysis and Measurement in Sociological Research. A Multi-Dimensional Perspective. Beverly Hills 1981.

Jahn, Walter und Hans Vahle: Die Faktorenanalyse und ihre Anwendung. Berlin 1970.

Kähler, Wolf-Michael: Einführung in das Datenanalysesystem SPSS. Eine Anleitung zur EDV-gestützten statistischen Datenauswertung. Braunschweig/Wiesbaden 1984.

Küffner, Helmuth und Reinhard Wittenberg: Datenanalysesysteme für statistische Auswertungen. Eine Einführung in SPSS, BMDP und SAS. Stuttgart/New York 1985.

MacCallum, Robert: A Comparison of Factor Analysis Programs in SPSS, BMDP and SAS. In: Psychometrika. A Journal Devoted to the Development of Psychology as a Quantitative Rational Science 48 (1983), S. 223-232.

Mickey, M.R., Peter Mundle und Laszlo Engelman: P8M. Boolean Factor Analysis. In: Wilfrid Joseph Dixon (Hg.): BMDP Statistical Software. Berkeley/Los Angeles/New York 1985, S. 538-546.

Mittenecker, Erich: Planung und statistische Auswertung von Experimenten. Eine Einführung für Psychologen, Biologen und Mediziner. 5. Aufl. Wien 1964.

Muthén, Bengt: Contributions to Factor Analysis of Dichotomous Variables. In: Psychometrika. A Journal Devoted to the Development of Psychology as a Quantitative Rational Science 43 (1978), S. 551-560.

Muthén, Bengt: Factor Analysis of Dichotomous Variables: American Attitudes Toward Abortion. In: David J. Jackson und Edgar Borgatta (Hg.): Factor Analysis and Measurement in Sociological Research. A Multi-Dimensional Perspective. Beverly Hills 1981, S. 201-214.

Norusis, M. J.: SPSS^X. Advanced Statistics Guide. New York 1985.

Revenstorf, Dirk: Lehrbuch der Faktorenanalyse. Stuttgart 1976.

Schuchard-Ficher C. u.a.: Multivariate Analysemethoden. Eine anwendungsorientierte Einführung. Berlin/Heidelberg/New York 1980.

SPSS Inc. (Hg.): SPSS^X User's Guide. New York 1983.

Stelzl, Ingeborg: Fehler und Fallen der Statistik. Für Psychologen, Pädagogen, Sozialwissenschaftler. Bern/Stuttgart/Wien 1982.

Suárez, Pablo: Alternative Coding Procedures and the Factorial Structure of Attitude and Belief Systems. In: David J. Jackson und Edgar Borgatta (Hg.): Factor Analysis and Measurement in Sociological Research. A Multi-Dimensional Perspective. Beverly Hills 1981, S. 115-147.

Ueberla, Karl: Faktorenanalyse. Eine systematische Einführung für Psychologen, Mediziner, Wirtschafts- und Sozialwissenschaftler. Heidelberg 1968.

Weber, Erna: Einführung in die Faktorenanalyse. Stuttgart 1974.

Willimczik, Klaus (unter Mitarbeit von Klaus D. Roth): Forschungsmethoden in der Sportwissenschaft. Grundkurs Statistik. Frankfurt am Main 1975.

Yamane, Taro: Statistik. Ein einführendes Lehrbuch. Übersetzt von Hans-Jürgen Zubrod. 2 Bde. 3. Aufl. Frankfurt am Main 1981.

Zeisel, Hans: Say it with Figures. 5. Aufl. New York/Evanston/London 1968.

3 TESTTHEORIE UND EINSTELLUNGSMESSUNG

Atteslander, Peter: Methoden der empirischen Sozialforschung. 4. Aufl. Berlin/New York 1975 und 5. Aufl. Berlin/New York 1985.

Ehrlich, Howard J.: Das Vorurteil. Eine sozialpsychologische Bestandesaufnahme der Lehrmeinungen amerikanischer Vorurteilsforschung. München/Basel 1979.

Geske, Gunther: Eindimensionale Grundauszählung und Normalverteilungstest. In: Kurt Holm (Hg.): Die Befragung. Bd. 2. München 1975, S. 46-64.

Gniech, Gisela: Experimenteller Bias (am Beispiel der Einstellungsforschung). In: Franz Petermann (Hg.): Einstellungsmessung. Einstellungsforschung. Göttingen/Toronto/Zürich 1980, S. 85-98.

Holm, Kurt (Hg.): Die Befragung. 6 Bde. München 1975ff.

Holm, Kurt: Die Frage. In: Ders. (Hg.): Die Befragung. Bd. 1. München 1975, S. 32-91.

Kirschhofer-Bozenhardt, Andreas von und Gabriele Kaplitzka: Der Fragebogen. In: Kurt Holm: Die Befragung. Bd. 1. München 1975, S. 92-126.

Lauer, R.H.: The Problems and Values of Attitude Research. In: The Sociological Quarterly 12 (1971), S. 247-252.

Leisi, Ernst: Sprachliches Glatteis. Missverständnisse bei Prüfungen und Umfragen. In: Neue Zürcher Zeitung. 12./13. Juni 1976. Nr. 135, S. 32.

Leisi, Ernst: Falsche Daten hochpräzis verarbeitet. Sprachliche Fehlerquellen bei Zählungen und Testfragen. In: Neue Zürcher Zeitung. 28./29. Dezember 1985. Nr. 301, S. 34.

Lienert, Gustav A.: Testaufbau und Testanalyse. 4. Aufl. Weinheim 1989.

Mosimann, Martin: Präzision als Sinnersatz. In: Neue Zürcher Zeitung. 8./9. März 1986. Nr. 56. S. 37.

Münch, Werner: Datensammlung in den Sozialwissenschaften. Stuttgart/Berlin/Köln/Mainz 1971.

Noelle-Neumann, Elisabeth: Umfragen in der Massengesellschaft. Einführung in die Methoden der Demoskopie. Hamburg 1965.

Petermann, Franz (Hg.): Einstellungsmessung. Einstellungsforschung. Göttingen/Toronto/Zürich 1980.

Petermann, Franz: Einstellungsmessung und -forschung: Grundlagen, Ansätze und Probleme. In: Ders. (Hg.): Einstellungsmessung. Einstellungsforschung. Göttingen/Toronto/Zürich 1980, S. 9-36.

Quasthoff, Uta: Zum Begriff und zur Funktion des Stereotyps. Versuch zur linguistischen Beschreibung und Analyse eines nicht sprachimmanenten Gegenstandes. Berlin 1972.

Schiffer, Jürg: Sport und Freizeit. Eine Analyse der Einstellungen und des Verhaltens junger Schweizer (-innen) unter besonderer Berücksichtigung des Sozialisationsprozesses. Aarau/Frankfurt am Main/Salzburg 1979.

Schmidt, Hans Dieter, Ewald Johannes Brunner und Amélie Schmidt-Mummendey: Soziale Einstellungen. München 1975.

Schmierer, Christian: Tabellenanalyse. In: Kurt Holm (Hg.): Die Befragung. Bd. 2. München 1975, S. 86-154.

Six, Bernd: Das Konzept der Einstellung und seine Relevanz für die Vorhersage des Verhaltens. In: Franz Petermann (Hg.): Einstellungsmessung. Einstellungsforschung. Göttingen/Toronto/Zürich 1980, S. 55-84.

Triandis, Harry C.: Einstellungen und Einstellungsänderungen. Übersetzt und bearbeitet von Bernd Six und Karl-Heinz Steffens. Weinheim/Basel 1975.

Wottawa, Heinrich: Grundriss der Testtheorie. München 1980.

4 RAUMSTRUKTUR UND STATISTIK DER SCHWEIZ

Brassel, Kurt E., u.a.: Strukturatlas Schweiz. Zürich 1985.

Eidgenössisches Volkswirtschaftsdepartement: Die Volkswirtschaft. Wirtschaftliche und sozialstatistische Mitteilungen 59/Heft 1 (1986).

Schuler, Martin: Abgrenzung der Agglomerationsräume in der Schweiz 1980. In: Bundesamt für Statistik (Hg.): Beiträge zur schweizerischen Statistik. Heft 105. Bern 1984.

5 MUNDART UND STANDARDSPRACHE

Althaus, Hans Peter, u.a.: Lexikon der Germanistischen Linguistik. 2. Aufl. Tübingen 1980.

Ammann, Max P.: Dialekt, die Sprache der Idylle? Überlegungen eines Theatermannes. In: Neue Zürcher Zeitung. 26./27. November 1977. Nr. 278, S. 65.

Ammon, Ulrich: Schulschwierigkeiten von Dialektsprechern. Empirische Untersuchungen sprachabhängiger Schulleistungen und des Schüler- und Lehrerbewusstseins - mit sprachdidaktischen Hinweisen. Weinheim/Basel 1978.

Angst, Kenneth: Die Mundartwelle in der Deutschschweiz. Streiflichter der Diskussion. In: Neue Zürcher Zeitung. 25./26. Mai 1985. Nr. 119, S. 35-36.

Angst, Kenneth: Zwischen Mundart und Hochsprache. Ein Seminar der Schweizerischen Unesco-Kommission. In: Neue Zürcher Zeitung. 13. Mai 1988. Nr. 110, S. 25.

Arens, Peter u.a.: Des Schweizers Deutsch. Bern 1985.

Aristophones: Lysistrate. Übersetzt von Ludwig Seeger. München 1968.

Bauer, G. F.: «Le Schwyzertütsch»: écran ou lien? In: François Redard, René Jeanneret und J.-P. Métral (Hg.): Le Schwyzertütsch. 5e langue nationale? Bulletin CILA 33 (1981), S. 13-21.

Baur, Arthur: Was ist eigentlich Schweizerdeutsch? Winterthur 1983.

Baur, Arthur: Lob der Mundart. In: COOP-Zeitung. 14. Juli 1983. Nr. 28.

Baur, Arthur: Was hat priorität? In: Sprachspiegel 40 (1984), S. 14-17.

Baur, Arthur: Dialekt, Mundart oder Sprache? In: Basler Zeitung. 1. Juli 1988. Nr. 152, S. 41.

Baur, Arthur: Fast ein Tabu. Dialekt als gemeinsame Sprache. In: COOP-Zeitung. 8. September 1988. Nr. 36, S. 43.

Belser, Eduard: Mundart und Schriftsprache. In: Sprachspiegel 39 (1983), S. 181-183.

Bieri, Ernst: Billige Zutraulichkeit. In: Peter Arens, u.a.: Des Schweizers Deutsch. Bern 1985, S. 64-68.

Bieri, Ernst: Wir verharren auf der Stufe von Erstklässlern. In: Weltwoche. 4. Juli 1985. Nr. 27. S. 33.

Billerbeck, Ewald: Sprachforscher begleiten Familien über den «Röstigraben». In: Basler Zeitung. 3. Juli 1987. Nr. 152, S. 3.

Blatter-Durnwalder, Sylvia: Dialekt contra Hochdeutsch? In: COOP-Zeitung. 14. Juli 1983. Nr. 28.

Blatter-Durnwalder, Sylvia: Probleme mit dem Dialekt. In: COOP-Zeitung. 14. Juli 1983. Nr. 28.

Bommer, Paul: Des Deutschschweizers Sprachverhalten aus welscher Sicht. In: Sprachspiegel 40 (1984), S. 46-48.

Bossart, Bruno: Dringlicher Aufruf aus der Westschweiz für mehr Hochdeutsch. In: Sprachspiegel 42 (1986), S. 153.

Bossart, Bruno: Pingpong. In: Basler Zeitung. 28. April 1987. Nr. 98, S. 12.

Bossart, Bruno: Vorurteil. In: Basler Zeitung. 28. Juni 1988. Nr. 149, S. 12.

Burger, Harald: Weder Widerspiegelung noch Manipulation. Zum Verhältnis von Mediensprache und Sprachrealität. In: Neue Zürcher Zeitung. 11. November 1983. Nr. 264, S. 73.

Burger, Harald: Neue Leistungsfähigkeit der Mundart? Problemfälle und sprachpädagogische Konsequenzen. In: Neue Zürcher Zeitung. 18. November 1983. Nr. 270, S. 77.

Burger, Harald: Sprache der Massenmedien. Berlin/New York 1984.

Burren, Ernst: Argumente für die Mundart. In: Neue Zürcher Zeitung. 26./27. November 1977. Nr. 278, S. 64.

Cathomas, Bernard: Die Einstellung der Rätoromanen zum Schwyzertütsch. In: François Redard, René Jeanneret und J.-P. Métral (Hg.): Le Schwyzertütsch. 5e langue nationale? Bulletin CILA 33 (1981), S. 105-117.

Cavadini, Jean: Verschärfung des Sprachenproblems in der Schweiz. In: Neue Zürcher Zeitung. 12. Mai 1987. Nr. 108, S. 23.

Charavat, Eva und Rätus Luck: Bibliographie zur deutschsprachigen Schweizerliteratur, Schweizerdeutschen Dialektologie und Namenskunde (BSL). Nr. 1-8. Bern 1976ff.

Chevallaz, Georges-André: Dialogues entre Suisses. In: Neue Helvetische Gesellschaft (Hg.): Der Dialog zwischen Schweizern. Jahrbuch 1981 der Neuen Helvetischen Gesellschaft (NHG). 52. Jahrgang. Aarau/Frankfurt am Main/Salzburg 1981, S. 21-30.

Christen, Helen: Der Gebrauch von Mundart und Hochsprache in der Fernsehwerbung. Freiburg i. Ue. 1985.

(ck): Bericht zu den Ergebnissen unserer doppelten Umfrage in Heft 5. In: Sprachspiegel 28 (1972), S. 187-188.

COOP-Zeitung. 14. Juli 1983. Nr. 28.

Dickenmann, Andreas und Heinrich Löffler: Hochsprache und Mundart am Radio. In: Sprachspiegel 40 (1984), S. 132-136.

Dillier, Julien: Dichten im Dialekt. In: Basler Zeitung. 29. April 1988. Nr. 100, S. 77.

Draganits, A. und Matthias Steinmann: Mundart - Schriftsprache. Eine gesamtschweizerische Untersuchung zu allgemeinen Sprachproblemen. Bern 1987.

Egger, Eugen: Dialektfestung Schweizerdeutsch oder Probleme des muttersprachlichen Unterrichts. In: Neue Helvetische Gesellschaft (Hg.): Der Dialog zwischen Schweizern. Jahrbuch 1981 der Neuen Helvetischen Gesellschaft (NHG). 52. Jahrgang. Aarau/Frankfurt am Main/Salzburg 1981, S. 101-106.

Egli, H.-R.: Mundart und Hochsprache an bernischen Primarschulen. In: François Redard, René Jeanneret und J.-P. Métral (Hg.): Le Schwyzertütsch. 5e langue nationale? Bulletin CILA 33 (1981), S. 94-104.

Feitknecht, Thomas: Verständigung unter Schweizern in Frage gestellt. Gespräch zwischen einem Sprachwissenschaftler, einem Staatsrechtler und einem welschen Journalisten. In: Der Bund. 9. Juli 1988. Nr. 158, S. 21.

Ferguson, Charles A.: Diglossia. In: Word XV (1959), S. 325-341.

Fischer, Hardi und Uri P. Trier: Das Verhältnis zwischen Deutschschweizer und Westschweizer. Eine sozialpsychologische Untersuchung. Bern/Stuttgart 1962.

Flügel, Christoph: Modell Schweiz. In: Schweizerische Konferenz der kantonalen Erziehungsdirektoren (EDK) (Hg.): Herausforderung Schweiz. Materialien zur Förderung des Unterrichts in den Landessprachen. Bern 1987, S. 57-151.

Flügel, Christoph und Horst Sitta: Probleme Deutsch-Deutscher Sprachkonfrontation in der mehrsprachigen Schweiz. In: Kwartalnik Neofilologiczny 33 (1986), S. 354-363.

Frei, Guido: Die deutsche Schweiz bald geistige Provinz? In: Sprachspiegel 39 (1983), S. 146-147.

Frei, Guido: Gründe und Gefahren. In: COOP-Zeitung. 14. Juli 1983. Nr. 28.

Frei, Guido: S'Köchu-Verzeichnis - oder die Verdrängung der Hochsprache beim Radio. In: Peter Arens, u.a.: Des Schweizers Deutsch. Bern 1985, S. 24-29.

Frei, Otto: Einkapseln in der «Dialektfestung»? In: Neue Zürcher Zeitung. 31. Mai/1. Juni 1980. Nr. 124, S. 66.

Frei, Otto: Igel in der «Dialektfestung». Fragen der Romands an die Deutschschweizer. In: Peter Arens, u.a.: Des Schweizers Deutsch. Bern 1985, S. 111-115.

Fricker, Hans-Peter: Zur Sprachwahl in Radio und Fernsehen. In: Schweizerische Konferenz der kantonalen Erziehungsdirektoren (EDK) und Schweizerische Radio- und Fernsehgesellschaft (SRG) (Hg.): Mundart und Hochsprache in Schule und Medien. Bern 1988, S. 28-38.

Fringeli, Dieter: Mundartliteratur im Wandel. In: Basler Magazin. 2. April 1988. Nr. 14, S. 1-7 (= Beilage zur Basler Zeitung. 2. April 1988. Nr. 78.).

Glauser, Friedrich: Wachtmeister Studer. 2. Aufl. Zürich 1984.

Grosgurin, C.: Nicht alle können Schweizerdeutsch. In: Sprachspiegel 26 (1970), S. 167-171.

Guisan, Henriette: Dialectomania. In: Illustré. 1983. Nr. 24, S. 34-38.

Gut, Walter: Gegen den Strom schwimmen. In: Nordwestschweizerische Erziehungsdirektorenkonferenz (Hg.): Doppelpunkt. November 1986. Nr. 7, S. 2-3.

Gut, Walter: Mundart und Hochdeutsch - aus bildungspolitischer und kulturpolitischer Sicht. In: Schweizer Monatshefte für Politik, Wirtschaft, Kultur 67 (1987), S. 1045-1055.

Haas, Walter: Entre dialecte et langue - l'exemple du Schwyzertütsch. In: François Redard, René Jeanneret und J.-P. Métral (Hg.): Le Schwyzertütsch. 5e langue nationale? Bulletin CILA 33 (1981), S. 22-41.

Haas, Walter: Die deutschsprachige Schweiz. In: Robert Schläpfer (Hg.): Die viersprachige Schweiz. Zürich 1982, S. 71-160.

Haas, Walter: Der beredte Deutschschweizer oder die Hollandisierung des Hinterwäldlers. In: Heinrich Löffler (Hg.): Das Deutsch der Schweizer: Zur Sprach- und Literatursituation der Schweiz. Aarau/Frankfurt am Main/Salzburg 1986, S. 41-59.

Hämmerle, Alphons: Wollen wir wirklich ausscheren? In: Sprachspiegel 42 (1986), S. 116-117.

Heller, Andreas: Beim Sprung über den Graben refüsiert der Schweizer. «Weltwoche»-Umfrage über das Verhältnis Deutschschweiz - Welschschweiz: Die Dissonanzen werden schriller. In: Weltwoche. 15. Januar 1987. Nr. 3, S. 37-38.

Hengartner, Thomas und Bertrand Knobel: Berndeutsch oder Hochdeutsch? Zur Sprache an den Berner Schulen. In: Sprachspiegel 41 (1985), S. 98-107.

Hermanns, F., W. Lenschen und G. Merkt (Hg.): Lernziele Deutsch. Perspektiven für den Deutschunterricht in der französischen und italienischen Schweiz. Bulletin CILA 38 (1983).

Hermanns, F., G. Merkt und A. Röllinghoff (Hg.): Lehrmittel Deutsch. Neues über Lehrmaterialien Deutsch als Fremdsprache - und wie man damit umgeht. Bulletin CILA 43 (1986).

Herzog, Valentin: Schweizerdeutsch - Schweizers Deutsch. In: Brückenbauer. 30. April 1986. Nr. 18, S. 18.

Hess, Henriette: Schweizerdeutsch für Francophone. Bericht über einen Unterrichtsversuch. In: F. Hermanns, W. Lenschen und G. Merkt (Hg.): Lernziele Deutsch. Perspektiven für den Deutschunterricht in der französischen und italienischen Schweiz. Bulletin CILA. 38 (1983), S. 72-75.

(Hg): Fragen zum Dialektgebrauch. In: Neue Zürcher Zeitung. 31. Mai/1. Juni 1980. Nr. 124, S. 65.

Ingold, Jean-Luc: Le triomphe des dialectes. Quand les Suisses alémaniques boudent l'allemand et le français. In: L'Hebdo. 11. Juli 1985, S. 10-13.

Jäger, Karl-Heinz und Ulrich Schiller: Dialekt und Standardsprache im Urteil von Dialektsprechern. Untersuchungen der Einstellungen von alemannischen Dialektsprecherinnen zu ihrem Dialekt und zur Standardsprache. In: Linguistische Berichte 83 (Februar 1983), S. 63-95.

Jäger, Siegfried: Standardsprache. In: Hans Peter Althaus, Helmut Henne und Herbert Ernst Wiegand (Hg.): Lexikon der Germanistischen Linguistik. 2. Aufl. Tübingen 1980, S. 375-379.

Juhász, János: Wie «deutsch» ist das Schweizerdeutsch für einen Ausländer? In: Heinrich Löffler (Hg.): Das Deutsch der Schweizer: Zur Sprach- und Literatursituation der Schweiz. Aarau/Frankfurt am Main/Salzburg 1986, S. 91-100.

König, Werner: dtv-Atlas zur deutschen Sprache. 7. Aufl. München 1989.

Kolde, Gottfried: Vergleichende Untersuchungen des Sprachverhaltens und der Spracheinstellungen von Jugendlichen in zwei gemischtsprachigen Schweizerstädten. In: Zeitschrift für Dialektologie und Linguistik. Neue Folge 32 (1980), S. 243-253.

Kolde, Gottfried: Des Schweizers Deutsch - das Deutsch der Schweizer. Reflexe und Reaktionen bei anderssprachigen Eidgenossen. In: Heinrich Löffler (Hg.): Das Deutsch der Schweizer: Zur Sprach- und Literatursituation der Schweiz. Aarau/Frankfurt am Main/Salzburg 1986, S. 131-149.

Kropf, Thomas: Kommunikative Funktionen des Dialekts im Unterricht. Theorie und Praxis in der deutschen Schweiz. Tübingen 1986.

(ksr): Kann man bei uns noch (Hoch-)deutsch lernen? In: Sprachspiegel 39 (1983), S. 122-123.

Kuhn, Manfred: Überbordendes Dialektgeschwätz. In: Sprachspiegel 40 (1984), S. 156.

Lappert, Hans-Ulrich: Mundart und Schriftsprache in der Mittelschule. In: Neue Zürcher Zeitung. 31. Mai/1. Juni 1980. Nr. 124, S. 65-66.

Leisi, Ernst: Elendes Deutsch. In: Neue Zürcher Zeitung. 17. September 1985. Nr. 215, S. 63.

Leuenberger, Robert: Wille zum Schweizerdeutschen? In: Neue Zürcher Zeitung. 31. Mai/1. Juni 1980. Nr. 124, S. 65.

Löffler, Heinrich: Probleme der Dialektologie. Eine Einführung. 2. Aufl. Darmstadt 1980.

Löffler, Heinrich: Dialekt. In: Hans Peter Althaus, Helmut Henne und Herbert Ernst Wiegand (Hg.): Lexikon der Germanistischen Linguistik. 2. Aufl. Tübingen 1980, S. 453-458.

Löffler, Heinrich: Germanistische Soziolinguistik. Berlin 1985.

Löffler, Heinrich (Hg.): Das Deutsch der Schweizer: Zur Sprach- und Literatursituation der Schweiz. Aarau/Frankfurt am Main/Salzburg 1986.

Lötscher, Andreas: Schweizerdeutsch. Geschichte, Dialekte, Gebrauch. Frauenfeld 1983.

Loetscher, Hugo: Für eine Literatur deutscher Ausdrucksweise. Nicht ganz unpersönliche Ausführungen. In: Heinrich Löffler (Hg.): Das Deutsch der Schweizer: Zur Sprach- und Literatursituation der Schweiz. Aarau/Frankfurt am Main/Salzburg 1986, S. 25-39.

Mattheier, Klaus J.: Pragmatik und Soziologie der Dialekte. Einführung in die kommunikative Dialektologie des Deutschen. Heidelberg 1980.

Mattheier, Klaus J. (Hg.): Aspekte der Dialekttheorie. Tübingen 1983.

Mattmüller, Hanspeter: <Die Nuancierung fehlt>. In: COOP-Zeitung. 14. Juli 1983. Nr. 28.

McRae, Kenneth D.: Conflict and Compromise in Multilingual Societies. Switzerland. Waterloo 1983.

Meili, Ernst: Wort und Sprache in der reformierten Kirche. In: Peter Arens, u.a.: Des Schweizers Deutsch. Bern 1985, S. 104-110.

(mer): Welsche lernen «Schwyzertütsch». In: Neue Zürcher Zeitung. 19. Juli 1988. Nr. 166, S. 13.

Merkt, Gérard: Pour une intégration des dialectes alémaniques dans l'enseignement de l'allemand en Suisse romande. In: François Redard, René Jeanneret und J.-P. Métral (Hg.): Le Schwyzertütsch. 5e langue nationale? Bulletin CILA 33 (1981), S. 73-86.

Merkt, Gérard: Warum eine Lernzieldiskussion für den Deutschunterricht in der französischen und italienischen Schweiz? Erfahrungen eines Praktikers. In: F. Hermanns, W. Lenschen und G. Merkt (Hg.): Lernziele Deutsch. Perspektiven für den Deutschunterricht in der französischen und italienischen Schweiz. Bulletin CILA. 38 (1983), S. 21-30.

Meyer, Kurt u.a.: Sprache, Sprachgeschichte, Sprachpflege in der deutschen Schweiz. Sechzig Jahre Deutschschweizerischer Sprachverein. Zürich 1964.

Morf, Doris: Das Recht auf freie Wahl des Dialekts. In: Brückenbauer. 6. April 1988. Nr. 14, S. 23.

Moser, Christian: «Frühfranz» in Zürich: Romandie sagt «merci». In: Basler Zeitung. 27. September 1988. Nr. 227, S. 10.

Müller, Martin und Lukas Wertenschlag: Los emol. Schweizerdeutsch verstehen. In: F. Hermanns, G. Merkt und A. Röllinghoff (Hg.): Lehrmittel Deutsch. Neues über Lehrmaterialien Deutsch als Fremdsprache - und wie man damit umgeht. Bulletin CILA 43 (1986), S. 212-221.

Müller-Meilen, Kurt: Motion zur Förderung des Einvernehmens zwischen den Sprachregionen. Bern 1987 (= Kopie des unveröffentlichten Textes).

Mundartpflege. 25 Jahre Bund Schwyzertütsch. Sonderdruck der Zeitschrift Heimatschutz. 58. Jahrgang (1963), Nr. 3.

Muschg, Adolf: Warum ich 'hochdeutsch' schreibe. In: Neue Zürcher Zeitung. 26./27. November 1977. Nr. 278, S. 64.

Muschg, Adolf: Dialektgebrauch in unseren Medien. In: Sprachspiegel 40 (1984), S. 58-59.

(mw): Herausforderung Mundart im Spielfilm. Notizen von Gesprächen mit Filmemachern. In: Neue Zürcher Zeitung. 26./27. November 1977. Nr. 278, S. 65.

Neue Helvetische Gesellschaft (Hg.): Der Dialog zwischen Schweizern. Jahrbuch 1981 der Neuen Helvetischen Gesellschaft (NHG). 52. Jahrgang. Aarau/Frankfurt am Main/Salzburg 1981.

Neue Zürcher Zeitung. 26./27. November 1977. Nr. 278, S. 63-65.

Neue Zürcher Zeitung. 31. Mai/1. Juni 1980. Nr. 124, S. 65-66.

Nordwestschweizerische Erziehungsdirektorenkonferenz (Hg.): Doppelpunkt. November 1986. Nr. 7.

(O.F.): Das neue Konzept der Bundesjubiläumsfeiern. Kühle Distanz der Romands. In: Neue Zürcher Zeitung. 8. August 1988. Nr. 182, S. 13.

Oppenheim, Roy: Mundart und Hochsprache in Radio und Fernsehen. In: Nordwestschweizerische Erziehungsdirektorenkonferenz (Hg.): Doppelpunkt. November 1986. Nr. 7, S. 7-12.

Padel, Gerd H.: Vorwort. In: Peter Arens, u.a.: Des Schweizers Deutsch. Bern 1985, S. 7-9.

Ramseier, Markus: Mundart und Standardsprache im Radio der deutschen und rätoromanischen Schweiz. Sprachformgebrauch, Sprach- und Sprechstil im Vergleich. Aarau/Frankfurt am Main/Salzburg 1988.

Raeber, Kuno: Dialekt und Hochsprache. In: Neue Zürcher Zeitung. 31. Mai/1. Juni 1980. Nr. 124, S. 65.

Redard, François, René Jeanneret und J.-P. Métral (Hg.): Le Schwyzertütsch. 5e langue nationale? Bulletin CILA 33 (1981).

Renner, Felix: Die "Mundartwelle" und unser "erschreckender Mangel an Urbanität". In: Sprachspiegel 39 (1983), S. 6-9.

Ribeaud, José: I veu vo dir que snap bin de djase qu'men vol fet. No ni comprenian ran di to... In: Schweizerische Konferenz der kantonalen Erziehungsdirektoren (EDK) und Schweizerische Radio- und Fernsehgesellschaft (SRG) (Hg.): Mundart und Hochsprache in Schule und Medien. Bern 1988, S. 49-52.

Richtlinien für die Pflege der Hochsprache in den Schulen des Kantons Zürich (Volksschule und Mittelschulen). Fassung gemäss Beschluss des Erziehungsrats vom 24. November 1987.

Ris, Roland: Dialekte und Sprachbarrieren aus Schweizer Sicht. In: Hermann Bausinger (Hg.): Dialekt als Sprachbarriere? Ergebnisbericht einer Tagung zur alemannischen Dialektforschung. Tübingen 1973, S. 29-62.

Ris, Roland: Die Mundartwelle - nur eine Modeerscheinung? In: Neue Zürcher Zeitung. 26./27. November 1977. Nr. 278, S. 63.

Ris, Roland: Sozialpsychologie der Dialekte und ihrer Sprecher. In: Ulrich Ammon, u.a.: Grundlagen einer dialektorientierten Sprachdidaktik. Theoretische und empirische Beiträge zu einem vernachlässigten Schulproblem. Weinheim/Basel 1978. S. 93-115.

Ris, Roland: Dialekte und Einheitssprache in der deutschen Schweiz. In: International Journal of the Society of Language 21 (1979). S. 41-61.

Ris, Roland: Dialektologie zwischen Linguistik und Sozialpsychologie: Zur "Theorie des Dialekts" aus Schweizer Sicht. In: Zeitschrift für Dialektologie und Linguistik. Neue Folge Nr. 26 (1980), S. 73-96.

Ris, Roland: Meine Mundart und ich. In: Neue Zürcher Zeitung. 31. Mai/1. Juni 1980. Nr. 124, S. 66.

Ris, Roland: Mundart um jeden Preis? In: Sprachspiegel 38 (1982), S. 14-16.

Ris, Roland: Die Sprachsituation in der Schweiz. In: Gérard Merkt und Rudolf Zellweger (Hg.): Ziele und Wege des Unterrichts in Deutsch als Fremdsprache. Sein Beitrag zur interkulturellen Verständigung. Tagungsbericht der VIII. Internationalen Deutschlehrertagung, Bern 4.-8. August 1986. Bern 1986, S. 23-34.

Robbiani, Dario: Le Schwyzertütsch: l'opinion tessinoise. In: François Redard, René Jeanneret und J.-P. Métral (Hg.): Le Schwyzertütsch. 5e langue nationale? Bulletin CILA 33 (1981), S. 87-93.

Röthlin, Walter: Die Einstellung der Obwaldner Sekundarschüler und Gymnasiasten zu Mundart, Hochsprache und den Deutschen. Basel 1983 (= ungedruckte Oberlehrerarbeit).

(rpd): Mundart oder Hochdeutsch am Radio? Zum Ergebnis einer schriftlichen Befragung im Rahmen der Hörerforschung 1975. In: Neue Zürcher Zeitung. 5. April 1976. Nr. 80, S. 40.

Sandor, C. L.: «Zweisprachig innerhalb der eigenen Sprache». In: Schweizerische Lehrerzeitung. 17. Oktober 1985. Nr. 21, S. 8-9.

Schenker, Walter: Soziolinguistische Implikationen der deutschschweizerischen Sprachsituationen. In: Sprachspiegel 28 (1972), S. 69-77.

Schenker, Walter: Das Verhältnis des Deutschschweizers zum Hochdeutschen. In: Schweizer Monatshefte für Politik, Wirtschaft, Kultur 51 (1972), S. 886-893.

Schenker, Walter: Schweizerdeutsch als Modell. Zum Terminus Dialekt. In: Wirkendes Wort 23 (1973), S. 93-101.

Schillinger, Pirmin: Ist unser Schweizerdeutsch die schwierigste Muttersprache? In: Vaterland. 30. November 1985. Nr. 278, S. 37.

Schläpfer, Robert (Hg.): Die viersprachige Schweiz. Zürich 1982.

Schläpfer, Robert: Zu den Ursachen der neuen Mundartwelle. In: Nordwestschweizerische Erziehungsdirektorenkonferenz (Hg.): Doppelpunkt. November 1986. Nr. 7. S. 4-6.

Schläpfer, Robert: Sprachzerfall. Sprachwandel. Sprachpflege. Zürich 1987.

Schläpfer, Robert: "Hollandisierung" der Schweiz. Protokoll eines Gruppengesprächs. In: Schweizerische Konferenz der kantonalen Erziehungsdirektoren (EDK) und Schweizerische Radio- und Fernsehgesellschaft (SRG) (Hg.): Mundart und Hochsprache in Schule und Medien. Bern 1988, S. 56-61.

Schläpfer, Robert: Sprachen in der Schweiz. Nationales Forschungsprojekt 21: Kulturelle Vielfalt und nationale Identität. Kurzfassung der Projekte. Basel 1991.

Schmid, Carol L.: Conflict and Consensus in Switzerland. Berkeley 1981.

Schmid-Cadalbert, Christian: Zur Mundartliteratur der deutschen Schweiz. In: Christian Schmid-Cadalbert und Barbara Traber (Hg.): gredt und gschribe. Eine Anthologie neuer Mundartliteratur der deutschen Schweiz. Aarau/Frankfurt am Main/Salzburg 1987, S. 14-27.

Schnell, Urs: Hochdeutsch hat die Hilfe der Lehrer nötig. In: Nordwestschweizerische Erziehungsdirektorenkonferenz (Hg.): Doppelpunkt. November 1986. Nr. 7, S. 15-16.

Schwarzenbach, Rudolf: Die Stellung der Mundart in der deutschsprachigen Schweiz. Studien zum Sprachbrauch der Gegenwart. Frauenfeld 1969.

Schwarzenbach, Rudolf: «Mundart und Hochdeutsch in Radio und Fernsehen DRS». In: Schweizerdeutsch. Heft II (1984), S. 1-2.

Schwarzenbach, Rudolf und Horst Sitta: Mundart und Standardsprache in der deutschen Schweiz. In: F. Hermanns, W. Lenschen und G. Merkt (Hg.): Lernziele Deutsch. Perspektiven für den Deutschunterricht in der französischen und italienischen Schweiz. Bulletin CILA 38 (1983), S. 63-71.

Schwegler, Armin: Aus der Geschichte lernen. In: Nordwestschweizerische Erziehungsdirektorenkonferenz (Hg.): Doppelpunkt. November 1986. Nr. 7, S. 3.

Schweizerische Depeschenagentur: Mundart an Volks- und Mittelschulen im Vormarsch. In: Basler Zeitung. 6. Februar 1986. Nr. 31, S. 53.

Schweizerische Konferenz der kantonalen Erziehungsdirektoren (EDK) (Hg.): Herausforderung Schweiz. Materialien zur Förderung des Unterrichts in den Landessprachen. Bern 1987.

Schweizerische Konferenz der kantonalen Erziehungsdirektoren (EDK) und Schweizerische Radio- und Fernsehgesellschaft (SRG) (Hg.): Mundart und Hochsprache in Schule und Medien. Bern 1988.

Sieber, Peter: Ein Handbuch als Orientierungshilfe. In: Nordwestschweizerische Erziehungsdirektorenkonferenz (Hg.): Doppelpunkt. November 1986. Nr. 7, S. 12-14.

Sieber, Peter: Mit vielen Zungen reden. In: Schweizerische Konferenz der kantonalen Erziehungsdirektoren (EDK) und Schweizerische Radio- und Fernsehgesellschaft (SRG) (Hg.): Mundart und Hochsprache in Schule und Medien. Bern 1988, S. 9-17.

Sieber, Peter und Horst Sitta: Schweizerdeutsch zwischen Dialekt und Sprache. In: Kwartalnik Neofilologiczny 31 (1984), S. 3-40.

Sieber, Peter und Horst Sitta: Mundart und Standardsprache als Problem der Schule. Aarau/Frankfurt am Main/Salzburg 1986.

Sieber, Peter und Horst Sitta: Mundart und Standardsprache als Problem der Schule. In: Schulblatt des Kantons Zürich 101 (1986), S. 50-61.

Sitta, Horst: Spracherwerbstheoretische Aspekte des Verhältnisses von Mundart und Hochsprache in der Schule. In: Heinrich Löffler, u.a.: Standard und Dialekt. Studien zur gesprochenen und geschriebenen Gegenwartssprache. Festschrift für Heinz Rupp zum 60. Geburtstag. Bern 1979, S. 165-175.

Späth, Gerold: Sie sagen es anders. Erfahrungen mit Mundartübertragungen. In: Neue Zürcher Zeitung. 26./27. November 1977. Nr. 278, S. 64.

(SPK): Schweizer über Fernsehen DRS: «Ziemlich gut». In: Basler Zeitung. 5. Juli 1989. Nr. 154, S. 9.

Sprachspiegel 38 (1982) - 42 (1986).

Stadelmann, G.: Vermittlung einer wirklichkeitsfremden deutschen Sprache in unseren Schulstuben. In: Sprachspiegel 40 (1984), S. 162-163.

Stäuble, Eduard: Die Sünden der Schule. In: Sprachspiegel 42 (1986), S. 181.

Stammerjohann, Harro: Linguistische Futurologie. Zukunftsvisionen des Sprachwissenschafters Raffaele Simone. Neue Zürcher Zeitung, 16./17. Juni 1990.

Steger, Hugo: Deutsche Sprache und Literatur in der Schweiz: Innensicht und Aussenwirkung. Resümee einer Tagung. In: Heinrich Löffler (Hg.): Das Deutsch der Schweizer: Zur Sprach- und Literatursituation der Schweiz. Aarau/Frankfurt am Main/Salzburg 1986, S. 101-105.

Steinmann, Matthias: Darstellung einer gesamtschweizerischen Untersuchung zu allgemeinen Sprachproblemen. In: Schweizerische Konferenz der kantonalen Erziehungsdirektoren (EDK) und Schweizerische Radio- und Fernsehgesellschaft (SRG) (Hg.): Mundart und Hochsprache in Schule und Medien. Bern 1988, S. 62-69.

Stöckli, Jürg: Der Dialekt von der Kanzel hat nicht nur Freunde. In: Basler Zeitung. 20. April 1988. Nr. 92, S. 29.

Strasser, Rudolf: Schweizerdeutsch als Trennwand. In: Sprachspiegel 27 (1971), S. 170-172.

Studer, Eduard: Franz Joseph Stalder. Zur Frühgeschichte volkskundlicher und dialektvergleichender Interessen. Schweizerisches Archiv für Volkskunde 50 (1954).

Suter, Martin: Landessprachen: Verstehen sich die Schweizer noch? In: Basler Zeitung. 16. Juni 1987. Nr. 137, S. 11.

Teucher, Eugen: Die Schuld der Schule. In: Sprachspiegel 28 (1972), S. 161-163.

Thema. Magazin zur Forschung und Wissenschaft an den Schweizer Hochschulen. Heft 4. Dezember 1987.

Trefzer, Kurt: Unsere Medien als "Dialektitis"-Erzeuger. In: Sprachspiegel 42 (1986), S. 151.

Trümpy, Hans: Schweizerdeutsche Sprache und Literatur im 17. und 18. Jahrhundert. Basel 1955.

Villiger, Hermann: Mundart und Hochsprache in der Deutschschweiz. In: Sprachspiegel 40 (1984), S. 3-6.

24 heures: La Suisse de Babel. Lausanne 1987.

Vitali, Felice A.: Schwyzertütsch als Barriere. In: Peter Arens, u.a.: Des Schweizers Deutsch. Bern 1985, S. 116-120.

Vogt, Beat: Mundart und Standardsprache in der deutschen Schweiz: Das Sprachverhalten junger Schweizer und ihre Einstellung zur Standardsprache. Basel 1986 (= ungedruckte Lizentiatsarbeit).

Voser, Hans Ulrich: Anmerkungen zum Zerfall unserer Sprachkultur. In: Peter Arens, u.a.: Des Schweizers Deutsch. Bern 1985, S. 10-15.

Vouga, Jean Pierre: Westschweizer, Deutschschweizer, Tessiner: besser aufeinander hören, um einander besser zu verstehen. Uebersetzung von Hans Lemmel. Zürich 1980.

Walder, Martin: Dialekt am Radio - eine Gretchenfrage? In: Neue Zürcher Zeitung. 31. Mai/1. Juni 1980. Nr. 124, S. 66.

Weber, Daniel Erich: Sprach- und Mundartpflege in der deutschsprachigen Schweiz. Sprachnorm und Sprachdidaktik im zweisprachformigen Staat. Frauenfeld/Stuttgart 1984.

Werlen, Iwar: Zur Einschätzung von schweizerdeutschen Dialekten. In: Ders. (Hg).: Probleme der schweizerischen Dialektologie. 2. Kolloquium der Schweizerischen Geisteswissenschaftlichen Gesellschaft (1978). Freiburg i. Ue. 1985, S. 195-266.

Widmer, Fritz: Das Schweizer Mundartchanson. In: Neue Zürcher Zeitung. 26./27. November 1977. Nr. 278, S. 66.

Widmer, Sigmund: Ist die neue Mundartwelle gefährlich? In: Brückenbauer. 8. Februar 1989. Nr. 6, S. 21.

Wiesinger, Peter: Das Schweizerdeutsche aus österreichischer Sicht. In: Heinrich Löffler (Hg.): Das Deutsch der Schweizer: Zur Sprach- und Literatursituation der Schweiz. Aarau/Frankfurt am Main/Salzburg 1986, S. 101-105.

Wiesmann, Louis: Droht uns der Verlust der deutschen Hochsprache? In: Sprachspiegel 39 (1983), S. 40-43.

Wiesmann, Louis: Schweizerdeutsch - um jeden Preis? In: Sprachspiegel 39 (1983), S. 103-105.

Wiesmann, Louis: Lob des Hochdeutschen, Gefahr für den Dialekt. In: COOP-Zeitung. 14. Juli 1983. Nr. 28.

Wiesmann, Louis: Geleitwort zu einer Artikelreihe über Mundart und Hochsprache. In: Sprachspiegel 40 (1984), S. 2-3.

Wiesmann, Louis: Mundartpflege in der Schule. In: Sprachspiegel 40 (1984), S. 34-36.

Wiesmann, Louis: Mundart und Hochsprache: Auswertung von Leserbriefen. In: Sprachspiegel 40 (1984), S. 36-40.

Wiesmann, Louis: Vertragen sich Unterricht in Dialekt und Hochschule? In: Peter Arens, u.a.: Des Schweizers Deutsch. Bern 1985. S. 131-136.

Wunderli, Peter: Deutsch und Italienisch im Tessin. In: Vox Romanica 27 (1968), S. 299-318.

Wyler, Alfred: Dialekt und Hochsprache in der deutschsprachigen Schweiz. 2. Aufl. Zürich 1987.

Zanetti, Flavio: Nicht Schweizerdeutsch gegen Hochdeutsch, sondern Schweizerdeutsch und Hochdeutsch. In: Sprachspiegel 40 (1984), S. 6-8.

Zanetti, Flavio: Il Schwizerdütsch - la prima lingua nazionale? In: Schweizerische Konferenz der kantonalen Erziehungsdirektoren (EDK) und Schweizerische Radio- und Fernsehgesellschaft (SRG) (Hg.): Mundart und Hochsprache in Schule und Medien. Bern 1988, S. 53-55.

Zurkinden, René: Westschweizer Patois am Aussterben? In: Neue Helvetische Gesellschaft (Hg.): Der Dialog zwischen Schweizern. Jahrbuch 1981 der Neuen Helvetischen Gesellschaft (NHG). 52. Jahrgang. Aarau/Frankfurt am Main/Salzburg 1981, S. 107-111.

Zustand und Zukunft der viersprachigen Schweiz. Abklärungen, Vorschläge und Empfehlungen einer Arbeitsgruppe des Eidgenössischen Departements des Innern. Bern 1989.

ANHANG

2053010

Pädagogische Rekrutenprüfungen 1985

Sprachen in der Schweiz

Erster Teil

Form. 4.20d 11.84 33000 28125/1

Sehr geehrter Herr,

Bitte lesen Sie diese Vorbemerkungen genau, bevor Sie an die Beantwortung des Fragebogens gehen.

Der Fragebogen ist Teil eines Forschungsprojekts, mit welchem die Probleme des Zusammenlebens in der Schweiz untersucht werden sollen. Solche Probleme ergeben sich daraus, dass in den verschiedenen Teilen unseres Landes verschiedene Sprachen gesprochen werden:
In der **deutschen Schweiz** wird **Schweizerdeutsch** gesprochen und im allgemeinen **Hochdeutsch** geschrieben;
die Sprache der **welschen Schweiz** ist das **Französische;**
in der **Südschweiz** spricht man **Italienisch** (zur Südschweiz zählt man das Tessin und die italienischsprachigen Täler Graubündens);
Rätoromanisch ist die Sprache einzelner Gebiete **Graubündens.**

Die Befragung ist absolut *anonym.*
Schreiben Sie also Ihren Namen nicht auf den Fragebogen! Der Fragebogen wird von Ihren Vorgesetzten in der RS nicht gelesen, auch von keinem Kameraden oder anderen Personen. Die ausgefüllten Bogen werden eingesammelt und direkt an das mit dem Forschungsprojekt betraute Institut der Universität Basel geschickt.

Es ist für das Forschungsprojekt sehr wichtig, dass Sie den Fragebogen **vollständig** und wahrheitsgetreu ausfüllen. Nur dann kann er der Forschungsarbeit wirklich dienen.

Damit Missverständnisse vermieden werden, bitten wir Sie um die Einhaltung folgender Regeln:
Der erste Teil des Fragebogens wird maschinell gelesen. Es ist deshalb sehr wichtig, dass die Antwortfelder **richtig** und **ausschliesslich mit Bleistift** angekreuzt werden.

	richtig	falsch	falsch
Beispiel:	☒	☒	☒

Haben Sie sich im Antwortfeld geirrt, radieren Sie bitte das falsch gesetzte Kreuz aus. Rechts der grünen Linien dürfen nur die Antworten angekreuzt werden.

Für Ihre Mitarbeit danken wir Ihnen bestens.

Der Leiter des Forschungsprojekts
R. Schläpfer
Universität Basel
Deutsches Seminar

81 2053010 801

1. Welches ist **Ihre Muttersprache,** d.h., in welcher Sprache fühlen Sie sich **beim Sprechen** am sichersten? *(Falls Sie zweisprachig aufgewachsen sind, geben Sie bitte beide Sprachen an!)*

Schweizerdeutsch	☒
Hochdeutsch	☒
Französisch	☒
Italienisch	☒
Italienisch Dialekt	☒
Rätoromanisch	☒
Andere Sprache	☒
Wenn eine andere Sprache: Welche? →	

2. Welches ist die **Muttersprache** Ihrer **Eltern?**

	Vater	Mutter
Schweizerdeutsch	☒	☒
Hochdeutsch	☒	☒
Französisch	☒	☒
Italienisch	☒	☒
Italienisch Dialekt	☒	☒
Rätoromanisch	☒	☒
Andere Sprache	☒	☒

richtig ☒ falsch ☒ falsch ☒

3. Welche **Schulen** haben Sie besucht oder besuchen Sie im Moment noch? *(Bitte alle Stufen angeben.)*

- ☒ Primarschule
- ☒ Sekundar-, Real-, Bezirksschule, Pro-, Untergymnasium
- ☒ Berufslehre (z.B. Ausbildung an gewerblicher, kunstgewerblicher und kaufmännischer Berufsschule, landwirtschaftlicher Berufsschule)
- ☒ Vollzeitberufsschule (z.B. Handelsschule, landwirtschaftliche Fachschule)
- ☒ Maturitätsschule, Lehrerausbildung (Seminar)
- ☒ Schule für höhere Fach- und Berufsausbildung (z.B. Höhere Technische Lehranstalt, Ingenieurschule, Höhere Wirtschafts- und Verwaltungsschule, Konservatorium, Schule für Sozialarbeit, Dolmetscher, Bibliothekare)
- ☒ Hochschule, Universität
- ☒ Eine andere Schule

4. Tätigkeiten unmittelbar vor der Rekrutenschule:

- ☒ Vollerwerbstätig
- ☒ In Teilzeit erwerbstätig
- ☒ Arbeitslos
- ☒ In der Berufslehre
- ☒ In der Schule
- ☒ Im Studium

Nur eine Antwort möglich

Seulement une réponse

È possibile una sola risposta

richtig ☒ falsch falsch

81 2053010 403

5. Haben Sie sich schon für einen **längeren Zeitraum** (mind. 3 Monate) in einem **anderssprachigen Gebiet der Schweiz** oder im **Ausland** aufgehalten?

Nein ☒ → Weiter zu Frage 6 auf der nächsten Seite

Ja ☒

Wenn ja, wo und wie lange?

	weniger als 3 Monate	3–6 Monate	6 Monate bis 1 Jahr	mehr als 1 Jahr
Französische Schweiz	☒	☒	☒	☒
Italienische Schweiz	☒	☒	☒	☒
Rätoromanische Schweiz	☒	☒	☒	☒
Deutschland, Österreich	☒	☒	☒	☒
Frankreich	☒	☒	☒	☒
Italien	☒	☒	☒	☒
England	☒	☒	☒	☒
Anderes Land/andere Länder	☒	☒	☒	☒

richtig ☒ falsch ☒ falsch ☒

6. In welchen der folgenden **Sprachregionen der Schweiz** und in welchen der folgenden **Länder** haben Sie sich bisher für **Ferien** oder auf **Reisen** aufgehalten?

Französische Schweiz	☒
Italienische Schweiz	☒
Rätoromanische Schweiz	☒
Deutschland, Österreich	☒
Frankreich	☒
Italien	☒
England	☒
Spanien	☒
Andere Länder	☒

Alle zutreffenden Antworten angeben

Donner toutes les réponses possibles

Sono possibili più risposte

7. Wo sind Ihre **Eltern** aufgewachsen?

	Vater	Mutter
Deutsche Schweiz	☒	☒
Französische Schweiz	☒	☒
Italienische Schweiz	☒	☒
Rätoromanische Schweiz	☒	☒
Ausland	☒	☒

richtig ☒ falsch ☒ falsch ☒

81 2053010 905

8. Welches ist Ihr **Beruf?**
Kreuzen Sie von den untenstehenden Berufs- und Tätigkeitsgruppen diejenige an, die Ihren Beruf am besten umschreibt.

Schüler	☒
Student: Philosophisch-historische, juristische, theologische Fakultät	☒
Student: Philosophisch-naturwissenschaftliche, nationalökonomische, medizinische Fakultät; technische Richtung	☒
Lehrling	☒
Ungelernter oder angelernter Arbeiter	☒
Gelernter Arbeiter, Facharbeiter mit Lehrabschluss	☒
Vorarbeiter, Equipenchef oder ähnlicher Beruf	☒
Einfacher Angestellter oder Beamter (wie z.B. Briefträger, Verkäufer, Büroangestellter)	☒
Mittlerer Angestellter oder Beamter (wie z.B. kaufmännischer Angestellter, Bürochef, Buchhalter)	☒
Lehrer oder ähnlicher Erzieherberuf	☒
Selbständiger Handwerker oder kleinerer Geschäftsmann	☒
Landwirt im eigenen oder elterlichen Betrieb	☒
Arbeitnehmer in Land- oder Forstwirtschaft	☒
Künstlerischer Beruf	☒
Anderer Beruf	☒

Nur eine Antwort möglich

Seulement une réponse

È possibile una sola risposta

richtig ☒ falsch ☒ falsch ☒

9. Welches ist der **Beruf** Ihres **Vaters** *(bzw. des Erziehungsberechtigten)?*

- Arbeiter, Facharbeiter ☒
- Vorarbeiter, Techniker, Werkmeister oder ähnlicher Beruf ☒
- Angestellter oder Beamter (z.B. Briefträger, Polizist, kaufmännischer Angestellter, Buchhalter, Verkäufer) ☒
- Selbständiger Handwerker, Geschäftsmann, Unternehmer ☒
- Leitender Angestellter (z.B. Betriebsleiter, Direktor), akademischer Beruf (z.B. Arzt, Pfarrer, Anwalt, Lehrer), freier Beruf (z.B. Journalist, Treuhänder, Techniker) ☒
- Künstlerischer Beruf ☒

Nur eine Antwort möglich

Seulement une réponse

È possibile una sola risposta

10. Welches ist der **Beruf** Ihrer **Mutter?**

- Arbeiterin, Facharbeiterin ☒
- Vorarbeiterin ☒
- Angestellte oder Beamtin ☒
- Selbständigerwerbende ☒
- Leitende Angestellte, akademischer Beruf, freier Beruf ☒
- Künstlerischer Beruf ☒
- Hausfrau ☒

Nur eine Antwort möglich

Seulement une réponse

È possibile una sola risposta

richtig ☒ falsch falsch

81 2053010 507

11. Haben Sie in der **Schule** eine oder mehrere **Fremdsprachen** gelernt?

Nein	☒	→ Weiter zu Frage 13 auf der nächsten Seite
Ja	☒	

Wenn ja: Welche der folgenden Sprachen haben Sie in der Schule gelernt, und **wie lange** haben Sie sie als Schulfach gehabt?

	weniger als 2 Jahre	2–4 Jahre	mehr als 4 Jahre	habe ich nicht gelernt
Französisch	☒	☒	☒	☒
Italienisch	☒	☒	☒	☒
Rätoromanisch	☒	☒	☒	☒
Englisch	☒	☒	☒	☒
Spanisch	☒	☒	☒	☒
Lateinisch	☒	☒	☒	☒
Andere Sprache(n)	☒	☒	☒	☒

12. In **welchem Alter** haben Sie begonnen, die folgenden **Fremdsprachen** in der Schule zu lernen?

	mit 10/11 Jahren	mit 12/13 Jahren	mit mehr als 13 Jahren	habe ich nicht gelernt
Französisch	☒	☒	☒	☒
Italienisch	☒	☒	☒	☒
Englisch	☒	☒	☒	☒

richtig ☒ falsch ☒ falsch ☒

Beispiel:
Alpnachstad
PLZ 6053

6	0	5	3

richtig ✕ falsch falsch

Fragen 13A und B sind für unsere Forschungen über die Sprachverhältnisse von besonderer Wichtigkeit. Bitte beantworten Sie sie in jedem Fall!

Zur Beantwortung der beiden Fragen setzen Sie die gefragten Postleitzahlen in die vier Kästchen der Felder A bzw. B. (Links sehen Sie am Beispiel von Alpnachstad, wie es gemeint ist.)

Frage A

Wo haben Sie bisher am längsten gewohnt? Schreiben Sie die Postleitzahl dieses Ortes in das Feld A.
(Liegt der Ort ausserhalb der Schweiz, tragen Sie in das Feld A die internationale Telephon-Vorwahl des Landes ein, in dem der Ort liegt [z.B. Frankreich: 0033].)

Frage B

Wo wohnten Sie zur Zeit, als Sie in die RS einrücken mussten? Schreiben Sie die Postleitzahl dieses Ortes in das Feld B.
(Liegt dieser Ort ausserhalb der Schweiz, tragen Sie in das Feld B die internationale Telephon-Vorwahl des Landes ein, in dem der Ort liegt.)

Anschliessend kreuzen Sie die eingetragenen Zahlen in den darunterliegenden Markierungsfeldern an:

Sie sehen unter jeder Ziffer der Postleitzahlen eine Kolonne mit den Ziffern 0–9. Kreuzen Sie nun in jeder Kolonne die Ziffer an, welche Sie im darüberstehenden Kästchen eingetragen haben (wie im Beispiel links).

A B

Sprachen in der Schweiz

Zweiter Teil

Bitte beantworten Sie die Fragen des zweiten Teils folgendermassen:

- Kreuzen Sie die Ihnen zusagende Antwort deutlich an: ☒
- Falls keine Antwort Ihrer Meinung ganz genau entspricht, wählen Sie die Antwort, die am ehesten zutrifft.
- Wenn Sie etwas korrigieren möchten, streichen Sie die falsche Antwort kräftig durch:
- Zahlen sind folgendermassen einzusetzen: z.B. 2: [|2] z.B. 12: [1|2]

---

14. Sprechen Sie ausser den in der Schule erlernten Sprachen noch andere Sprachen?

Ja ☐
Nein ☐

Wenn ja, welche?

.... seit meinem [|].Altersjahr

.... seit meinem [|].Altersjahr

Form. 4.20.1d

15. Haben Sie (ausser in der Schule) auf folgenden Wegen Sprachen gelernt oder Ihre Sprachkenntnisse geübt oder erweitert?

Durch Kontakte am Arbeitsplatz	☐	Alles Zutreffende ankreuzen
Durch fremdsprachige Filme/ Songtexte	☐	
Telekurs (Sprachkurs am Fernsehen)	☐	
Abendkurs (Volkshochschule, Privatschule u.ä.)	☐	
An der Universität	☐	
Fernkurs (z.B. mit Cassettengerät)	☐	

16. Wie oft lesen Sie

	täglich	oft	selten	nie
eine deutschschweizerische Tageszeitung	☐	☐	☐	☐
eine welsche Tageszeitung	☐	☐	☐	☐
eine südschweizerische (italienischsprachige) Tageszeitung	☐	☐	☐	☐
eine rätoromanische Zeitung	☐	☐	☐	☐
eine Tageszeitung aus einem anderen Land: Aus welchem?	☐	☐	☐	☐

Welche Zeitung(en) lesen Sie?

....

....

....

17. Wenn Sie Zeitungen lesen, wie lange lesen Sie sie im Durchschnitt täglich insgesamt?

Weniger als 1/4 Stunde	☐	Nur eine Antwort möglich
1/4 bis 1/2 Stunde	☐	
Mehr als 1/2 Stunde	☐	

18. Welche Radiosender hören Sie normalerweise?
(Bitte geben Sie die Radiosender in der folgenden Reihenfolge an: Zuerst den Lieblingssender, dann den Sender, den Sie am zweitbesten finden usw.)

1. ....

2. ....

3. ....

19. Hören Sie manchmal Radiosendungen oder sehen Sie Fernsehsendungen aus anderen Sprachgebieten der Schweiz oder aus anderen Ländern?

Ja	☐
Nein	☐

Wenn ja: In welcher Sprache hören Sie andere Radio- oder Fernsehsendungen?

Hochdeutsch (Deutschland, Oesterreich)	☐	Alles Zutreffende ankreuzen
Französisch	☐	
Italienisch	☐	
Rätoromanisch	☐	
Englisch	☐	
Andere Sprachen	☐	

Welche? ....

....

20. Wieviel Zeit verbringen Sie durchschnittlich mit Radiohören?

Täglich mehr als drei Stunden	☐	Nur eine Antwort möglich
Täglich eine bis drei Stunden	☐	
Täglich weniger als eine Stunde	☐	
Zwei- bis dreimal pro Woche	☐	
Weniger als zweimal pro Woche	☐	

21. Wieviel Zeit verbringen Sie durchschnittlich mit Fernsehen?

Täglich mehr als drei Stunden	☐	Nur eine Antwort möglich
Täglich eine bis drei Stunden	☐	
Täglich weniger als eine Stunde	☐	
Zwei- bis dreimal pro Woche	☐	
Weniger als zweimal pro Woche	☐	
Ich sehe nie oder fast nie fern	☐	

22. Wieviele Bücher lesen Sie etwa in einem Jahr

0 - 5	☐	Nur eine Antwort möglich
5 - 10	☐	
10 - 20	☐	
mehr als 20	☐	

23. In welcher Sprache / in welchen Sprachen haben Sie bisher schon Bücher gelesen?

Deutsch	☐	Alles Zutreffende ankreuzen
Französisch	☐	
Italienisch	☐	
Rätoromanisch	☐	
Englisch	☐	
In anderen Sprachen	☐	

Welchen? ....

....

....

24. Haben Sie auch schon einen Songtext, ein Lied oder ein Gedicht geschrieben?

Ja ☐
Nein ☐

Wenn ja, in welcher Sprache?

Alles Zutreffende ankreuzen

- Schweizerdeutsch ☐
- Hochdeutsch ☐
- Französisch ☐
- Italienisch ☐
- Rätoromanisch ☐
- Englisch ☐
- In anderen Sprachen ☐

Welchen: ....

....

25. Schreiben Sie ab und zu

Alles Zutreffende ankreuzen

- persönliche Briefe ☐
- Tagebuch ☐
- Geschäftsbriefe ☐
- Protokolle, Jahresberichte, Rundschreiben ☐
- Leserbriefe, Zeitungsartikel ☐

26. Sie sind jetzt lange von Ihrer Familie, Ihren Freunden und Bekannten getrennt. Wie halten Sie den Kontakt mit ihnen aufrecht?

Nur eine Antwort möglich

- Vor allem durch Briefe und Postkarten ☐
- Vor allem durch Telefongespräche ☐
- Ich pflege den Kontakt vor allem im Urlaub. ☐

27. Pflegen Sie auch Kontakte mit anderssprachigen Schweizern oder mit Ausländern?

Ja ☐
Nein ☐

Wenn ja: In welcher Form pflegen Sie Kontakte mit anderssprachigen Schweizern oder mit Ausländern?

Alles Zutreffende ankreuzen

- Ich besuche meine anderssprachigen Freunde, Bekannten, Verwandten oder sie besuchen mich. ☐
- Wir verbringen manchmal die Ferien zusammen. ☐
- Wir telefonieren uns. ☐
- Wir schreiben uns gegenseitig. ☐
- Wir haben einen gemeinsamen Arbeitsplatz. ☐

In welcher Sprache unterhalten Sie sich mit anderssprachigen Schweizern und mit Ausländern?

28. Ich spreche mit Deutschen/Oesterreichern:

Nur eine Antwort möglich

- meinen Dialekt ☐
- hochdeutsch ☐
- Ich habe keinen Kontakt mit Deutschen/Oesterreichern. ☐

29. Ich spreche mit Französischsprechenden:

Nur eine Antwort möglich

- meinen Dialekt ☐
- hochdeutsch ☐
- französisch ☐
- Ich habe keinen Kontakt mit Französischsprechenden. ☐

30. Ich spreche mit Italienischsprechenden:

Nur eine Antwort möglich

- meinen Dialekt ☐
- hochdeutsch ☐
- italienisch ☐
- Ich habe keinen Kontakt mit Italienischsprechenden. ☐

31. Ich spreche mit Rätoromanischsprechenden:

Nur eine Antwort möglich

- meinen Dialekt ☐
- hochdeutsch ☐
- rätoromanisch ☐
- Ich habe keinen Kontakt mit Rätoromanischsprechenden. ☐

32. Ich spreche mit Englischsprechenden:

Nur eine Antwort möglich

- meinen Dialekt ☐
- hochdeutsch ☐
- Englisch ☐
- Ich habe keinen Kontakt mit Englischsprechenden. ☐

33. Wenn Sie mit einem Welschschweizer sprechen möchten, der kein Deutsch versteht, in welcher Sprache würden Sie sich am liebsten unterhalten?

Nur eine Antwort möglich

- Französisch ☐
- Italienisch ☐
- Englisch ☐
- Ich weiss nicht. ☐

34. Wenn Sie mit einem Südschweizer sprechen möchten, der kein Deutsch versteht, in welcher Sprache würden Sie sich am liebsten unterhalten?

- Italienisch ☐
- Französisch ☐
- Englisch ☐
- Ich weiss nicht. ☐

Nur eine Antwort möglich

35. In welchem Umfang brauchen Sie mündlich im beruflichen Bereich

	häufig	gelegentlich	nie
Schweizerdeutsch	☐	☐	☐
Hochdeutsch	☐	☐	☐
Französisch	☐	☐	☐
Italienisch	☐	☐	☐
Rätoromanisch	☐	☐	☐
Englisch	☐	☐	☐
Andere Sprachen:			
Welche:	☐	☐	
....	☐	☐	

36. In welchem Umfang brauchen Sie schriftlich im beruflichen Bereich

	häufig	gelegentlich	nie
Hochdeutsch	☐	☐	☐
Französisch	☐	☐	☐
Italienisch	☐	☐	☐
Rätoromanisch	☐	☐	☐
Englisch	☐	☐	☐
Andere Sprachen:			
Welche:	☐	☐	
....	☐	☐	

37. Sind Sie Mitglied

- in einem Sportclub ☐
- bei den Pfadfindern ☐
- in einer Theatergruppe ☐
- in einem Orchester/Musikverein/Chor ☐
- in einer Band/Rockgruppe ☐
- in einer Partei/Jugendorganisation einer Partei ☐
- in einer Gewerkschaft ☐
- in einem kirchlichen Verein/in einer kirchlichen Gruppe ☐
- in einer Bürgerinitiative/alternativen Gruppierung ☐

Alles Zutreffende ankreuzen

38. Wohnverhältnisse: Wohnen Sie

- bei Ihren Eltern ☐
- allein in einer Wohnung/in einem Zimmer ☐
- mit Ihrer Frau/Freundin ☐
- in einer Wohngemeinschaft ☐

Nur eine Antwort möglich

39. Man spricht in der Politik von "links" und "rechts", von "grün" und "rot". Wo würden Sie sich selbst plazieren?

- Eher links ☐
- Eher in der Mitte ☐
- Eher rechts ☐
- Bei den Grünen ☐
- Politisch nicht interessiert ☐
- Ich reihe mich nicht ein. ☐

Nur eine Antwort möglich

40. Welches ist Ihre Konfession?

- Evangelisch-reformiert (protestantisch) ☐
- Römisch-katholisch ☐
- Andere ☐

Nur eine Antwort möglich

Welche: ....

Keine (konfessionslos) ☐

41. Wie oft gehen Sie in die Kirche zum Gottesdienst?

- Mehrmals im Monat ☐
- Mindestens einmal im Monat ☐
- Seltener als einmal im Monat ☐
- Nie ☐

Nur eine Antwort möglich

42. Wir möchten gerne von Ihnen wissen, wie die Verteilung der Landessprachen auf die Schweizer Bevölkerung aussieht. Bitte schätzen Sie:

Wieviele % der Schweizer sind Deutschschweizer?	☐☐ %
Wieviele % der Schweizer sind Welschschweizer? (= französische Muttersprache)	☐☐ %
Wieviele % der Schweizer sind Südschweizer? (= italienische Muttersprache)	☐☐ %
Wieviele % der Schweizer sind Rätoromanen?	☐☐ %
Total	1 0 0 %

43. Welches ist die offizielle Amtssprache in den Kantonen der Schweiz? (Berücksichtigen Sie dabei, dass in einzelnen Kantonen zwei oder drei Sprachen Amtssprache sind.)

	deutsch	französisch	italienisch	räto-romanisch
Aargau	☐	☐	☐	☐
Appenzell Ausser- und Innerrhoden	☐	☐	☐	☐
Bern	☐	☐	☐	☐
Basel Stadt und Land	☐	☐	☐	☐
Freiburg	☐	☐	☐	☐
Genf	☐	☐	☐	☐
Glarus	☐	☐	☐	☐
Graubünden	☐	☐	☐	☐
Jura	☐	☐	☐	☐
Luzern	☐	☐	☐	☐
Neuenburg	☐	☐	☐	☐
Ob- und Nidwalden	☐	☐	☐	☐
St. Gallen	☐	☐	☐	☐
Schaffhausen	☐	☐	☐	☐
Solothurn	☐	☐	☐	☐
Schwyz	☐	☐	☐	☐
Thurgau	☐	☐	☐	☐
Tessin	☐	☐	☐	☐
Uri	☐	☐	☐	☐
Waadt	☐	☐	☐	☐
Wallis	☐	☐	☐	☐
Zug	☐	☐	☐	☐
Zürich	☐	☐	☐	☐

44. Erscheint Ihnen das Erlernen von Fremdsprachen notwendig?

Ja ☐
Nein ☐

45. Wenn Sie eine oder mehrere Fremdsprachen in der Schule gelernt haben, haben Sie den Eindruck, dass Sie genug gelernt haben?

	ja	nein	Ich hatte keinen Unterricht
Im Französischunterricht	☐	☐	☐
Im Italienischunterricht	☐	☐	☐
Im Rätoromanischunterricht	☐	☐	☐
Im Englischunterricht	☐	☐	☐

46. Haben Sie es erlebt, dass Sprachenlernen Spass machte?

Ja ☐
Nein ☐

47. Was empfanden Sie im Unterricht der folgenden Sprachen?

	ja sehr	ja ein wenig	nein	habe ich nicht gelernt
Hochdeutsch lernen machte Spass	☐	☐	☐	☐
Französisch lernen machte Spass	☐	☐	☐	☐
Italienisch lernen machte Spass	☐	☐	☐	☐
Englisch lernen machte Spass	☐	☐	☐	☐

48. Welche Sprache gefällt Ihnen am besten?

Hochdeutsch ☐
Französisch ☐
Italienisch ☐
Rätoromanisch ☐
Englisch ☐

Nur eine Antwort möglich

49. Meinen Sie, man sollte mehr Unterricht erhalten?

	ja	nein
In Hochdeutsch	☐	☐
In Französisch	☐	☐
In Italienisch	☐	☐
In Rätoromanisch	☐	☐
In Englisch	☐	☐
In einer anderen Sprache	☐	☐

Welcher? ....

50. Falls Sie der Meinung sind, man sollte den Fremdsprachenunterricht in der Schule verbessern, sollte man

Alles Zutreffende ankreuzen

- mehr Grammatik lernen ☐
- weniger Grammatik lernen ☐
- mehr das Sprechen üben ☐
- mehr das Schreiben üben ☐
- mehr lesen ☐
- mehr über die Menschen, die die Sprache sprechen, erfahren ☐

51. Nehmen wir an, Sie hätten die Wahl: Welche Fremdsprache würden Sie in der Schule als 1. Fremdsprache obligatorisch erklären?

Nur eine Antwort möglich

- Französisch ☐
- Italienisch ☐
- Rätoromanisch ☐
- Englisch ☐
- Eine andere Sprache ☐

Welche? ....

52. Welche Fremdsprache würden Sie in der Schule als 2. Fremdsprache obligatorisch erklären?

Nur eine Antwort möglich

- Französisch ☐
- Italienisch ☐
- Rätoromanisch ☐
- Englisch ☐
- Eine andere Sprache ☐

Welche? ....

53. In den Mittelschulen der deutschen Schweiz ist Französisch obligatorische Fremdsprache. In der italienischen Schweiz fordert man, dass in den Schulen der deutschen Schweiz auch Italienisch obligatorisch erklärt wird. Diese Forderung ist umstritten. Scheint Sie Ihnen

Nur eine Antwort möglich

- berechtigt ☐
- übertrieben ☐
- Das kann ich nicht beurteilen. ☐

54. Es wird oft gesagt, dass die italienische Schweiz überfremdet sei und dass dadurch das Italienische in der Schweiz bedroht sei. Sind Sie mit dieser Behauptung einverstanden?

Nur eine Antwort möglich

- Ja ☐
- Nein ☐
- Das kann ich nicht beurteilen. ☐

55. In den letzten Jahren wird in den Schulen immer weniger Italienisch gelehrt, und auch aus dem Schweizer Alltag verschwindet das Italienische zusehends (z.B. auf Anschriften, Gebrauchsanweisungen). Soll man

Nur eine Antwort möglich

- sich damit abfinden ☐
- etwas dagegen tun ☐
- Das kann ich nicht beurteilen. ☐

56. Man hört auch, dass das Rätoromanische am Aussterben sei. Was ist Ihre Meinung dazu?

Nur eine Antwort möglich

- Das stimmt, aber man kann nichts dagegen tun. ☐
- Das stimmt, man sollte etwas dagegen tun. ☐
- Das ist übertrieben. ☐
- Das kann ich nicht beurteilen. ☐

57. Englisch wird oft als "die fünfte Schweizer Landessprache" bezeichnet. Was meinen Sie zum Vorschlag, auch das Englische zur offiziellen Landessprache zu erklären?

Nur eine Antwort möglich

- Ich bin dafür, denn es wird alles einfacher, wenn man sich mit allen Schweizern in einer Sprache verständigen kann. ☐
- Ich bin dagegen, denn es besteht die Gefahr, dass die Schweiz dadurch ihre kulturelle Vielfalt verliert. ☐
- Es erscheint mir denkbar, da Englisch eine Weltsprache ist. ☐
- Es erscheint mir völlig undenkbar, denn es wird alles komplizierter, wenn zusätzlich eine fünfte Landessprache eingeführt wird. ☐

58. Welche Fremdsprachen scheinen Ihnen in Ihrem gegenwärtigen (oder zukünftigen) Beruf besonders wichtig zu sein?

Alles Zutreffende ankreuzen

- Französisch ☐
- Italienisch ☐
- Rätoromanisch ☐
- Englisch ☐
- Spanisch ☐
- Andere Sprache(n) ☐

Welche: ....

....

- Keine Fremdsprache ☐

59. Glauben Sie, dass ein Aufenthalt von einem halben Jahr während der Schulzeit wünschenswert wäre?

	ja	nein
In der französischen Schweiz	☐	☐
In der italienischen Schweiz	☐	☐
In der rätoromanischen Schweiz	☐	☐
In Deutschland/Oesterreich	☐	☐
In Frankreich	☐	☐
In Italien	☐	☐
In einem englischsprachigen Land	☐	☐

60. Welches ist für Sie in der folgenden Liste der <u>wichtigste</u> Grund, um Fremdsprachen zu lernen?

Nur eine Antwort möglich

- Fremdsprachenkenntnisse sind nötig für das Zusammenleben in der Schweiz. ☐
- Sie fördern die menschlichen Kontakte ☐
- Sie können für die berufliche Karriere nützlich sein. ☐
- Man kann mit ihnen andere Völker besser verstehen. ☐
- Sie fördern Gedächtnis und Intelligenz. ☐

61. Spielen sprachliche Gründe für Sie bei der Auswahl des Ferienorts eine Rolle?

Nur eine Antwort möglich

- Es ist wichtig, dass man die Sprache des Ferienorts spricht, um sich mit den Einwohnern verständigen zu können. ☐
- In einem fremdsprachigen Land kann man seine Sprachkenntnisse üben. ☐
- In den Ferien kann man Land und Leute kennenlernen, deren Sprache man gelernt hat. ☐
- Ich reise nicht gern in ein Land, dessen Sprache ich nicht verstehe. ☐
- Das Problem der Sprache spielt bei der Wahl meines Ferienorts überhaupt keine Rolle. ☐

Mit den folgenden Fragen möchten wir erfahren, wie Sie die Beziehungen zwischen den einzelnen Sprachregionen der Schweiz einschätzen.

62. Beurteilen Sie die Beziehungen zwischen den einzelnen Sprachregionen der Schweiz mit einer Zahl von 6 bis 1. 6 bedeutet "sehr gut", 1 bedeutet "sehr schlecht".

	6	5	4	3	2	1
Deutschschweizer und Welschschweizer	☐	☐	☐	☐	☐	☐
Deutschschweizer und Südschweizer	☐	☐	☐	☐	☐	☐
Deutschschweizer und Rätoromanen	☐	☐	☐	☐	☐	☐

63. Wie stark sind Ihrer Meinung nach die Unterschiede in der Art und im Charakter zwischen

	eher gross	eher klein	ich weiss nicht
Deutschschweizern und Welschschweizern	☐	☐	☐
Deutschschweizern und Südschweizern	☐	☐	☐
Deutschschweizern und Rätoromanen	☐	☐	☐
Deutschschweizern und Deutschen	☐	☐	☐
Deutschschweizern und Oesterreichern	☐	☐	☐
Welschschweizern und Franzosen	☐	☐	☐
Südschweizern und Italienern	☐	☐	☐

64. Wie sympathisch finden Sie die Leute in den anderen Landesteilen und Ländern <u>im allgemeinen</u>?

	sympathisch	eher sympathisch	eher unsympathisch	unsympathisch	ich weiss nicht
Welschschweizer	☐	☐	☐	☐	☐
Südschweizer	☐	☐	☐	☐	☐
Rätoromanen	☐	☐	☐	☐	☐
Deutsche	☐	☐	☐	☐	☐
Oesterreicher	☐	☐	☐	☐	☐
Franzosen	☐	☐	☐	☐	☐
Italiener	☐	☐	☐	☐	☐

65. Man hört oft die Behauptung, die deutsche Sprache dehne sich in der Schweiz auf Kosten der anderen Landessprachen aus. Stimmt diese Behauptung nach Ihrer Meinung

	ja	nein	ich weiss nicht
in der französischen Schweiz?	☐	☐	☐
in der italienischen Schweiz?	☐	☐	☐
in der rätoromanischen Schweiz?	☐	☐	☐

66. Wie beurteilen Sie die folgenden Behauptungen?

	trifft eher zu	trifft eher nicht zu
Welschschweizer sprechen nicht gern Deutsch.	☐	☐
Südschweizer sprechen nicht gern Deutsch.	☐	☐
Rätoromanen sprechen nicht gern Deutsch.	☐	☐
Deutschschweizer bemühen sich nicht, andere Landessprachen zu sprechen.	☐	☐
Deutschschweizer sprechen auch mit Anderssprachigen meistens ihren Dialekt.	☐	☐
Deutschschweizer sprechen nicht gern Hochdeutsch.	☐	☐

67. Ist es für Sie wichtig

	sehr wichtig	wichtig	nicht besonders wichtig	unwichtig
Angehöriger des deutschen Kultur- und Sprachgebiets in Europa zu sein?	☐	☐	☐	☐
Schweizer zu sein?	☐	☐	☐	☐
Deutschschweizer zu sein?	☐	☐	☐	☐
Angehöriger eines bestimmten Kantons (z.B. Luzerner, Freiburger, Zürcher ...) zu sein?	☐	☐	☐	☐
Zugehöriger des Orts, an dem Sie aufgewachsen sind, zu sein?	☐	☐	☐	☐

68. Könnten Sie sich vorstellen, in einem anderen Landesteil der Schweiz zu leben?

	ohne weiteres	lieber nicht	ich weiss nicht
In der französischen Schweiz	☐	☐	☐
In der italienischen Schweiz	☐	☐	☐
In der rätoromanischen Schweiz	☐	☐	☐

69. Sind die Unterschiede in der Sprache ein grosses Hindernis, um in einem anderen Landesteil der Schweiz zu leben?

	grosses Hindernis	kaum ein Hindernis	ich weiss nicht
Französische Schweiz	☐	☐	☐
Italienische Schweiz	☐	☐	☐
Rätoromanische Schweiz	☐	☐	☐

70. Welche Form der deutschen Sprache sollten Ihrer Meinung nach die nichtdeutschsprachigen Schweizer und Ausländer lernen, wenn sie Deutsch lernen?

Hochdeutsch ☐
Dialekt ☐
Beides ☐

Nur eine Antwort möglich

71. Wenn Sie an Fussball interessiert sind, was ärgert Sie am meisten?

Die Niederlage der Schweizer Fussballnationalmannschaft gegen ein anderes Land. ☐

Die Niederlage des von Ihnen besonders geschätzten Fussballclubs in einem Meisterschafts- oder Cupspiel. ☐

Die Niederlage des von Ihnen besonders geschätzten deutschen Fussballclubs. ☐

Ich interessiere mich nicht für Fussball. ☐

Nur eine Antwort möglich

72. Es gibt in der heutigen Zeit ein grosses Angebot an Informationsmöglichkeiten. Bitte geben Sie an, welche der folgenden für Sie wichtig sind:

	wichtig	eher wichtig	eher unwichtig	unwichtig
Radio	☐	☐	☐	☐
Fernsehen, Dokumentarfilm	☐	☐	☐	☐
Zeitungen, Zeitschriften, Sachbücher	☐	☐	☐	☐
Vorträge	☐	☐	☐	☐

73. Bitte geben Sie an, welche der folgenden Aussagen für Sie zutrifft:

	trifft eher zu	trifft eher nicht zu
Ich schaue im Fernsehprogramm nach, ob eine interessante Sendung angekündigt wird, bevor ich den Fernseher einschalte.	☐	☐
Ich stelle den Radio/Fernseher ein, wenn ich mich entspannen will.	☐	☐
Ich interessiere mich vor allem für Informationssendungen wie Tagesschau, Nachrichten, Magazine.	☐	☐
Ich finde die Musik das wichtigste am Radioprogramm. Wenn dazwischen gesprochen wird, höre ich oft gar nicht zu.	☐	☐
Radio und Fernseher laufen bei uns zu Hause oft, auch wenn niemand zuhört oder zusieht.	☐	☐

74. Die neuen Informationsmöglichkeiten führen zu Veränderungen unserer Lebensgewohnheiten. Radiohören und Fernsehen kann auch, wer nicht lesen kann. Finden Sie es unter diesen Umständen wichtig, in Zukunft noch lesen und schreiben zu lernen oder glauben Sie, dass man bald ohne diese Hilfsmittel, dafür mit Computer, auskommt?

Ich glaube, dass lesen und schreiben können auch in Zukunft wichtig ist für die gegenseitige Verständigung. ☐

Ich glaube, dass wir bald ohne lesen und schreiben auskommen werden, weil die elektronischen Informationsmöglichkeiten lesen und schreiben ersetzen werden. ☐

Nur eine Antwort möglich

75. Wenn das Welschschweizer Fernsehen eine Sendung ausstrahlt, deren Thema Sie interessiert, was tun Sie?

Ich sehe die Sendung an, weil Französisch mir keine Schwierigkeiten bereitet. ☐

Ich sehe die Sendung auch an, wenn ich nicht sehr viel vom Gesprochenen verstehe. ☐

Ich sehe die Sendung nicht an, weil sie auf Französisch ausgestrahlt wird. ☐

Ich informiere mich nie über das Programm des Welschschweizer Fernsehens. Daher weiss ich gar nicht, wenn es eine Sendung gibt, die mich interessieren könnte. ☐

Ich sehe nie oder fast nie fern. ☐

Nur eine Antwort möglich

76. Wenn das Tessiner Fernsehen eine Sendung ausstrahlt, deren Thema Sie interessiert, was tun Sie?

Ich sehe die Sendung an, weil Italienisch mir keine Schwierigkeiten bereitet. ☐

Ich sehe die Sendung auch an, wenn ich nicht sehr viel vom Gesprochenen verstehe. ☐

Ich sehe die Sendung nicht an, weil sie auf Italienisch ausgestrahlt wird. ☐

Ich informiere mich nie über das Programm des Tessiner Fernsehens. Daher weiss ich gar nicht, wenn es eine Sendung gibt, die mich interessieren könnte. ☐

Ich sehe nie oder fast nie fern. ☐

Nur eine Antwort möglich

77. Wenn Sie ein Buch eines anderssprachigen Schriftstellers lesen möchten, welche Fassung ziehen Sie vor?

Das Buch in der Originalsprache, sofern ich diese verstehe ☐

Die Uebersetzung in meiner Muttersprache ☐

Nur eine Antwort möglich

78. Halten Sie es für wichtig, dass Sie neben Ihrem Dialekt auch Hochdeutsch sprechen und verstehen können?

Sehr wichtig ☐

Ziemlich wichtig ☐

Unwichtig ☐

Nur eine Antwort möglich

79. Hatten Sie nach Ihrer Schulzeit das Bedürfnis, Ihre Hochdeutschfähigkeiten zu verbessern?

Ja ☐

Nein ☐

80. Wie häufig kommt es vor, dass Sie Hochdeutsch sprechen? (Denken Sie auch an Ihre Berufsarbeit und an Ihren Bekanntenkreis.)

Regelmässig ☐

Gelegentlich ☐

Eher selten ☐

Nie ☐

Nur eine Antwort möglich

81. Wenn Sie gelegentlich Hochdeutsch sprechen, wo und wann benützen Sie diese Sprachform?

In der Schweiz:

Mit anderssprachigen Schweizern ☐

Mit Ausländern, die in der Schweiz leben ☐

Mit Touristen ☐

Am Arbeitsplatz, in der Schule/Universität ☐

Alles Zutreffende ankreuzen

Im Ausland:

Bei Besuchen in Deutschland/Oesterreich ☐

Bei Besuchen im anderssprachigen Ausland ☐

Nur eine Antwort möglich

82. Wie sollte ein Deutschschweizer Hochdeutsch sprechen?

Möglichst wie ein Deutscher. ☐

Man darf hören, dass er Schweizer ist. ☐

Nur eine Antwort möglich

83. Sind Sie schon belächelt worden, weil Sie Hochdeutsch mit schweizerdeutscher Aussprache gesprochen haben?

Ja ☐

Nein ☐

84. Finden Sie, dass man im Deutschunterricht

	ja	nein	ich weiss nicht
mehr Dialekt sprechen sollte	☐	☐	☐
mehr Dialekt lesen sollte	☐	☐	☐
mehr Dialekt schreiben sollte	☐	☐	☐

85. Wenn ein Deutscher versucht, mit Ihnen Schweizerdeutsch zu sprechen, empfinden Sie das als

- freundliches Entgegenkommen? ☐
- eher unangenehm? ☐

nur eine Antwort möglich

86. Wenn ein Welschschweizer, Südschweizer oder Rätoromane versucht, mit Ihnen Schweizerdeutsch zu sprechen, empfinden Sie das als

- freundliches Entgegenkommen? ☐
- eher unangenehm? ☐

nur eine Antwort möglich

87. Die folgenden Meinungen hört man hin und wieder. Was denken Sie darüber?

	stimmt	stimmt nicht	keine Meinung
Ich kann nur in Dialekt meine Gefühle ausdrücken.	☐	☐	☐
Wenn ich Hochdeutsch spreche, komme ich mir dumm vor.	☐	☐	☐
Hochdeutsch ist nötig, damit man am kulturellen Leben im deutschsprachigen Raum teilnehmen kann.	☐	☐	☐
Man lernt Mathematik und Naturkunde leichter, wenn der Lehrer Dialekt redet.	☐	☐	☐
In einen feierlichen Rahmen gehört Hochdeutsch.	☐	☐	☐
Alles, was Hochdeutsch gesagt wird, kann man auch in Dialekt sagen.	☐	☐	☐
Hochdeutsch muss in der deutschen Schweiz besonders gefördert werden, weil es die Verständigungssprache eines grossen Sprachraums ist.	☐	☐	☐

88. Es wird heute viel über die Sprache im Unterricht an Deutschschweizer Schulen geredet. Welche der folgenden Aussagen entspricht Ihrer Meinung zu diesem Thema eher?

- Der Unterricht an Deutschschweizer Schulen sollte vor allem in Dialekt abgehalten werden. ☐
- Die Unterrichtssprache sollte grundsätzlich Hochdeutsch sein. ☐
- Sowohl Dialekt als auch Hochdeutsch haben in der Schule ihren Platz. Beides ist zu fördern. ☐

Nur eine Antwort möglich

89. Als was empfinden Sie das Hochdeutsche in erster Linie?

- Als Sprache der Schule ☐
- Als Sprache der Deutschen ☐
- Als Sprache, die man schreibt und liest ☐

Nur eine Antwort möglich

90. Stört es Sie, dass sich die verschiedenen Deutschschweizer Dialekte verändern, indem sie

	ja	nein	ich weiss nicht
sich immer mehr aneinander angleichen?	☐	☐	☐
Elemente des Hochdeutschen aufnehmen?	☐	☐	☐
Elemente anderer Sprachen (Englisch, Französisch) aufnehmen?	☐	☐	☐

91. Wie oft haben Sie schon mit Deutschen oder mit Oesterreichern gesprochen?

- Noch nie ☐
- Einige Male ☐
- Häufig ☐
- Oft ☐

Nur eine Antwort möglich

92. Sprechen Sie mit Deutschen oder Oesterreichern Dialekt, sofern Sie verstanden werden, oder stellen Sie selbstverständlich auf Hochdeutsch um, wenn Sie mit Deutschen oder Oesterreichern zusammentreffen?

- Ich versuche, Dialekt zu sprechen, und behalte es bei, wenn ich verstanden werde. ☐
- Ich rede mit Deutschen oder Oesterreichern selbstverständlich Hochdeutsch. ☐

Nur eine Antwort möglich

93. Wenn Sie mit Deutschen oder Oesterreichern Hochdeutsch sprechen müssen,

- haben Sie dann eher Schwierigkeiten, sich auszudrücken? ☐
- macht Ihnen das nichts aus? ☐
- macht Ihnen das Spass? ☐

Nur eine Antwort möglich

94. Es wird behauptet, dass die Schweizer eher selten nach Deutschland in die Ferien fahren. Welche Gründe könnte das haben?

- Land und Landschaft sind der Schweiz zu ähnlich und bringen zu wenig neue Eindrücke. ☐
- Weil er in Deutschland Hochdeutsch sprechen muss, fährt der Schweizer nicht gern dorthin. ☐
- Der Umgang und der Kontakt mit Deutschen liegt dem Schweizer nicht zu sehr. ☐

Nur eine Antwort möglich

95. Spielt es für Sie eine Rolle, ob Sendungen des Schweizer Radios und des Schweizer Fernsehens in Dialekt oder in Hochdeutsch ausgestrahlt werden?

Ja ☐
Nein ☐

96. Wie stellen Sie sich zu den folgenden Aussagen über die Verwendung von Dialekt und Hochdeutsch am Deutschschweizer Radio und Fernsehen?

	trifft eher zu	trifft eher nicht zu
Hochdeutsch ist sachlicher und präziser.	☐	☐
Dialekt wirkt farbiger, gefühlsvoller.	☐	☐
Hochdeutsch können anderssprachige Zuhörer eher verstehen (z.B. Schweizer aus anderen Sprachregionen, Ausländer).	☐	☐
Dialekt ist persönlicher, Hochdeutsch unpersönlicher.	☐	☐
Es wird heute schon zuviel Mundart gesprochen am Radio/Fernsehen.	☐	☐
Man sollte noch mehr Mundart sprechen am Radio/Fernsehen.	☐	☐
Es ist gleichgültig, ob am Radio/Fernsehen Mundart oder Hochdeutsch gesprochen wird.	☐	☐

97. Wenn Sie die oben erwähnten Begründungen überdenken, sind Sie dann der Meinung, dass Sendungen am Deutschschweizer Radio und Fernsehen eher in Schweizerdeutsch oder in Hochdeutsch ausgestrahlt werden sollten?

Eher in Schweizerdeutsch ☐
Eher in Hochdeutsch ☐
Je nach Sendung in Schweizerdeutsch oder Hochdeutsch ☐

Nur eine Antwort möglich

98. Wenn am Radio und Fernsehen Mundart gesprochen wird, was hören Sie am liebsten?

Zürichdeutsch ☐
Berndeutsch ☐
Baseldeutsch ☐
St. Gallerdeutsch ☐
Bündnerdeutsch ☐
Walliserdeutsch ☐

Nur eine Antwort möglich

99. Welcher Dialekt ist Ihnen am Radio und Fernsehen nicht sympathisch?

Zürichdeutsch ☐
Berndeutsch ☐
Baseldeutsch ☐
St. Gallerdeutsch ☐
Bündnerdeutsch ☐
Walliserdeutsch ☐

Nur eine Antwort möglich

100. Wie gut verstehen Sie die Sprache folgender Leute am Fernsehen?

	gut	weniger gut	kenne ich nicht
Udo Lindenberg	☐	☐	☐
Paul Spahn	☐	☐	☐
Nina Hagen	☐	☐	☐
Otto Waalkes (Blödel Otto)	☐	☐	☐
Beni Thurnher	☐	☐	☐
Joachim Kulenkampf	☐	☐	☐
Rudi Carrell	☐	☐	☐

101. Haben Sie auch schon Briefe in Dialekt geschrieben?

Ja ☐
Nein ☐

102. Haben Sie auch schon Briefe erhalten, die in Dialekt geschrieben waren?

Ja ☐
Nein ☐

Wenn ja: Konnten Sie sie mühelos lesen oder machte es Ihnen Schwierigkeiten, den Dialekt zu lesen?

Es ging eigentlich mühelos. ☐
Es machte mir Schwierigkeiten. ☐

103. Haben Sie auch schon in Dialekt geschriebene Bücher gelesen?

Ja ☐
Nein ☐

Wenn ja: Wieviele? .... ☐☐

Bitte geben Sie Verfasser und Titel an (auch ungenau):

....

....

....

104. Gehen Sie ab und zu ins Theater?

Ja ☐
Nein ☐

Wenn ja: Was für Theater besuchen Sie?

Dorftheater	☐	Alles Zutreffende ankreuzen
Gastspieltheater	☐	
Kleintheater	☐	
Stadttheater	☐	

105. Wenn Sie einen Film sehen, der nicht deutsch gesprochen ist, welche Fassung ziehen Sie vor?

	Original mit Untertiteln	auf Deutsch übersetzt
Originalsprache Französisch	☐	☐
Originalsprache Italienisch	☐	☐
Originalsprache Englisch	☐	☐

106. Sollten beliebte fremdsprachige Songs, Chansons oder Lieder ins Deutsche übersetzt werden?

Ja ☐
Nein ☐

Wenn ja: In welche Sprachform sollten Sie übersetzt werden?

Dialekt	☐	Nur eine Antwort möglich
Hochdeutsch	☐	
Kommt auf den Inhalt an.	☐	

107. Welche Sprachform passt besser

	Hochdtsch.	Dialekt	ich weiss nicht
für die Ansage von Popmusik am Radio?	☐	☐	☐
für die Ansage klassischer Musikprogramme am Radio ?	☐	☐	☐
für die Neujahrsansprache des Bundespräsidenten?	☐	☐	☐
für Radionachrichten und Tagesschau?	☐	☐	☐
für die Predigt?	☐	☐	☐
für kirchliche Hochzeitsfeiern?	☐	☐	☐
für kirchliche Trauerfeierlichkeiten?	☐	☐	☐
für wissenschaftliche Vorträge?	☐	☐	☐

108. Für wie wichtig halten Sie die in diesem Fragebogen behandelten Sprachprobleme?

Sehr wichtig	☐	Nur eine Antwort möglich
Ziemlich wichtig	☐	
Wenig wichtig	☐	
Unwichtig	☐	

Bemerkungen zum Fragebogen:

5747907

Examens Pédagogiques des Recrues 1985

Les langues en Suisse

Première partie

Monsieur,

Nous vous prions de bien vouloir lire attentivement ces remarques préliminaires avant de remplir le questionnaire.

Ce questionnaire fait partie d'un projet de recherche concernant l'étude des questions de coexistence linguistique suisse. Ces problèmes résultent du fait de l'existence de différentes langues dans les diverses régions de notre pays.
En **Suisse allemande** on parle le **‹schwyzerdütsch›,** mais la langue écrite est en général **l'allemand.**
On parle **français** en **Suisse romande.**
En **Suisse italienne,** c'est-à-dire au Tessin et dans les vallées italophones des Grisons, on s'exprime en **italien.**
Le **romanche** est la langue dans certaines régions des **Grisons.**

Cette enquête se déroule dans le plus strict *anonymat;* n'inscrivez donc pas votre nom sur le questionnaire! Celui-ci ne sera lu ni par votre supérieur à l'E.R., ni par un quelconque camarade, ni par aucune autre personne. Les formulaires dûment remplis seront rassemblés et envoyés directement à l'Institut de l'Université de Bâle chargé du projet de recherche.

Il est très important pour le projet de recherche que le questionnaire soit rempli **entièrement** et au plus près de votre conscience. Ce n'est qu'à cette condition qu'il pourra être utile au travail de recherche.

Afin d'éviter tout malentendu, nous vous prions de vous conformer aux règles suivantes:
La première partie du questionnaire sera lue à l'aide d'un appareil. Par conséquent, il est très important de **marquer correctement** d'une croix et **seulement au crayon** les cases réservées aux réponses.

Exemple: juste ✕ faux ✕ faux ✕

Au cas où une réponse doit être corrigée ultérieurement, la croix erronée doit être gommée. A la droite de la ligne verte, il ne doit y avoir que des croix.

Nous vous remercions de votre collaboration.

Pour la Suisse romande:
E. Weibel
Université de Neuchâtel
Institut de sociologie et de science politique

Le directeur du projet de recherche:
R. Schläpfer
Universität Basel
Deutsches Seminar

Form. 4.20f 11.84 9000 28125/2

81 5747907 801

1. Quelle est votre **langue maternelle,** c'est-à-dire, dans quelle langue êtes-vous le plus sûr?
(Si vous êtes bilingue, veuillez indiquer les deux langues.)

Français	☐
Schwyzertütsch	☐
Allemand	☐
Italien	☐
Italien: dialecte	☐
Romanche	☐
Autre langue	☐
Laquelle?	→

2. Langue maternelle de votre **père** et de votre **mère:**

	père	mère
Français	☐	☐
Schwyzertütsch	☐	☐
Allemand	☐	☐
Italien	☐	☐
Italien: dialecte	☐	☐
Romanche	☐	☐
Autre langue	☐	☐

juste ✕ faux faux

81 5747907 602

3. Quelles **écoles** avez-vous suivies ou suivez-vous actuellement?
(Indiquez toutes les écoles s.v.p.)

- Ecole primaire ☒
- Ecole secondaire, pro-gymnase ☒
- Apprentissage (p.ex. école professionnelle des arts et métiers, de commerce, d'agriculture) ☒
- Ecole professionnelle à plein temps (p.ex. école de commerce, école d'agriculture) ☒
- Gymnase, formation d'enseignants (séminaire) ☒
- Ecole de formation professionnelle avancée (p.ex. école technique supérieure, école d'ingénieurs, école d'administration, conservatoire, école de bibliothécaire, école d'interprètes, école sociale) ☒
- Haute école, université ☒
- Autre école ☒

4. Activité actuelle (avant votre entrée à l'école des recrues):

- Activité à plein temps ☒
- Activité à temps partiel ☒
- Momentanément au chômage ☒
- En apprentissage ☒
- A l'école ☒
- En étude ☒

Nur eine Antwort möglich

Seulement une réponse

È possibile una sola risposta

juste ☒ faux ☒ faux ☒

81 5747907 403

5. Avez-vous déjà séjourné pour une **période d'au moins trois mois** dans une **autre région linguistique de Suisse** ou à **l'étranger?**

Non ☒ → voir plus loin la question 6

Oui ☒

Si oui, où et combien de temps?

	moins de 3 mois	3–6 mois	6 mois à une année	plus d'une année
Suisse alémanique	☒	☒	☒	☒
Suisse italienne	☒	☒	☒	☒
Suisse romanche	☒	☒	☒	☒
Allemagne, Autriche	☒	☒	☒	☒
France	☒	☒	☒	☒
Italie	☒	☒	☒	☒
Angleterre	☒	☒	☒	☒
Autres pays	☒	☒	☒	☒

juste ☒ faux ☒ faux ☒

6. Quels sont les **régions de la Suisse** ou les **pays étrangers** que vous connaissez pour y avoir **voyagé** ou **passé des vacances?**

Suisse alémanique	☒
Suisse italienne	☒
Suisse romanche	☒
Allemagne, Autriche	☒
France	☒
Italie	☒
Angleterre	☒
Espagne	☒
Autres pays	☒

Alle zutreffenden Antworten angeben

Donner toutes les réponses possibles

Sono possibili più risposte

7. Où votre **père** et votre **mère** ont-ils été élevés?

	père	mère
Suisse romande	☒	☒
Suisse alémanique	☒	☒
Suisse italienne	☒	☒
Suisse romanche	☒	☒
Etranger	☒	☒

juste ☒ faux ☒ faux ☒

81 5747907 905

8. Quelle est votre **profession?**
Cochez, parmi les groupes professionnels et d'activités, celui qui correspond le mieux à votre métier.

Ecolier	☒
Etudiant: Faculté des lettres, de droit, de théologie	☒
Etudiant: Faculté des sciences, des sciences économiques et sociales, de médecine; formation technique	☒
Apprenti	☒
Ouvrier non qualifié ou semi-qualifié	☒
Ouvrier qualifié (Certificat fédéral de capacité)	☒
Contremaître, chef d'équipe ou profession semblable	☒
Employé subalterne ou fonctionnaire (p.ex. facteur, vendeur, employé de bureau)	☒
Employé ou fonctionnaire de niveau moyen (p.ex. employé de commerce, chef de bureau, comptable)	☒
Enseignant ou autre profession dans le domaine de l'éducation	☒
Artisan indépendant ou petit commerçant	☒
Paysan indépendant ou travaillant dans le domaine familial, fermier	☒
Employé agricole ou forestier	☒
Métier artistique	☒
Autre profession	☒

Nur eine Antwort möglich

Seulement une réponse

È possibile una sola risposta

juste faux faux

9. Quelle est la **profession** de votre **père** *(ou de la personne chargée de votre éducation)?*

- ☒ Ouvrier, ouvrier spécialisé
- ☒ Contremaître, technicien, chef d'équipe ou professions équivalentes
- ☒ Employé, employé d'Etat, fonctionnaire (p.ex. facteur, agent de police, employé de commerce, comptable, vendeur)
- ☒ Artisan indépendant, commerçant, entrepreneur
- ☒ Cadre d'entreprises (p.ex. directeur), profession avec diplôme universitaire (p.ex. médecin, avocat, enseignement), profession libérale (p.ex. journaliste, agent de fiduciaire, ingénieur)
- ☒ Profession artistique

Nur eine Antwort möglich

Seulement une réponse

È possibile una sola risposta

10. Quelle est la **profession** de votre **mère?**

- ☒ Ouvrière, ouvrière spécialisée
- ☒ Contremaître
- ☒ Employée ou fonctionnaire
- ☒ Artisane indépendante
- ☒ Cadre d'entreprises, profession avec diplôme universitaire, profession libérale
- ☒ Profession artistique
- ☒ Ménagère

Nur eine Antwort möglich

Seulement une réponse

È possibile una sola risposta

juste ☒ faux faux

81 5747907 507

11. Avez-vous appris **à l'école** une ou plusieurs **langues étrangères?**

Non	☒ → Voir plus loin la question 13
Oui	☒

Si oui, laquelle des langues suivantes avez-vous apprise à l'école et **durant combien de temps?**

	moins de 2 ans	2–4 ans	plus de 4 ans	je n'ai pas appris cette langue
Allemand	☒	☒	☒	☒
Italien	☒	☒	☒	☒
Romanche	☒	☒	☒	☒
Anglais	☒	☒	☒	☒
Espagnol	☒	☒	☒	☒
Latin	☒	☒	☒	☒
Autre(s) langue(s)	☒	☒	☒	☒

12. A quel âge avez-vous commencé d'apprendre, à l'école, les **langues suivantes?**

	à 10/11 ans	à 12/13 ans	13 ans et plus	je n'ai pas appris cette langue
Allemand	☒	☒	☒	☒
Italien	☒	☒	☒	☒
Anglais	☒	☒	☒	☒

juste X faux X faux X

81 5747907 308

Exemple:
Alpnachstad
N.P.A. 6053

6	0	5	3

13. Il est particulièrement important pour notre recherche concernant les relations linguistiques que vous répondiez aux deux questions suivantes. Nous vous remercions d'avance.

Pour répondre aux questions, mettez les chiffres du numéro postal demandé dans les quatre schémas du champ A ou B. A gauche, consultez l'exemple pour le village de Alpnachstad.

Question A

Où avez-vous habité le plus longtemps? Ecrivez le numéro postal de ce lieu dans le champ A.
(Si ce lieu n'est pas en Suisse, inscrivez dans le champ A l'indicatif international téléphonique du pays en question [P.ex. pour la France: 0033].)

Question B

Où habitiez-vous au moment d'entrer à l'école de recrues? Inscrivez le numéro postal de ce lieu dans le champ B. (Si ce lieu n'est pas en Suisse, inscrivez dans le champ B l'indicatif international téléphonique du pays en question.)

Ensuite, cochez les chiffres inscrits dans les grilles situées sous les schémas A et B:

Sous chaque chiffre du numéro postal, il y a une colonne contenant les chiffres 0 à 9. Pour chaque colonne, veuillez cocher la case qui correspond au chiffre que vous avez inscrit dans la case au-dessus de la colonne. (Comme dans l'exemple à gauche.)

juste   faux   faux

A   B

Les langues en Suisse

Deuxième partie

Veuillez répondre aux questions de la deuxième partie comme ceci:

- Mettez une croix dans la case correspondant à la réponse qui vous convient: 
- Si vous n'êtes pas d'accord avec aucune des réponses proposées, choisissez celle qui se rapproche le plus de vos convictions.
- Si vous désirez corriger quelque-chose, biffez résolument la réponse fausse: 
- Les nombres doivent être inscrits de la façon suivante: p. ex. 2: [|2]

p. ex. 12: [1|2]

---

14. Parlez-vous encore d'autres langues que celles que vous avez apprises à l'école?

Oui ☐
Non ☐

Si oui, lesquelles?

.... Depuis l'âge de ☐☐ ans

.... Depuis l'âge de ☐☐ ans

Form. 4.20.1f

15. Avez-vous appris des langues, voire élargi vos connaissances linguistiques grâce à une des possibilités suivantes?

Plusieurs réponses possibles

- Par des contacts professionnels ☐
- Par des films ou des chansons de langue étrangère ☐
- Télécours (cours de langue à la télévision) ☐
- Cours du soir (université populaire, école privée etc.) ☐
- Université ☐
- Cours par correspondance (p.ex. cassettes) ☐

16. Que lisez-vous?

	chaque jour	souvent	rarement	jamais
Un quotidien romand	☐	☐	☐	☐
Un quotidien alémanique	☐	☐	☐	☐
Un quotidien tessinois	☐	☐	☐	☐
Un quotidien romanche	☐	☐	☐	☐
Un quotidien d'un pays étranger: De quel pays?	☐	☐	☐	☐

Quel(s) quotidien(s) lisez-vous? (titres)

....

....

....

17. Lorsque vous lisez des journaux, combien de temps cela vous prend-il en moyenne par jour?

Seulement une réponse possible

- Moins de 15 minutes ☐
- Entre 15 et 30 minutes ☐
- Plus de 30 minutes ☐

18. Quelles sont les stations de radio que vous écoutez normalement? (Veuillez indiquer les stations dans l'ordre suivant: d'abord votre station préférée, ensuite celle qui vient en deuxième position etc.)

1. ....

2. ....

3. ....

19. Ecoutez-vous des émissions de radio ou regardez-vous des émissions de télévision de l'étranger ou d'une autre région linguistique de la Suisse?

- Oui ☐
- Non ☐

Si oui, dans quelle langue écoutez ou regardez-vous ces émissions de radio ou de télévision?

Plusieurs réponses possibles

- Français (France) ☐
- Schwyzertütsch ☐
- Allemand (Allemagne ou Autriche) ☐
- Italien ☐
- Romanche ☐
- Anglais ☐
- Autres langues ☐

Lesquelles? ....

....

20. Combien de temps écoutez-vous en moyenne la radio?

Seulement une réponse possible

- Plus de trois heures par jour ☐
- Entre une et trois heures par jour ☐
- Moins d'une heure par jour ☐
- Deux à trois fois par semaine ☐
- Moins de deux fois par semaine ☐

21. Combien de temps regardez-vous en moyenne la télévision?

Seulement une réponse possible

- Plus de trois heures par jour ☐
- Entre une et trois heures par jour ☐
- Moins d'une heure par jour ☐
- Deux à trois fois par semaine ☐
- Moins de deux fois par semaine ☐
- Je ne regarde jamais ou presque jamais la télévision ☐

22. Combien de livres lisez-vous en une année?

Seulement une réponse possible

- 0 - 5 ☐
- 5 - 10 ☐
- 10 - 20 ☐
- plus de 20 ☐

23. Dans quelle langue / dans quelles langues avez-vous déjà lu des livres?

Plusieurs réponses possibles

- Français ☐
- Allemand ☐
- Italien ☐
- Romanche ☐
- Anglais ☐
- Autres langues ☐

Lesquelles? ....

....

....

24. Avez-vous déjà écrit le texte d'une chanson ou d'un poème?

Oui ☐
Non ☐

Si oui, dans quelle langue?

Français ☐
Allemand ☐
Italien ☐
Romanche ☐
Anglais ☐
Autres langues ☐

Plusieurs réponses possibles

Lesquelles? ....
....

25. Ecrivez-vous de temps en temps

des lettres personnelles ☐
un journal personnel intime ☐
des lettres d'affaires ☐
des procès-verbaux, rapports annuels, circulaires ☐
des lettres de lecteur (à la rédaction d'un journal), des articles de journaux) ☐

Plusieurs réponses possibles

26. Vous êtes maintenant séparé pour une longue période de votre famille, de vos amis et de vos connaissances. Comment gardez-vous le contact?

Avant tout par des lettres et des cartes postales ☐
Avant tout par téléphone ☐
Avant tout pendant les périodes de congé ☐

Seulement une réponse possible

27. Avez-vous des contacts avec des Suisses venant des autres régions linguistiques de la Suisse ou avec des étrangers?

Oui ☐
Non ☐

Si oui, sous quelle forme se présentent ces contacts avec les Suisses des autres régions linguistiques ou avec les étrangers?

Je rencontre des amis parlant une autre langue, des connaissances, ma parenté ou ceux-ci me rendent visite. ☐
Nous passons parfois les vacances ensemble. ☐
Nous nous téléphonons. ☐
Nous nous écrivons des lettres. ☐
Nous travaillons ensemble. ☐

Plusieurs réponses possibles

Quelle langue utilisez-vous pour communiquer avec les Suisses des autres régions linguistiques et les étrangers?

28. Je parle avec des Suisse-allemands:

Français ☐
Schwyzertütsch ☐
Allemand ☐
Je n'ai pas de contact avec ces derniers ☐

Seulement une réponse possible

29. Je parle avec des Allemands/Autrichiens:

Français ☐
Allemand ☐
Je n'ai pas de contact avec ces derniers ☐

Seulement une réponse possible

30. Je parle avec des gens qui parlent italien:

Français ☐
Italien ☐
Je n'ai pas de contact avec ces derniers ☐

Seulement une réponse possible

31. Je parle avec des gens qui parlent le romanche:

Français ☐
Romanche ☐
Allemand ☐
Je n'ai pas de contact avec ces derniers ☐

Seulement une réponse possible

32. Je parle avec des anglophones:

Français ☐
Anglais ☐
Je n'ai pas de contact avec des anglophones ☐

Seulement une réponse possible

33. En parlant avec un Suisse allemand qui ne comprend pas le français, quelle langue utilisez-vous de préférence?

Allemand ☐
Italien ☐
Anglais ☐
Je ne sais pas ☐

Seulement une réponse possible

34. En parlant avec un Suisse italien qui ne comprend pas le français, quelle langue utilisez-vous de préférence?

- Allemand ☐
- Italien ☐
- Anglais ☐
- Je ne sais pas. ☐

Seulement une réponse possible

35. Dans quelle mesure parlez-vous les langues suivantes dans votre vie professionnelle?

	souvent	parfois	jamais
Français	☐	☐	☐
Allemand: Schwyzertütsch	☐	☐	☐
Bon allemand	☐	☐	☐
Italien	☐	☐	☐
Romanche	☐	☐	☐
Anglais	☐	☐	☐
Autres langues:			
Lesquelles?	☐	☐	
....	☐	☐	

36. Dans quelle mesure écrivez-vous les langues suivantes dans votre vie professionnelle?

	souvent	parfois	jamais
Français	☐	☐	☐
Allemand	☐	☐	☐
Italien	☐	☐	☐
Romanche	☐	☐	☐
Anglais	☐	☐	☐
Autres langues:			
Lesquelles?	☐	☐	
....	☐	☐	

37. Etes-vous membre

- d'un club sportif ☐
- des éclaireurs (scouts) ☐
- d'un groupe théâtral ☐
- d'un orchestre/groupe de musique/choeur ☐
- d'un orchestre pop ou groupe rock ☐
- d'un parti ou d'un mouvement de jeunesse d'un parti ☐
- d'un syndicat ☐
- d'un groupe ou d'un mouvement paroissial ou religieux ☐
- d'un groupement alternatif ou d'un comité d'action ☐

Plusieurs réponses possibles

38. Conditions du logement:

Habitez-vous

- chez vos parents ☐
- seul dans un appartement/une chambre ☐
- avec votre femme/amie ☐
- dans une communauté ☐

Seulement une réponse possible

39. En politique, on parle de "gauche" et de "droite", ainsi que des "Verts écologistes". Où vous situeriez-vous vous-même?

- Plutôt à gauche ☐
- Plutôt au centre ☐
- Plutôt à droite ☐
- Plutôt chez les "Verts écologistes" ☐
- Je ne me situe pas. ☐
- Je ne suis pas intéressé à la politique. ☐

Seulement une réponse possible

40. Quelle est votre confession?

- Evangélique-réformé (protestante) ☐
- Catholique-romaine ☐
- Autre ☐

Laquelle? ....

Sans confession

Seulement une réponse possible

41. Combien de fois allez-vous á l'église/temple pour assister à la messe/au culte?

- Plusieurs fois par mois ☐
- Au moins une fois par mois ☐
- Moins qu'une fois par mois ☐
- Jamais

Seulement une réponse possible

42. Selon vous, quelle est approximativement la répartition des quatre langues nationales dans la population suisse en pourcentage?

Combien de Suisses sont-ils des Suisse-allemands?	☐☐	%
Combien de Suisses sont-ils des Suisse-romands? (= langue maternelle française)	☐☐	%
Combien de Suisses sont-ils des Suisse-italiens? (= langue maternelle italienne)	☐☐	%
Combien de Suisses sont-ils des Romanches?	☐☐	%
Total	100	%

43. Quelle est la langue officielle des cantons suivants? (N'oubliez pas que certains cantons en ont deux ou trois!)

	allemand	français	italien	romanche
Argovie	☐	☐	☐	☐
Appenzell Rhodes int. et ext.	☐	☐	☐	☐
Berne	☐	☐	☐	☐
Bâle ville et campagne	☐	☐	☐	☐
Fribourg	☐	☐	☐	☐
Genève	☐	☐	☐	☐
Glaris	☐	☐	☐	☐
Grisons	☐	☐	☐	☐
Jura	☐	☐	☐	☐
Lucerne	☐	☐	☐	☐
Neuchâtel	☐	☐	☐	☐
Ob- et Nidwald	☐	☐	☐	☐
St-Gall	☐	☐	☐	☐
Schafhouse	☐	☐	☐	☐
Soleure	☐	☐	☐	☐
Schwyz	☐	☐	☐	☐
Thurgovie	☐	☐	☐	☐
Tessin	☐	☐	☐	☐
Uri	☐	☐	☐	☐
Vaud	☐	☐	☐	☐
Valais	☐	☐	☐	☐
Zoug	☐	☐	☐	☐
Zurich	☐	☐	☐	☐

44. L'apprentissage de langues étrangères vous paraît-il nécessaire?

Oui ☐
Non ☐

45. Si vous avez appris une ou plusieurs langues étrangères à l'école, avez-vous l'impression que le programme était suffisant?

	oui	non	je n'ai jamais appris cette langue
Allemand	☐	☐	☐
Italien	☐	☐	☐
Romanche	☐	☐	☐
Anglais	☐	☐	☐

46. Avez-vous le sentiment que l'enseignement des langues a été bénéfique?

Oui ☐
Non ☐

47. L'enseignement des langues suivantes est-il selon vous

	oui	oui, un peu	non	je n'ai jamais appris cette langue
bénéfique en ce qui concerne l'allemand	☐	☐	☐	☐
bénéfique en ce qui concerne l'italien	☐	☐	☐	☐
bénéfique en ce qui concerne l'anglais	☐	☐	☐	☐

48. Dans quelle langue êtes-vous le plus à l'aise?

Allemand ☐
Schwyzertütsch ☐
Italien ☐
Romanche ☐
Anglais ☐

Seulement une réponse possible

49. Pensez-vous que l'on devrait développer l'enseignement

	oui	non
de l'allemand	☐	☐
du schwyzertütsch	☐	☐
de l'italien	☐	☐
du romanche	☐	☐
de l'anglais	☐	☐
d'une autre langue	☐	☐

Laquelle? ....

50. Pensez-vous qu'on devrait améliorer l'enseignement des langues étrangères

- en augmentant la part de la grammaire ☐
- en diminuant la part de la grammaire ☐
- en développant plus l'expression orale ☐
- en écrivant davantage ☐
- en lisant davantage ☐
- en étudiant davantage les populations parlant ces langues ☐

Plusieurs réponses possibles

51. En admettant que vous ayez le choix: Quelle langue rendriez-vous obligatoire à l'école comme première langue étrangère?

- Allemand ☐
- Italien ☐
- Romanche ☐
- Anglais ☐
- Une autre langue ☐

Seulement une réponse possible

Laquelle? ....

52. Quelle langue rendriez-vous obligatoire à l'école comme deuxième langue étrangère?

- Allemand ☐
- Italien ☐
- Romanche ☐
- Anglais ☐
- Une autre langue ☐

Seulement une réponse possible

Laquelle? ....

53. Dans les écoles secondaires de Suisse romande l'enseignement de l'italien n'est pas obligatoire. En Suisse italienne, on demande que cet enseignement soit obligatoire en Suisse romande. Cette demande est contestée. Cette requête vous semble

- justifiée ☐
- exagérée ☐
- Je ne peux pas la juger. ☐

Seulement une réponse possible

54. Il est dit souvent qu'en Suisse italienne la surpopulation étrangère en altère l'identité et que la langue italienne en Suisse est de ce fait menacée. Que pensez-vous de cette affirmation?

- Je suis d'accord. ☐
- Je ne suis pas d'accord. ☐
- Je ne peux pas me prononcer. ☐

Seulement une réponse possible

55. Durant ces dernières années l'italien a de plus en plus regressé dans l'enseignement des écoles suisses ainsi que dans la vie courante (adresses, modes d'emploi etc.). Doit-on

- s'y résigner ☐
- lutter contre ☐
- Je ne peux pas me prononcer. ☐

Seulement une réponse possible

56. On entend dire que le romanche serait en voie de disparition. Qu'en pensez-vous?

- C'est juste, mais on ne peut rien y faire. ☐
- C'est juste, on devrait l'empêcher. ☐
- C'est exagéré. ☐
- Je ne peux pas me prononcer. ☐

Seulement une réponse possible

57. On désigne souvent l'anglais comme "cinquième langue nationale de la Suisse". Que pensez-vous de la proposition visant à le déclarer langue officielle de notre pays?

- Je suis pour. Tout serait simplifié, car on pourrait parler la même langue avec tous les Suisses. ☐
- Je suis contre, car la Suisse pourrait perdre son identité et sa complexité culturelle pourrait s'accroître. ☐
- Ceci me semble possible. L'anglais étant une langue mondiale, nous pourrions communiquer plus facilement avec l'étranger. ☐
- Ceci me semble impossible. Tout serait plus compliqué avec une langue nationale supplémentaire. ☐

Seulement une réponse possible

58. Quelles sont les langues étrangères qui vous semblent particulièrement importantes pour votre vie professionnelle actuelle ou future?

- Allemand ☐
- Italien ☐
- Romanche ☐
- Anglais ☐
- Espagnol ☐
- Autre(s) langue(s) ☐

Plusieurs réponses possibles

Lesquelles? ....

....

- Aucune langue étrangère ☐

59. Pensez-vous qu'un séjour de six mois durant la scolarité serait souhaitable?

	oui	non
En Suisse alémanique	☐	☐
En Suisse italienne	☐	☐
En Suisse romanche	☐	☐
En France	☐	☐
En Allemagne/Autriche	☐	☐
En Italie	☐	☐
Dans un pays anglophone	☐	☐

60. Dans la liste suivante indiquez la raison qui vous paraît <u>la plus importante</u> pour apprendre les langues étrangères.

- Des connaissances d'autres langues sont nécessaires pour la vie commune en Suisse. ☐
- Elles encouragent les contacts humains. ☐
- Elles peuvent être utiles pour la carrière professionnelle. ☐
- On peut mieux comprendre d'autres peuples. ☐
- Elles améliorent l'intelligence et la mémoire. ☐

Seulement une réponse possible

61. Est-ce que la langue joue un rôle concernant le choix de votre lieu de vacances?

- Il est important de parler la langue du lieu des vacances pour communiquer avec les habitants. ☐
- Dans une région de langue étrangère, on peut développer ses connaissances linguistiques. ☐
- Pendant les vacances on peut connaître le pays et les gens dont on a appris la langue. ☐
- Je n'aime pas voyager dans un pays dont je ne comprends pas la langue. ☐
- La langue ne joue aucun rôle dans le choix de mon lieu de vacances. ☐

Seulement une réponse possible

Les questions suivantes devraient nous aider à connaitre votre appréciation des rapports entre les différentes régions linguistiques de Suisse.

62. Jugez les rapports entre les régions linguistiques de la Suisse avec une note de 1 à 6. 6 est "excellent", 1 est "très mauvais".

	6	5	4	3	2	1
Romands et Suisse-allemands	☐	☐	☐	☐	☐	☐
Romands et Suisse-italiens	☐	☐	☐	☐	☐	☐
Romands et Romanches	☐	☐	☐	☐	☐	☐

63. A votre avis les différences de caractère entre

	sont plutôt grandes	plutôt petites	je ne sais pas
Romands et Suisse-allemands	☐	☐	☐
Romands et Suisse-italiens	☐	☐	☐
Romands et Romanches	☐	☐	☐
Romands et Français	☐	☐	☐
Suisse-allemands et Allemands	☐	☐	☐
Suisse-allemands et Autrichiens	☐	☐	☐
Suisse-italiens et Italiens	☐	☐	☐

64. Comment jugez-vous les

	sympathique	plutôt sympathique	plutôt antipathique	antipathique	je ne sais pas
Suisse-allemands	☐	☐	☐	☐	☐
Suisse-italiens	☐	☐	☐	☐	☐
Romanches	☐	☐	☐	☐	☐
Allemands	☐	☐	☐	☐	☐
Autrichiens	☐	☐	☐	☐	☐
Français	☐	☐	☐	☐	☐
Italiens	☐	☐	☐	☐	☐

65. On entend souvent dire que les autres langues nationales font les frais de l'expansion toujours plus prononcée de l'allemand. Pensez-vous que c'est juste

	oui	non	je ne sais pas
pour la Suisse romande?	☐	☐	☐
pour la Suisse italienne?	☐	☐	☐
pour la Suisse romanche?	☐	☐	☐

66. Comment jugez-vous les affirmations suivantes?

	plutôt juste	plutôt fausse
Les Suisse-allemands n'aiment pas parler le français.	☐	☐
Les Suisse-italiens n'aiment pas parler le français.	☐	☐
Les Romanches n'aiment pas parler le français.	☐	☐
Les Romands ne se donnent pas la peine de vouloir parler d'autres langues nationales.	☐	☐
Les Suisse-allemands parlent toujours leur dialecte, également avec des gens d'une autre langue.	☐	☐
Les Suisse-allemands n'aiment pas parler le "bon" allemand.	☐	☐

67. Quelle importance accordez-vous

	très important	important	pas particulièrement important	pas important
à l'appartenance à une communauté linguistique francophone (France, Suisse romande, Belgique wallone, Canada français etc.)	☐	☐	☐	☐
au fait d'être Suisse	☐	☐	☐	☐
au fait d'être Romand	☐	☐	☐	☐
au fait d'être citoyen d'un canton (par exemple Neuchâtelois, Vaudois, Jurassien ...)	☐	☐	☐	☐
au fait d'être citoyen de la commune où vous avez été élevé	☐	☐	☐	☐

68. Vous imaginez-vous vivre en

	sans problème	J'aime mieux pas	Je ne sais pas
Suisse allemande	☐	☐	☐
Suisse italienne	☐	☐	☐
Suisse romanche	☐	☐	☐

69. Pensez-vous que les différences dans les <u>langues</u> sont des obstacles difficiles à surmonter pour vivre dans une autre région de la Suisse?

	des obstacles difficiles	des obstacles pas très difficiles	je ne sais pas
Suisse allemande	☐	☐	☐
Suisse italienne	☐	☐	☐
Suisse romanche	☐	☐	☐

70. A votre avis, comment devrait se faire l'enseignement de la langue allemande pour les Romands?

Uniquement l'allemand (Hochdeutsch)	☐	Seulement une réponse possible
Uniquement le dialecte alémanique	☐	
Les deux	☐	

71. Si le football vous intéresse, qu'est-ce qui vous irrite <u>le plus</u>?

La défaite de l'équipe nationale suisse contre celle d'un autre pays.	☐	Seulement une réponse possible
La défaite de votre équipe favorite dans un match de coupe ou de championnat.	☐	
La défaite d'une équipe française dans un match de coupe ou de championnat.	☐	
Je ne m'intéresse pas au football.	☐	

72. Aujourd'hui nous disposons d'un grand choix de moyens d'information. Indiquez-nous, s.v.p., ceux qui vous paraissent importants.

	important	plutôt important	pas très important	sans importance
Radio	☐	☐	☐	☐
Télévision, film, vidéo	☐	☐	☐	☐
Journaux, magazines, livres	☐	☐	☐	☐
Conférences	☐	☐	☐	☐

73. Laquelle de ces affirmations vous convient?

	plutôt juste	plutôt fausse
Je regarde le programme pour voir s'il y a une émission qui m'intéresse avant d'allumer le poste de TV.	☐	☐
J'allume la radio/TV pour me détendre.	☐	☐
Je m'intéresse surtout aux émissions d'information, comme le téléjournal ou des documentaires.	☐	☐
Je trouve que la chose la plus importante à la radio est la musique. Je n'écoute aucune commentaire.	☐	☐
Chez nous, la radio et la TV sont souvent allumées, même si personne n'y prête attention.	☐	☐

74. Les nouveaux moyens d'information changent notre style de vie. Même quelqu'un qui ne sait pas lire peut écouter ou regarder la TV. Dans de telles conditions, jugez-vous encore utile d'apprendre à lire et à écrire ou pensez-vous que dorénavant l'ordinateur s'en chargera?

Savoir lire et écrire sera encore à l'avenir un moyen important de communication entre les individus.	☐	Seulement une réponse possible
Je crois que bientôt on pourra se passer de la lecture et de l'écriture parce que les moyens d'information électroniques les remplaceront.	☐	

75. Si la télévision suisse-alémanique diffuse une émission dont le thème vous intéresse, que faites-vous?

Je regarde l'émission car l'allemand ne présente aucune difficulté pour moi. ☐

Je regarde l'émission, même si je ne comprends pas beaucoup ce qui est dit. ☐

Je ne regarde pas l'émission car elle est en allemand. ☐

Je ne m'intéresse jamais au programme de la télévision suisse-alémanique, de sorte que je ne sais pas quand il y a une émission qui pourrait m'intéresser. ☐

Je ne regarde jamais ou presque jamais la télévision. ☐

Seulement une réponse possible

76. Si la télévision suisse-italienne diffuse une émission dont le thème vous intéresse, que faites-vous?

Je regarde l'émission car l'italien ne présente aucune difficulté pour moi. ☐

Je regarde l'émission, même si je ne comprends pas beaucoup ce qui est dit. ☐

Je ne regarde pas l'émission car elle est en italien. ☐

Je ne m'intéresse jamais au programme de la télévision suisse-italienne, de sorte que je ne sais pas quand il y a une émission qui pourrait m'intéresser. ☐

Je ne regarde jamais ou presque jamais la télévision. ☐

Seulement une réponse possible

77. Si vous désirez lire un livre d'un auteur de langue étrangère, quelle version préférez-vous?

Le livre dans la version originale, si je comprends cette langue. ☐

La traduction dans ma langue maternelle. ☐

Seulement une réponse possible

78. Donnez votre opinion sur les affirmations suivantes:

- En Suisse romande, le sentiment d'appartenir à un canton est plus fort que celui d'appartenir à la Suisse.

  Oui ☐
  Non ☐

- Le Romand fait un complexe face au Suisse allemand et à la Suisse allemande qui est plus forte économiquement.

  Oui ☐
  Non ☐
  Je ne sais pas. ☐

- Le Romand n'aime pas apprendre l'allemand, il préfère apprendre l'anglais.

  Oui ☐
  Non ☐

- En Suisse allemande on a davantage qu'en Suisse romande le sentiment d'appartenir à la Suisse. Le fait d'être Suisse est plus important que d'être Bernois, Zurichois...

  Oui ☐
  Non ☐
  Je ne sais pas. ☐

- Le Suisse allemand parle le français même s'il le sait mal. Le Suisse romand ne parle pas l'allemand s'il ne le maîtrise pas.

  Oui ☐
  Non ☐

- Pour que les Suisses se comprennent mieux entre eux il faudrait développer les échanges entre les communautés linguistiques.

  Oui ☐
  Non ☐

79. Le patois est-il encore parlé en Suisse romande?

Oui ☐
Non ☐
Je ne sais pas. ☐

80. Si le patois est encore parlé en Suisse romande, dans quel(s) canton(s) ou régions l'est-il? (Cochez le ou les cantons et régions.)

Fribourg ☐
Genève ☐
Vaud ☐
Neuchâtel ☐
Jura bernois ☐
Valais ☐
Jura ☐

81. Les Suisses alémaniques n'ont qu'une langue à apprendre s'ils viennent en Suisse romande, alors que les Romands doivent apprendre deux s'ils se rendent en Suisse alémanique (allemand et schwyzertütsch). C'est la raison pour laquelle les Romands sont réticents à l'idée d'aller en Suisse alémanique et qu'ils n'aiment pas apprendre l'allemand.

Oui ☐
Non ☐
Je ne sais pas. ☐

82. Pour réussir professionnellement en Suisse, il faut savoir parfaitement le schwyzertütsch.

Oui ☐
Non ☐

83. Si vous êtes déjà allé en Suisse alémanique, était-ce:

en vacances ☐
en visite (famille, amis ..) ☐
pendant vos loisirs (p.ex. le week-end) ☐
en stage de formation professionnelle ☐
lors d'un échange de classe ☐
pour une autre raison ☐

84. Si vous êtes déjà allé en Suisse italienne, était-ce:

en vacances ☐
en visite (famille, amis..) ☐
pendant vos loisirs (p.ex. le week-end) ☐
en stage de formation professionnelle ☐
lors d'un échange de classe ☐
pour une autre raison ☐

85. Si vous êtes déjà allé en Suisse romanche, était-ce:

en vacances ☐
en visite (famille, amis..) ☐
pendant vos loisirs (p.ex. le week-end) ☐
en stage de formation professionnelle ☐
lors d'un échange de classe ☐
pour une autre raison ☐

86. Avez-vous le sentiment qu'il existe en Suisse une solidarité latine entre les Romands, les Suisses italiens et les Romanches?

Oui ☐
Non ☐
Je ne sais pas. ☐

87. Supposons que vous perdiez votre travail actuel et que vous n'en trouviez pas dans la région où vous avez actuellement votre domicile, accepteriez-vous?

	oui	non	je ne sais pas
Un travail dans une autre région de votre canton	☐	☐	☐
Un travail ailleurs en Suisse romande	☐	☐	☐
Un travail en Suisse alémanique, dans un canton non limitrophe à la Suisse romande	☐	☐	☐
Un travail en Suisse italienne	☐	☐	☐
Un travail dans la Suisse de langue romanche	☐	☐	☐
Un travail en France	☐	☐	☐
Un travail en Allemagne	☐	☐	☐
Un travail en Italie	☐	☐	☐
Un travail dans un autre pays européen	☐	☐	☐
Un travail dans un autre continent	☐	☐	☐
Non, je me refuse à quitter la région où je vis actuellement.	☐	☐	☐

88. Si vous refusez de quitter la région où vous vivez actuellement est-ce?

- Pour des raisons familiales et affectives ☐
- A cause de votre attache à cette région ☐
- A cause du problème des langues ☐
- Pour une autre raison ☐

89. Si vous deviez aller travailler dans la Suisse alémanique vous

- garderiez votre domicile en Suisse romande et vous feriez les trajets tous les jours ☐
- prendriez une chambre et rentreriez toutes les fins de semaine en Suisse romande ☐
- vous installeriez durablement en Suisse alémanique ☐
- ne savez pas comment vous vous comporteriez ☐

90. Pensez-vous que d'un canton romand à un autre il existe de grandes différences de mentalité?

- Oui ☐
- Non ☐

91. Pensez-vous que d'un canton alémanique à un autre il existe de grandes différences de mentalité?

- Oui ☐
- Non ☐

92. A votre avis, un Romand diffère grandement d'un Suisse allemand en ce qui concerne la mentalité et la manière de vivre?

- Oui ☐
- Non ☐
- Je ne sais pas. ☐

93. Pour faciliter l'étude de l'allemand, pensez-vous qu'une année ou une demi-année en Suisse allemande, incluse dans l'école obligatoire, serait

- inutile ☐
- souhaitable ☐
- indispensable ☐

94. Vous intéressez-vous à la vie politique suisse?

De votre commune:	oui	☐
	non	☐
De votre canton:	oui	☐
	non	☐
Des autres cantons romands:	oui	☐
	non	☐
Des cantons alémaniques:	oui	☐
	non	☐
Des cantons de la Suisse italienne et romanche:	oui	☐
	non	☐

95. Vous intéressez-vous à la vie politique française?

- Oui ☐
- Non ☐

96. Avez-vous le sentiment que la Suisse a réglé les problèmes de coexistence linguistique?

- D'une manière satisfaisante ☐
- D'une manière peu satisfaisante ☐
- Je ne sais pas ☐

97. Connaissez-vous d'autres pays ou des régions d'Europe qui ont des minorités linguistiques?

....

....

....

....

98. Quel est votre sentiment face à la Suisse alémanique?

- Pour moi c'est une région totalement étrangère. ☐
- Elle ne fait pas partie de la Suisse telle que je la voudrais. ☐
- C'est une partie de la Suisse, mais je n'ai aucune attirance pour elle. ☐
- C'est une partie de la Suisse qui m'attire autant que la Suisse romande. ☐
- C'est une partie de la Suisse qui m'attire plus que la Suisse romande. ☐
- Pour moi, elle représente seule la Suisse. Les autres parties ne font pas partie de la Suisse telle que je la voudrais. ☐

99. Quel est votre sentiment face à la Suisse italienne?

Pour moi, c'est une région totalement étrangère. Elle ne fait pas partie de la Suisse telle que je la voudrais. ☐

C'est une partie de la Suisse, mais je n'ai aucune attirance pour elle. ☐

C'est une partie de la Suisse qui m'attire autant que la Suisse romande. ☐

C'est une partie de la Suisse qui m'attire plus que la Suisse romande. ☐

Pour moi, elle représente seule la Suisse. Les autres parties ne font pas partie de la Suisse telle que je la voudrais. ☐

100. Quel est votre sentiment face à la Suisse romanche?

Pour moi, c'est une région totalement étrangère. Elle ne fait pas partie de la Suisse telle que je la voudrais. ☐

C'est une partie de la Suisse, mais je n'ai aucune attirance pour elle. ☐

C'est une partie de la Suisse qui m'attire autant que la Suisse romande. ☐

C'est une partie de la Suisse qui m'attire plus que la Suisse romande. ☐

Pour moi, elle représente seule la Suisse. Les autres parties ne font pas partie de la Suisse telle que je la voudrais. ☐

101. En tant que Romand, avez-vous le sentiment que les cantons romands sont représentés sur le plan des autorités fédérales (Conseil fédéral, administration fédérale) d'une manière:

satisfaisante ☐
peu satisfaisante ☐
Je ne sais pas. ☐

102. Avez-vous le sentiment que les problèmes des jeunes Romands (apprentissage, famille, école, loisirs, drogue) sont identiques à ceux des jeunes Alémaniques?

Oui ☐
Non ☐

103. Si l'on vous demande à l'étranger votre nationalité, vous dites:

Je suis Suisse. ☐
Je suis Suisse français. ☐
Je suis Suisse romand. ☐

104. Avez-vous le sentiment que l'Alémanique a plus le respect des traditions et des coutumes populaires que le Romand?

Oui ☐
Non ☐
Je ne sais pas ☐

105. Le service militaire devrait-il permettre aux Romands de mieux connaître la Suisse alémanique et italienne ainsi que les Grisons romanches?

Oui ☐
Non ☐
Je ne sais pas ☐

106. Quelle importance accordez-vous aux problèmes linguistiques dont ce questionnaire est l'objet?

Très important ☐
Assez important ☐
Peu important ☐
Sans importance ☐

Seulement une réponse possible

__Remarques:__

Nr.:

Sprachen in der Schweiz

Sehr geehrte Dame,
Sehr geehrter Herr,

Bitte lesen Sie diese Vorbemerkung genau, bevor Sie an die Beantwortung des Fragebogens gehen.

Der Fragebogen ist Teil eines Forschungsprojektes, mit welchem die Probleme des Zusammenlebens in der Schweiz untersucht werden sollen. Solche Probleme ergeben sich daraus, dass in den verschiedenen Teilen unseres Landes verschiedene Sprachen gesprochen werden:
In der **deutschen Schweiz** wird **Schweizerdeutsch** gesprochen und im allgemeinen **Hochdeutsch** geschrieben;
die Sprache der **welschen Schweiz** ist das **Französische;**
in der **Südschweiz** spricht man **Italienisch** (zur Südschweiz zählt man das Tessin und die italienischsprachigen Täler Graubündens);
Rätoromanisch ist die Sprache einzelner Gebiete **Graubündens.**

Die Befragung ist absolut *anonym.*
Schreiben Sie also Ihren Namen nicht auf den Fragebogen! Die ausgefüllten Bogen werden eingesammelt und direkt an das mit dem Forschungsprojekt betraute Institut der Universität Basel geschickt.

Es ist für das Forschungsprojekt sehr wichtig, dass Sie den Fragebogen **vollständig** und wahrheitsgetreu ausfüllen. Nur dann kann er der Forschungsarbeit wirklich dienen.

Bitte beantworten Sie die Fragen folgendermassen:

- Kreuzen Sie die Ihnen zusagende Antwort deutlich an: ☒
- Falls keine Antwort Ihrer Meinung ganz genau entspricht, wählen Sie die Antwort, die am ehesten zutrifft.
- Wenn Sie etwas korrigieren möchten, streichen Sie die falsche Antwort kräftig durch:

- Zahlen sind folgendermassen einzusetzen:

z. B. 2: | |2|

z. B. 12: |1|2|

Für Ihre Mitarbeit danken wir Ihnen bestens.

Der Leiter des Forschungsprojektes
R. Schläpfer
Universität Basel
Deutsches Seminar

Zu Beginn sollten wir etwas über Ihre Person wissen.

1. Sind Sie

männlich ☐
weiblich ☐

2. In welchem Jahr sind Sie geboren? [1|9| |]

3. Welches ist Ihre Nationalität?

....

4. Welches ist Ihre Konfession?

Evangelisch-reformiert (protestantisch) ☐
Römisch-katholisch ☐
Andere ☐

Nur eine Antwort möglich

Welche:..

Keine (konfessionslos) ☐

5. Wie oft gehen Sie in die Kirche zum Gottesdienst?

Mehrmals im Monat ☐
Mindestens einmal im Monat ☐
Seltener als einmal im Monat ☐
Nie ☐

Nur eine Antwort möglich

Die Fragen 6.a und 6.b sind für unsere Forschungen über die Sprachverhältnisse von besonderer Wichtigkeit. Bitte beantworten Sie sie in jedem Fall!

6.a) Wo haben Sie bisher am längsten gewohnt? Schreiben Sie die Postleitzahl und den Namen dieses Ortes.

PLZ: ☐☐☐☐

Ort/Kanton:..

Liegt der Ort ausserhalb der Schweiz, schreiben Sie den Namen des Landes.

Land:..

6.b) Wo wohnen Sie zur Zeit? Schreiben Sie die Postleitzahl und den Namen dieses Ortes.

PLZ: ☐☐☐☐

Ort/Kanton:..

Liegt der Ort ausserhalb der Schweiz, schreiben Sie den Namen des Landes.

Land: ....

7. Welches ist ihre Muttersprache, d.h., in welcher Sprache fühlen Sie sich beim Sprechen am sichersten? (Falls Sie zweisprachig aufgewachsen sind, geben Sie bitte beide Sprachen an!)

Schweizerdeutsch ☐
Hochdeutsch ☐
Französisch ☐
Italienisch ☐
Italienisch Dialekt ☐
Rätoromanisch ☐
Andere Sprache ☐

8. Welches ist die Muttersprache ihrer Eltern?

	Vater	Mutter
Schweizerdeutsch	☐	☐
Hochdeutsch	☐	☐
Französisch	☐	☐
Italienisch	☐	☐
Italienisch Dialekt	☐	☐
Rätoromanisch	☐	☐
Andere Sprache	☐	☐

9. Wo sind Ihre Eltern aufgewachsen?

	Vater	Mutter
Deutsche Schweiz	☐	☐
Französische Schweiz	☐	☐
Italienische Schweiz	☐	☐
Rätoromanische Schweiz	☐	☐
Ausland	☐	☐

10. Welches ist der Beruf ihres Vaters (bzw. des Erziehungsberechtigten)?

Arbeiter, Facharbeiter ☐
Vorarbeiter, Techniker, Werkmeister oder ähnlicher Beruf ☐
Angestellter oder Beamter (z.B. Briefträger, Polizist, kaufmännischer Angestellter, Buchhalter, Verkäufer)
Selbständiger Handwerker, Geschäftsmann, Unternehmer ☐
Leitender Angestellter (z.B. Betriebsleiter, Direktor), akademischer Beruf (z.B. Arzt, Pfarrer, Anwalt, Lehrer), freier Beruf (z.B. Journalist, Treuhänder, Techniker) ☐
Künstlerischer Beruf ☐

Nur eine Antwort möglich

11. Welches ist der Beruf ihrer Mutter?

Arbeiterin, Facharbeiterin ☐
Vorarbeiterin ☐
Angestellte oder Beamtin ☐
Selbständigerwerbende ☐
Leitende Angestellte, akademischer Beruf, freier Beruf ☐
Künstlerischer Beruf ☐
Hausfrau ☐

Nur eine Antwort möglich

12. Welches ist Ihr Beruf? (Kreuzen Sie von den untenstehenden Berufs- und Tätigkeitsgruppen diejenige an, die Ihren Beruf am besten umschreibt).

Nur eine Antwort möglich

- Schüler/-in
- Student/-in: Philosophisch-historische, juristische, theologische Fakultät
- Student/-in: Philosophisch-naturwissenschaftliche, nationalökonomische, medizinische Fakultät; technische Richtung
- Lehrling
- Ungelernte/-r oder angelernte/-r Arbeiter/-in
- Gelernte/-r Arbeiter/-in, Facharbeiter/-in mit Lehrabschluss
- Vorarbeiter/-in, Equipenchef/-in oder ähnlicher Beruf
- Einfache/-r Angestellte/-r oder Beamter/Beamtin (wie z.B. Briefträger/-in, Verkäufer/-in, Büroangestellte/-r)
- Mittlere/-r Angestellte/-r oder Beamter/Beamtin (wie z.B. kaufmännische/-r Angestellte/-r, Bürochef/-in, Buchhalter/-in)
- Lehrer/-in oder ähnlicher Erzieherberuf
- Selbständige/-r Handwerker/-in oder kleine/-r Geschäftsmann/frau
- Landwirt/-in im eigenen oder elterlichen Betrieb
- Arbeitnehmer/-in in Land- oder Forstwirtschaft
- Künstlerischer Beruf
- Anderer Beruf

13. Welche Schulen haben Sie besucht oder besuchen Sie im Moment noch? (Bitte alle Stufen angeben.)

- Primarschule
- Sekundar-, Real-, Bezirksschule, Pro-, Untergymnasium
- Berufslehre (z.B. Ausbildung an gewerblicher, kunstgewerblicher und kaufmännischer Berufsschule, landwirtschaftliche Berufsschule)
- Vollzeitberufsschule (z.B. Handelsschule, landwirtschaftliche Fachschule)
- Maturitätsschule, Lehrerausbildung (Seminar)
- Schule für höhere Fach- und Berufsausbildung (z.B. Höhere Technische Lehranstalt, Ingenieurschule, Höhere Wirtschafts- und Verwaltungsschule, Konservatorium, Schule für Sozialarbeit, Dolmetscher, Bibliothekare)
- Hochschule, Universität
- Eine andere Schule

14. Haben Sie in der Schule eine oder mehrere Fremdsprachen gelernt?

- Ja
- Nein

Wenn ja: Welche der folgenden Sprachen haben Sie in der Schule gelernt, und wie lange haben Sie sie als Schulfach gehabt?

	weniger als 2 Jahre	2-4 Jahre	mehr als 4 Jahre	habe ich nicht gelernt
Französisch				
Italienisch				
Rätoromanisch				
Englisch				
Spanisch				
Lateinisch				
Andere Sprache(n)				

15. Haben Sie sich schon für einen längeren Zeitraum (mind. 3 Monate) in einem anderssprachigen Gebiet der Schweiz oder im Ausland aufgehalten?

- Ja
- Nein

Wenn ja: Wo und wie lange?

	weniger als 3 Monate	3-6 Monate	6 Monate bis 1 Jahr	mehr als 1 Jahr
Französische Schweiz				
Italienische Schweiz				
Rätoromanische Schweiz				
Deutschland, Oesterreich				
Frankreich				
Italien				
England				
Anderes Land/andere Länder				

16. In welchen der folgenden Sprachregionen der Schweiz und in welchen der folgenden Länder haben Sie sich bisher für Ferien oder Reisen aufgehalten?

Alles Zutreffende ankreuzen

- Französische Schweiz
- Italienische Schweiz
- Rätoromanische Schweiz
- Deutschland, Oesterreich
- Frankreich
- Italien
- England
- Spanien
- Andere Länder

17. Pflegen Sie auch Kontakte mit anderssprachigen Schweizern oder mit Ausländern?

Ja ☐
Nein ☐

Wenn ja: In welcher Form pflegen Sie Kontakte mit anderssprachigen Schweizern oder mit Ausländern?

Alles Zutreffende ankreuzen

- Ich besuche meine anderssprachigen Freunde, Bekannten, Verwandten oder sie besuchen mich. ☐
- Wir verbringen manchmal die Ferien zusammen. ☐
- Wir telefonieren uns. ☐
- Wir schreiben uns gegenseitig. ☐
- Wir haben einen gemeinsamen Arbeitsplatz. ☐

In welcher Sprache unterhalten Sie sich mit anderssprachigen Schweizern und mit Ausländern?

18. Ich spreche mit Französischsprechenden:

Nur eine Antwort möglich

- meinen Dialekt ☐
- hochdeutsch ☐
- französisch ☐
- Ich habe keinen Kontakt mit Französischsprechenden. ☐

19. Ich spreche mit Italienischsprechenden:

Nur eine Antwort möglich

- meinen Dialekt ☐
- hochdeutsch ☐
- italienisch ☐
- Ich habe keinen Kontakt mit Italienischsprechenden. ☐

20. Wenn Sie mit einem Welschschweizer sprechen möchten, der kein Deutsch versteht, in welcher Sprache würden Sie sich am liebsten unterhalten?

Nur eine Antwort möglich

- Französisch ☐
- Italienisch ☐
- Englisch ☐
- Ich weiss nicht. ☐

21. Wenn Sie mit einem Südschweizer sprechen möchten, der kein Deutsch versteht, in welcher Sprache würden Sie sich am liebsten unterhalten?

Nur eine Antwort möglich

- Italienisch ☐
- Französisch ☐
- Englisch ☐
- Ich weiss nicht. ☐

22. In welchem Umfang brauchen Sie mündlich im beruflichen Bereich

	häufig	gelegentlich	nie
Schweizerdeutsch	☐	☐	☐
Hochdeutsch	☐	☐	☐
Französisch	☐	☐	☐
Italienisch	☐	☐	☐
Rätoromanisch	☐	☐	☐
Englisch	☐	☐	☐
Andere Sprachen:	☐	☐	☐

23. Wir möchten gerne von Ihnen wissen, wie die Verteilung der Landessprachen auf die Schweizer Bevölkerung aussieht. Bitte schätzen Sie:

- Wieviele % der Schweizer sind Deutschschweizer? ☐☐ %
- Wieviele % der Schweizer sind Welschschweizer? (= französische Muttersprache) ☐☐ %
- Wieviele % der Schweizer sind Südschweizer? (= italienische Muttersprache) ☐☐ %
- Wieviele % der Schweizer sind Rätoromanen? ☐☐ %

Total 100 %

24. Erscheint Ihnen das Erlernen von Fremdsprachen notwendig?

Ja ☐
Nein ☐

25. Wenn Sie eine oder mehrere Fremdsprachen in der Schule gelernt haben, haben Sie den Eindruck, dass Sie genug gelernt haben?

	ja	nein	Ich hatte keinen Unterricht
Im Französischunterricht	☐	☐	☐
Im Italienischunterricht	☐	☐	☐
Im Englischunterricht	☐	☐	☐

26. Was empfanden Sie im Unterricht der folgenden Sprachen?

	ja sehr	ja ein wenig	nein	habe ich nicht gelernt
Hochdeutsch lernen machte Spass	☐	☐	☐	☐
Französisch lernen machte Spass	☐	☐	☐	☐
Italienisch lernen machte Spass	☐	☐	☐	☐
Englisch lernen machte Spass	☐	☐	☐	☐

27. Welche Sprache gefällt Ihnen am besten?

- Hochdeutsch ☐
- Französisch ☐
- Italienisch ☐
- Rätoromanisch ☐
- Englisch ☐

Nur eine Antwort möglich

28. Meinen Sie, man sollte mehr Unterricht erhalten?

	ja	nein
In Hochdeutsch	☐	☐
In Französisch	☐	☐
In Italienisch	☐	☐
In Rätoromanisch	☐	☐
In Englisch	☐	☐
In einer anderen Sprache	☐	☐

29. Nehmen wir an, Sie hätten die Wahl: Welche Fremdsprache würden Sie in der Schule als 1. Fremdsprache obligatorisch erklären?

- Französisch ☐
- Italienisch ☐
- Rätoromanisch ☐
- Englisch ☐
- Eine andere Sprache ☐

Nur eine Antwort möglich

30. Welche Fremdsprache würden Sie in der Schule als 2. Fremdsprache obligatorisch erklären?

- Französisch ☐
- Italienisch ☐
- Rätoromanisch ☐
- Englisch ☐
- Eine andere Sprache ☐

Nur eine Antwort möglich

31. In den Mittelschulen der deutschen Schweiz ist Französisch obligatorische Fremdsprache. In der italienischen Schweiz fordert man, dass in den Schulen der deutschen Schweiz auch Italienisch obligatorisch erklärt wird. Diese Forderung ist umstritten. Scheint Sie Ihnen

- berechtigt ☐
- übertrieben ☐
- Das kann ich nicht beurteilen. ☐

Nur eine Antwort möglich

32. In den letzten Jahren wird in den Schulen immer weniger Italienisch gelehrt, und auch aus dem Schweizer Alltag verschwindet das Italienische zusehends (z.B. auf Anschriften, Gebrauchsanweisungen). Soll man

- sich damit abfinden ☐
- etwas dagegen tun ☐
- Das kann ich nicht beurteilen. ☐

Nur eine Antwort möglich

33. Man hört auch, dass das Rätoromanische am Aussterben sei. Was ist Ihre Meinung dazu?

- Das stimmt, aber man kann nichts dagegen tun. ☐
- Das stimmt, man sollte etwas dagegen tun. ☐
- Das ist übertrieben. ☐
- Das kann ich nicht beurteilen. ☐

Nur eine Antwort möglich

34. Englisch wird oft als "die fünfte Schweizer Landessprache" bezeichnet. Was meinen Sie zum Vorschlag, auch das Englische zur offiziellen Landessprache zu erklären?

- Ich bin dafür, denn es wird alles einfacher, wenn man sich mit allen Schweizern in einer Sprache verständigen kann. ☐
- Ich bin dagegen, denn es besteht die Gefahr, dass die Schweiz dadurch ihre kulturelle Vielfalt verliert. ☐
- Es erscheint mir denkbar, da Englisch eine Weltsprache ist. ☐
- Es erscheint mir völlig undenkbar, denn es wird alles komplizierter, wenn zusätzlich eine fünfte Landessprache eingeführt wird. ☐

Nur eine Antwort möglich

35. Welche Fremdsprachen scheinen Ihnen in Ihrem gegenwärtigen (oder zukünftigen) Beruf besonders wichtig zu sein?

Alles Zutreffende ankreuzen

- Französisch ☐
- Italienisch ☐
- Rätoromanisch ☐
- Englisch ☐
- Spanisch ☐
- Andere Sprache(n) ☐
- Keine Fremdsprache ☐

Mit den folgenden Fragen möchten wir erfahren, wie Sie die Beziehungen zwischen den einzelnen Sprachregionen der Schweiz einschätzen.

36. Beurteilen Sie die Beziehungen zwischen den einzelnen Sprachregionen der Schweiz mit einer Zahl von 6 bis 1. 6 bedeutet "sehr gut", 1 bedeutet "sehr schlecht".

	6	5	4	3	2	1
Deutschschweizer und Welschschweizer	☐	☐	☐	☐	☐	☐
Deutschschweizer und Südschweizer	☐	☐	☐	☐	☐	☐
Deutschschweizer und Rätoromanen	☐	☐	☐	☐	☐	☐

37. Wie stark sind Ihrer Meinung nach die Unterschiede in der Art und im Charakter zwischen

	eher gross	eher klein	ich weiss nicht
Deutschschweizern und Welschschweizern	☐	☐	☐
Deutschschweizern und Südschweizern	☐	☐	☐
Deutschschweizern und Rätoromanen	☐	☐	☐
Deutschschweizern und Deutschen	☐	☐	☐
Deutschschweizern und Oesterreichern	☐	☐	☐
Welschschweizern und Franzosen	☐	☐	☐
Südschweizern und Italienern	☐	☐	☐

38. Wie sympathisch finden Sie die Leute in den anderen Landesteilen und Ländern im allgemeinen?

	sympathisch	eher sympathisch	eher unsympathisch	unsympathisch	ich weiss nicht
Welschschweizer	☐	☐	☐	☐	☐
Südschweizer	☐	☐	☐	☐	☐
Rätoromanen	☐	☐	☐	☐	☐
Deutsche	☐	☐	☐	☐	☐
Oesterreicher	☐	☐	☐	☐	☐
Franzosen	☐	☐	☐	☐	☐
Italiener	☐	☐	☐	☐	☐

39. Man hört oft die Behauptung, die deutsche Sprache dehne sich in der Schweiz auf Kosten der anderen Landessprachen aus. Stimmt diese Behauptung nach Ihrer Meinung

	ja	nein	ich weiss nicht
in der französischen Schweiz?	☐	☐	☐
in der italienischen Schweiz?	☐	☐	☐
in der rätoromanischen Schweiz?	☐	☐	☐

40. Wie beurteilen Sie die folgenden Behauptungen?

	trifft eher zu	trifft eher nicht zu
Welschschweizer sprechen nicht gern Deutsch.	☐	☐
Südschweizer sprechen nicht gern Deutsch.	☐	☐
Rätoromanen sprechen nicht gern Deutsch.	☐	☐
Deutschschweizer bemühen sich nicht, andere Landessprachen zu sprechen.	☐	☐
Deutschschweizer sprechen auch mit Anderssprachigen meistens ihren Dialekt.	☐	☐
Deutschschweizer sprechen nicht gern Hochdeutsch.	☐	☐

41. Könnten Sie sich vorstellen, in einem anderen Landesteil der Schweiz zu leben?

	ohne weiteres	lieber nicht	ich weiss nicht
In der französischen Schweiz	☐	☐	☐
In der italienischen Schweiz	☐	☐	☐
In der rätoromanischen Schweiz	☐	☐	☐

42. Welche Form der deutschen Sprache sollten Ihrer Meinung nach die nichtdeutschsprachigen Schweizer und Ausländer lernen, wenn sie Deutsch lernen?

Nur eine Antwort möglich

- Hochdeutsch ☐
- Dialekt ☐
- Beides ☐

43. Man spricht in der Politik von "links" und "rechts", von "grün" und "rot". Wo würden Sie sich selbst plazieren?

Eher links	☐	Nur eine Antwort möglich
Eher in der Mitte	☐	
Eher rechts	☐	
Bei den Grünen	☐	
Politisch nicht interessiert	☐	
Ich reihe mich nicht ein.	☐	

44. Es gibt in der heutigen Zeit ein grosses Angebot an Informationsmöglichkeiten. Bitte geben Sie an, welche der folgenden für Sie wichtig sind:

	wichtig	eher wichtig	eher unwichtig	unwichtig
Radio	☐	☐	☐	☐
Fernsehen, Dokumentarfilm	☐	☐	☐	☐
Zeitungen, Zeitschriften, Sachbücher	☐	☐	☐	☐
Vorträge	☐	☐	☐	☐

45. Wie oft lesen Sie

	täglich	oft	selten	nie
eine deutschschweizerische Tageszeitung	☐	☐	☐	☐
eine welsche Tageszeitung	☐	☐	☐	☐
eine südschweizerische (italienischsprachige) Tageszeitung	☐	☐	☐	☐
eine rätoromanische Zeitung	☐	☐	☐	☐
eine Tageszeitung aus einem anderen Land:	☐	☐	☐	☐

46. Welche Radiosender hören Sie normalerweise?
(Bitte geben Sie die Radiosender in der folgenden Reihenfolge an: Zuerst den Lieblingssender, dann den Sender, den Sie am zweitbesten finden usw.)

1. ....

2. ....

3. ....

47. Hören Sie manchmal Radiosendungen oder sehen Sie Fernsehsendungen aus anderen Sprachgebieten der Schweiz oder aus anderen Ländern?

Ja	☐
Nein	☐

Wenn ja: In welcher Sprache hören Sie andere Radio- oder Fernsehsendungen?

Hochdeutsch (Deutschland, Oesterreich)	☐	Alles Zutreffende ankreuzen
Französisch	☐	
Italienisch	☐	
Rätoromanisch	☐	
Englisch	☐	
Andere Sprachen	☐	

48. Halten Sie es für wichtig, dass Sie neben Ihrem Dialekt auch Hochdeutsch sprechen und verstehen können?

Sehr wichtig	☐	Nur eine Antwort möglich
Ziemlich wichtig	☐	
Unwichtig	☐	

49. Wie häufig kommt es vor, dass Sie Hochdeutsch sprechen? (Denken Sie auch an Ihre Berufsarbeit und an Ihren Bekanntenkreis.)

Regelmässig	☐	Nur eine Antwort möglich
Gelegentlich	☐	
Eher selten	☐	
Nie	☐	

50. Wie sollte ein Deutschschweizer Hochdeutsch sprechen?

Möglichst wie ein Deutscher.	☐	Nur eine Antwort möglich
Man darf hören, dass er Schweizer ist.	☐	

51. Wenn ein Deutscher versucht, mit Ihnen Schweizerdeutsch zu sprechen, empfinden Sie das als

freundliches Entgegenkommen?	☐	nur eine Antwort möglich
eher unangenehm?	☐	

52. Wenn ein Welschschweizer, Südschweizer oder Rätoromane versucht, mit Ihnen Schweizerdeutsch zu sprechen, empfinden Sie das als

freundliches Entgegenkommen?	☐	nur eine Antwort möglich
eher unangenehm?	☐	

53. Die folgenden Meinungen hört man hin und wieder. Was denken Sie darüber?

	stimmt	stimmt nicht	keine Meinung
Ich kann nur in Dialekt meine Gefühle ausdrücken.	☐	☐	☐
Wenn ich Hochdeutsch spreche, komme ich mir dumm vor.	☐	☐	☐
Hochdeutsch ist nötig, damit man am kulturellen Leben im deutschsprachigen Raum teilnehmen kann.	☐	☐	☐
Man lernt Mathematik und Naturkunde leichter, wenn der Lehrer Dialekt redet.	☐	☐	☐
In einen feierlichen Rahmen gehört Hochdeutsch.	☐	☐	☐
Alles, was Hochdeutsch gesagt wird, kann man auch in Dialekt sagen.	☐	☐	☐
Hochdeutsch muss in der deutschen Schweiz besonders gefördert werden, weil es die Verständigungssprache eines grossen Sprachraums ist.	☐	☐	☐

54. Es wird heute viel über die Sprache im Unterricht an Deutschschweizer Schulen geredet. Welche der folgenden Aussagen entspricht Ihrer Meinung zu diesem Thema eher?

Nur eine Antwort möglich

- Der Unterricht an Deutschweizer Schulen sollte vor allem in Dialekt abgehalten werden. ☐
- Die Unterrichtssprache sollte grundsätzlich Hochdeutsch sein. ☐
- Sowohl Dialekt als auch Hochdeutsch haben in der Schule ihren Platz. Beides ist zu fördern. ☐

55. Stört es Sie, dass sich die verschiedenen Deutschschweizer Dialekte verändern, indem sie

	ja	nein	ich weiss nicht
sich immer mehr aneinander angleichen?	☐	☐	☐
Elemente des Hochdeutschen aufnehmen?	☐	☐	☐
Elemente anderer Sprachen (Englisch, Französisch) aufnehmen?	☐	☐	☐

56. Wie oft haben Sie schon mit Deutschen oder mit Oesterreichern gesprochen?

Nur eine Antwort möglich

- Noch nie ☐
- Einige Male ☐
- Häufig ☐
- Oft ☐

57. Sprechen Sie mit Deutschen oder Oesterreichern Dialekt, sofern Sie verstanden werden, oder stellen Sie selbstverständlich auf Hochdeutsch um, wenn Sie mit Deutschen oder Oesterreichern zusammentreffen?

Nur eine Antwort möglich

- Ich versuche, Dialekt zu sprechen, und behalte es bei, wenn ich verstanden werde. ☐
- Ich rede mit Deutschen oder Oesterreichern selbstverständlich Hochdeutsch. ☐

58. Wenn am Radio und Fernsehen Mundart gesprochen wird, was hören Sie <u>am liebsten</u>?

Nur eine Antwort möglich

- Zürichdeutsch ☐
- Berndeutsch ☐
- Baseldeutsch ☐
- St. Gallerdeutsch ☐
- Bündnerdeutsch ☐
- Walliserdeutsch ☐

59. Welcher Dialekt ist Ihnen am Radio und Fernsehen nicht sympathisch?

Nur eine Antwort möglich

- Zürichdeutsch ☐
- Berndeutsch ☐
- Baseldeutsch ☐
- St. Gallerdeutsch ☐
- Bündnerdeutsch ☐
- Walliserdeutsch ☐

60. Welche Sprachform passt besser

	Hochdtsch.	Dialekt	ich weiss nicht
für die Ansage von Popmusik am Radio?	☐	☐	☐
für die Ansage klassischer Musikprogramme am Radio ?	☐	☐	☐
für die Neujahrsansprache des Bundespräsidenten?	☐	☐	☐
für Radionachrichten und Tagesschau?	☐	☐	☐
für die Predigt?	☐	☐	☐
für kirchliche Hochzeitsfeiern?	☐	☐	☐
für kirchliche Trauerfeierlichkeiten?	☐	☐	☐
für wissenschaftliche Vorträge?	☐	☐	☐

61. Für wie wichtig halten Sie die in diesem Fragebogen behandelten Sprachprobleme?

Nur eine Antwort möglich

- Sehr wichtig ☐
- Ziemlich wichtig ☐
- Wenig wichtig ☐
- Unwichtig ☐

<u>Bemerkungen zum Fragebogen:</u>